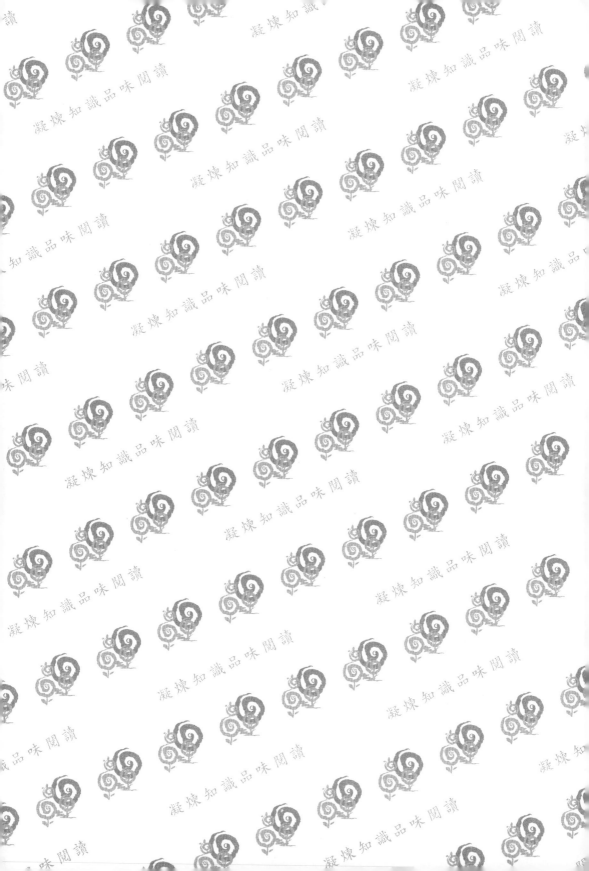

質性研究的五種取徑

敘事研究、現象學、扎根理論、俗民誌、個案研究

Qualitative Inquiry and Research Design:
Choosing Among Five Approaches

John W. Creswell & Cheryl N. Poth 合著

李政賢 譯

五南圖書出版公司 印行

Qualitative Inquiry and Research Design: Choosing Among Five Approaches

(Fourth Edition)
John W. Creswell & Cheryl N. Poth

Los Angeles | London | New Delhi
Singapore | Washington DC | Melbourne

約翰（John）謹以此書獻給吉姆舅父（James W. Marshall，醫學博士，1915-1997），感謝他的愛、支持和鼓勵。

謝麗爾（Cheryl）謹以此書獻給父親（Richard F. Poth，企管碩士，1944-2016），感謝父親循循善誘，讓為人子女的她從小有信心勇於嘗試新事物，指點人生的方向，還有鼓勵她大膽追求夢想。

· 致謝辭 ·

約翰最感謝的是，內布拉斯加大學林肯分校質性研究方法課的許多學生，多年以來，他們對於本書提供相當多的幫忙，包括：提出建議、補充例子、討論書中題材等等。多位學界有識之士大力相助，讓他受益良多。包括第一版：Paul Turner、Ken Robson、Dana Miller、Diane Gillespie、Gregory Schraw、Sharon Hudson、Karen Eifler、Neilida Aguilar、Harry Wolcott。醫學人類學者Ben Crabtree和教育心理學家Rich Hofmann從初版就鼎力協助，多所鼓勵，他們也慨然應允SAGE出版社邀約，擔任本書外審。初版的SAGE出版社審稿委員包括：Keith Pezzoli、Kathy O'Byrne、Joanne Copper、Phyllis Langton，他們發揮客觀的洞視眼光，對於本書的題材內容和組織結構，提出了約翰本人無從洞察的改進之處。

對於本次第四版的審稿委員，我們感謝各位付出時間和精力來校閱本書第一稿。一如既往，約翰由衷感激第一版策劃編輯C. Deborah Laughton，第二版編輯Lisa Cuevas Shaw，第三版編輯Vicki Knight，第四版策劃編輯Helen Salmon。和先前各版本一樣，約翰也要感謝質性研究暨融合方法研究辦公室（Office of Qualitative and Mixed Methods Research，簡稱OQMMR），所有成員提供的諸多寶貴意見。約翰特別要感謝融合方法研究學者Vicki Plano Clark博士和公共衛生研究學Ron Shope博士，他們對於本書歷次改版，提供了頗多優化和形塑質性研究的各種想法。

謝麗爾感謝約翰和Vicki Knight慷慨邀約，讓她有機會在這次第四版貢獻一己之力。在質性研究的路上，包括思考和書寫，約翰一直都是影響她頗多的導師。她尤其感謝約翰，願意考量她提出的新題材構想和呈現方式。再者，兩人也都感謝各自服務的單位，阿爾伯塔大學教育心理學系、密西根大學家庭醫學系，以及兩系的同儕。

最後，兩人還要感謝家人（約翰的家人：Karen、David、Kasey、Johanna、Bonny；謝麗爾的家人：Damian、Avery、Jasper），謝謝他們長時間的包容，讓我們得以心無旁鶩，專注投入寫書和修訂本書。謝謝大家。

· 作者簡介 ·

John W. Creswell, PhD 約翰·克雷斯維爾博士

美國密西根大學家庭醫學系兼任教授。

教學之外，他也發表許多研究論文，主題包括：融合方法研究、質性研究、研究設計。另外，他還出版了26本書（包括若干本暢銷參考書的增訂版），其中許多本聚焦研究設計的類型、各種質性方法論的對照比較，以及融合方法的本質與運用等等。各類出版的書籍，已經翻譯成多國語言，世界各地研究學者與學生爭相學習採用。他提供研究方法論的諮詢，協助衛生科學與教育學系的研究人員，執行國家衛生研究院與國家科學基金會的研究案。

克雷斯維爾博士曾有五年的時間，在內布拉斯加大學林肯校區，擔任克理弗頓研究院（Clifton Institute）特聘講座教授。另外五年，他在該校擔任質性與融合方法研究室主任，協助從事質性研究與融合方法研究的學者，申請校外的研究獎助。他共同創辦《融合方法研究期刊》（*Journal of Mixed Methods Research*，Sage出版社發行），並擔任共同主編職位，以及在密西根州安納堡的美國退輔會衛生服務研究中心擔任顧問，提供研究方法論方面諮詢服務。

克雷斯維爾博士兩度獲頒傅布萊特資深學者獎金，第一次是在2008年，前往南非的五所大學講授教育和衛生科學領域的融合方法研究。第二次是在2012年，前往泰國。2011年，克雷斯維爾博士接受美國國家衛生研究院邀請，擔任一個全國性的任務小組共同主持人，負責研擬推廣衛生科學融合研究方法的「最佳實務」。2013年春季，克雷斯維爾博士獲邀前往哈佛大學公共衛生學院擔任訪問教授。2013年夏季，他前往英國劍橋大學主持融合方法訓練。2014年，南非普勒多利亞大學頒贈名譽博士榮銜。2014年，國際融合方法研究協會首屆會長。2015年，密西根大學融合方法研究學程主任。目前擔任若干研究計畫顧問和共同主持人。

Cheryl N. Poth, PhD 謝麗爾・伯斯博士

2008年迄今，加拿大阿爾伯塔大學教育學院教育心理學系副教授，研究暨應用評量中心，講授研究所方案評鑑和研究方法課程，指導研究生和提供系所教授同儕關於質性、量化、融合方法研究的諮詢。阿爾伯塔大學醫學暨牙醫學院兼任助理教授，擔任跨學門研究團隊研究方法論學者。

國家級研究——加拿大聯邦機構贊助或獎助研究計畫主持人（例如：加拿大社會科學暨人文研究委員會、加拿大物理治療基金會等聯邦機構）；省級研究（例如：阿爾伯塔省教育廳，阿爾伯塔省兒童、家庭暨社區研究中心，阿爾伯塔省教育研究諮詢委員會）；地方服務（例如：阿爾伯塔大學、若干學校董事會）。已發表30多篇同儕審查期刊論文，應邀擔任《國際質性方法期刊》（*International Journal of Qualitative Methods*）兩期特刊的客座主編。

2016年，伯斯博士獲選爲國際融合方法研究協會（MMIRA）第四屆會長。100多場研討會和25場工作坊發表。《2013年度質性方法進展》（*2013 Advances in Qualitative Methods*）研討會共同主持人。她帶領的研究方法工作坊，與會人員相當廣泛，譬如：國際質性方法研究院（International Institute of Qualitative Methods）的〈質性思維系列〉（Thinking Qualitatively Series）。

目前，伯斯博士擔任《融合方法研究期刊》副編輯，以及《國際質性研究期刊》編輯委員。

目　錄

圖目次

表目次

五種取徑的主題目次表

個案研究

緒　論

　　本書原始構想，發軔於1994年。那年，約翰（John）前往科羅拉多州韋爾（Vail，滑雪勝地）參加暑假質性研討會，由丹佛大學教育學院主辦，大會負責人是伊迪絲・金恩（Edith King）。研討會上，約翰討論質性資料分析，介紹他最近完成的質性研究——學生槍擊事件校園反應的個案研究（Asmussen & Creswell, 1995）。約翰知道這應該會激起討論，帶出複雜的分析議題。這起事件發生在美國中西部某所大學，凶嫌攜帶半自動步槍闖進大學部保險精算學課堂。槍卡彈，沒能發射，凶嫌逃離幾英里之後被捕。約翰站在會場上，講述這場校園槍擊事件的始末、主題，以及這所大學校園事後因應給我們帶來的啓示。

　　然後，俄勒岡大學的哈利・沃爾科（Harry Wolcott）舉手發言。他解釋，他會如何以文化人類學家的方式，重新改做這項研究。出乎約翰意料，哈利將他的個案研究「翻轉」成爲俗民誌，並且給了全新的架構。哈利發言結束，雷斯・古柴爾德（Les Goodchild），當時任教於丹佛大學，接著發言表示，他如何可能從歷史學的角度來檢視這起槍擊事件。就這樣，他們三人，透過多元詮釋，將原本的個案研究，令人驚奇地翻轉出三種質性取徑的研究。

　　經過這場活動的激盪，重新觸動了約翰長久以來的一個構想：應該可以採用各種特定的*取徑*（*approach*），來設計**質性研究**

（*qualitative research*，請注意，本書以斜體粗字特別標示的名詞，參閱【附錄】質性研究術語釋義，即可查到簡明定義）。於是，約翰開始撰寫本書第一版，導引寫作的問題只有一個，那就是：質性研究的類型或取徑，如何形塑研究的設計或實施程序？

1.1 本書目的與邏輯

本書已經邁入第四版，我們仍然在尋求與修正前述問題的答案。在這最新的一版，約翰試圖在對話之中再納入另一種觀點。我們在本書最主要的用意是要併列檢視質性研究的五種取徑——敘事研究、現象學研究、扎根理論、俗民誌、個案研究——以便我們可以看出其中的差異。透過探索研究過程各階段，可以最鮮明地將個中差異呈顯出來，包括：研究的緒論介紹（研究問題、研究目的、研究待答問題）、資料蒐集、資料分析、報告撰寫、效度和評量標準等等。比方說，檢視期刊的質性研究論文，我們可以看見扎根理論架構的研究問題，就是不同於現象學架構的研究問題。

在讀者可能接觸到的眾多質性研究方法書籍當中，本書與眾不同之處就在於，綜合介紹五種取徑的質性研究，並且針對研究過程當中的諸多面向，逐一對照比較這五種取徑的個別特徵和彼此之間的差別。大多數的質性研究者聚焦單一取徑，譬如：俗民誌或扎根理論，然後試圖說服讀者接受該等取徑的價值。這在高度專殊化的學術世界，或許言之有理。不過，這種畫地自限的介紹，對於學生和初接觸質性研究者實在幫助不大，因為很難有效決定哪種取徑的研究最適合他們的研究問題和個人興趣。邀請讀者來檢視投入研究過程的多元途徑，協助他們決定，哪種取徑如何可能最適合用來研究他們想要探討的題材。希望本書有助於打開質性研究的寬廣眼界，邀請讀者走進來看看個中涉及的多樣化研究施行細節。經過對照比較之後，可以觸

類旁通，提供讀者知情的選項，幫助決定哪種取徑最適合選用來探索他們的研究問題。目前市面上有關質性研究方法的書籍，不勝枚舉，有的是專門介紹單一特定取徑，有的是綜合介紹多種取徑的通論。質性研究的學生或新手，往往如陷五里雲霧，在缺乏指點迷津的困頓之下，很可能不清楚有哪些選項（取徑）存在，或是在不明就裡的情況下，急就章選擇了其實不見得對自己最適切的研究取徑。

透過閱讀本書，我們希望你對於研究過程的步驟得以有較好的理解，知道五種質性研究取徑，並且了解這五種*研究取徑*（***approaches to inquiry***）的差異和類似之處。

1.2 本版新增特色

自從約翰寫了本書第一版、第二版、第三版，書中的內容有維持舊貌，也有增修刪減。在這一版，我們引入若干新構想：

- 第一章，更新了關鍵參考書目，以期反映五種取徑的進展，包括：敘事研究（Clandinin, 2013）、現象學（van Manen, 2014）、扎根理論（Charmaz, 2014; Corbin & Strauss, 2015）、個案研究（Yin, 2014）。
- 基於書評回饋，我們修訂了第二章，關於質性研究者採取的哲學預設和詮釋架構，擴增研究範例，說明各種詮釋架構之間的差異。
- 針對書評指出需要納入更多樣化的例子和參考文獻，我們決定在每章最後的延伸閱讀書單，針對每一則書目，提供簡單扼要的說明，幫助讀者判斷是否適合個人研讀的需求。
- 第三章，擴充倫理議題一節，追溯質性研究過程各種階段可能發生的倫理困境。在後面章節討論各階段研究過程題材時，還會針對相關倫理論進行深入闡明。透過如此方式，本書持續擴大倫理

議題的報導，以回應讀者的批評指教。

- 第三章，增加了兩節，引導研究者思索何謂好的質性研究，以及考量如何設計研究，以期能夠吸引讀者。另外還增加了兩幅圖解：圖3.1摘述質性研究的適用時機，以及圖3.2描述研究階段。最後，修訂了研究計畫書寫結構這一節。

- 第四章，討論五種取徑時，增添了圖4.2至圖4.6，分別闡明這五種取徑的執行程序，並且強化每種取徑的「定義特色」描述。在本章結尾處，表4.1、表4.2、表4.3提供對照比較五種取徑關鍵特徵的摘要評估。另外也更新了關鍵參考書目，以及增添了每一種取徑的新近文獻。

- 第五章，更新了兩篇研究範文，分別是：俗民誌研究（Mac an Ghaill & Haywood, 2015）、個案研究（Frelin, 2015）。隨著新範文，我們也將參考文獻做了更新。

- 第六章，提供額外的研究目的宣言書寫範例，以納入「腳本式」之外的另類寫法。在討論研究待答的次級問題方面，我們給每一種取徑提供例子，用來引導將研究待答的核心問題再細分為若干部分。

- 第七章，資料蒐集方面，我們需要更妥善整合資料管理（例如：資料儲存與保全），以及有關資料蒐集（例如：電腦輔助程序、視覺方法）的反思論著，以期跟進新興發展的質性資料方式。

- 第七章也擴大了資料蒐集階段的倫理議題介紹。此外還增加了兩幅圖解：圖7.4摘述訪談的準備和實施程序，以及圖7.6摘述觀察的準備和實施程序。

- 第八章，資料分析方面，擴增有關五種取徑資料分析之新技術的討論，引述新的參考文獻，包括影音媒材的分析技術，修訂了資料分析螺旋的圖解（圖8.1）。此外，還更新了有關備忘錄的使用、詮釋的發展、資料的呈現等方面的討論。在描述質性資料分析軟體時，我們更新了這方面的資源，並且新增了一節「如何選

擇合適的電腦程式」。

- 第九章，在質性研究的撰寫方面，我們增添更多有關倫理考量和反身性的資訊，以及將此等資訊整合到質性研究的重要性和實作指南。

- 第十章，我們更新描述質性研究效度與信度的觀點和策略。新增了更詳盡的圖解（圖10.3至圖10.7），分別摘述各種取徑的評鑑重點。最後還提供綜合對照表，對照比較五種取徑的研究品質評鑑。

- 在每一章的末尾，可以找到「本章重點檢核表」，讀者可以用來練習各章介紹到的特定技巧。此次改版，改寫了許多練習，以反映我們對於質性研究者需知技巧與日俱新的演變進程。

- 最後，在終點站，第十一章，我們增加呈現了校園槍擊個案研究的原始文本，不只將其「翻轉」為敘事研究、現象學研究、扎根理論研究、俗民誌，並且進一步強化外顯闡明該等翻轉過程實際發生了哪些改變。

- 和先前歷次改版一樣，我們也更新了參考文獻，納入最新出版的質性研究方法參考書，以及挑選若干反映這方面進展的期刊研究論文。

在前述的新增和修訂之餘，也有許多部分保留第三版的內容，主要包括以下：

- 關於質性研究核心特徵的描述，基本上維持相同。

- 強調社會正義作為質性研究的主要特徵，仍然維持不變。雖然或許並非所有人的立場都擁抱社會正義取向，但在最新版本的《SAGE質性研究手冊》（*SAGE Handbook of Qualitative Research*, Denzin & Lincoln, 2011），再度給予社會正義取向優先地位。

- 對於倫理議題，有需要在投入研究*之前*預先估量，並且在研究*期間*浮現倫理議題時，設法妥善回應解決。

- 尊重五種取徑之內存在的多樣差異性，維護多樣化方法健康發展的空間。多年來，我們已經領悟到，在執行俗民誌、扎根理論等等研究時，並不存在單一絕對正確的方式。我們在經驗所及的範圍內，盡可能挑選出每一種取徑當中最普及的作法，並且在相關脈絡下，提供強調採用此等作法的書籍。

- 我們繼續使用這五種取徑（自從第一版以來，已經通過時間的考驗）。這倒不是說，我們從沒想過是否要加入額外的取徑。比方說，參與行動研究，就是頗值得考慮納入的第六種取徑；但是，我們決定將其納入第二章有關詮釋型架構的討論（Kemmis & Wilkinson, 1998）。另外，論述分析（discourse analysis）和會話分析（conversation analysis）當然也適合納入成為額外的取徑（Cheek, 2004）；不過，我們最後還是整合到敘事研究的會話取徑。融合方法也是與質性研究緊密關聯，有時也被視為屬於質性研究的類型（請參閱Saldaña, 2011）。不過，在我們來看，融合方法的本質與質性研究有所區別，可視為居中銜接質性與量化方法的一種獨特研究方法論。再者，也有其特定的文獻（請參閱Creswell & Plano Clark, 2011）；因此，我們希望本書限定在質性取徑的範圍之內。基於前述諸多考量，我們最後決定維持這五種取徑，選擇在這範圍內來擴展補充相關進展。

- 我們在本書各章節，持續提供資源給質性研究者。我們納入了「專有術語釋義」（也增列了若干術語），分別針對五種取徑而整理的目次表，以及盡可能補足採用五種取徑研究設計和撰寫模式的期刊論文。不論研究者經驗多寡，我們在每章末尾的「延伸閱讀」中，提供關鍵進一步研習的資源，可以補足我們在本書涵蓋題材的不足之處。

- 第一版，我們使用的「傳統」（traditions）一詞，在之後歷次改版已經改以「取徑」（approaches）取而代之，並且一直延用至今。我們不只尊重過去，也鼓勵當前質性研究的實務作法。

其他有些論者則使用各種不同的說法，譬如：「研究的策略」
（strategies of inquiry）（Denzin & Lincoln, 2005）；「種類」
（varieties）（Tesch, 1990）；「方法」（methods）（Morse &
Richards, 2002）。另外，我們使用*研究設計*（*research design*）
一詞，指稱研究的全部過程，舉凡研究問題的概念化、研究待
答問題的撰寫、資料的蒐集、分析、詮釋、研究報告的撰寫
（Bogdan & Taylor, 1975）。Yin（2009）論稱：「設計是關於
研究程序的邏輯序列，連結實徵資料到研究的初始問題，乃至於
最終的結論。」（頁29）除了這些研究設計的項目之外，我們
還納入了廣泛的哲學和理論觀點，乃至於研究品質和效度檢驗等
特定要點。

1.3 關於我們的立場

你需要知道有關我們背景的某些資訊，以便理解我們在本書採用
的取徑。約翰最初接受的教育訓練是屬於量化研究，時間是在40多
年前。1980年代中期，我們的大學徵詢約翰是否願意開課講授質性
研究，約翰接受了。此後若干年，開啟了本書第一版的撰寫。在這期
間，約翰雖然延伸發展到融合方法，但主要還是在質性研究方法。多
年下來，約翰進而跨入發展應用研究方法論，尤其在研究設計、質性
研究、融合方法研究等領域卓然有成。有趣的是，謝麗爾（Cheryl）
的背景也是生物科學領域的量化研究訓練。早先在擔任高中自然科老
師時期，她就開始質疑考試成績之類的量化證據，對於學生學習的評
鑑和報告頗多侷限。反之，她轉而尋求質性證據，以期在與學生、家
長溝通時，能夠達到較為有效的結果。這也促使她後來重返校園，進
入研究所進修質性研究方法，並進而投入新興的融合方法研究。身為
應用研究和方案評鑑學者，她一直盡心盡力，在許多不同的組織當

中，認真指導學生和協同合作者，從研究實踐當中培養嚴謹研究方法的能力。

如此學術養成背景或許能解釋，為什麼我們寫書的出發點會著重在傳達理解質性研究的過程（姑且不論你稱之為科學方法，或是其他任何名稱），聚焦於強有力的研究構成元素，諸如：廣泛的資料蒐集、透過多元步驟的嚴謹資料分析，以及電腦程式的應用。再者，約翰也頗為醉心於書寫的結構，不論寫的是質性研究、詩或非文學的創意作品。約翰歷久不衰的興趣就是質性研究的*寫作*，包括：如何寫出最佳書寫結構的質性研究，以及如何透過圖解來對照闡明，不同質性研究取徑的書寫結構之差異或翻轉。對於謝麗爾而言，研究興趣則是在於推廣應用研究發現和研究過程，這也促使她聚焦在思索如何提供更容易*親近*研究發現的途徑，以及尋求多樣化的*格式*，以便有效溝通研究和評鑑。

約翰對於研究書寫結構的興趣，每每讓他歸類到後實證論質性研究者的陣營（請參閱Denzin & Lincoln, 2005）；但是就像許多研究者一樣，他也拒絕一個蘿蔔一個坑的簡單歸類。比方說，約翰和同僚在《質性研究期刊》（*Qualitative Inquiry*）發表的一篇關於街友收容所的俗民誌研究（Miller, Creswell, & Olander, 1998），採取的乃是實在論、自白和維權的立場。再者，約翰也不倡導質性研究必須在「量化研究的世界」取得認同（Ely, Anzul, Friedman, Garner, & Steinmetz, 1991）。質性研究本身就是一種合法的社會和人文科學探索模式，不需要自慚形穢，覺得比量化研究矮一截。同樣地，謝麗爾在投入質性研究時，也從量化和融合方法研究的經驗汲取養分，但也小心維持質性研究的本質特徵（請參閱第三章）。

約翰還有若干傾向：喜歡援引許多構想；融入最新近的質性研究文獻；推廣應用、實用形式的研究執行作法。比方說，約翰覺得單只是在第二章傳達質性研究的哲學預設，這樣是不夠的；另外還需要配合建構討論，來闡明哲學預設如何融入質性研究的設計和撰寫等階

段。在這方面，Agger（1992）與約翰所見略同，他也認為讀者和作者可以經由比較不那麼技術取向的方式，來理解研究方法論，如此一來，也比較容易親近學者的論述，同時也有助於科學的民主化。我們持續尋求和研究新手、研究先進切磋、互動，他們在我們的課程、研習工作坊、研討會的參與交流，持續擴展研究方法論的知能；於此同時，我們也持續接受他們帶來的衝擊和影響。

　　我們在構思寫作此書時，總是把初學質性研究的碩、博士生放在心上，正因如此，某些人可能會說，我們過度簡化了研究技藝的深廣度。對於經驗老道的質性研究論著者，尤其是尋求比較進階的討論，以及想要對研究過程提出質疑者，這樣的目標讀者取向不無可能模糊了焦點。不過，對於我們兩人而言，很重要的是，本書能夠提供比較容易親近的管道，激發讀者踏上質性研究的旅程，從容不迫的學習五種質性研究取徑。

1.4 質性研究的定義

　　一般而言，質性研究參考書通常會在一開始的地方，就開宗明義提出質性研究的定義。這種作法理應不至於太複雜，但是近年來卻變得越來越棘手。我們注意到，這些年來，在有些相當實用的質性研究方法參考書籍當中，並沒有包含可以容易找到的定義（Morse & Richards, 2002; Weis & Fine, 2000）。這可能比較無關於作者決定不傳達質性研究的本質，而是他們考量更多，所以不想提供「固定不變」的定義。當然還是有些作者提供定義。Denzin & Lincoln的《SAGE質性研究手冊》（*SAGE Handbook of Qualitative Research*, 1994, 2000, 2005, 2011），就提供了持續演化的定義，從社會建構論，到詮釋論，進而到社會正義。以下即是他們最新一版的定義：

　　　　質性研究是一種將觀察者置身於某真實世界的情境界限
活動。研究過程包括一套詮釋和實徵的實務，以期揭顯所探
究的世界。這些研究實務將該等世界轉化，使其成爲一系
列的再現，包括：田野筆記、訪談、會話、攝影、記錄、備
忘錄等等。在這層級，質性研究投入詮釋、自然主義的取徑
來探究世界。這意味著，質性研究者探究處於自然場域的
事物，致力於根據當事人賦予現象的意義來理解或詮釋。
（Denzin & Lincoln, 2011，頁3）

　　雖然質性研究的某些傳統取徑，譬如：「詮釋、自然主義取
徑」，以及「意義」，在前述定義當中甚爲顯明，但是此定義也強調
質性研究的衝擊，以及轉化世界的能力（譯者按：這或許是誤讀了這
段定義當中的「轉化」，這裡應該是指方法論上的轉化，使所探究的
世界轉化成為一系列可供進一步分析處理的質性資料再現，而不是帶
有社會改革涵義、追求公義等理想的轉化）。

　　從應用研究方法論者的立場而言，我們爲質性研究的暫行工作
定義，融入Denzin & Lincoln（2011）前述定義的許多元素，同時
也更爲強調研究設計以及各種特定取徑的運用（例如：俗民誌、敘
事）。以下就是我們給質性研究的暫行工作定義：

　　　　質性研究開始於若干預設和使用詮釋／理論架構，從而
形塑、提擬出研究問題，用以探討個人或團體對於社會或人
類問題所賦予的意義。要研究此等問題，質性研究者採用
浮現的質性探究取徑，在自然場域蒐集資料，敏感於所研究
的個人和地方，兼容歸納和演繹來進行資料分析，從而確立
型態或主題。研究結果的書面報告或呈現，納入參與者的聲
音、研究者的反身性、關於研究問題的複雜描述和詮釋，以
及對於文獻的貢獻或呼籲改革行動。（Creswell, 2013，頁
44）

1.5 如何選擇適合的取徑

對於從事質性研究工作者，面對五花八門的繁多取徑，要選擇適用的取徑頗容易陷入無所適從的窘境。檢視若干質性研究的分類，不難領會個中之多樣紛亂。舉例而言：

- Tesch（1990）提供的分類包括28種取徑，依據研究者的核心旨趣，組織成為四大分支。
- Wolcott（1992）繪製樹狀圖，將諸多取徑依據資料蒐集策略，組織成三大分支。
- Miller & Crabtree（1992）根據研究者主要關切的人類生活「領域」（domains），譬如：聚焦個人、社會或文化等領域，組織成18類型的質性研究。
- Jacob（1987）在教育領域，將質性研究分組成若干「傳統」（traditions），譬如：生態心理學、符號互動論、全方位俗民誌（holistic ethnography）。本書第一版的關鍵架構就是根據Jacob的分類法。
- Lancy（1993）將質性研究依據所屬學門來分類，包括：人類學、社會學、生理學、認知心理學、歷史。
- Denzin & Lincoln（2011）多年來持續更新質性策略類型的分類組織。

表1.1提供這些年來浮現的質性取徑。這份清單並不是窮盡所有可能的名單，而是用來彰顯個中取徑的多樣性，以及特定學門對於其中某些取徑的強調。仔細檢視這些分類，我們可以發現，有些取徑經過這麼些年來始終屹立不搖，例如：俗民誌、扎根理論、現象學、個案研究。另外還有若干敘事相關的取徑，也持續出現在名單當中，譬如：生命史、自傳俗民誌和傳記。有如此多可供選用的情況下，我們何以決定選擇聚焦本書呈現的五種取徑呢？

表1.1 作者和所屬學門／領域提及的質性取徑

作者	質性取徑			學門／領域
Jacob (1987)	・生態心理學 ・溝通俗民誌	・全方位俗民誌 ・符號互動論	・認知人類學	教育
Munhall & Oiler (1986)	・現象學 ・歷史研究	・扎根理論	・俗民誌	護理
Lancy (1993)	・人類學觀點 ・個案研究	・社會學觀點 ・個人敘述	・生物學觀點 ・認知研究 ・歷史探究	教育
Strauss & Corbin (1990)	・扎根理論 ・生命史	・俗民誌 ・對話分析	・現象學	社會學、護理
Morse (1994)	・現象學 ・扎根理論	・俗民誌	・民族學	護理
Moustakas (1994)	・俗民誌 ・實徵現象學研究	・扎根理論 ・發現研究	・詮釋學 ・超越現象學	心理學
Denzin & Lincoln (1994)	・個案研究 ・俗民方法論 ・傳記學	・俗民誌 ・詮釋實踐 ・歷史學	・現象學 ・扎根理論 ・臨床研究	社會科學
Miles & Huberman (1994)	質性資料分析取徑			社會科學
	・詮釋論	・社會人類學	・協同社會研究	

作者	質性取徑			學門／領域
Slife & Williams（1995）	質性方法的範疇			心理學
	・俗民誌	・現象學	・人造物件研究	
Denzin & Lincoln（2005）	・展演、批判、公共俗民誌 ・扎根理論	・詮釋實踐 ・生命史 ・臨床研究	・個案研究 ・敘事 ・參與行動研究	社會科學
Marshall & Rossman（2015）	・俗民誌取徑	・現象學取徑	・社會語言學取徑（例如：批判類型）	教育
Saldaña（2011）	・俗民誌 ・個案研究 ・敘事研究 ・評鑑研究 ・批判研究	・扎根理論 ・內容分析 ・藝術本位研究 ・行動研究 ・自傳俗民誌	・現象學 ・融合方法研究 ・調查新聞學	藝術（劇場）
Denzin & Lincoln（2011）	研究策略			
	・設計 ・俗民誌 ・俗民方法論 ・歷史方法 ・臨床研究	・個案研究 ・現象學 ・扎根理論 ・行動與應用研究	・俗民誌、參與觀察、展演 ・生命史、見證	
Mertens（2015）	質性研究的種類			教育、心理學
	・俗民誌研究 ・扎根理論	・個案研究 ・參與行動研究	・現象學研究	

我們之所以選擇這五種取徑，乃是基於長年累積並且綜合下列考量而做出的決定：對我們個人興趣的反思；挑選社會科學和健康科學文獻普受歡迎採用的取徑；各學門、領域具代表性的取徑。我們兩人都有從事這五種取徑的實作經驗，也有指導學生和參與研究團隊使用此等取徑。除了個人經驗之外，我們也持續研讀質性文獻，充實學習。這五種取徑反映了，社會科學、行為科學和健康科學等文獻最頻繁看到的質性研究類型。當然，不時總有些學者出面主張，在其所屬領域，某些特定取徑是最重要的（例如：Morse & Field, 1995）。以我們自己為例，比較偏好有系統探究程序的取徑。本書選來闡明各種取徑的書籍，通常也有嚴謹的資料蒐集程序與分析方法，並且能夠吸引初學者。我們為各種取徑挑選的主要參考書，也代表了許多不同學門的觀點，包括：社會科學、行為科學與健康科學。這種吸引、廣納讀者群的作法，也再次肯定了擁抱質性研究多樣化學門的特色。比方說，敘事取徑起源於人文和社會科學；現象學來自心理學和哲學；扎根理論發軔於社會學；俗民誌來自人類學和社會學；個案研究人類科學、社會科學和應用領域（評鑑研究）。

1.6 各種取徑的重要參考書目

本書在討論各種取徑的特定主題時，主要汲取精選書籍作為參考來源，具體而言，每一種取徑大量仰賴兩本參考書籍。這些書籍也是我們推薦讀者初學特定取徑必讀的參考書。其中有些是經常被引述的經典之作，另外也包括比較新近出版的著作。個中也反映了多樣化的學門和觀點。另外，針對研究過程特定主題的參考書目，請參閱每一章末尾的「延伸閱讀」。

┃1.6.1┃ 敘事研究

- Clandinin, D. J. (2013). *Engaging in Narrative Inquiry*. Walnut Creek, CA: Left Coast Press.

  在這本書中，Jean Clandinin闡明她寫此書的用意是要「回歸到敘事研究者究竟所做何事的問題」。尤其值得關注第二章，使用教育研究的詳細描述和例子提供實務指南，並且示範闡明所謂的「以敘事方式來思考和行動」（think and act narratively）是什麼意思。

- Riessman, C. K. (2008). *Narrative Methods for the Human Sciences*. Thousand Oaks, CA: Sage.

  Catherine Riessman使用跨學門的範例，配合豐富細節的描述，來介紹敘事研究的四種分析方法（主題分析、結構分析、對話／展演分析、視覺媒材分析）。其中獨樹一格的貢獻就是討論視覺媒材分析，以及如何將視覺影像運用於質性研究。

┃1.6.2┃ 現象學研究

- Moustakas, C. (1994). *Phenomenological Research Methods*. Thousand Oaks, CA: Sage.

  Clark Moustakas在此書採用啟發教學的角度，提供現象學分析過程的描述。針對訪談逐字稿系統化詮釋的實作教學，尤其有助於確尋訪談之間共通主題或個別訪談的獨特主題，從而創造出主題之間的概念連結。

- van Manen, M. (2014). *Phenomenology of Practice: Meaning-giving Methods in Phenomenological Research and Writing*. Walnut Creek, CA: Left Coast Press.

  本書中，Max van Manen描述現象學關鍵理念的演化，呈現包羅甚廣的各種方法，討論當前議題。在諸多主要貢獻之中，特

別值得注意的是他摘列了評估現象學報告書寫的七項判準（頁
355）。

┃ 1.6.3 ┃ 扎根理論

- Charmaz, K. (2014). *Constructing Grounded Theory* (2nd ed.).
  Thousand Oaks, CA: Sage.
  在第二版中，Kathy Charmaz新增了若干不同學門和專業領域的
  例子，以及學者反思如何使用扎根理論。增修重點包括編碼和寫
  作過程的細節，以及實作指南和範例。
- Corbin, J., & Strauss, A. (2015). *Basics of Qualitative Research:
  Techniques and Procedures for Developing Grounded Theory* (4th
  ed.). Thousand Oaks, CA: Sage.
  第四版強化了教學效能，Julie Corbin & Anselm Strauss提供來自
  學生和同僚的觀點，以豐富讀者的閱讀經驗。其中，特別值得一
  提的是總結各種分析程序的摘要（頁216-219）。

┃ 1.6.4 ┃ 俗民誌

- Fetterman, D. M. (2010). *Ethnography: Step-by-step* (3rd ed.).
  Thousand Oaks, CA: Sage.
  David Fetterman提供關於俗民誌基本元素的討論，以及是否應該
  使用理論、如何使用。專章介紹人類學的概念，提供了取得俗民
  誌知識的循環過程，以及該等知識和人類生活之間的實用連結。
  另外再加上第五章描述分析策略，使得本書成為俗民誌研究者的
  必讀經典。
- Wolcott, H. F. (2008). *Ethnography: A Way of Seeing* (2nd ed.).
  Lanham, MD: AltaMira.
  在這本理解俗民誌的出色讀物中，Harry Wolcott帶領讀者看見俗

民誌的本質、文化分享團體的研究，以及文化理解研究的發展進程。他提供獨特觀點，特別強調田野研究涉及的諸多藝術元素和常識元素。

1.6.5 個案研究

- Stake, R. (1995). *The Art of Case Study Research*. Thousand Oaks, CA: Sage.

  散發濃厚個人風格的讀本，Robert Stake提供來自個人經驗的洞視，配合範例說明。這本書讀起來與典型的教科書有頗大差別，強調執行個案研究的「藝術」，以及研究者的「直覺」所扮演的關鍵角色。

- Yin, R. K. (2014). *Case study research: Design and method* (5th ed.). Thousand Oaks, CA: Sage.

  在第五版中，應國瑞（Robert Yin）博士增添每章末尾處的教學輔助工具，強化了全書的廣度和深度。他強調系統和程序，以產出有信度的發現和有效度的詮釋。特別值得關注的章節包括：研究設計（請參閱第二章）、資料蒐集（請參閱第四章），以及分析（請參閱第五章）。

1.7 讀者群設定

雖然對於任何教科書而言都存在著多元化的讀者，有些已知，有些未知（Fetterman, 2010），我們這本書的讀者群主要設定為社會科學、人文學科、健康科學等領域的學界人士。全書引用的例子也彰顯了研究學門或領域的多樣化，包括：社會學、心理學、教育、護理、家庭醫學、醫療衛生、都市研究、行銷、溝通、新聞、教育心理學，以及其他社會科學領域。

　　我們的目標是要提供實用的教科書，引導讀者產生質性取徑學術研究的期刊論文，或碩博士學位論文。我們將討論的深廣度定調在適合大學部高年級學生，乃至於研究生的程度。對於正在撰寫碩博士論文的研究生，我們對照比較這五種取徑，希望幫助確立選擇採用特定取徑的邏輯依據。對於初學質性研究者，我們介紹哲學預設和詮釋架構，以便認識這些形塑質性研究的基石；接著，再介紹設計質性研究的基本元素。我們認為，在投入任何質性研究取徑的實務細節之前，有必要先認識清楚這些基礎理念。在每一章開頭，我們會列出該章所要介紹討論的主題清單，然後再針對五種取徑，逐次說明分別會如何處理該等主題。在討論這些基本元素時，我們會列出若干參考書目，希望藉此提供比較廣泛、周延的回顧檢視，引導初學者進一步擴展對於質性研究的了解。在投入這五種質性取徑（或更一般的質性研究）之前，具備這些基本認知是不可或缺的。本書強調的一個特色章法，就是聚焦對照比較五種取徑，透過這樣的安排，希望提供有實際研究經驗或學養背景的研究者，在原本已有掌握的特定取徑基礎之上，比較容易透過對比參照，順利切入其他可能還不太熟悉的質性取徑。

1.8　章節組織

　　順著前述的介紹，以及五種取徑的個別關鍵參考書目，接下來，我們就可以來看看本書之後各章節的組織架構。

　　第二章〈哲學預設與詮釋架構〉，介紹形塑質性研究的哲學預設和詮釋架構。我們強調如何可能將這些元素寫入質性研究。

　　第三章〈質性研究的設計〉，回顧檢視設計質性研究的基本元素。首先是各種取徑關於*質性研究*（*qualitative research*）的定義，採用特定取徑的邏輯理據，最後是執行各種取徑研究過程涉及的諸多

階段細節。

　　第四章〈質性研究的五種取徑〉，介紹這五種質性研究的取徑，分別是：敘事研究、現象學、扎根理論、俗民誌、個案研究。依次介紹各取徑的定義、起源、特徵、類型、執行程序、挑戰。最後，以綜覽總結這五種取徑作為結尾。

　　第五章〈五種取徑的質性研究範文解析〉，透過呈現討論五篇正式發表的期刊論文（每一種取徑各選一篇具有參考價值和代表性的論文），示範闡明每一種取徑。透過閱讀第四章提供的綜覽概述，然後檢視期刊範文，你可以更清楚每一種取徑的工作知識。從本章末尾的「延伸閱讀」，挑選一本我們推薦的參考書，搭配你的研究案從實作中深入研讀，將可有效擴展你對該等取徑的理解。

　　前面五章提供這五種取徑的基礎介紹，以及研究設計過程的總覽概論。這也為後面各章設置好登臺演出的舞台。接下來輪番登場的每一章，將分別介紹研究實施過程的一個步驟：

　　第六章〈質性研究的介紹與主題聚焦〉。

　　第七章〈資料蒐集〉。

　　第八章〈資料分析與再現〉。

　　第九章〈質性研究報告的寫作〉。

　　第十章〈質性研究的效度檢驗和評量標準〉。

　　在前面這幾章關於研究設計的介紹當中，我們先呈現質性研究各實施步驟的基本元素，然後擴大討論來對照比較五種取徑的個中異同細節。

　　第十一章〈「翻轉故事」與本書綜合複習〉，透過範例提供這五種取徑的鮮明對比。我們呈現校園槍擊事件個案研究的原文（Asmussen & Creswell, 1995），繼而將此一個案研究的故事「翻轉」成為敘事傳記、現象學、扎根理論、俗民誌。質性觀點這最後的終點站，帶領讀者走回1994年暑假，科羅拉多州韋爾質性研究研討會，約翰討論校園槍擊事件個案研究的現場，從多樣化取徑的質性研

究觀點,以及研究過程涉及的各階段實作細節,全方位檢視質性研究
如何處理此一示範的研究問題。

2

哲學預設與詮釋架構

　　不論我們自己是否有意識到，在研究當中，我們總會帶著某些特定信念，以及**哲學預設**（*philosophical assumptions*）。有時候是根深柢固的觀點：關於哪些類型的問題需要我們去研究、哪些研究待答問題適合提出、或是應該如何蒐集資料等等。這些信念，在我們的教育養成過程中，透過期刊論文和書籍，透過指導教授給的教導，以及我們投入參與的各種學術社群，耳濡目染而成為深信不疑的信念。個中困難，首先在於研究者要能意識到有哪些預設和信念；其次，要決定我們是否主動將該等元素整合融入研究。很多時候，在抽象程度較低的層次，哲學預設會形塑或影響我們選擇特定理論來引導研究。在質性研究，理論通常比哲學預設來得明顯而容易辨識。而且很多時候，研究者也比較有接受過如何使用理論的訓練，因此較有能力透過外顯化的方式，將理論清楚呈現在研究當中。

　　質性研究者不只重視對於信念和理論的理解，而且明確書寫在研究報告中。本章重點呈現，這些年來普遍存在於質性研究者當中的若干哲學預設，以及將此等哲學信念化為研究行動的理論和**詮釋架構**（*interpretive frameworks*）。在研究者帶入研究行動的哲學信念或預設，以及個人如何使用理論、詮釋架構來框架其研究之間，確實存在著緊密的連結。

　　本章將幫助你探索你的哲學預設，以及提供相關資訊，協助你思

索決定理論在你的質性研究中的角色和影響。要達到此等目的，我們透過呈現一個圖解架構，幫助你了解哲學和理論如何整合到研究過程的適合位置。然後，我們提供細節，介紹常見於質性研究者的哲學預設、哲學預設的類型、探索質性研究有哪些常見的方式來使用哲學預設，以及如何將哲學預設外顯書寫於質性研究中。最後，我們提出若干不同的詮釋架構，透過內嵌評述，連結回到哲學預設，幫助讀者看見詮釋架構如何在研究實務當中扮演各種角色。

問題討論

- 哲學與詮釋架構（理論）適合統整到整體研究程序的哪些位置？
- 對於研究，為什麼了解哲學預設很重要？
- 當你選擇質性研究時，有哪四類哲學預設存在？
- 質性研究如何使用和書寫哲學預設？
- 質性研究使用哪些類型的詮釋架構？
- 如何將詮釋架構寫進質性研究？
- 如何將哲學預設和詮釋架構連結到質性研究？

2.1 將哲學和詮釋架構整合到研究過程的適合位置

要介紹讀者了解質性研究背後的哲學預設，我們在此採取的步驟如後：首先，切入評估哲學預設適合放置到整體研究過程的那些地方，說明哲學預設在研究當中的重要性，以及考量如何將哲學預設外顯而清楚地寫到研究之中。要幫助順利進行此等步驟，我們使用一個圖解架構，來輔助讀者理解哲學預設和詮釋架構（典範觀點和理論取向）如何整合到研究過程的適合位置，以及如何對研究過程產生影

響。

在這兒，*哲學*意味著形塑吾人研究的抽象理念或信念。我們知道，一般而言，哲學預設乃是驅動研究者發展個別研究的最初理念；至於這些理念如何關聯到研究整體過程，卻仍然像是一團迷霧，令人摸不著頭緒。在此，我們特別改編了Denzin & Lincoln（2011，頁12）多年來彙整發展的研究過程總覽摘要，請參閱圖2.1，幫助我們說明哲學預設和詮釋架構如何整合到研究過程的各個適合部位。內嵌在每一階段的待答問題，可以幫助開始思索你帶進哪些哲學預設到你的研究中。

研究過程的概念化圖解（請參閱圖2.1），分爲五個階段，依照順序說明如後：

階段一，開啓研究的序幕，研究者思索自己將什麼帶進研究中，譬如：個人歷史、對於自我和他者的觀點、倫理和政治議題等。研究者往往會忽略了這個階段，所以在此特別予以凸顯強調，並且置放在研究過程的第一階段，如此應該有助於讀者注意。

階段二，研究者帶著特定的哲學預設進入研究。這些是研究者採取的立場，可以提供研究方向，譬如：研究者對於實在的看法（*本體論*）、研究者如何認知實在（*知識論*）、研究者抱持什麼價值─立場（*價值論*）、研究者使用哪些程序（*方法論*）。然後，這些哲學預設往往透過研究者採用的典範（paradigm）或理論（或是如我們在本書所給的稱呼「詮釋架構」），而應用到研究當中。典範是「引導行動的一套基本信念」（Guba, 1990，頁17）。這些信念被研究者帶進研究過程，也可稱爲世界觀（Creswell & Plano Clark, 2011）。*理論（theories）*或*理論取向（theoretical orientations）*，另一方面可發現於文獻當中，提供一般性的解釋，針對研究者希望發掘的研究發現做出說明，或是提供透鏡，以供檢視所研究之參與者或社群的需求。當然，哲學預設、典範、理論取向之間的差異，並不總是清楚而容易分辨；話雖如此，如果能夠試著釐清，哪些是存在於比較廣

階段一：研究者作為多元文化主體

- 歷史和研究傳統
- 自我和他者的概念
- 研究的倫理和政治

你帶進哪些觀點和經驗到你的研究當中？

階段二：哲學預設和詮釋架構

- 本體論
- 知識論
- 價值論
- 方法論
- 後實證主義

- 社會建構論
- 轉化型架構
- 後現代觀點
- 實用論
- 女性主義理論

- 批判理論與批判種族理論
- 酷兒理論
- 能力差別理論

如何引導你身為研究者的行動？你的信念和價值如何形塑你為研究所做的行動？

階段三：研究策略和取徑

- 設計
- 個案研究
- 俗民誌、參與觀察、展演俗民誌
- 現象學、俗民方法論

- 扎根理論
- 生命史、見證
- 歷史方法
- 行動與應用研究
- 臨床研究

你的哲學和理論架構如何形塑你對於研究取徑的選擇？

階段四：蒐集和分析的方法

- 觀察
- 訪談
- 文物、文件和紀錄
- 視覺方法
- 自傳俗民誌
- 口述史

- 資料管理方法
- 電腦輔助分析
- 文本分析
- 焦點團體
- 應用俗民誌

你的研究取徑，在哪些方面影響你可能採用的資料蒐集和分析方法？

階段五：詮釋和評鑑的藝術、實務和政治

- 判斷充適性的判準
- 詮釋的實務和政治
- 書寫作為詮釋

- 評鑑傳統
- 政策分析
- 應用研究

哪些因素會影響你關於研究嚴謹度、推論、研究發現運用等方面的決定？

圖2.1 將哲學與詮釋架構整合到研究過程的適合位置

資料來源：改編自Denzin & Lincoln（2011，頁12），SAGE使用許可。

泛的哲學層次（亦即哲學預設），哪些是運作於比較偏向實務的層次（亦即詮釋架構），這樣也不失爲一種有助於學習的小訣竅。

在階段二，我們試著找出哲學預設和典範／理論詮釋架構，這也是我們在本章（第二章）介紹討論的主題。接下來各階段，將會在稍後各章依序介紹討論。

階段三，研究策略，我們在本書稱之爲取徑。

階段四，研究者選用方法來蒐集資料和分析蒐集到的資料。

階段五，詮釋和評鑑資料分析的結果。

把圖2.1的所有階段視爲一個整體來看，我們可以看見，研究涉及若干不同層次的抽象：在抽象層次較高的一邊，有廣泛評估研究者透過哲學預設而帶入研究的個人特徵；在抽象層次較低的一邊，有理論奠定基礎，導向特定的研究取徑，以及資料蒐集、分析和詮釋方法。再者，隱含在圖2.1中，我們也隱約可以領略，理解哲學預設和詮釋架構是很重要的，因爲這些都對個別的質性研究發揮了形塑的關鍵角色。

2.2　哲學預設

| 2.2.1 |　哲學在研究當中的重要性

在這一節，我們可以開始來思索，爲什麼對於質性研究，了解隱含在質性研究背後的哲學預設是很重要的，並且有能力在研究當中予以闡明，或是清楚呈現給讀者。Huff（2009）針對哲學在研究當中的重要性所作的闡述，頗有助益我們思索前述的相關問題。

- **研究目標和結果的方向**：研究者的預設會形塑研究問題和待答問題，連帶又影響我們如何尋求資訊來回答該等問題。比方說，因果關係類型的研究問題，透過特定的變數來預測或解釋結果，就與探索、描述、詮釋單一現象的質性研究問題，兩者有相當不同

方向的研究目標和結果。

- **訓練的範圍和研究經驗**：此等預設深深根植於我們的養成教育訓練，並且在我們進入學術社群工作之後，進一步強化、鞏固。當然，有些社群（例如：教育）比較開放、折衷，並且借用許多學門；相對地，有些學門則傾向聚焦研究較為特定的研究問題，使用特定的方法，並且只接納特定的研究知識。

- **評鑑標準的基礎**：無庸置疑地，審查人士在評鑑研究時，也抱持特定的哲學預設。知道審查人士在知識論議題的立場，對於研究者—作者是有幫助的。當審查者和作者的預設有所分歧，作者的作品可能無法獲得公平的評價，甚至給出對文獻沒有貢獻的評語。這種不公平的情況可能發生許多脈絡，例如：研究生接受審查委員會的論文辯護口試；論文作者投稿學術期刊；研究人員遞交研究計畫給經費贊助機構。反過來看，了解審查人士使用的判準，可能促使研究者得以在雙方所持預設之差異還沒成為批判焦點之前，就先設法化解之。

關鍵預設是否可能產生變化，與／或多元哲學預設是否可能運用於特定研究，這些都有待仔細思辯。我們的立場是，隨著時間的推移以及學術生涯的前進，個人所抱持的哲學預設有可能會產生變動。尤其是個人離開學門的封閉領域，開始投入跨領域的工作方式之後，這種可能性就特別容易發生。至於多元哲學預設是否可能運用於特定研究，這問題也是開放辯論；再者，可能也關係到研究者個人的研究經驗，對於探索使用不同預設的開放或封閉心態，以及個人所屬學術社群對於特定預設理念的接受或拒絕傾向。通盤檢視下一節描述介紹的四項哲學預設，可以幫助監視個人在時間變遷過程中的變化。

▌2.2.2▌ 四類型的哲學預設

研究者投入從事特定質性研究時，他們抱持什麼樣的哲學預設？從1994年出版《SAGE質性研究手冊》（*SAGE Handbook of*

Qualitative Research）第一版，20多年來歷經多次改版，Denzin & Lincoln（1994, 2000, 2005, 2011）對於此等哲學預設多所琢磨闡明；另外，Guba & Lincoln（1988）主張，此等預設乃是「公理議題」（axiomatic issues），視為質性研究背後的導引哲學。對於質性研究背後的導引信念，學者之間有著諸多不同的命名，譬如：哲學預設、知識論和本體論（philosophical assumptions, epistemology, & ontologies, Crotty, 1998）；研究方法論的廣泛信念（broadly conceived methodologies, Neuman, 2000）；另類知識宣稱（alternative knowledge claims, Creswell, 2009）。總而言之，這些乃是關於研究的本體論（什麼是實在的本質）、知識論（什麼構成知識，如何證成知識宣稱）、價值論（價值在研究當中的角色）、方法論（研究的程序）等方面的信念。

接下來的討論，首先，我們分別陳述這四方面的哲學預設；然後，詳細說明每一類的哲學預設如何運用和撰寫到質性研究當中；最後，將其連結到詮釋或理論架構（請參閱表2.1）。（請注意，區別哲學預設和詮釋架構：哲學預設是關於質性研究的導引理念，屬於最根基、抽象程度最高的層級；詮釋或理論架構則是運作在研究執行過程，關係到比較具體而特定的實務層級。）

表2.1　質性研究的哲學預設以及實務的蘊義或啟示

哲學預設	問題	特徵	對實務的蘊義或啟示
本體論	實在的本質是什麼？	實在是多元的，通過許多觀點所見。	研究者報告不同觀點，立基於分析發掘資料浮現之諸多主題。

哲學預設	問題	特徵	對實務的蘊義或啟示
知識論	什麼可算是知識？知識宣稱如何證成？研究者和研究對象之間是什麼關係？	從參與者取得主觀證據；研究者致力縮短自己和研究對象之間的距離。	研究者仰賴取自參與者的引述作為證據，相互佐證；在田野投入展延的時間，置身參與者當中，成為「局內人」。
價值論	價值的角色是什麼？	研究者承認，研究是有承載價值的，並且有成見存在於研究者在研究脈絡的角色立場。	研究者開放討論形塑敘事的價值，併列呈現自己的詮釋和參與者的詮釋。
方法論	研究涉及哪些過程？	研究者使用歸納邏輯；在自然脈絡研究主題；使用過程浮現的研究設計。	研究者和參與者協同合作〔細節〕找尋類化〔如果有〕；描述脈絡細節；根據田野調查經驗，持續修訂待答問題。

本體論（ontology）

本體論的議題是關於實在（reality）的本質與特徵。研究者執行質性研究時，擁抱的乃是多元實在的看法。不同的研究者擁抱不同的實在，同樣地，不同的研究對象以及研究報告的閱讀者，也各自擁抱不同的實在。當研究諸多個人時，質性研究的用意就是要探究和報告多元實在。個中作法包括：使用多元形式的資料來發展主題；引述不同參與者的個別說法；呈現不同的觀點。比方說，當現象學研究者彙整研究報告時，他們報告的是，研究參與者如何以各自的方式，來看

待自身關於研究之核心現象的經驗（Moustakas, 1994）。

知識論（epistemology）

在知識論的預設方面，執行質性研究意味著，研究者致力於盡可能接近研究參與者。這樣，可以蒐集立基於參與者個人觀點的主觀證據。這即是人們習得知識的途徑——通過主觀經驗。所以，很重要的一點就是，研究執行於「田野」，也就是參與者生活和工作所在的地方，這些是重要的脈絡，用以理解參與者敘說的意義。研究者停留田野的時間越長，就越能從第一手資訊知道「他們所知道的」。比方說，好的俗民誌需要「延長」（prolonged）停留在研究場地的時間（Wolcott, 2008a）。簡言之，質性研究致力於最小化研究者與研究對象之間的「距離」或「客觀隔離度」（objective separateness）（Guba & Lincoln, 1988，頁94）。

價值論（axiology）

所有研究者都帶著價值進入研究，但是質性研究的特徵就在於，研究者在研究當中將該等價值假設予以揭顯。在質性研究中，研究者承認，研究是有承載價值的，並且主動報告自身的價值和成見，以及田野蒐集資料的價值承載本質。在質性研究文獻當中，我們會讀到，研究者「承認自我的位置」，也就是確認指出自己在研究脈絡和場域的「位置性」（positionality）。一般而言，質性研究者描述的自我位置性可能包括下列面向：社會位置（例如：性別、年齡、種族、移民身分等等）、個人經驗、政治和專業信念（Berger, 2015）。比方說，在詮釋型的傳記，研究者的在場清楚呈現在文本當中，而且作者承認，故事呈現的包括研究者—作者和被研究者雙方的詮釋（Denzin, 1989）。

方法論（methodology）

在這裡，方法論是指質性研究的程序，其特徵包括：歸納、浮現，以及研究者經驗和田野狀況對於資料蒐集和分析的形塑作用。質性研究傾向採用的是歸納邏輯，從根基由下往上，而不是完全從理論或研究者觀點由上而下的邏輯（亦即演繹邏輯）。有時候，研究待答問題在研究過程中途會改變，以便更能反映為了有效理解研究問題而需要提出的待答問題類型。為了因應配合新浮現的待答問題，研究初期規劃的資料蒐集策略也需要跟著適作調整。在資料分析期間，研究者遵循某種途徑來分析資料，累積越來越深廣的豐富細節，從而發展關於研究主題的知識。

▍2.2.3 ▍ 質性研究如何撰寫哲學預設

關於哲學預設，還有一點考量也是很重要的。在某些質性研究，哲學預設往往隱而不顯。當然，慎思明辨的讀者是有可能透過推論，而察覺隱含在主題的多元觀點（本體論）、參與者主觀引述段落的細節詮讀（知識論）、研究者細心自白的成見（價值論），或是浮現設計當中逐步提高抽象的層級，從描述到主題，再到廣泛類化（方法論）。

在另外某些質性研究，則是通過外顯化的方式，將哲學預設清楚呈現於研究報告的某些章節──典型的寫法是放在〈研究方法〉的章節，尤其是在描述質性研究特徵的部分。在這裡，研究者以外顯化的方式，談論本體論、知識論、以及其他預設，並且透過範例詳細說明此等預設如何寫在研究之中。這種討論的形式是要傳達這些預設，提供其定義，以及透過範例說明此等預設如何整合在研究當中。在這種討論的結尾處，會提供關於質性研究哲學的參考文獻。這樣的章節組織寫法，常見於博士學位論文、主要質性研究期刊的論文、以及研討會發表的論文，與會者可能會提問關於研究背後的哲學之類的問

題。

　　對於質性研究報告的書寫而言，或許存在無限多種可能的寫法，可用來描述哲學預設，以及對於研究實務的蘊義或啟示，我們在此提供三篇期刊論文，酌供參考。

範例2.1　期刊論文描述內隱之哲學預設的範例

請注意，在下列期刊論文當中，如何將內隱的哲學預設予以外顯化：

a. Alongside the phenomenological approach description for the study examining the meaning that people with liver failure ascribe to the experience of waiting for a liver transplant (Brown, Sorrell, McClaren, & Creswell, 2006, p. 122).

　使用現象學取徑描述檢視肝臟衰竭患者賦予等待肝臟移植經驗的意義（Brown, Sorrell, McClaren, & Creswell, 2006，頁122）。

b. Integrated within the description of the Piliriqatigiinniq Partnership Community Health Research model guiding the study within the methods section (Healey, 2014, pp. 134-135).

　將Piliriqatigiinniq夥伴關係社區健康研究模式如何導引研究的描述，整合到〈研究方法〉乙節（Healey, 2014，頁134-135）。

c. Embedded within researcher positionality description under the heading of Positioning the Mobile Ethnographer (Jungnickel, 2014, p. 642).

　在〈行動俗民誌研究者的定位〉乙節當中，嵌入研究者位置性之描述（Jungnickel, 2014，頁642）。

2.3 詮釋架構

在圖2.1，我們可以發現，哲學預設通常通過質性研究者採取的詮釋架構，而應用到研究過程中。因此，Denzin & Lincoln（2011）認為，哲學預設（本體論、知識論、價值論、方法論）可視為質性研究的關鍵前提，包覆摺疊進入質性研究採取的詮釋架構之內。

接著，我們要問的是，這些是什麼樣的詮釋架構呢？可能是研究者帶進研究過程的典範或是信念；也可能是導引研究實務的理論或理論取徑。首先，作為典範的詮釋架構，可能包括：**後實證論**（*postpositivism*）、**社會建構論**（*social constructivism*）、轉化型架構、以及後現代觀點等等。其次，導引研究實務的理論可能是社會科學理論，用以架構研究當中的理論透鏡，譬如，在俗民誌當中使用此等理論（請參閱第四章）。**社會科學理論**（*social science theories*）可能是關於領導、歸因、政治影響和控制的理論，乃至於社會科學眾多學門教授的理論。另一方面，理論也可能是**社會正義理論**（*social justice theory*），或是維權／參與型理論，尋求促成社會改變，或是正視社會正義議題。正如Denzin & Lincoln（2011）：「我們想要的社會科學，是能夠積極承諾、正面迎向社會正義、公平、非暴力、和平、普世人權。」（頁11）

詮釋架構的種類似乎越來越多，圖2.1的清單尚不足以窮盡質性研究最普遍使用的詮釋架構。其他廣泛受到討論的還有實在主義觀點（請參閱Maxwell, 2012），個中結合了實在主義的本體論（真實的世界獨立存在於人們的信念和建構之外），以及建構主義的知識論（人們對於世界的知識無可避免地涉及各自的建構）。因此，任何討論（包括這裡呈現的討論），可能只是諸多可能性當中的一種局部描述；但是，回顧檢視若干主要詮釋架構，還是可以有個大致概念，約略可以知道有哪些選項可供選用。詮釋、批判理論取向研究案的參與

者，很多時候，代表了邊緣化的群體、性別、種族、階級、宗教、性慾或地理（Ladson-Billings & Donnor, 2005），或是此等元素的跨界交織。

2.3.1 後實證論

此一典範的質性研究者，抱持立基於後實證論的信念系統，採取科學取徑的研究方法。他們會運用社會科學理論透鏡。我們使用*後實證論*（*postpositivism*），而不是*實證論*（*positivism*），來指稱這種典範，因為後實證論者不相信嚴格的因果關係，而傾向承認因果乃是一種機率，有可能發生，也可能不發生。後實證論的主要元素包括：化約論、邏輯、實徵、因果取向、立基於先驗理論的決定論。比方說，在衛生科學領域，先前接受量化研究訓練的研究者，就可以看到抱持這種後實證論的研究取徑，在這裡，質性研究往往扮演輔助量化研究的配角，而且必須符合量化研究者和贊助機構認可的條件（例如：使用先驗理論；請參閱Barbour, 2000）。後實證論典範研究取徑的總覽介紹，請參閱以下兩本出色的著作：Phillips & Burbules（2000）和Churchill, Plano Clark, Prochaska-Cue, Creswell, & Onta-Grzebik（2007）。

在實務上，實證論研究者把研究視為一系列邏輯相關聯的步驟，他們相信來自參與者的多元觀點，而不是單一實在，並且搭配嚴謹的質性資料蒐集和分析方法。他們使用多元層級的資料分析，以求嚴謹；採用電腦程式來輔助分析；鼓勵使用效度檢驗取徑；遵循科學報告格式來撰寫質性研究，文章結構類似於量化研究論文（例如：研究問題、待答問題、資料蒐集、結果、討論、結論）。我們的質性研究取徑，以及其他若干研究者的取徑（例如：Taylor & Bogdan, 1998），被歸類為後實證（Denzin & Lincoln, 2005）。我們確實傾向採取後實證主義的信念系統，但是我們兩人都不會將我們所有研究都歸類到後實證質性研究取徑（例如：McVea, Harter, McEntarffer, &

Creswell, 1999，建構論取徑；Miller, Creswell, & Olander, 1998，社會正義觀點；Henderson, 2011，實用論取徑）。

後實證論詮釋架構的範例包括：Strauss & Corbin（1990, 1998）與Corbin & Strauss（2007, 2015）扎根理論的系統化程序；Moustakas（1994）現象學的資料分析步驟；Yin（2014）個案比較的資料分析策略。

| 2.3.2 | 社會建構論

社會建構論（很多時候被描述為一種詮釋論；請參閱Denzin & Lincoln, 2011; Mertens, 2015），是另一種典範或世界觀。根據社會建構論，個人尋求理解其生活或工作所在的世界。他們發展個人對於某些事物之經驗的主觀意義。很多時候，主觀意義乃是經由人們在社會和歷史過程中斡旋而來。換言之，主觀意義並不是單純銘印在個人，而是通過與他人互動（因此即是所謂的社會建構），以及通過運作在人們生活的歷史和文化常模，從而產生。探究者一開始不會先提出理論（這是後實證論研究者的作法），而是從研究過程中生產或經由歸納發展出理論，或意義的型態。採取社會建構論立場的例子，請參閱Burr（2015）、Grotty（1998）、Lincoln & Guba（2000）、Schwandt（2007）等的摘要介紹。

在研究的實務方面，研究待答問題比較廣泛、普遍，以便參與者能夠建構情境的意義，此等意義一般是個人和他人討論或互動而形成的。提問越開放越好，研究者仔細傾聽或觀察參與者在自然生活場域的言行。因此，建構論研究者經常探討個人之間互動的「過程」。他們也聚焦個人生活、工作所在的特定脈絡，以便理解參與者的歷史、文化場域。研究者承認，他們自身背景會形塑所做出的詮釋，並且自陳在研究當中的位置性，承認詮釋是如何從個人、文化和歷史經驗導出。總之，研究者針對研究發現做出詮釋，而該等詮釋則受到研究者個人經驗和背景的形塑，比方說，請參考Brown et al.（2006）描

述的驅動研究的力量。因此，研究者的意圖是要找出其他人關於世界
的意義（亦即詮釋）。基於此等緣故，質性研究很多時候也稱爲詮釋
研究。

在我們來看，現象學研究可以看到這種建構論的世界觀，個
人描述和詮釋其生活經驗（Moustakas, 1994）；另外，在Charmaz
（2014）的扎根理論研究，則是將理論取向扎根於研究參與者的看
法或觀點。

▎2.3.3▎ 轉化型理論

因爲後實證論者提出的結構定理和理論，不適用於邊緣化的個人
或群體；而建構論者又走得不夠前進，沒能倡導維權行動，協助該等
邊緣化的個人或群體，所以研究者也可能另尋出路，使用**轉化型架構**
（***transformative framework***）。轉化型架構的基本信念是，知識不是
中立的，而是反映社會內部的權力和社會關係，因此，知識建構目的
是要協助人們去改善社會（Mertens, 2003）。這些個人包括：邊緣化
族群，譬如，原住民、女同志、男同志、雙性戀、跨性別人士、酷
兒；社會需要比較多的希望、正向心理，以及反彈復甦力（Mertens,
2009, 2015）。

因此，質性研究應該納入改革社會的行動議程，以期改善參與者
的生活，他們生活和工作所在的機構，或甚至研究者的生活。邊緣化
族群面臨的議題是最迫切需要研究的，譬如：壓迫、宰制、壓抑、疏
離、霸權等。當這些議題得到研究和曝光，研究者就爲參與者提供了
發聲的管道，有助於提高他們對自身權益的意識，以及促進改善生活
（教育方面的例子，請參閱Job et al., 2013）。Kemmis & Wilkinson
（1998）在描述參與行動研究時，即是擁抱轉化型架構，特點如
下：

- 參與行動具有遞迴和辯證的本質，聚焦促成實務變革。因此，在
參與行動研究，研究者都會提出改革行動的議程。

- 聚焦幫助個人解放自我，擺脫媒體、語言、工作、教育場域權力關係存在的限制。參與型研究的出發點通常切入社會重要議題，或對於該等議題的立場，譬如：培力的必要性。
- 參與行定研究的解放，在於幫助人們卸除枷鎖，免於不理性和不公不義結構對於自我發展和自決的羈束。這種研究取徑目標是要創造政治辯論和討論的空間，以期改變得以發生。
- 這種研究是本諸協同合作精神的實踐，因為研究是研究者和參與者協力共同完成的，而不是把參與者當成被動接受研究的對象。秉持如此精神，參與行動研究者會鼓勵參與者主動投入，成為協同研究主體。

擁抱此等世界觀的其他研究者還包括：Fay（1987），以及Heron & Reason（1997）。在研究實務方面，這種架構形塑若干研究取徑。特定的社會議題（例如：宰制、壓迫、不平等）幫助組織研究待答問題。轉化型研究者不希望進一步邊緣化研究參與者，因而尋求和研究參與者協力合作。他們可能請參與者幫助設計研究待答問題、蒐集資料、分析資料，以及參與研究結案報告的撰寫。透過研究過程，參與者的「聲音」得以被聽見，研究的產物也對投入參與者有意義。鼓勵從邊緣化群體的觀點，來檢視從中浮現導引研究的資源（例如：Lovern & Locust, 2013; Mertens, Cram, & Chilisa, 2013）。研究也納入改革行動議程，以及探討社會正義議題的具體計畫。

轉化型架構的研究實務作法可見於：Denzin & Lincoln（2011）帶有社會正義議程的俗民誌研究取徑；Daiute & Lightfoot（2004）致力於促成改變或轉型的敘事研究。

| 2.3.4 | 後現代觀點

Thomas（1993）稱後現代主義者為「搖椅激進家」（armchair radicals，頁23），他們的焦點是批判質疑和改變思考方式，而不是要呼籲根據該等改變而採取因應行動。*後現代主義*

（*postmodernism*）可視爲一系列擁有若干共通點的理論和觀點（Slife & Williams, 1995）。基本概念包括：知識宣稱必須放在現今（或後現代）世界情境（條件），以及階級、種族、性別和其他群體關聯的多元觀點之內。關於這些後現代情境（條件），傅柯（Foucault）、德希達（Derrida）、李歐塔（Lyotard）、季胡（Giroux）、弗雷勒（Freire）等論述者，提供了頗多闡述（Bloland, 1995）。後現代基本上是現代性的反面，並且顯現在階層組織、他人的權力和控制，以及語言的多元意義之中。這些顛覆現代性的後現代情境或條件包括：差異論述的重要性、邊緣化個人與群體的重要性（「他者」）、超脫社會條件之「後設敘事」（metanarratives）或普遍眞理的不在場。再者，還包括：語言、閱讀和書寫的使用「解構」文本的必要性，檢視和揭露階層組織、宰制、壓迫、不一致、矛盾（Bloland, 1995; Clarke, 2005; Stringer, 1993）。

　　後現代主義觀點的研究取徑範例包括：Denzin（1989）的「詮釋」傳記學取徑；Clandinin & Connelly（2000）的敘事研究取徑；Clarke（2005）的扎根理論觀點。研究者探究當事人在轉折時期的轉捩點，或者有問題的情境（Borgatta & Borgatta, 1992）。關於「受後現代影響的俗民誌」，Thomas（1993）寫道，如此的研究可能「拮抗媒體創造實在的中心地位和資訊科技的影響」（頁25）。Thomas也論稱，根據後現代主義者，敘事文本必須接受挑戰（和改寫），揭露批判「潛文本」（subtexts）的宰制意義。

| 2.3.5 | 實用論

　　實用論（*pragmatism*）有許多形式。立基實用論的詮釋架構，聚焦在研究的結果（包括：研究的行動、情境和後果），而不是聚焦於前行的條件（那是後實證論的焦點）。特別關切應用，亦即「什麼有用」，以及問題的解決（Patton, 1990）。因此，研究的重要面向不是聚焦在方法，而比較是放在所提出研究的問題，以及基於該等研究

問題而提問的待答問題（請參閱Rossman & Wilson, 1985）。

　　Cherryholmes（1992）和Murphy（1990）提出了實用論基本理念的幾個重要面向：

- 實用論不執著於任何單一哲學系統和實在。
- 個別研究者有選擇的自由，得以「自由」去選用最能滿足其研究需求和目的之方法、技術和程序。
- 實用論者不認為世界是絕對的統一體。連帶地，研究者會訴諸許多不同取徑來蒐集和分析資料，而不是固守單一途徑（例如：堅持只使用多元質性取徑）。
- 真理就是當下有用的；真理不是立基於獨立存在於心智之外的實在（客觀真理）或是只存在於心智之內（主觀真理）這兩者的二元對立。
- 實用論研究者，根據研究想要的目標，而決定要研究「什麼」，以及要「如何」研究。
- 實用論者同意，研究總是發生在社會、歷史、政治和其他脈絡之中。
- 實用論者相信，有一個外在世界獨立於心智而存在；在此同時，他們也同樣相信，心智裡頭也有許多世界存在。他們相信，我們必須停止再問關於實在的問題，也不要再去探求自然法則（Cherryholmes, 1992）。「他們會很樂於改變〔問題〕主題」（Rorty, 1983，頁xiv）。
- 抱持實用論世界觀的學者包括：Rorty（1990）、Murphy（1990）、Patton（1990）、Cherryholmes（1992），以及Tashakkori & Teddlie（2003）。

　　在研究實務方面，秉持實用論世界觀的個人傾向以下的作法：採用多元方法來蒐集資料，以找出解決研究待答問題的最佳答案；採用多元資料來源；聚焦研究的實務蘊義或啟示；強調最值得投入的研究，應該要最能夠解決研究問題。

　　就本書討論的五種質性研究取徑而言，汲取實用論觀點的取徑包括：俗民誌研究同時採用量化方法（例如：調查法）和質性方法來資料蒐集（LeCompte & Schensul, 1999）；個案研究同時採用量化和質性資料（Luck, Jackson, & Usher, 2006; Yin, 2014）。

2.3.6 女性主義理論

　　女性主義汲取許多不同的理論和實用取向、不同的國際脈絡，以及不同的動態發展（Olesen, 2011）。*女性主義研究取徑*（*feminist research approaches*）聚焦並且凸顯女性多樣化處境以及框架該等處境之體制的各種問題。研究主題可能包括：女性主義關聯的後殖民思想，涉及的脈絡包括民族主義、全球化、以及多樣化的國際脈絡（例如：性工作者、家庭幫傭）；特定女性群體所從事的工作，或是關於特定女性群體的工作，譬如：女同志、殘障或能力差別的女性、有色人種的女性（Olesen, 2011）。宰制主題也占了女性主義文獻的顯著地位，探討的題材通常是父權社會之下的性別宰制。女性主義研究也擁抱後現代和後結構批判的許多原則，用以挑戰當前社會的性別不平等。女性主義研究取徑，目標是要建立協同合作。Reinharz（1992）結論指出，在過去20年間，多樣化研究方法的應用，爲女性主義學術研究帶來相當大的助益。近來的批判趨勢傾向探討在地化或原住民的知識，以及女性主義研究的跨界混合趨勢（intersectionality）（例如：種族、階級、性別、性慾、身心殘障／健全、年齡之間的跨界混合；Olesen, 2011）。在當前女性主義跨界趨勢浮現的對話當中，特別值得注意的就是，應用聚焦社會正義的轉化型典範（Thornton Dill & Kohlman, 2012），以及*批判種族理論*（*critical race theory*）（Chepp, 2015）。

　　引領女性主義取徑的著名學者，就是帕蒂·拉瑟（Lather, 1991），她針對此一詮釋架構的本質觀點提出評述。女性主義研究者把性別視爲組織原則，對女性生活處境發揮形塑的作用。女性主

觀點是「一種觀看透鏡，得以促使特定問題成為焦點」（Fox-Keller, 1985，頁6）。女性主義者提出的問題將性別連結到形塑吾人意識之諸多因素的中心位置。女性主義取徑的研究致力於「導正女性經驗隱形、扭曲的狀況，從而終結女性不平等的社會地位」（Later, 1991，頁71）。

另外一位學者Stewart（1994），將女性主義批判和方法論轉寫成為程序性的指南。她建議，研究者需要檢視社會科學書寫長久以來遺漏了哪些事項，研究女性生活和議題，譬如：認同、性角色、家庭暴力、墮胎社會運動、對等價值、肯定行動，以及女性對社會貶抑和家庭內無權力處境的抗爭。再者，研究者需要有意識且系統化地納入自身的角色或位置，評估此等因素如何衝擊影響她們對女性生活經驗的理解。除此之外，根據Stewart（1994）的看法，女性擁有主體能動性（agency），亦即擁有能力來做選擇和對抗壓迫，她並且建議，研究者承認性別是個人建構而有著個別差異性的，因此有必要探究*個別*女性如何理解自身的性別。例如：Therberge（1994）研究聚焦女子曲棍球當中的身體議題。Stewart（1994）凸顯研究權力關係和個人社會地位的重要性，以及此等因素如何衝擊女性。最後，Stewart認為，每一個女人都是有個別差異的，並且呼籲學者應該避免尋求融攝個別差異或統一化的自我概念或聲音。

女性主義研究轉向

新近的討論趨勢顯示，以往尋求一體適用女性主義研究專屬方法的取徑已經退潮，轉而認為任何方法都有可能轉化成為女性主義的研究方法（Deem, 2002; Moss, 2007）。Olesen（2011）摘要概述當前女性主義研究現況，將之置於若干轉化型發展（例如：全球化、跨國族女性主義）、批判趨勢【例如：黯黑〔女性主義〕啟蒙（endarkened，譯者按：相對於「enlightened」現代理性啟蒙）、去殖民化研究與跨界交錯】、持續的議題（例如：偏見、困擾叢生的傳

統概念）、長期關注議題（例如：參與者的聲音、種族）、影響女
性主義的各種力量（例如：學術界和出版），以及未來的挑戰（例
如：女性生活關聯的多元因素交互影響、隱性壓迫）。關於新興實
踐整合國際觀點的當前討論（例如：Brisolara, Selgart, & SenGupta,
2014），以及新的研究技術（例如：Hesse-Biber, 2012）。

2.3.7 批判理論與批判種族理論

　　批判理論（*critical theory*）關切的是培力或賦權增能
（empowerment），使人們超脫種族、階級、性別等限制（Fay,
1987）。研究者需要承認自己的權力，投入對話，以及使用理論來
詮釋或闡明社會行動（Madison, 2011）。批判理論研究者可能探索
的核心主題包括：社會體制的科學研究，以及透過詮釋社會生活的意
義，來促成該等體制的轉化；宰制、疏離和社會鬥爭的歷史問題；
社會批判，以及提出新可能性的願景（Fay, 1987; Morrow & Brown,
1994）。

　　在研究中，批判理論可以由研究方法論立場的組成元素而獲得
定義。比方說，批判研究者可能設計俗民誌研究，來納入人們思考
方式的改變；鼓勵人們互動、形成網絡、成為社會改革者，以及
形成行動導向團體；幫助個人檢視其生存的處境（Madison, 2011;
Thomas, 1993）。研究最終目標可能是社會理論化，根據Morrow &
Brown（1994），社會理論化（social theorizing）的定義就是，「一
種渴望去理解，或是去轉化〔透過實踐（praxis）〕社會生活底蘊的
秩序——構成社會的社會關係和系統關係」（頁211）。比方說，要
達到如此目標，研究者可能通過如後的研究取徑，例如：深入個案
研究，或橫跨小數量、可比較的歷史個案，去研究特定行動者（傳
記）、中介或系統；「俗民誌陳述（詮釋社會心理學）、元素分類學
（認知人類學）、以及形式模式（數學社會學）」（頁212）。

　　在教師教育領域的批判行動研究，比方說，Kincheloe（1991）

推薦，具有「批判」精神的教師批判揭露既存研究取向隱含的預設；透過此等批判，揭顯意識型態對於教師、學校、特定文化之教育觀點的影響作用。根據社會學家Agger（1991）的看法，批判理論取徑的研究設計，可從兩大層面來檢視：*方法論層面*，影響人們書寫和閱讀的方式；*實質層面*，探究者的理論和研究主題（例如：針對先進資本主義國家和文化的角色所做的理論化）。

在批判理論經典研究方面，廣泛受到引述的範例首推Willis（1997）的俗民誌（譯者按：《學習成為勞工》（*Learning to Labour*），研究學校次級文化），一群「小夥子」投入對抗權威的種種行為，組成非正式群體「挑釁作樂」（頁29），作為對學校的反抗。這本彰顯抗爭和國家規範的研究，凸顯了該等人物如何在宰制文化之下生存奮鬥，以及付諸對抗行動（Morrow & Brown, 1994）。抗拒主題也是另一篇青少年次文化團體俗民誌研究的主要焦點（Haenfler, 2004）。

批判種族理論（*critical race theory*）將理論關注點聚焦在「研究和轉化種族、種族歧視、權力之間的關係」（Delgado & Stefancic, 2012，頁3）。種族和主種族歧視深植於美國社會（Parker & Lynn, 2002），並且直接形塑美國法律體系，以及人們對於法律、種族分類、特權等等的想法（Harris, 1993）。根據Parker & Lynn（2002），批判種族理論的主要目標有三：

1. 呈現美國有色人種觀點遭受歧視的故事。這可能是描述和訪談的質性個案研究，然後彙整此等個案來抗衡種族歧視的官僚或實務。由於很多故事都是立基於多數決大敘事（Majoritarian master narratives），提倡白種人特權，因此有色人種分庭抗禮的故事，可以有助於破除伴隨此等特權理所當然的虛妄現狀，挑戰壓迫社會邊陲個人與群體的主流霸權論述（Solorzano & Yosso, 2002）。

2. 批判種族理論尋求消弭種族奴隸，同時也承認種族是一種社

會建構的產物（Parker & Lynn, 2002）。就此觀點而言，種族是流動而不是固定的，並且持續形塑於政治壓力和個人生活經驗。

3. 批判種族理論同時也探討種族之外的其他差異性，譬如：性別、階級，以及個人經驗到的任何不平等。Parker & Lynn（2002）評述：「以女性黑人為例，種族並不外在於性別，而性別也不是外在於種族」（頁12），兩者是不可分割的。

　　在研究實務中，使用批判種族理論方法論意味著，研究者將研究過程所有面向內蘊的種族和種族歧視議題拉到前景；挑戰有色人種經驗之傳統研究典範、文本，以及理論解釋；提供轉化解決之道，化解學校和體制結構內蘊的種族、性別、階級等不平等的階層。有時候，研究者會結合批判種族理論和其他理論架構，譬如：能力差別理論（Watts & Erevelles, 2004），或是女性主義（Chepp, 2015）。

| 2.3.8 | 酷兒理論

　　酷兒理論（*queer theory*）的特徵可描述為與個人認同關聯的多樣化方法和策略（Plummer, 2011a; Watson, 2005）。隨著文獻持續增加、演化，酷兒理論探討，以及該等認同如何在社會論壇複製和「展演」。酷兒理論的作者也使用後現代和後結構取向，來批判和解構與認同關聯的宰制理論（Plummer, 2011a, 2011b; Watson, 2005）。他們聚焦在認同如何在文化和歷史上建構，如何連結到論述，以及如何與性別和性慾相互重疊、交錯。使用「酷兒理論」，而不用「男同志理論」、「女同志理論」或「同性戀理論」，容許理論保持開放，持續把種族、階級、年齡和任何其他面向的元素放入有待質疑的空間（Turner, 2000），而「酷兒」一詞所代表的意義，多年以來，還有在跨文化和語言之間，也不斷有所轉變（Plummer, 2011b）。大部分的酷兒理論家致力於挑戰和根除單一、固定或常模化的認同（Watson, 2005）。他們也尋求挑戰認同範疇化的過程與其解構，

而不是聚焦在特定認同的族群。歷史上的二分法無法充適描述性認同。Plummer（2011a）提供酷兒理論綜覽概述如後：

- 異性戀／同性戀的二分法，以及性／性別的分化，都有待挑戰。
- 身分認同的去中心化。
- 所有性別範疇（女同性戀、男同性戀、雙性戀、跨性別、異性戀）都是開放、流動的，而非固定不變。
- 批判主流的同性戀看法。
- 權力論述內化於身體。
- 避免所有常態規範化的策略。
- 學術工作可能變成反諷，而且很多時候是戲謔和悖論。
- 到處都可看見銘刻諸多不同版本的同性戀主體位置。
- 揚棄性變態的範疇化觀點，興趣轉向局內人和局外人觀點，以及踰越跨界。
- 常見的研究材料包括：影片、錄影、小說、詩、視覺影像等等。
- 最常見的研究興趣包括所謂的基進之性邊緣人（radical sexual fringe）（例如：扮裝國王和扮裝皇后、性遊戲者）的生活世界。（頁201）

雖然嚴格來講，酷兒理論比較不是一種方法論，而比較是關於研究的焦點，不過我們還是可以發現，研究者在許多場合運用所謂的酷兒方法，譬如：重新解讀文化文本（例如：影片、文學）；挑戰傳統預設的另類性／性慾世界之俗民誌、個案研究；包含多元文本的資料來源；包含展演的紀錄片；聚焦個人的計畫（Plummer, 2011a）。酷兒理論家也主動投入參與研究和／或政治活動，譬如：ACT UP、Queer Nation等組織，來推廣HIV/AIDS相關議題的認知；投入參與藝術和劇場的藝術、文化再現活動，目標致力於翻轉或重新詮釋世俗普遍認為不自然或怪異的性別模式。此等再現傳達了長久以來飽受壓抑的個人聲音和經驗（Gamson, 2000），提供重要洞視來形塑維護性少數族群權益的政策和實務（例如：Adams, Braun, McCreanor,

2014）。

有關酷兒理論的延伸閱讀，請參閱Watson（2005）期刊論文、Plummer（2011a, 2011b）書籍章節，以及Tierney（1997）關鍵參考書。

▎2.3.9▎ 能力差別理論

此種研究立基於能力差別理論（disabilities theories）提出探討，學校對於包容各種不同差別能力學童的意義，範圍涵蓋學童的家長、教師、學校行政管理人員等（Mertens, 2009, 2015）。Mertens（2003）回顧能力差別研究的發展階段，從醫療觀點的殘障模式（疾病和醫療社群的治療角色），到環境觀點對於能力差別者的回應。目前，研究者使用*能力差別詮釋透鏡*（*disability interpretive lens*），聚焦在把能力差別視為人類差別的一個維度，而不是一種缺陷。能力差別作為人類差別的一種維度，其意義乃是起源於社會的建構（亦即社會對於多樣化個人身心能力狀況的反應），並且純粹只是人類諸多差異性當中的一個維度（Mertens, 2003）。

以能力差別的觀點來看待傳統所謂的殘障者，如此的觀點轉化也反映在研究過程，譬如：待答問題的類型、用於此等個人的標籤、資料蒐集方法如何可能有助益於此等社群、溝通方式的妥適性、尊重雙方權力關係的資料報告方式。另外，Mertens, Sullivan, & Stace（2011）也將批判能力差別理論連結轉化型架構，因為使用此種理論有助於批判許多來源交織影響而造成的歧視。

目前已經有不少資源，可供參考如何採用能力差別理論，來導引研究實施作法（例如：Barnes, Oliver, & Barton, 2002; Kroll, Barbour, Harris, 2007）。

2.4 質性研究運用詮釋架構的實務作法

質性研究運用詮釋架構的方式各異其趣，原則上取決於所用的架構，以及特定研究者的取徑。每一個詮釋架構的描述，凸顯獨特的研究者影響、目標和實務。要區分詮釋架構，有一個有效的作法就是，綜觀各種詮釋架構的摘要對照（請參閱表2.2）。一旦研究者能夠辨識各種詮釋架構的區別，接下來就比較容易理解，如何將各種詮釋架構運用到研究實務之中。在最根本的層級，這些詮釋架構尋求達成的目標之間，就存在著若干的相似和相異處。比方說，研究目標要尋求理解世界，就與尋求現實世界問題的解決有所區別。在這些目標當中，潛在的類似點也應該注意。女性主義理論、批判理論和批判種族理論、酷兒理論、能力差別理論，擁有共通的研究主旨：透過研究記錄各種社會困境或挑戰，厚植實證基礎，從而呼籲推動改革行動。

表2.2 主要詮釋架構的對照比較

詮釋架構	研究者的可能目標	潛在的研究者影響	研究者實踐的例子
後實證主義	發現可能影響實證因果關係的情境因素	先前所接受的量化研究訓練	報告系統化的資料蒐集與分析程序，確保執行過程嚴謹
社會建構論	了解生活與工作所在的世界	承認、正視背景對於詮釋的形塑作用	詮釋研究參與者在其陳述當中的意義建構

詮釋架構	研究者的可能目標	潛在的研究者影響	研究者實踐的例子
轉化型架構	付諸行動，促成社會改善	關於社會當中的權利和各種社會關係的知識	採取行動議程來改善邊緣化群體所遭受的不平等處境
後現代觀點	改變思考的方式	對於現今世界狀況的了解	凸顯觀點的多元性
實用主義	尋求解決真實世界的問題	尊重不同取徑的資料蒐集、分析方式，以及研究發生的不同脈絡	使用最適合的方法來研究
女性理論	執行有助於女性轉化的研究	權力關係的觀點與個人社會立場，以及此等因素如何衝擊女性	提出探討性別如何在形塑個人意識方面扮演核心角色的問題
批判理論、批判種族理論	探討不公平和賦權培力等領域的議題	承認自身的權力，投入對話，使用理論來詮釋社會行動	設計研究，使其得以轉化社會生活的內蘊秩序
酷兒理論	傳達受壓迫者的聲音和經驗	理解有必要重新思考性範疇乃是開放、流動且非固定不變	投入研究聚焦探索個人認同的複雜性
能力差別理論	探討包容的意義	正視能力差別是人類諸多差異性的一個面向，而不是缺陷	運用能力差別詮釋透鏡來研究過程

在思考如何將詮釋架構融入質性研究時，可以參酌下列要點：

- **研究聚焦在理解特定議題或主題**：研究問題和探索的待答問題，目標在於容許研究者理解特定議題或主題，譬如：導致某些個人或文化處於不利或被排擠的狀態，例如：階層、霸權、種族歧視、不平等的權力關係、認同，或是社會上的各種不公不義。

- **研究程序能夠敏感對待參與者和脈絡**：研究的程序，譬如：資料蒐集、資料分析、呈現材料給讀者，以及評鑑和倫理標準等等，都強調一種詮釋的立場。在資料蒐集期間，研究者不會進一步邊緣化參與者，而是以尊重的態度，敏感地對待參與者和研究場地。再者，研究者秉持互惠原則，透過贈禮或回饋，聚焦在個別人物述說之故事的多元觀點。在研究過程的所有面向，研究者敏銳地感受權力的不平衡，尊重個別差異，而不採用傳統集體範疇的泛稱，譬如：男性和女性，或是西班牙裔或非裔美國人。

- **研究者是心存尊重的知識共同建構者**：研究者的倫理實踐認可個人主觀透鏡的重要性，承認自身在研究當中握有權力的地位，並且認可參與者或敘事的共同建構者乃是所蒐集資訊的真正所有權人。

- **研究報告運用多樣化的格式，並且呼籲付諸社會改革行動**：研究成果可能以傳統格式呈現，譬如：期刊論文；也可採取實驗性質的呈現方式，譬如：劇場或詩作。詮釋透鏡的使用也可能導向呼籲行動和轉化——社會正義的目標——質性研究終點就在於具體可行的改革步驟，以及激發行動落實。

2.5 質性研究連結哲學與詮釋架構的方式

雖然哲學預設不總是清楚呈現於研究報告中，但是，詮釋架構倒是可能傳達了各別不同的哲學預設。對於這樣的連結，質性研究者需要有所意識。在Lincoln, Lynham, & Guba（2011）合寫的一

章〈典範的爭議、矛盾與新興融合〉（Paradigmatic controversies, contradictions, and emerging confluences），就可以清楚見識到這樣的連結。在這裡，我們將該章陳述的此等連結予以摘錄，並略加修改調整，以適合本章討論的諸多詮釋架構。如表2.3所示，隨著研究者採用的特定詮釋架構，哲學預設（本體論、知識論、價值論、方法論）也會有所差異。

　　要將表2.3的資訊運用到質性研究中，就是要討論研究如何運用詮釋架構，包括討論詮釋架構的核心原則，以及該等原則如何形塑研究問題、研究待答問題、資料蒐集與分析，以及詮釋。其中也會談及與詮釋架構相關聯的哲學預設（本體論、知識論、價值論、方法論）。就此而言，有兩種方式可供選用來呈現詮釋架構的討論：

　　1. 詮釋架構的本質與其在研究當中的運用；
　　2. 詮釋架構的哲學預設。

　　隨著我們逐步檢視本書介紹的五種質性取徑，我們會發現每一種取徑都有可能使用任何一種詮釋架構。比方說，如果扎根理論研究以科學報告的格式來呈現，主要強調客觀性，焦點放在研究建立的理論模式，沒有報告提及研究者的個人偏見，系統化的詮釋資料分析結果，那所採用的可能就是後實證論的詮釋架構。另一方面，如果質性敘事研究的意圖，是要檢視身心能力差別（傳統上所謂的障礙）學童的邊緣化團體，關注他們對於穿戴義肢的認同，尊重他們的觀點和價值，研究終極目標是要呼籲改變該等團體所受到的對待，那採用的可能就是能力差別理論的詮釋架構。在本書，我們將看到各種例子，呈現這五種質性研究取徑分別採用所有這些不同的詮釋架構。

表2.3 詮釋架構與相關聯的哲學理念

詮釋架構	本體論（實在的本質）	知識論（實在如何被認識）	價值論（價值的角色）	方法論（探究的取徑）
後實證主義	單一實在，存在於我們之外，「在外面那兒」。因為缺乏絕對，研究者可能無法理解或接觸到該等實在。	實在只可能接近，透過研究和統計建構。研究者和受式的互動盡可能最小化。效度來自研究同儕，而不是參與者。	研究者的偏見必須加以控制，不可以在研究當中表現出來。	使用科學方法和書寫。研究目的是要創造新知識。重視方法、歸納方法，譬如：驗證理論、具體陳述重要變數、分組比較等等。
社會建構論	多元實在，透過我們的生活經驗和人我之間的互動而建構。	實在是研究者和研究對象之間共同建構，並受到個人經驗形塑。	個人價值受到尊崇，並在眾人之中斡旋。	需要比較多文學風格的書寫，使用演繹方法，浮現的想法（透過共識），透過訪談、觀察、分析文本而獲得。

詮釋架構	本體論（實在的本質）	知識論（實在如何被認識）	價值論（價值的角色）	方法論（探究的取徑）
轉化型／後現代	研究的是研究者和社群或個人之間的參與。很多時候，主觀—客觀實在浮現。	多元方法的認知，共同創造研究發現。	尊重在地價值；價值必須將問題意識化，以及交互詰問。	方法包含使用研究合作過程，鼓勵政治參與、質疑方法、凸顯議題和關切。
實用論	實在就是有用、實用、有功用。	使用多種研究工具，兼具歸納（客觀）證據和演繹（主觀）證據，來認識實在。	有討論價值，因為知識反映研究者和參與者雙方的觀點。	研究過程涉及量化和質性取徑的資料蒐集和分析。
批判、種族、女性主義、酷兒、能力差別理論	實在是立基於權力和認同鬥爭。特權或壓迫立基於種族、階級、性別、心理能力、性取向。	透過研究社會結構、自由與壓迫、權力和控制，而認識實在。透過研究可以改變實在。	在各種社群的立足點之內，強調多樣化的價值。	開始權力和認同鬥爭的預設，記錄之，並且呼籲付諸行動和改革。

資料來源：改寫自 Lincoln et al. (2011)。

本章重點檢核表

1. 關於質性研究運用的四類主要哲學預設：本體論（什麼是實在？）、知識論（人們如何認識實在？）、價值論（研究的價值如何表達？）、方法論（如何執行研究），你是否了解這四者之間的差別？

　　請檢視一篇質性期刊論文，譬如：Brown et al.（2006）、Healey（2014），或Jungnickel（2014）。首先，請你確認各篇論文當中的四類哲學預設；如果有需要，可參考表2.1作為指南。

Brown, J., Sorrell, J. H., McClaren, J., & Creswell, J. W. (2006). Waiting for a liver transplant. *Qualitative Health Research*, *16*(1), 119-136. doi:10.1177/1049732305284011

Healey, G. K. (2014). Inuit family understandings of sexual health and relationships in Nunavut. *Canadian Journal of Public Health*, *105*(2), e133-e137. doi:10.17269/cjph.105.4189

Jungnickel, K. (2014). Getting there ... and back: How ethnographic commuting (by bicycle) shaped a study of Australian backyard technologists. *Qualitative Research*, *14*(6), 640-655. doi:10.1177/1468794113481792

2. 你是否了解諸多詮釋架構（後實證主義、社會建構論、後現代觀點、實用主義、女性主義理論、批判理論、能力差別理論）各自關聯的哲學信念？請閱讀採取不同詮釋透鏡的質性研究期刊文章。請確認這些文章在詮釋架構方面有何不同，並列舉例子說明之；如果有需要，可參考表2.3作為指南。

〔酷兒理論架構〕Adams, J., Braun, V., & McCreanor, T. (2014). "Aren't labels for pickle jars, not people?" Negotiating identity and community in talk about "being gay." *American Journal of Men's Health*, *8*(6), 457-469. doi:0.1177/1557988313518800

〔社會建構論架構〕Brown, J., Sorrell, J. H., McClaren, J., & Creswell, J. W. (2006). Waiting for a liver transplant. *Qualitative Health Research*, *16*(1), 119-136. doi:10.1177/1049732305284011

〔後實證論架構〕Churchill, S. L., Plano Clark, V. L., Prochaska-Cue, M. K., Creswell, J. W., & Onta-Grzebik, L. (2007). How rural low-income families have fun: A grounded theory study. *Journal of Leisure Research*, *39*(2), 271-294.

〔轉化型架構〕Job, J., Poth, C., Pei, J., Carter-Pasula, B., Brandell, D., & MacNab, J. (2013). Toward better collaboration in the education of students with fetal alcohol spectrum disorders: Voices of teachers, administrators, caregivers, and allied professionals. *Qualitative Research in Education*, *2*, 38-64. doi:10.4471/qre.2013.15

3. 你能否確認特定詮釋架構內的諸多獨特元素？請檢視質性研究期刊文章，譬如：Therberge（1997）研究採用的女性主義詮釋架構，確認該等架構中涵括的下列元素：女性議題、方向性問題、研究目標的維權取向、資料蒐集方法，以及呼籲行動等等。

Therberge, N. (1997). "It's part of the game": Physicality and the production of gender in women's hockey. *Gender & Society*, *11*(1), 69-87. doi:10.1177/089124397011001005

4. 你是否了解不同詮釋架構的差別？請檢視融合多種詮釋架構的質性研究期刊文章，譬如：Chepp（2015）女性主義和批判理論詮釋架構，Watts & Erevelles（2004）能力差別和批判種族

主義架構。從每一種詮釋架構，確認其中的例子；如果有需要，可參考表2.2作爲指南。

Chepp, V. (2015). Black feminist theory and the politics of irreverence: The case of women's rap. *Feminist Theory*, *16*(2), 207-226. doi:10.1177/1464700115585705

Watts, I. E., & Erevelles, N. (2004). These deadly times: Reconceptualizing school violence by using critical race theory and disability studies. *American Journal of Educational Research*, *41*, 271-299. doi:10.3102/00028312041002271

本章摘要

　　本章首先綜覽質性研究的全程，以便讀者能夠看見，哲學預設和詮釋架構如何可能放置在投入研究實務之前的構思階段，以及後續的實作程序，包括選擇和使用本書介紹的五種質性取徑當中的某一種。然後，討論四大類的哲學預設：本體論、知識論、價值論、方法論。再者，也針對每一類的哲學預設，討論待答的關鍵問題、主要特徵，對於研究報告撰寫實務的蘊義或啓示。其次，介紹質性研究常用的若干詮釋架構（又稱典範觀點和理論取向）。讀者可以看到我們建議這些詮釋架構如何運用到質性研究之中。最後，我們說明哲學預設和權勢架構之間的連結關係，再討論質性研究者如何在自己的研究中，將這兩者加以連結。

延伸閱讀

　　下列參考書目旨在提供給讀者，作為本章主題基礎論述的補充之用。這份書目不應視為窮盡所有相關資源的完整清單，我們鼓勵讀者應該從本書書末收錄比較完整的參考文獻，找尋進一步的研讀材料。

Brisolara, S., Seigart, D., & SenGupta, S. (2014). *Feminist Evaluation and Research*: *Theory and Practice*. New York, NY: Guilford Press.

　　Sharon Brisolara, Denise Seigart, & Saumitra SenGupta彙整許多範例，用以示範說明女性主義研究的實施過程。讀者可以從中領略這幾位作者如何以獨特的方式，將女性主義研究置入於諸多學門和國際脈絡之內。

Denzin, N. K., & Lincoln, Y. S. (Eds.) (2011). *The SAGE Handbook of Qualitative Research*. Thousand Oaks, CA: Sage.

　　很多時候，對於研究新手入門探路而言，手冊不失為合宜的首選途徑。Norm Denzin & Yvonna Lincoln合編的這本手冊，提供相當全面的質性研究基礎理念，引領讀者認識當代學者對於哲學在質性研究扮演引導角色的討論。具體而言，我們發現，若干專章特別值得關注，譬如：女性主義研究（Virginia Olesen）、酷兒理論（Ken Plummer）和轉化型研究（Donna Mertens, Martin Sullivan, & Hilary Stace）。

Guba, E., & Lincoln, Y. S. (1988). Do inquiry paradigms imply inquiry methodologies? In D. M. Fetterman (Ed.), *Qualitative Approaches to Evaluation in Education* (pp. 89-115). New York, NY: Praeger.

　　Egon Guba & Yvonna Lincoln提供她們對於典範和方法論之間關係的觀點，這篇重量級的論文堪稱個中議題討論最重要的

貢獻。

Hesse-Biber, S. N. (2012). *Handbook of Feminist Research*: *Theory and Praxis* (2nd ed.). Thousand Oaks, CA: Sage.

Sharlene Nagy Hesse-Biber提供女性研究的基礎導論，討論當前觀點對於社會變革和轉型的影響，以及對於此領域方法論取徑有所影響的新興技術。

Lovern, L. L. & Locust, C. (2013). *Native American Communities on Health and Disability*: *Borderland Dialogues*. New York, NY: Palgrave Macmillan.

對於有興趣展開與原住民社群真正對話的研究者，Lavonna Lovern & Carol Locust這本書提供了基礎資源。尤其值得一提的是聚焦在「健全」（"wellness"）概念的章節，她們的研究實踐經驗說明了，個中概念如何尊重「能力差異性」（disability，傳統上所謂的「殘障」）和原住民族的本質（indigeneity）。

Mertens, D. M. (2009). *Transformative Research and Evaluation*. New York, NY: Guilford.

Donna Mertens提供了按部就班的研究執行指南，其中採用轉化型透鏡作為詮釋／理論架構，讀者可以清楚見識如何將理論連結到研究實務。

Mertens, D. M. (2015). *Research and Evaluation in Education and Psychology*: *Integrating Diversity with Quantitative, Qualitative, and Mixed Methods* (4th ed.). Thousand Oaks, CA: Sage.

Donna Mertens呈現簡短歷史，然後聚焦四種研究典範內蘊的哲學預設：後實證論、建構論、轉化型、實用論。特別值得注意的是，她提供了轉化型典範的有用描述，包括此等典範興起的邏輯理由，以及其哲學和理論基礎的描述。

Mertens, D. M., Cram, F., & Chilisa, B. (Eds.) (2013). *Indigenous Pathways into Social Research*. Walnut Creek, CA: Left Coast Press.

Donna Mertens, Fiona Cram, & Bagele Chilisa共同主編的這本合輯，透過來自六大洲、遍及多樣化領域／學門、超過30位原住民族研究者的現身說法，提供給研究者強有力的指南，得以如臨其境地學習這些研究者切身經歷的挑戰，以及如何運用有效的策略來產生有意義的研究。

Phillips, D. C., & Burbules, N. C. (2000). *Postpositivism and Educational Research*. Lanham, MD: Rowman & Littlefield.

Dennis Phillips & Nicholas Burbules提供了研究實務如何運用後實證論的出色描述，對於所有研究者都是相當實用的基礎參考。

Slife, B. D., & Williams, R. N. (1995). *What's behind the Research? Discovering Hidden Assumptions in the Behavioral Sciences*. Thousand Oaks, CA: Sage.

Brent Slife & Richard Williams探索行為科學領域之主要理論取徑內蘊的預設。這本重量級的著作，已成為眾多學門（例如：心理學、教育）廣為引述的必讀經典，對於鼓勵批判思考來看待理論也極有幫助。

Schwandt, T. A. (2003). Three epistemological stances for qualitative inquiry: Interpretativism, hermeneutics and social constructionism. In N. Denzin & Y. Lincoln (Eds.), *The Landscape of Qualitative Research: Theories and Issues*(pp. 292-331). Thousand Oaks, CA: Sage.

在這篇論文，Thomas Schwandt對照比較質性研究的三種知識論立場：詮釋論、詮釋學、社會建構論，汲取個中共通點

和個殊特色。比方說，一方面，他檢視社會建構論者和詮釋論者的共通焦點：對於意義的發展、斡旋、維持和調整等過程；另一方面，透過這兩種理論在實務的應用方式，從而凸顯區別兩者的差異。

Tierney, W. G. (1997). *Academic Outlaws: Queer Theory and Cultural Studies in the Academy*. Thousand Oaks, CA: Sage.

在這本書中，William Tierney呈現了文化研究和酷兒理論的跨界交織，全書提供了重要的歷史回顧，以及饒富意味的未來展望。

3

質性研究的設計

　　透過隱喻，我們可以把質性研究設想為一幅精巧的編織品，交織著許多纖細的線條、繽紛的顏色、不同的質感，以及五花八門的材料混合。要把這樣一幅編織品解釋清楚，絲毫不容等閒視之。就像織布機把材料編織成織品一樣，質性研究也得透過普遍預設和詮釋架構支撐起來。要描述這些架構，質性研究者使用如後的用語──*建構論*、*詮釋論*、*女性主義*、*後現代*等等。在這些預設之內，以及透過這些架構，就是質性探究的取徑（或設計），譬如：敘事研究、現象學、扎根理論、俗民誌、個案研究。質性研究領域有著許多不同的門戶，各自秉持不同的觀點，各家各戶不同的織布機，也編織出不同的質性研究編織品。除了差異之外，創意洋溢的藝術家之共通任務都是要編織作品。換言之，所有形式的質性研究，都有若干共通特徵。這些特徵有許多都會出現在個別的質性研究，但不是所有特徵都會呈現在所有質性研究個案。依照個別研究的情況不同，對於其中某些特徵的重視程度多少有所差異。

　　本章旨在提供質性研究的綜覽和介紹，以便我們在投入探索特定研究的編織工法（特定的質性研究取徑，譬如：敘事研究、現象學等等）之前，能夠先見識到共通特徵。首先，呈現的是質性研究的普遍定義，以及凸顯執行此種研究的本質特徵。接著，我們討論最適合採用質性研究的研究問題或議題類型。我們強調，執行此等嚴謹而耗時

的研究需要具備的條件，以及評鑑研究品質的判準。當你了解投入質性研究的此等基本要件（研究問題、時間、判準）之後，接下來我們就可以開始介紹研究設計和規劃。這涉及初期考量、設計和規劃過程的諸多階段，以及此等過程當中需要考量斟酌的整體要素。質性研究者需要預估和計畫研究全程許多階段可能浮現的倫理議題。最後，我們提供若干建議，引導思考如何運用若干策略以吸引讀者投入，以及研究計畫整體書寫結構的參考指南。本章概略介紹研究設計的組成元素，在本書稍後各章討論五種質性取徑的各階段細節時，將會提供進一步的詳細說明。

> **問題討論**
>
> - 質性研究有哪些關鍵特徵？
> - 哪些種類的問題，最適合質性研究？
> - 研究者要執行這種研究，需要具備什麼條件？
> - 「好的」質性研究，具有哪些特點？
> - 研究者如何設計質性研究？
> - 研究者準備投入質性研究前，需要預估研究全程可能遭遇哪些倫理議題？
> - 哪種組織架構對於質性研究計畫書可能比較有用？

3.1 質性研究的特徵

先前在第一章，我們給予質性研究的工作定義，其背後強調研究的設計和特定的研究取徑（例如：俗民誌、敘事研究等等）。在這裡，我們將再次運用此一工作定義作為基礎，來討論質性研究的共通特徵：

質性研究開始於若干預設和使用詮釋／理論架構，從而形塑、提擬出研究問題，用以探討個人或團體對於社會或人類問題所賦予的意義。要研究此等問題，質性研究者採用浮現的質性探究取徑，在自然場域蒐集資料，敏感於所研究的個人和地方，兼容歸納和演繹來進行資料分析，從而確立型態或主題。研究結果的書面報告或呈現，納入參與者的聲音、研究者的反身性、關於研究問題的複雜描述和詮釋，以及對於文獻的貢獻或呼籲改革行動。（Creswell, 2013，頁44）

請注意，在這定義當中，著重於研究的*過程*，描述如後：首先，從哲學預設出發，接著透過詮釋透鏡，投入探究社會問題或人類問題的研究程序。然後，存在若干得以組織研究程序的架構，亦即「研究取徑」，譬如：扎根理論、個案研究等等。

在這裡，我們認爲從比較一般性的普遍定義，轉向比較具體而特定的特徵，應該有助於讀者對於質性研究有更切實的認識。我們相信，隨著時間的推移，質性研究的特徵也在持續變動，而不是恆常不變的一套固定元素。儘管如此，檢視主要參考書提及的質性研究特徵，還是可以看出若干共通線索。檢視表3.1中四本質性研究導論的參考書，不難看出質性研究的若干特徵。與本書第一版（發行於15年前，援引其他作者的論述）類似表格對照比較，我們可以發現，現今質性研究者更密切關注探究的詮釋本質；更明確地將研究置於研究者的政治、社會和文化脈絡中；在研究報告當中，更重視呈現研究者的反身性或「在場」。

表3.1 質性研究的特徵

特徵	LeCompte & Schensul（1999）	Hatch（2002）	Marshall & Rossman（2015）	Ravitch & Mittenfelner Carl（2016）
在自然場域（田野）執行	✓	✓	✓	✓
研究者作為資料蒐集的關鍵工具		✓		✓
多元方法	✓		✓	
歸納與演繹反覆來回的複雜推理	✓	✓	✓	✓
聚焦參與者的多元觀點和意義	✓	✓		
置身處地於研究參與者／場所的脈絡或場域	✓		✓	✓
漸進浮現或演化的研究設計		✓	✓	✓
反思和詮釋研究者背景的影響			✓	✓
呈現全方位、複雜的圖像		✓	✓	✓

透過檢視表3.1，讀者可以見識到質性研究的若干特徵。請注意，表格當中各項特徵的先後順序，並不代表任何特定的秩序或重要性：

- **自然場域（natural setting）**：質性研究者通常會蒐集田野資料，田野亦即參與者實地經驗研究問題或議題所在的場地。他們

不會把人帶入研究室或實驗室（人為營造、控制的情境），基本上也很少寄發問卷之類的研究工具請人填答，譬如：調查研究。反之，質性研究者蒐集近距離或當面的資訊，直接和人們談話、觀看他們在脈絡中的言行舉止。隨著時間推移，面對面互動自然而然發生。

- **研究者身為關鍵工具（researcher as key instrument）**：質性研究者透過自身來蒐集資料，包括：檢視文件、觀察行為、訪談參與者等等。當然，他們也有可能採用研究工具，但通常是研究者自行設計的開放式問題，比較不傾向使用或仰賴其他研究者開發的問卷或工具。

- **多元方法（multiple methods）**：質性研究者傾向蒐集多元形式的資料，譬如：訪談、觀察、文件，而比較少仰賴單一形式的資料。然後，他們檢視所有資料，設法爬梳個中意涵，進而組織成為跨越所有資料來源的範疇或主題。

- **兼容歸納與演繹邏輯的複雜推理（inductive and deductive logic）**：質性研究者透過「由下而上」的取徑，以歸納邏輯方式，組織資料，從而建立型態、範疇、形式，逐步形成抽象程度越來越高的資訊單位。歸納步驟涉及研究者反覆來回於主題和資料庫之間，直到確立融會貫通所有資訊的一套主題。其中也涉及和參與者協同合作，彼此互動，以便他們有機會形塑過程當中浮現的主題或抽象。另一方面，研究者也會運用演繹思維，建立主題，並且持續拿來和資料進行檢驗。這種兼容歸納─演繹邏輯的運思過程意味著，質性研究在研究全程持續使用複雜的推理技巧。

- **參與者的多元觀點和意義（participants' perspectives and meanings）**：質性研究的整個過程，研究者保持聚焦，探索參與者對於研究問題或議題所抱持的意義，而不是研究者帶進研究的意義，也不是文獻作者發表的意義。參與者的意義進一步代表

關於研究主題的多元觀點，因此，質性研究報告發掘的主題，應該要能夠反映出參與者的多元觀點。

- **脈絡依附（context-dependent）**：研究處於參與者所在的脈絡或場域。爲了要報導研究問題所在的場域，研究者必須尋求理解脈絡細節，以及該等脈絡細節對於參與者經驗的影響（例如：社會、政治、歷史）。這是質性研究的根本要件，因爲特定脈絡容許研究者得以「理解事件、行動、意義如何受到其發生所在之獨特情境的形塑」（Maxwell, 2013，頁30）。

- **浮現的設計（emergent design）**：質性研究的研究過程是浮現的，這意味著，研究的初步計畫不可能預先限定之後，就毫無轉圜餘地；反之，研究者進入田野、開始蒐集資料之後，研究任何過程、階段都有可能變動或轉移。比方說，研究待答問題可能有所變更，研究對象的個人或造訪的場地，在執行研究過程中也有可能更替、變換。質性研究背後的關鍵理念就是，要置身處地，從參與者的立場來理解問題或議題，以及投入最佳實務來取得解答該等問題或議題的資訊。

- **反身性（reflexivity）**：研究者在質性研究中陳述自身在研究當中的位置性。這意味著，研究者傳達（亦即在研究報告的〈介紹〉、〈方法〉，或是其他部分）自身的背景（例如：工作經驗、文化經驗、歷史等等），以及該等背景如何形塑他們對研究資料的詮釋與他們從研究中獲得什麼。在這方面，Wolcott（2010）有如下之說明：

　　讀者有權利知道關於我們的資訊。他們並不想知道我們有否參加高中樂隊，他們想知道的是，什麼驅使我們有興趣調查該等主題、研究成果會向哪些人或單位報告，以及我們個人可能從研究中獲得什麼。（頁36）

- 全方位的陳述（**holistic account**）：質性研究者致力於發展關於
研究問題或議題的複雜圖像。這涉及報導多元觀點、確認問題情
境牽涉的諸多因素，以及描繪浮現的全方位圖像。質性研究者不
自限於探求因素之間的因果關係，而是致力於描述特定情境各種
因素之間的複雜交互作用。

3.2 質性研究的適用時機

何時適合採用質性研究？我們執行質性研究，可能是基於如下的
考量：

- 因為有問題或議題需要探索，經由探索而去了解某一群體或族
群，去確認不可能輕易測量的因素，或是去聽見被壓抑或消音的
聲音。這些都是探索問題的好理由，而不是使用文獻已然確立的
資訊，或是仰賴其他研究的結果。
- 因為需要對於議題有複雜、詳細的理解，而細節只有可能從直接
和人們交談，走進人們的居家或工作地點，容許她們從容暢談故
事，而不是侷限於確認我們預期會發現的事實，或是驗證存在於
文獻的論點。
- 為了要賦予個人權力分享其故事，聽見她們的聲音，最小化經常
存在於研究者和研究對象之間的權力不對等關係中。要進一步最
小化權力不對等關係，我們可能會直接和參與者協同合作，請她
們檢視我們的研究待答問題，或是請她們投入資料分析和詮釋階
段。
- 想要採取比較有彈性或文學性的研究報告，傳達故事、劇場、詩
詞，而不受制於學術報告的正式體例。
- 想要了解研究參與者看待問題或議題的脈絡或場域。我們不可能
總是能夠清楚區隔，人們的言談內容與其所從出的脈絡，譬如：
居家、工作、親族關係等等。

- 使用質性研究，進一步釐清量化研究的發現，譬如：幫助解釋因果理論或模式的複雜機轉或綿密連結。量化研究建立的理論，提供的是普遍的趨勢、相關和關係；但是無法告訴我們，人們切身體驗的過程，爲什麼會做出如此反應，該等反應所在的脈絡，導致他們如此反應的深層想法和緣由。

- 使用質性研究來發展理論，因爲關於特定母群或樣本的理論，失之片面或不夠充足，或是既存的理論不足以妥適捕捉所欲探究之問題的複雜面向。

- 因爲量化測量和統計分析，明顯不適用所要探究的研究問題。比方說，人們之間的互動，很難用既存的測量來捕捉；再者，既存的測量可能不夠免敏感，無法有效處理性別差異、種族、經濟地位、個人差異等議題。量化測量和統計的邏輯是把所有個人等量齊觀，如此一來，也就忽略了個別獨一無二的特性。

請檢視圖3.1，摘要概述哪些時機最適合採用質性取徑來探討研究問題。

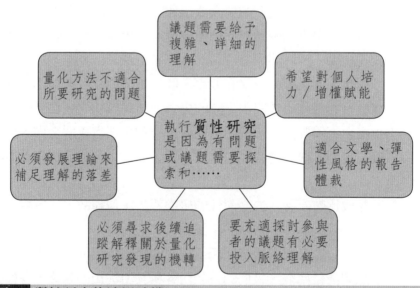

圖3.1 質性研究的適用時機

3.3 質性研究者所需的條件

執行質性研究需要具備什麼條件呢？質性研究者需要對研究問題有強烈的承諾，願意投入時間和資源。質性研究可以是量化研究的好伴侶，不應視為畏懼「統計」或覺得量化研究太困難，所以退而求其次，改選似乎比較容易的質性研究。以下摘述質性研究者應該願意承擔的任務要求：

- **願意長時間投入田野**：研究者在田野花上很多時間，蒐集廣泛資料，面對克服田野議題，努力取得進接和建立契合關係。和參與者協同合作需要投入相當時間，但這對於發展「圈內人」觀點是很重要的。

- **願意投入複雜、耗時的資料分析過程**：研究者需要承擔龐雜的任務，爬梳大量的資料，化約為少數量的主題或範疇。跨領域的質性研究團隊，可以由成員分工合作；但是大多數的質性研究，則是單兵奮戰，必須耐得住孤單無援的處境，獨自埋首於資料裡，從中摸索出意義。

- **願意絞盡腦汁、撰寫長篇幅的描述段落**：研究者呈現充分實質內容的證據來支撐宣稱的論點，周延反映多元觀點。納入引述說詞提供參與者的觀點，也會拉長研究報告的篇幅。

- **願意擁抱動態和浮現的程序**：研究者投入的社會和人文學科研究，並不遵循特定的程序，反倒是時常會視情況而變動和調整。這也使得質性研究者益發難以向他人說明研究的計畫，而旁人也不容易判斷研究是否已經完成。

- **願意關照預期可能出現和浮現的倫理議題**：研究者需要預估研究期間可能發生哪些倫理議題，並且預先規劃如何因應。此外，執行研究時，新議題也可能浮現，需要隨機應變。

3.4 「優秀」質性研究的特色

研究完成之後，讀者、參與者、研究所論文審查委員、期刊編審、贊助機構審查研究申請案的審查者，會採用判準來評估研究的品質。目前已經有若干標準，可供評估質性研究的品質（Howe & Eisenhardt, 1990; Lincoln, 1995; Marshall & Rossman, 2015）。以下是我們針對「優秀」質性研究的描述特徵，摘列整理的清單。在這份清單中，你會看到優秀質性研究對於方法嚴謹的強調：

- 研究者透過基本預設和質性研究取徑的特徵，來架構研究。這包括基本特徵，譬如：演化的設計、多元觀點的呈現、研究者作為資料蒐集的工具、聚焦參與者觀點——簡要言之，也就是表3.1提及的所有特徵。

- 研究執行應該合乎倫理。這不單只是尋求機構審查委員會的審核通過，還必須考量和設法解決預估研究全部過程可能浮現的所有倫理議題。

- 研究者使用某種質性取徑，譬如本書介紹的五種取徑。使用已獲得認可的研究取徑，有助於提升研究設計的嚴謹程度，也提供評估研究品質的判準。使用質性研究取徑意味著，研究者定義和確認取徑，引述採用該等取徑的研究文獻，遵循研究取徑的實施程序指南。當然，個別研究不可能納入特定研究取徑的所有元素。不過，對於初學質性研究的學生，我們推薦將研究界定在單一取徑範圍之內，從實作當中日益精進，優游自在，並且保持研究簡潔而直接了當。之後，尤其是規模較大和複雜的研究，就可以試著擴展納入多種取徑的元素。

- 研究者開始之初應該設定於單一焦點，或單一有待探索的概念。雖然有些例子的質性研究，會涉及比較多個群體或因素、主題（譬如：在個案研究或俗民誌）；但我們還是比較喜歡質性研究

開始時，聚焦於單一概念或想法〔例如：所謂專業（或是老師、畫家、單親媽媽、街友等等），到底是什麼意思？〕然後，隨著研究進展，可以視需要而融入多種概念的比較（例如：專業老師和專業行政人員有何差異？），或是找尋因素之間的關聯（例如：哪些因素可能解釋為什麼畫作能夠激起情感反應？）。不過，確實有不少質性研究者投入比較和關係分析，可能還沒對於核心概念取得徹底了解，就著手尋求比較和分析。

- 研究者運用嚴謹的資料蒐集程序。這意思是指，質性研究蒐集多元形式的資料，建立該等多元資料和細節的摘要（可能以表格的形式），在田野投入充足的時間。有些質性研究會提供有關投入田野時間數量的資訊（例如：25小時的觀察），而且這種作法還滿普遍的。我們尤其樂見於不同尋常的質性資料蒐集形式，譬如：照片引談法、影音媒材、或是數位文字簡訊等等。

- 研究者納入研究方法的詳細描述，包括：嚴謹取徑的資料蒐集、資料分析、報告撰寫等等。方法的嚴謹顯現在，比方說，投入田野蒐集廣泛資料；執行多元層次的資料分析，從狹窄的編碼或主題，到較寬廣而相互關聯的主題，乃至於抽象層次更高的向度。嚴謹也意味著，譬如：成員檢核、三角檢驗資料來源，或是邀請同儕或外部稽查人員來檢核陳述。

- 研究者使用多種層級的抽象，來進行資料分析。我們樂見於研究者分析的抽象層級從個殊推向普遍。很多時候，寫作者呈現研究的分析階段（例如：多元主題可能結合成較大的主題或觀點），或是逐層分析，從個殊推到普遍。頗為常見的是，從資料發掘的編碼或主題，有可能只是稀鬆平常、原本預期的概念，但也有可能蹦出令人喜出望外的想法。在一項課堂研究中，學生檢視，遠距學習課程的學生如何反應鏡頭對準班級的相機。研究者尋求了解，相機鏡頭沒有對準班級的時候，學生有何反應。在這種取徑之下，作者採取不尋常的角度——出乎讀者意料的角度。

- 研究者的書寫必須有說服力,讓讀者感覺「親臨其境」(being there)。文學術語「栩栩如生」(verisimilitude)的概念,可以捕捉此等想法(Richardson, 1994,頁521)。書寫必須清楚、引人入勝,充滿預期不到的內容。透過躍然紙上的生動文字,故事和研究發現變得真實、可信,準確反映存在於現實生活中的複雜細節,並且得以吸引讀者投入關注。

- 研究者將其自身置於研究之內,反思本身的歷史、文化和個人經驗。這不單純只是*自傳*(***autobiography***),亦即不只是限於作者或研究者述說自身的背景;而是要聚焦於個人的文化、性別、歷史和經驗如何形塑質性研究案的所有面向,舉凡選擇什麼樣的研究問題、如何蒐集資料,乃至於如何詮釋情境,以及希望從執行研究中獲得什麼。在某些方面,譬如:討論個人所扮演的角色、將自身交織穿插到文本當中,或是反思自己對於研究的疑問,諸如此類,都是研究者將自我置入質性研究之中。

3.5 質性研究設計的過程

關於質性研究的設計,並不存在普遍公認的標準結構。雖然對於研究設計的建議,質性研究參考書之間可能不盡相同,但是有相當程度受到所採行特定質性取徑的形塑。你可能會回想到我們先前第一章的介紹,研究設計(research design)乃是指關於研究執行的計畫。有些作者相信,透過閱讀研究、討論過程,以及指出浮現的議題,然後有志投入質性研究者就可望從中領會如何來執行此種形式的探究(請參閱Wels & Fine, 2000)。對於某些人,這樣的方式或許有所幫助;但是對於另外有些人,透過了解研究設計過程的概括議題,應該就足以幫助設計研究(請參閱Richard & Morse, 2012);此外,也可尋求實作指南之類參考書提供的指引(請參閱Hatch, 2002)。在此,

我們比較不是要提供按表操作的研究設計指南觀點，而比較傾向描述質性研究的各種選項（亦即五種質性研究取徑），再提供參照我們經驗所做的斟酌權衡，然後讓讀者自行做出選擇。

　　不過，我們倒是可以分享，我們在思考設計質性研究時，如何關照個中元素的邏輯一致性。這可分成三方面來考量：在研究展開之前的初期考量；在研究執行期間投入的各階段步驟；貫穿研究過程所有階段的元素。

▌3.5.1▌ 初期的考量要點

　　設計質性研究時，我們確實有考量遵循若干設計原則：

- **科學方法的結構**：我們發現，質性研究基本上也遵循普遍的科學方法，而且不論質性或量化，都有著共通的研究階段。科學方法的結構基本上包括：問題、假說、資料蒐集、結果、討論。所有研究者似乎一開始都是從某個議題或問題出發，檢視文獻，提出待答問題，蒐集，然後分析資料，撰寫研究報告。質性研究也適用此等科學方法的結構，在本書的章節組織，我們也依照這樣的結構，反映個中研究設計的過程。

  我們喜歡**方法論相容、一致性**（*methodological congruence*）的概念，這最早是由Morse & Richards（2002）提出的，後來Morse & Richards（2012）進一步予以闡述，此一概念基本上就是指，研究目的、問題和方法應該全都相互連結，彼此關聯，以便研究成為融貫的整體，而不是支離破碎。研究設計的關鍵元素，應該抱持共通的目標，建立相互融貫連結並且實際可行的實施計畫。在這方面，Maxwell（2013）提議採用互動取徑的研究設計。在投入設計質性研究的過程，我們相信，研究者必須用心注意各部分元素的相互關聯，以及設計過程的互動性。

- **質性研究的若干面向**：研究者必須考量，質性研究的若干組成面向可能隨著個別研究案而有所差異。因此，從初期的討論開始，

我們就需要初步決定要強調哪些面向。

➢ 文獻與理論的使用：研究者必須考量，是否與如何使用文獻。關於這方面，個別研究者的立場可能存在頗大差異；同樣地，對於是否使用特定理論，也是如此。文獻回顧可能全面而徹底，並且用來擬定研究待答問題；但是另一方面，也有些研究者主張可以到研究後期，才開始進行文獻回顧；也有可能單純只是用文獻來呈顯研究問題的重要性。當然，還有其他可能的作法，而這就關聯到質性研究賦予文獻回顧的各種不同用途。

　　在質性研究，理論的使用也存在諸多不同的可能性。比方說，文化理論就是構成優秀俗民誌的建構基石（LeCompte & Schensul, 1999）；相對地，在扎根理論，其理論則是從研究過程當中逐漸發展、產生（Strauss & Corbin, 1990）。在健康科學領域，研究初期提出使用先驗理論的情形相當普遍，而且也被視為嚴謹質性研究必須納入的關鍵元素（Barbour, 2000）。

➢ 書寫或報告格式：研究者必須考量，質性研究報告的書寫格式相當多元，例如：科學取向的書寫體例、文學風格的故事敘說，乃至於各種類型的展演，譬如：劇場、戲劇、詩詞。在質性研究的報告或展示方面，並不存在普遍接受的單一標準或結構。

• 最後，質性研究者也需要考量，研究者個人的背景和興趣，以及研究者帶入研究的諸多元素。研究者有個人歷史，也有研究的取向、倫理感，以及政治立場，舉凡這些個人因素都有可能對研究產生形塑作用。Denzin & Lincoln（2011）指稱，研究者是「多元文化的主題」（頁12），並且將此等歷史、傳統和自我概念、倫理、政治等等，視為展開質性研究的切入點。

▎3.5.2▎ 研究過程的階段

初步考量就緒之後，研究者開始投入研究過程，包含八個階段（摘要請參閱圖3.2）。

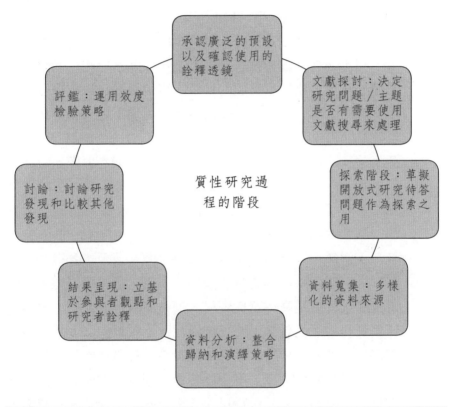

質性研究過程的階段

承認廣泛的預設以及確認使用的詮釋透鏡

文獻探討：決定研究問題／主題是否有需要使用文獻搜尋來處理

探索階段：草擬開放式研究待答問題作為探索之用

資料蒐集：多樣化的資料來源

資料分析：整合歸納和演繹策略

結果呈現：立基於參與者觀點和研究者詮釋

討論：討論研究發現和比較其他發現

評鑑：運用效度檢驗策略

圖3.2 質性研究過程的階段

1. 首先，質性研究者確認帶領我們進入質性研究的廣泛預設，以及研究使用的詮釋透鏡或理論架構。
2. 質性研究者提出研究主題或實質問題領域，並且完成回顧檢視該等主題或領域的相關文獻。
3. 然後，質性研究者可以有信心地說，已經找到有待探索的問

題或議題。此等問題可能是來自眞實世界的問題，也可能是回顧文獻或檢視過去研究發現的缺漏。質性研究的問題範圍極廣，遍及社會科學、人文各領域，特色就是深入性別、文化、邊緣化群體的議題。研究書寫的主題通常帶有情緒感染力，貼近現實的人、事、物。

要研究這類主題，質性研究者會提問開放式問題，傾聽參與者，初步訪談少數人物「探索」之後，進而形塑、調整研究問題。避免占據專家角色的地位，警惕不要自以爲擁有「最佳」答案。研究過程中，問題會與時俱進，越來越優化，以反映對於研究問題逐漸精進的理解。

4. 蒐集諸多不同來源的資料，包括「文字」或「影像」資訊。一般而言，質性資訊來源可分爲四類基本形式：訪談（直接互動產生的資料）；觀察（被動互動產生的資料）；文件（既存的文書媒材）；文物（影音視訊等媒材取得的資料）。當然，還有其他新興的資料來源（例如：社群網絡互動），可能挑戰前述的傳統分類。不過，無庸置疑地，質性研究的骨幹就是廣泛蒐集資料，通常涵蓋多元來源。再者，蒐集資料的途徑包括：使用結構化程度較低的開放式問題、觀察、文件和文物等，並且不預設希望發現什麼特定結果。組織和儲存資料之後，小心遮蔽資訊提供者的姓名、身分識別資訊，開始投入分析資料（通常是漫長而且孤單的煎熬過程），試著摸索出蘊含的意義。

5. 要投入分析資料，詮釋個中意義，質性研究者採用歸納方式，分析質性資料，從個殊現象推論出普遍觀點（例如：編碼、範疇、主題或維度）。然後，採用演繹方式，蒐集證據來支持該等主題與詮釋。在這裡，一個絕竅就是，把個中分析過程視爲多元層級的抽象推理，一開始是原始資料，從中發展越來越廣泛的範疇，抽象層級由低而高。

在這當中，質性研究者應該注意，研究各階段的活動之間乃是高度相互關聯的，包括：資料蒐集、分析、報告撰寫，研究者穿插來回往返於這些階段之間，比方說，在蒐集資料的同時，也已經開始構思、撰寫、修改報告（而不是如同量化研究，比方說，等到實驗完成蒐集好數據之後，才開始著手撰寫報告）。

舉例而言，在個案研究中，質性研究者發現自己投入相互關聯的諸多活動之中，包括：訪談、分析和撰寫個案報告，而這些都不是各自截然分立的階段。同樣地，在敘事研究中，研究者實驗各種形式的敘事，譬如：隱喻和類比，發展矩陣和表格，使用視覺傳達材料，一方面打破資料，同時也重新組構出新的形式。將分析結果逐層堆高抽象層級，從編碼、主題，到主題之間的交互關聯，進而是涵義更廣的概念模式。

6. 呈現（再現）資料，部分立基於參與者觀點，部分立基於研究者自身的詮釋，從來不可能完全迴避在研究當中烙印上研究者的個人印記。

7. 研究完成之後，討論研究發現，將該等發現拿來和研究者的個人觀點、周延的文獻相互比較，並且提出浮現的模式，希望有充適傳達研究發現的本質。

8. 在研究過程的某些環節，質性研究者會問自己：「我們（我）是否有找到『正確』的故事？」（Stake, 1995）在此同時，質性研究者也知道，並不存在單一正確的故事，而是多元的故事。質性研究或許沒有終點，只有持續不斷的問題（Wolcott, 1994）。質性研究者也會徵詢參與者，切實反映他們的說詞。在這方面，質性研究者會投入效度檢驗策略，透過若干來源的資料來驗證或三角檢驗，以及請其他研究者來檢視我們的研究過程。

| 3.5.3 | 貫穿研究全程各階段的組成要素

在蒐集和分析質性資料的漫漫過程當中，研究的敘事逐步成形，而且個別研究的敘事形式也可能各異其趣。我們說故事，故事隨著時間推移而開展，某些時候，可能採用科學研究的傳統報告取徑（亦即依序呈現研究問題、待答問題、研究方法、研究發現或結果）。不論研究敘事採用何種形式，我們發現，很重要的環節就是，談論研究者的背景和經驗，以及此等因素如何形塑我們對於研究發現所做的詮釋。此外，最好的描述方式或許就是，讓參與者以他們的聲音（voice，亦即話語風格）來發言，透過對話帶出故事；再者，對話或許可以考慮使用參與者的慣用語種（例如：西班牙語或原住民母語、客語、台語）呈現，附上研究者與／或目標讀者群慣用語種的翻譯字幕（例如：英文或中文）。

質性研究過程的所有階段，研究者從頭到尾都需要保持敏感，審慎應對可能浮現的倫理議題。在不同的階段，可能需要特別關注不同的倫理議題。比方說，當我們設法交涉進接研究田野場域；設法促成參與者投入研究；蒐集揭露個人生活細節、可能觸發情緒迴盪的資訊；要求參與者投入相當時間和心力。在這方面，Hatch（2012）提供了相當實用的清單，摘要整理質性研究者需要預估和設法因應的主要研究倫理議題。其中一項關鍵議題就是，對於參與者付出的時間和心力，研究者應該如何給予回饋，這也就是*互惠*（*reciprocity*）的倫理考量；另外，我們還需要檢視，參與者如何可能從我們的研究獲益，以及如何保護他們免於受到傷害。

大多數的質性研究都是在大學或機構，所以需要提出證明，研究設計有遵循相關倫理規範，並且備妥相關文件送交機構審查委員會審核備案。因此，知道如何思考、規劃、撰寫研究倫理議題相關事宜，乃是研究設計過程的重要課題（Israel & Hay, 2006; Sieber & Tolich, 2013）。再者，研究者也必須做好準備，以面對研究過程中

可能發生的倫理議題。因此，下一節專門用來介紹質性研究的倫理議題。

3.6　質性研究全程各階段的倫理議題

在設計質性研究時，研究者需要考量哪些倫理議題可能浮現，並且預先規劃如何面對、因應。常見的迷思是，倫理議題只發生在資料蒐集階段。事實上，在研究過程的任何階段，都有可能發生倫理議題，而且隨著研究者對於參與者、研究場地、利害關係人等、研究出版單位或個人的需求，越來越能敏感覺察，倫理考量的範圍也會越來越擴大。

檢視此等議題的一個方式就是，考量諸如Weis & Fine（2000）等人整理提供的倫理議題目錄，譬如：研究者相對於參與者的圈內人／圈外人角色；評估我們可能會畏懼揭露自我身分之類的議題；建立支持、尊重的關係，而不涉入刻板印象，或是避免給參與者貼上其本身不想要的標籤；承認誰的聲音會呈現在我們最終的報告中；透過自我反思，將自身寫入研究報告當中。此外，如同Hatch（2002）摘要概述，我們還需要保持敏感警覺，審慎關照易受傷害的族群、權力不平衡的關係，以及參與者可能涉入的風險。

在思考研究倫理議題時，我們偏好的作法是，逐層檢視研究過程的各個階段。若干重要的參考書也提供了有用的論述，可以幫助質性研究者依照各階段來檢視可能發生的倫理議題，例如：Lincoln（2009）、Creswell（2014）、Mertens & Ginsberg（2009）、Ravitch & Mittenfelner Carl（2016），以及美國心理學會（APA,2010）。如表3.2所示，質性研究的倫理議題發生在以下各階段：(1)執行研究之前；(2)研究開始之初；(3)資料蒐集；(4)資料分析；(5)研究報告；(6)發表結果。我們也提供若干可能的解決對策。這些都可

以寫入研究設計或研究計畫中。請注意，這表格不應視為窮盡所有可能發生的倫理議題，而應該視為開啓有關各類倫理議題對話的一種方式，而且在本書稍後各章，也會進一步擴展討論質性研究需要面對因應的各種倫理議題。

表3.2 質性研究過程各階段的倫理議題

研究過程的階段	倫理議題	如何正視、解決議題
執行研究之前	・尋求所屬大學或機構同意 ・檢視專業協會標準 ・取得地方進接許可 ・選擇研究場地 ・協商研究發表或出版的著作人格權 ・徵求同意使用其他研究者未出版的研究工具或程序	・遞交研究計畫，取得**IRB**審核通過 ・諮詢專業倫理標準 ・確認和完成許可研究場地及參與者的在地；找到守門者，請求協助 ・選擇不會觸及研究者—參與者權力議題的場地 ・決定作者的排名順序。 ・取得同意使用可能認為個人財產的材料，並給予讚揚
開始研究之初	・揭露研究目的 ・簽署知情同意書 ・尊重原住民社會的常模規範與特許權 ・具備敏感度，體察容易受傷害之族群（例如：兒童）的需求	・接觸參與者，知會他們使其了解研究目的 ・向參與者重申參與是自願的 ・找出文化、宗教、性別和其他需要尊重的差異性 ・取得適切的同意許可（例如：家長同意以及兒童同意）

研究過程的階段	倫理議題	如何正視、解決議題
蒐集資料	· 尊重研究場地，將干擾降至最低程度 · 避免欺瞞參與者 · 尊重潛在的權力不平衡和參與者可能遭遇的壓榨 · 不要「利用」參與者蒐集資料；不要沒有提供回饋就離開 · 採取適切的安全措施，儲存資料和材料（例如：原始資料和博多稿）	· 建立信賴，在取得連接時傳達預期可能發生的干擾 · 討論研究目的和用途 · 避免引導性的題目；個人印象；避免揭露敏感性的資訊 · 提供獎勵給參與者；注意互惠的機會 · 資料和材料儲存於安全的處所，保存5年（APA, 2010）
分析資料	· 避免選邊支持參與者和只揭露正面的結果 · 尊重參與者的隱私	· 報告多元觀點；如果有發現相反的結果，也要如實報告 · 分派虛構的名字；發展複合的人物
報告資料	· 作者人格權、證據、資料、發現或結論 · 避免揭露可能傷害參與者的資訊 · 以清楚、直接、適當的語言溝通 · 不要抄襲	· 誠實報告 · 使用複合人物故事，以確保個別參與者的身分不致洩漏 · 使用適合研究預期讀者群的語言 · 參閱APA（2010），關於轉用或改編他人著作許可的準則

研究過程的階段	倫理議題	如何正視、解決議題
發表研究	・和其他人分享報告 ・根據讀者群的差異，適度修改報告 ・不要將報告複製或拆成局部發表出版 ・填寫遵守倫理標準，以及沒有利益衝突的證明	・提供報告複印本給參與者和利害關係人。 ・分享實用結果；考量網路；考量使用不同語言發表 ・避免使用相同材料來多次發表 ・揭露研究贊助者或單位

資料來源：改寫自 APA (2010)；Creswell (2013, 2016)、Lincoln (2009)、Martens & Ginsberg (2009)。

- **執行研究之前**：需要先取得所屬大學機構審查委員會的審核許可。許多機構審查委員會審查過程的指導準則規定，必須繳交證據顯示研究者對於相關倫理議題有充適的認知，並且提出計畫妥適回應研究倫理的相關三大原則：尊重、福祉、正義。(1)尊重原則：尊重對待參與者，以及尊重處理他們投入研究的資料；換言之，必須提供證據顯示，有妥適規劃尊重對待參與者和保護隱私的措施，確保有清楚溝通知情同意的過程，包括告知參與者得以自由退出研究的權利。(2)福祉原則：研究者必須確保有提供參與者充適的保護；換言之，必須提供證據顯示沒有讓參與者涉入身心受傷的危險。(3)正義原則：必須秉持公平正義的精神，對待參與者；換言之，必須審慎考量招募措施，以及證明取樣策略和場地選擇、選樣判準的正當性。必須等到機構審查委員會完成審核同意之後，才可以開始進接研究場地和參與者；另外，有些機構可能還會規定需取得審核同意之後，才可以開始募集研究經費。

同樣重要的是，研究之前也應該檢視各相關專業協會或學會

的研究倫理標準，譬如：美國歷史學會（American Historical Association）、美國社會學協會（Americal Sociological Association）、國際溝通協會（International Communication Association）、美國評鑑學會（American Evaluation Association）、加拿大評鑑協會（Canadian Evaluation Society）、澳洲評鑑學會（Australasian Evaluation Society）、美國教育研究協會（American Educational Research Association）等（Lincoln, 2009）。

另外，也需要取得當事人和所屬場地的同意，才得以開始接觸、蒐集個人和所在場地的資料。在處理這方面事宜時，可能會需要動用到利害相關人等和守門人的協助。研究場地的選擇，不應該基於隱藏利害關係的考量，尤其是對於研究的潛在結果。再者，在研究初期，應該和共同研究者商榷研究作者掛名事宜、相關指導原則和實施指南，請參閱APA（2010）。

- **研究開始之初**：這階段涉及初步接觸研究場地和個人，其中一項重要任務就是向參與者揭露研究目的。通常是陳述在知情同意表格完成簽署之後，收錄在呈交給機構審查委員會的申請文件之中。此等表格的文字內容應該明示參與研究乃是出於個人的自由意願，並且不會招致參與者陷入不合情理的危險處境。對於敏感族群，需要提供特殊的考量處理（例如：兒童和家長或監護人的同意表格）。再者，在研究初期階段，研究者需要預估參與者和場地可能涉及的任何文化、宗教、性別或其他方面的差異性，並且予於尊重。對於這些方面的尊重，質性研究的著作已經有相當多的闡明，尤其是關於原住民族群（LaFrance & Crazy Bull, 2009）。比方說，美國印第安部落收回族人自治權，也重新取得權力，得以決定哪些研究可以實施，以及如何以尊重部落文化和特許區的方式來報告研究結果。
- **資料蒐集方面**：對於資料蒐集期間（尤其是觀察和訪談）可能發

生的倫理議題，質性研究者普遍都已擁有頗高的敏感度，能夠敏於覺察和妥善因應。研究者需要取得許可同意執行田野研究，讓守門人或權威當局明白，研究的執行不至於造成太多的干擾。不應該瞞騙參與者研究的本質，在資訊提供的過程中（例如：透過訪談、文件等等），也應該對研究的一般本質進行評估。現今，質性研究者已經比較能夠敏銳感知訪談的本質，也比較明瞭訪談過程如何可能引發賞訪雙方的權力不對等。對於此等潛在的權力不對等狀況，訪談者需要慎重因應，建立信賴、避免引導式的問題，排除可能的權力不對等。再者，單純的資料蒐集舉動也可能趨向「利用」參與者和場地，來謀取研究者個人的利益，這就需要配合互惠策略，譬如：提供回禮給參與者和場地。

- **分析資料方面**：若干倫理議題也可能浮現。因為質性研究者通常投入相當多時間在研究場地，時間一長，難免忽略了有需要呈現多元觀點和核心現象的複雜圖像。事實上，他們可能選邊站在和參與者同一陣線，只揭露正面的結果，從而創造出粉飾太平的偏頗假象。這就是所謂的「變成在地化」（going native），這種情況可能發生在資料蒐集期間，所以在結案報告必須牢牢謹記，納入多元觀點，以免有失公允。再者，研究結果也可能在無心之間，呈現有損參與者或研究場地的負面圖像，因此，研究者必須念茲在茲，隨時提醒自己有義務保護參與者的隱私，可供採用的保護措施包括：遮蔽當事人姓名，發展複合人物寫照或複合個案。

- **研究報告方面**：最近，增修版本的美國心理學會倫理準則（APA, 2010），有討論到研究掛名著作人格權（authorship）和資訊揭露等議題。比方說，特別強調誠信原則，包括：如果在研究當中沒有相當實質貢獻，就不應掛名作者；在研究報告當中，不應提供虛假證據、資料、發現、結論等等。再者，報告也不應揭露可能造成參與者潛在傷害的資訊。報告書寫應該使用清晰、

適宜溝通的語言，以便目標讀者群閱讀、理解。最後，應該了解關於引述他人著作所需取得的相關許可類型，以避免涉入剽竊（plagiarism）。

- **研究的發表、出版方面**：在APA（2010）研究倫理準則當中，近來備受關切的，就是關於研究發表、出版方面的議題。其中一個重點，就是強調和研究參與者、利害關係人等，分享研究得到的資訊。這包括：分享實用的資訊、在網站公布資訊、使用方便廣大讀者理解的語言來發表。另外一個重點，是關於避免使用相同研究來源的多重發表，或是將研究拆成多份或重複發表。最後一點，出版社通常會要求作者簽屬遵守倫理，揭露研究資助來源，以及表明研究結果和出版沒有涉及利益衝突。

3.7　質性研究計畫的設計架構

研究者有責任以研究計畫之類的形式，清楚概述研究大綱。研究計畫的讀者群不足而一，包括：審查委員會的成員，乃至於研究經費贊助機構的評審團。回顧檢視已完成的質性研究結案文件，可以發現各式各樣的研究計畫。總之，目前並不存在固定的書寫格式。接下來一節，我們將描述六項設計元素，希望有助於撰寫足以吸引讀者一探究竟的研究計畫。

3.7.1　設計考量要點：有助於吸引讀者

在許多情況下，研究的獨特性確實是值得稱許的優點。就我們的經驗來看，別樹一格的研究計畫可能帶來不少好處，舉凡取得研究經費贊助，乃至於贏得出版機會。下列清單，摘要概述若干點子，可供參考斟酌如何在研究計畫融入吸引人的元素。更詳盡的清單，請參閱Creswell（2016）。

- **研究獨特的樣本**：是否有任何未曾研究過的樣本或母群？透過研究不尋常的群體，研究者可能取得推陳出新的洞視，從而能夠以清新的角度，重新檢視已有相當多研究探討的領域。
- **採取不落俗套的觀點**：在你的研究領域中，是否存在沒人料想過的角度或觀點？很可能就是預期之中的反面。
- **觀察不尋常的田野場地**：是否可能進接不尋常的群體或地點？比方說，過去無法進接而目前變得有可能進接的群體或地點。
- **蒐集非典型的資料**：是否有適合的資料來源，但在過去典型的社會科學研究比較少採用（例如：蒐集聲音、請參與者自己拍照記錄）？隨著新媒體的崛起（請參閱Halfpenny & Procter, 2015），研究者有更多機會來貢獻新的方法。
- **以不尋常的方式，呈現研究發現**：我蒐集的資料類型是否可能影響，而得以選用不尋常的方式來呈現研究發現？有各式各樣的選項可能採用，譬如：建立類比（analogies，請參閱Wolcott, 2010），或是繪製地圖、概念圖，或其他類型的圖案、表格。
- **聚焦當務之急的主題**：是否有目前吸引大量關注的主題，有必要加以研究？許多人熱烈討論的主題，通常也會有新聞媒體廣為報導。有些時候，研究贊助機構也可能優先考量贊助這類的主題。

┃3.7.2┃ 質性研究計畫的通用結構

檢視比較質性研究的各種寫作格式（例如：Creswell, 2014; Marshall & Rossman, 2015; Ravitch & Mittenfelner Carl, 2016），我們發現存在普遍通行的書寫結構，其中包含六個部分，可作為參考指南，引導撰寫研究計畫。接下來，我們將描述這六個部分的書寫，並且凸顯採用不同觀點的研究，各部分納入的元素如何可能有所差別。對於每一個部分，我們會提供若干引導問題，用來輔助考量論述寫法（改編自Creswell, 2014; Maxwell, 2013）。這些書寫結構和輔助資源，再加上《質性取徑的博士論文導論》（*Essentials of Qualitative*

Doctorate, Holloway & Brown, 2012），對於未曾寫過碩博士論文的學生，尤其有幫助。本書稍後各專章在介紹這六部分的時候，還會進一步補充討論有關書寫的詳盡細節。

1. 〈介紹〉：這部分是要介紹研究計畫探討的問題，一般包含三個項目：(1)研究問題宣言；(2)研究目的宣言；(3)研究待答問題。採用不同觀點的研究，〈介紹〉納入的元素可能有所差別，譬如：採取建構論／詮釋論觀點的研究，不一定需要獨立章節的文獻回顧；採取轉化型觀點的研究，需要確認有待探索的特定轉化型議題。

   ➢ 以下問題可用來引導書寫〈介紹〉的論述：讀者需要哪些資訊，以便能夠更充分了解你的研究主題？讀者需要知道關於你研究主題的哪些資訊？你的計畫研究是打算要探究什麼？

2. 〈研究程序〉：這部分是要描述研究實行的程序，通常包含八個項目：(1)哲學預設或世界觀；(2)質性研究取徑；(3)研究者角色；(4)資料蒐集程序；(5)資料分析程序；(6)研究發現的效度檢驗策略；(7)研究的敘事結構；(8)預估的研究倫理議題。對於採用不同觀點的研究，在這部分可能也會有所差異。比方說，採用轉化型觀點的研究，可能會強調協同合作形式的資料蒐集，並且採用可信賴度來取代一般所謂的效度檢驗。

   ➢ 以下問題可用來引導書寫這部分的論述：研究的是哪些場域？研究的對象是哪些人？你計畫使用哪些方法來蒐集資料？你將要如何分析資料？你打算如何檢驗研究發現？你會呈現哪些研究倫理議題？

3. 〈初探研究結果〉：這部分是要報告初探研究發現，如果有完成試行研究，可以報告初探研究的發現，否則這個部分也可以完全省略。

➣ 以下問題可用來引導書寫〈初探研究結果〉的論述：初探研究發現顯示，計畫提案的研究可能取得哪些實用性和價值？

4. 〈**研究啓示或蘊義**〉：以大綱的形式，概述預期的研究啓示或蘊義。一般而言，這部分涉及闡明研究的重要性。關於預期結果的描述，採用不同觀點的研究，寫法也可能有所差別。比方說，採用建構論或詮釋論觀點的研究，可能會描述預期的衝擊；採用轉化型觀點的研究，可能會提及或倡議研究可能帶來的預期改變。

➣ 以下問題可用來引導書寫〈研究啓示或蘊義〉的論述：這項研究旨在達成什麼樣的重要性？

5. 〈**參考文獻**〉：列出研究計畫引用的文獻。請注意，只列出有真正引述在研究計畫書當中的文獻，至於只是在撰寫研究計畫過程參考研讀的文獻，則不要列出。

6. 〈**附件**〉：納入必要的文件作為附件，附件的焦點和數量，將會隨著個別研究和研究計畫目標讀者而不盡相同。最普遍的附錄項目包括：接觸洽詢研究參與者和場地的介紹信、研究方法使用的博多稿（例如：訪談問題、觀察表格）、研究進度時程表。比較不普遍的附錄項目包括：預算表、預定章節目次表。

這六個部分代表質性研究計畫最重要的項目。就我們的經驗來看，如果能夠妥善考量，並且作為書寫組織的架構，應該可以完成一份優秀的研究計畫。完整的研究結案報告將會包括額外的資料發現、詮釋、結果討論、研究限制、未來研究需求。

本章重點檢核表

1. 你有否看見作者如何將質性研究特徵融入發表的研究作品中？請選取一篇質性研究範文，確認該篇文章如何呈現本章提出的每一項質性研究特徵（摘述請參閱表3.1）。請註明其中哪些特徵比較容易確認，哪些特徵比較難以確認。

2. 已發表的質性研究，描述的研究活動呈現什麼樣的結構？找一篇已發表的質性研究，首先列出該篇文章描述的各種研究活動，然後用框框或圓圈標示出「較大的活動」，再以箭號連結排出各項活動的順序。比方說，某項研究可能是先討論 研究問題 → 進而 理論模式 → 接著 研究目的，諸如此類的研究活動結構。

3. 你是否有認出哪些倫理議題以及哪些因應作法？請從表3.2選取其中一項可能發生在質性研究過程的倫理議題。在你可能想要執行的質性研究當中，考量此等倫理議題可能發生的情境，然後描述你可能選用的各種因應作法，越多越好。

4. 你如何可能運用本章介紹的研究計畫的各個組成部分，開始來設計質性研究計畫？考量可能有助於吸引讀者的設計元素，討論該等元素如何融入你的研究計畫，然後發展一份大綱，概述你如何可能組織和呈現你計畫研究的諸項元素。

本章摘要

　　在本章，我們提供質性研究的導覽介紹。首先，呈現的是我們給質性研究的工作定義：這是實施研究的取徑，一開始是哲學預設、詮釋觀點或理論架構，目標在於探索個人或群體賦予社會或人類問題的意義。其次是，質性研究的九項共通特徵，包括：

在自然場域蒐集資料，對所研究的個人保持敏感；兼用歸納和演繹分析策略，確立型態或主題；發展複雜描述和詮釋，提供參與者的聲音；研究者的反身性。近年來，質性研究方法的導論書籍開始強調此等質性研究特徵。這些特徵都融入在我們的定義當中。根據如此的定義，質性取徑適合用來探索研究問題；當複雜、詳細的描述需要時，當研究者想要採取文學、彈性的書寫風格時，質性研究需要時間和專業知能，資料蒐集和分析，以及報告寫作。

　　雖然質性研究沒有準則，但是對於好的研究的判準，倒是存有相當的共識：嚴謹的資料蒐集和分析；使用質性取徑（亦即敘事、現象學、扎根理論、俗民誌、個案研究）；單一焦點；有說服力的陳述；對於研究者個人歷史、文化、個人經驗和政治等方面的反思；倫理實踐。

　　質性研究設計，是在實際研究過程中逐漸浮現、演化。但是一般而言，還是遵循科學研究的型態。研究開始之初，先是對於質性探究核心的廣泛預設，詮釋或理論透鏡，以及研究的主題。陳述研究問題或議題之後，研究者提出若干開放式的待答問題，蒐集多元形式的資料來回答該等問題；透過將資訊排列分組使成為編碼、主題或範疇，以及較大的維度，從而詮釋資料蘊含的意義。研究者最後撰寫的敘事，會有多樣化的格式，從科學研究報告乃至於文學性的故事。

　　在設計質性研究時，需要預估倫理議題，並且提出因應計畫。研究過程的許多階段，都有可能發生倫理議題。在投入執行研究之前，需要先洽詢取得許可同意研究。研究開始之初，研究者需要接觸參與者，取得知情同意，了解和尊重研究場地的習俗、民情、文化。最需要特別關注的是，可能發生在資料蒐集過程的倫理議題：研究者需要尊重研究場地和參與者；資料蒐集的

作法應該不要有權利不平衡的情況，或是「利用」參與者。資料分析過程也可能發生倫理議題：研究者不應該選邊支持參與者；不應該以特定方向形塑研究發現；報告涉及參與者資訊時，應該尊重個人隱私。在研究報告階段：需要秉持誠信原則；不可剽竊他人著作；避免呈現可能帶給參與者潛在危險的資訊；應該以清楚、有效的溝通方式，以便關係人等得以閱讀、理解。在研究的發表、出版方面：研究者需要開放分享資料，避免一稿多投或重複發表，並遵守出版社的規範。

　　最後，研究者撰寫的敘事有著多樣化的格式，從科學類型的研究到敘事。研究計畫基本上包含六個部分，每個部分的寫法與納入的元素，會隨著研究者採用的觀點而有所差別，聚焦在研究者在研究計畫需要提出的論述。

延伸閱讀

　　以下文獻是關於「設計質性研究」的基礎參考資源。這份書目不應視為窮盡所有相關資源的完整清單，我們鼓勵讀者應該從本書書末收錄比較完整的參考文獻中，找尋進一步的研讀材料。

American Psychological Association. (2010). *Publication Manual of the American Psychological Association* (6th ed.). Washington, DC: Author.

提供有效溝通文字和資料指南的必備資源，每一次修訂的新版本都反映了最新的導引準則，比方說，第六版中電子化和線上資源的參考文獻寫法。

Creswell, J. W. (2014). *Research Design: Qualitative, Quantitative, and Mixed Methods Approaches* (4th ed.). Thousand Oaks, CA: Sage.

John W. Creswell呈現了質性、量化和融合方法這三種取徑研究設計的絕佳資源。使用研究過程作為組織結構，容許讀者看見每一種研究取徑的操作化。

Hatch, J. A. (2002). *Doing Qualitative Research in Education Settings*. Albany: State University of New York Press.

J. Amos Hatch採用步驟化的取徑，逐步介紹說明研究的發展，強調學習質性研究的實施藝術。使用真實研究的資料來示範闡明分析過程，對於任何研究者都非常實用。

Holloway, I., & Brown, L. (2012). *Essentials of a Qualitative Doctorate*. Walnut Creek, CA: Left Coast Press.

Immy Holloway & Lorraine Brown提供實用的指南，透過導覽引領讀者認識研究計畫、撰寫、博士論文研究計畫辯護等的進展過程、重點與注意細節。其中，介紹研究計畫撰寫和倫理議題重要性的章節，相當實用。

Maxwell, J. (2013). *Qualitative Research Design*: *An Interactive Approach* (3rd ed.). Thousand Oaks, CA: Sage.

Joe Maxwell採用步驟化的取徑來介紹質性研究的規劃過程，強調研究設計元素之間如何互動。特別值得一提的是，提供兩篇質性研究博士論文計畫範例，並且在計畫當中需要注意的若干地方嵌入評述說明。

Mertens, D. M., & Ginsberg, P. E. (2009). *The Handbook of Social Research Ethics*. Thousand Oaks, CA: Sage.

手冊提供基礎，主編Donna Mertens & Pauline Ginsberg提供有用的出發點研究倫理。特別值得注意的是第十章，Yvonna Lincoln介紹說明關於質性研究的倫理實踐。

Sieber, J. E., & Tolich, M. B. (2013). *Planning Ethically Responsible Research* (2nd ed.). Thousand Oaks, CA: Sage.

Joan Sieber & Martin Tolich提供使用者友善的研究倫理導論。尤其這本書重新造訪過去引發倫理爭議的研究，切入現今機構審查委員會的規範，從而提供新穎的觀點。

4

質性研究的五種取徑

　　我們在此呈現兩種研究的情景。第一種情景,研究者沒有確認採用任何特定的取徑。研究方法的討論很簡短,只限於提到使用面對面的訪談。研究發現呈現的是,針對訪談蒐集資料的主要範疇所作的主題分析。相對地,第二種情境,研究者採用特定的質性研究取徑,譬如:*敘事研究*(*narrative research*)取徑。在研究方法部分,詳細描述此等取徑的意義、為什麼使用此等取徑,以及此等取徑如何形塑研究的實施程序。研究發現呈現的是,個人的特定故事可能採取大事記格式陳述,凸顯故事中的某些緊張情勢。對於個人故事所在之特定組織的細節,提供重要的脈絡資訊。你覺得哪一種比較符合學術性?哪一種比較能夠吸引人投入?哪一種比較精緻周延?我們認為,如果是研究新手,可能比較適合選擇第二種。

　　要呈現精進周延的研究,我們需要先確認採用哪種取徑來做質性研究。如此,審查者得以給予適合該等類型的評估。而且,對於研究新手,可以有得以依循的書寫*結構*(*structure*),能夠從質性研究的學術文獻找到參考資源,來提供組織架構研究理念的方式。當然,研究新手也可以同時選擇若干質性取徑,譬如:敘事研究加上現象學研究;但是,我們會傾向把這些比較進階的作法,保留給經驗比較豐富的研究者。我們常說,研究新手需要先徹底弄懂一種取徑,站穩腳步之後,再去探索嘗試其他取徑,對於各種取徑都有相當程度的掌握之

後，再來考慮融合多種取徑的作法。

　　這一章，將會幫助你開始學習掌握這五種質性研究取徑，以及區分這五種取徑的異同。我們逐一介紹這五種取徑的定義、起源、關鍵特徵、類型、實施程序、挑戰與未來展望。最後，我們總結摘述這五種取徑的對照比較，包括：基本考量、資料處理程序、研究報告等面向。

問題討論

- 這五種質性研究取徑（敘事研究、現象學、扎根理論、俗民誌、個案研究），各有什麼焦點和定義？
- 每一種取徑，各有什麼歷史起源和背景？
- 每一種取徑，各有哪些定義特徵？
- 每一種取徑，各有哪些類型？
- 每一種取徑，各有哪些實施程序？
- 每一種取徑，各有哪些挑戰和未來展望？
- 對照比較這五種取徑，有哪些相似點和相異點？

4.1 從五種取徑當中做選擇

　　在確認選擇質性研究取徑的必要性之後，接下來的當務之急就是得要決定，在這五種取徑當中，該選擇哪一種最適合你的*研究焦點*（*research focus*，請參閱圖4.1）。

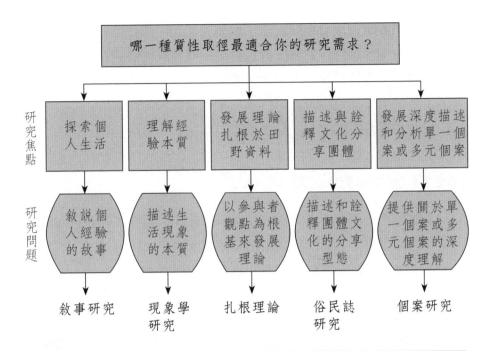

圖4.1 五種質性取徑與多樣研究需求的適合度評估流程圖

　　在這方面，根本的選擇指南是，檢視個別質性研究取徑適合的*研究問題*（***research problem***）。研究焦點代表的是比較普遍的研究興趣，譬如：研究目的或目標，但往往隱身在比較具體而特定的研究問題。研究問題是指議題或關切的問題，也是導致吾人想要去投入研究的起源。對於每種質性取徑建立基本的認識，當然是值得推薦的。至於研讀這五種取徑的先後順序，倒是可以由讀者自己來決定，不一定需要依照本書呈現的固定順序（*亦即敘事研究、現象學、扎根理論……*）。

　　比方說，如果研究者是要研究*單一個人*（***single individual***），或許可以決定先研讀分析單位聚焦個人的研究取徑，也就是先看看敘事研究、*俗民誌*（***ethnography***）和*個案研究*（***case study research***）的描述介紹，然後使用本章最後的對照比較，來幫助區分這三者的差

異。再比方說，如果想要研究若干群體的個人，那就可以先探索不同的取徑，對照比較個中異同，最後再決定哪種取徑最適合。總之，根據最適合你的質性研究學習需求，來決定本章各節的研習順序。

4.2 敘事研究

| 4.2.1 | 敘事研究的定義

敘事研究有許多不同形式，使用多樣化的分析作法，並且起源於若干不同的社會、人文學門（Daiute & Lightfoot, 2004）。「敘事」（narrative）一詞可能指所研究的*現象*（*phenomenology*），譬如：關於某種疾病的敘事；也可能是指研究使用的方法，譬如：用來分析故事的程序（Chase, 2005; Clandinin & Connelly, 2000; Pinnegar & Daynes, 2007）。作爲研究的方法，敘事開始於個人表述生活經驗，或敘說生活經驗的故事。在這方面，Clandinin（2013）主張，需要關注敘事所在的脈絡，「敘事研究的焦點，不只是喚回個人的經驗，還需要探索社會、文化、家庭、語言、機構的敘事，在此等脈絡之內，個人的經驗如何建構、形塑、表達和形諸行動。」（頁18）

目前已有不少作者提供方法，可供分析、理解人們的生活經驗和敘說的故事。Czarniawska（2004）定義敘事乃是一種質性研究的設計，「敘事可以理解爲口語或書面的陳述，提供關於某一事件／行動，或連串的事件／行動，依照時序予以連結。」（頁17）敘事研究實施程序包含：聚焦一人或兩人，透過採集該等個人故事來蒐集資料，報導個人經驗，使用大事記來呈現經驗的意義〔或使用*人生周期階段*（*life course stages*）〕。

在討論敘事研究，我們主要取材《敘事研究》（*Engaging Narrative Inquiry*, Clandinin, 2013）這本書重新檢視，「敘事研究者所爲何事」（頁18）。此外，我們也納入Riessman（2008）提出的

敘事資料蒐集程序與多種分析策略，以及《敘事研究》（*Narrative Inquiry*, Clandinin & Connelly, 2000），這是許多社會科學家相當推崇的扛鼎之作。

4.2.2　敘事研究的起源

敘事研究起源於文學、歷史、人類學、社會學、社會語言學，以及教育學；然而，不同領域的研究也各自發展獨到的取徑或取向（Chase, 2005）。舉例而言，我們發現，包括：Czarniawska（2004）後現代、組織取向；Daiute & Lightfoot（2004）人類發展觀點；Lieblich, Tuval-Mashiach, & Zilber（1998）心理取徑；Cortazzi（1993）和Riessman（1993, 2008）社會學取徑；Elliott（2005）量化（例如：事件歷史模式的統計故事）和質性的融合取徑。

跨學門的敘事研究也頗受各方鼓勵推廣，主要包括：1993年開始發行的《生命敘事研究》（*Narrative Study of Lives*）年鑑系列（請參閱，例如：Josselson & Lieblich, 1993）、《敘事研究手冊》（*Handbook of Narrative Inquiry*）和《敘事研究期刊》（*Narrative Inquiry*）。

敘事研究有其獨特的定義，在方法論與研究成績方面也有相當扎實的基礎。隨著各種出版品持續發行上市，敘事研究歷久彌新，始終是廣受歡迎，「持續創新茁壯、生生不息的領域。」（Chase, 2005，頁651）

4.2.3　敘事研究的定義特點

瀏覽期刊的敘事研究論文，檢視敘事研究的主要參考書籍，可以發現有若干定義特點。並不是所有敘事研究案都一定會包含此等元素，但是許多都有以下清單摘列常見的特徵元素：

- 敘事研究者從個別人物（以及透過檢視文件、團體訪談等管道），蒐集關於個人生活經驗或敘說的*故事*（*stories*）。此等故

事可能有許多不同的形式，例如：人們告訴研究者的故事，研究者和參與者共同建構的故事，或是透過各種類型的展演來傳達某些訊息或要點的故事（Riesmann, 2008）。因此，敘事研究可能有強烈的協力合作特徵，因爲故事乃是透過研究者和參與者的互動或對話而浮現出來。

- 敘事故事講述個別人物的經驗，讀者得以一窺該等人物的認同，以及他們如何看待自我。

- 敘事研究的故事發生在特定的地方或情境。時間元素也很重要，因爲隨著時間不同，研究者敘說的故事發生的地方脈絡也會有所差異。敘事脈絡細節可能包括：關於物理環境、情境氛圍和社會情境等描述。

- 敘事研究的故事乃是透過許多不同形式的資料蒐集而建構，訪談是主要的資料蒐集形式，另外也可能包括：觀察、文件、圖片，以及其他來源的質性資料。

- 敘事研究的故事使用若干分析策略，譬如：針對敘說內容的主題分析，針對故事如何敘說的結構分析，針對故事敘說對象的對話或展演分析，或是使用視覺圖像分析詮釋來搭配文字分析（Riessman, 2008）。其他分析策略涉及的焦點包括：價值、情節、重要性、角色關係圖與時間等等面向（Daiute, 2014）。

- 很多時候，研究者傾聽敘事者所講述的故事之後，轉化編寫爲大事記，雖然敘事者說故事的時候，或許沒有如此明顯的時間順序結構。不過，敘事者談說個人經驗時，還是有可能傳達了時間面向的流轉。他們可能談及過去、現在與未來（Clandinin & Connelly, 2000）。

- 敘事研究的故事常會包含轉捩點（Denzin, 1989），或特定的緊張情勢、轉折或斷裂，諸如此類的事件可以作爲組織結構來重新陳述故事，包括：伏筆（lead-up）或後果（*consequences*）。Daiute（2014）確認四類的型態（跨越一人或兩人以上的敘

事），包括：類似、差異、變化、連貫一致性，從中詮釋敘事當中的意義。

| 4.2.4 | 敘事研究的類型

敘事研究可以從兩個面向來分類：第一個考量面向是，敘事研究者使用的資料分析策略；第二個考量面向是，敘事的類型。個中選擇雖然取決於個別研究者，但是也會受到經驗的本質、故事的產生過程，以及讀者群之類因素的影響。比方說，如果經驗涵蓋一輩子的大部分時期，那麼選擇採用*生命史*（*life history*），就滿合情合理的；不過，同樣的故事也可能採用主題取徑來分析。在這方面，最佳的引導原則是，找到適合特定故事發揮功能的取徑；比方說，Riessman（2008）以大綱方式提出了敘事可能發揮的若干功能，包括：探索個人與／或群體的認同形成、動員邊緣化群體、啟動政治行動。

Polkinghorne（1995）關於敘事類型的討論，可分為兩大取徑，其中一種取徑是把焦點放在資料分析策略，研究者從跨故事或故事的分類擷取主題；另外一種則是比較近似說故事的模式，敘事研究者以情節為基礎來形塑故事，或是採用文學取徑來展開分析。Polkinghorne進而指出，他的寫作強調的是第二種取徑。比較晚近，Chase（2005）提議的分析策略則是立基於解析敘事的限制，亦即著眼於敘事乃是構成於研究者和參與者之間的互動，而詮釋則是發展自各方敘事者。Riessman（2008）綜合整理前述兩者的主張，提出三種敘事分析取徑，相當明瞭、容易分辨與掌握：(1)主題分析：研究者確認參與者「說出」的主題；(2)結構分析：焦點轉向故事「敘說」的類型，譬如：喜劇、悲劇、詼諧、浪漫等等；(3)對話或展演分析：焦點轉向故事如何產生（亦即研究者和參與者的對話互動），或如何展演（亦即旨在透過展演而傳達訊息或重點）。

目前，敘事研究領域已發展出不少類型的取徑，可供研究者選擇來引導採集故事（請參閱，例如：Casey, 1995／1996）。擇要摘述如

下，酌供參考選用：

- **傳記研究（biographical study）**：研究者撰寫和記錄研究對象的個人生活經驗，例如：Ruohotie-Lyhty（2013）〈為專業身分認同而苦苦掙扎：兩位新近合格語言科老師最初任教幾年的身分認同敘事〉（Struggling for a professional identity: Two newly qualified language teachers' identity narratives during the first years at work），使用傳記研究，探索兩位芬蘭新進語言科教師的專業認同。透過對照兩者的經驗（一位初期艱辛困難，另一位起步相對輕鬆容易），他們的傳記故事讓讀者得以洞觀，個人生活經驗的反思如何可能輔助發展教師專業認同。

- **自傳俗民誌（autoethnography）**：由研究對象自己撰寫和記錄個人的生活紀事（Ellis, 2004; Muncey, 2010）。Muncey（2010）定義*自傳俗民誌*有如後的特徵：多層次的意識，脆弱易受傷害的自我，連貫一致的自我，批判社會脈絡的自我，顛覆優勢論述，喚起記憶和正視情緒（親密關係、悲喜傷痕等）的潛能。自傳俗民誌融合作者書寫自我生命故事（亦即自傳、文學書寫傳統），以及該等個人故事在社會、文化、政治脈絡的深遠意義（亦即俗民誌、社科意義理解傳統）。例如：自傳俗民誌創始人Ellis（2004）〈「倖存者」：講述親人猝死的故事〉（"There are survivors": Telling a story of sudden death），探索其兄弟空難意外身亡對家族衝擊的故事。透過當事人自我的聲音，呈現Ellis和兄弟的童年互動、空難前後的脈絡、兩人的童年關係、返鄉參加喪禮和回家之後的經驗，以及此一事故為個人和職業生涯帶來的諸多議題。

- **生命史（life history）**：生命史描繪個人一生的故事，相對地，敘事研究則是探索個人生活經驗的單一或多重事件（episodes）、私人情境（private situations）、社群民俗故事（communal folklore）（Denzin, 1989）。例如：Fabricius

（2014）的生命史研究〈跨國與個人：一所丹麥大學脈絡的生命史〉（The transnational and the individual: A life-history narrative in a Danish university context），探索一名丹麥學界人物終其一生的立場和觀點更迭，從而闡明該國學術界國際化複雜糾葛的局勢。

- 口述史（**oral history**）：蒐集單一個人或若干個人對於事件與其生成原因和後果的回顧（Plummer, 1983）。敘事研究可能有特定的脈絡焦點，譬如：老師或學童敘說的課堂故事（Ollerenshaw & Creswell, 2002），或是關於組織機構的故事（Czarniawska, 2004）。口述史可能汲取多樣化的研究方法，並採用諸如社會正義、女性主義之類的詮釋架構作爲引導（Janesick, 2013）。比方說，社會正義詮釋架構的口述史可能透過使用見證（testimonios），來宣揚拉丁美洲人權（Beverly, 2015）；女性主義詮釋架構的口述史，報導女性故事（請參閱 Personal Narratives Group, 1989），從而呈顯女性的聲音如何可能受到壓抑消音，以及女性聲音的多元和內在矛盾（Chase, 2005）。口述史也可用來破除關於青少女懷孕的主流論述（Muncey, 2010），或是凸顯偏鄉地區產前照護不足的窘迫狀況（Orkin & Newberry, 2014）。

4.2.5 敘事研究的執行程序

在此，我們介紹的敘事研究的執行程序，參考使用Clandinin & Connelly（2000）的取徑作爲指南，沒有遵循固定的步驟，而是提供若干選項。最近，Clandinin（2013）重申她的立場，「我凸顯敘事研究的流動性，而不是一套必須遵照辦理的程序或線性步驟。」（頁33）Riessman（2008）增加有用的資訊，說明資料蒐集過程和分析資料的策略。另外，執行敘事研究的實作技術，請參閱Daiute（2014）。執行敘事研究的通用程序，請參閱圖4.2。

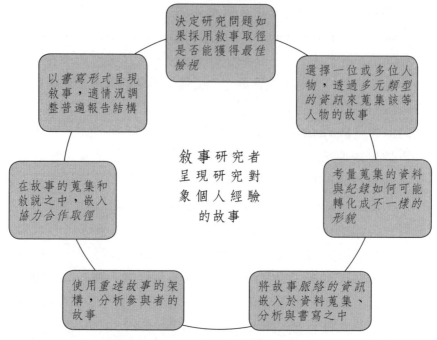

決定研究問題如果採用敘事取徑是否能獲得最佳檢視

選擇一位或多位人物，透過多元類型的資訊來蒐集該等人物的故事

以書寫形式呈現敘事，適情況調整普遍報告結構

考量蒐集的資料與紀錄如何可能轉化成不一樣的形貌

在故事的蒐集和敘說之中，嵌入協力合作取徑

敘事研究者呈現研究對象個人經驗的故事

使用重述故事的架構，分析參與者的故事

將故事脈絡的資訊嵌入於資料蒐集、分析與書寫之中

圖4.2 敘事研究的執行程序

- **決定研究問題或待答問題是否最適合採用敘事研究**：敘事研究最適合採用來捕捉詳盡細節的故事、單一個人的生活經驗、或少數人物的人生故事。
- **選擇一位或多位有故事或生命經驗可敘說的人物，在田野和他們相處相當時日，透過多元類型的資訊，蒐集該等人物的故事**：Clandinin & Connelly（2000）稱這樣的故事為「田野文本」（field texts）。研究參與者可能透過寫日誌或日記來記錄個人故事；從家族成員彙整關於個人的故事；從備忘錄或官方書信等文件當中，蒐集有關個人的資訊；取得照片、回憶箱（memory box，內有若干物品，可用來喚起回憶），以及其他個人—家族—社會的**人造物件**（*artifacts*）。

- **考量蒐集的資料與記錄如何可能轉化成不一樣的形貌**：Riessman（2008）示範說明，如何可能運用不同方式來轉謄訪談，從而發展不同類型的故事。比方說，逐字稿可以凸顯研究者偏向聆聽或提問的角色，強調研究者和參與者之間的互動，傳達在時間當中進展的對話，或是透過翻譯而納入可能浮現的意義轉移。

- **將故事脈絡的資訊嵌入資料蒐集、分析與書寫之中**：敘事研究者把個人故事嵌入於參與者的個人經驗（工作、家庭）、**文化**（***culture***，種族），以及**歷史脈絡**（***historical contexts***，時間和地點）。保持脈絡敏感度，乃是敘事研究公認的根本要件（Czarniawska, 2004）。

- **使用重述故事的架構來分析參與者的故事**：「**重述故事**」（***restory***）是敘事研究用來重新組織參與者故事的一種架構。研究者可能採取主動角色，重述故事使成為有意義的架構。此等架構可能包含蒐集故事、分析故事找尋關鍵元素（例如：時間、地點、情節），然後重新整理寫成依照時間順序的大事記（Ollerenshaw & Creswell, 2002）。Cortazzi（1993）指出，大事記以其強調時間順序，將敘事研究和其他研究類型區隔開來。大事記的一個特點是，故事有開頭、中間、結尾。這當中還有類似優秀小說的諸多基本元素，包括：困境、衝突、掙扎；故事的主要人物或主角；困境化解過程的隱含因果序列（亦即情節）（Carter, 1993）。再者，敘事還可能包含小說常見的其他元素，例如：時間、地點、情節（Connelly & Clandinin, 1990）。故事情節也可能包含Clandinin & Connelly（2000）提倡的三維敘事探究空間：個人和社會（互動維度）；過去、現在和未來（時間維度）；地點（情境維度）。情節當中也包含參與者經驗所在之場景或脈絡的資訊。

  除了大事記架構，研究者可能詳述故事浮現的主題，用以提升故事意義討論的深廣度（Huber & Whelan, 1990）。因此，質性資

料分析可能包含描述故事，以及故事浮現的主題。後現代敘事書寫者，譬如Czarniawska（2004）另外加入一項分析元素：故事的解構，解構的分析策略包括：揭露二分法、檢視沉默、注意斷裂或矛盾。

最後，敘事分析過程還包含研究者尋找主題或範疇；研究者使用微觀語言學（microlinguistic）取徑，偵測字、詞、論述的較大語言單位，類似對話分析的常見作法（請參閱Gee, 1991）；研究者也可能檢視故事，探究故事如何在研究者和參與者互動之中產生，或是探究參與者如何展演，從而傳達特定的議程或訊息（Riessman, 2008）。

- **在故事的蒐集和述說之中，嵌入協力合作的取徑**：Clandinin & Connelly（2000）指出，參與者積極投入乃是敘事研究工作的核心要件，「敘事研究是理解經驗的一種途徑，個中涉及研究者和參與者之間，在一個或若干地方，相當時日的社會互動。」（頁17）研究者蒐集故事過程，他們斡旋彼此關係，設法讓互動轉折順利，提供有助於參與者投入的途徑。在敘事研究，有一項關鍵元素就是轉向研究者和研究對象之間的關係，讓雙方得以在互動過程中學習和改變（Pinnegar & Daynes, 2007）。在這過程中，雙方協商故事的意義，從而為分析的有效性增添一道檢核手續（Creswell & Miller, 2000）。在參與者的故事之中，也可能交織穿插研究者的故事，從中重新檢視、看見自己的生活（請參閱Huber & Whelan, 1999）。再者，在故事當中，也可能有**主顯節**（*epiphanies*）、轉捩點或斷裂，故事情節方向發生急遽轉變。最終，敘事研究述說個人的故事，採用大事記的架構，依時間順序開展他們的經驗，嵌入故事所在的個人、社會、歷史脈絡，並且包含**生活經驗**（*lived experiences*）的重要主題。套用Clandinin & Connelly（2000）的說法，「敘事研究就是讓故事活出來和講出來。」（"Narrative inquiry is the stories lived and told"，頁20）

* **以書寫形式呈現敘事**：視情況調整研究報告的普遍結構如後：〈介紹〉，使讀者熟悉研究目的和參與者，以及研究目的；〈研究程序〉，提供邏輯理由支持選擇使用敘事研究取徑；詳述描述資料蒐集和分析；〈結果〉，敘說蒐集到的故事，嘗試提出理論說明參與者的生活、採用敘事結構；呈現事件、過程、主顯節、主題，從中發掘的意義型態；〈結論〉，總結詮釋故事的意義與／或啟示。不少研究者可能會覺得，寫作研究報告過程極具挑戰，「因為，在這兒，我們是要讓讀者大眾可以清楚看見我們的文本。然而，讀者大眾是我們不得而知的，他們對於參與者的生活和敘說的經驗，可能有相當大的距離感。」（Clandinin, 2013，頁50）

▍4.2.6 ▍ 敘事研究的挑戰

由於敘事研究的程序和特徵，因此挑戰難度頗高。研究者需要蒐集關於參與者的廣泛資訊，並且對其生活脈絡有清晰的理解。需要有敏銳的眼光，才可能確認相關資訊來源，有效蒐集特定故事，以捕捉關鍵經驗。誠如Edel（1984）評述指出，個中重點是要揭顯「藏匿在地毯底下的圖案」，從而抽絲剝繭、解釋當事人生活經驗層疊交錯的脈絡。積極投入和參與者協同合作是必需的，研究者需要討論參與者的故事，同時也必須反思自我和政治背景，這些都可能形塑研究者如何「重新敘說」參與者所說的故事。權力關係也是敘事研究的主要關切議題（Clandinin & Connelly, 2000）。

在個人故事的蒐集、分析和重新敘說過程中，有許多議題可能發生，所以建立責任意識是很關鍵的（Czarniawska, 2004）。Pinnegar & Daynes（2007）提出下列重要問題：誰擁有故事？誰能敘說？誰能改變？誰的版本有說服力？當不同敘事之間有所競爭，會發生什麼？身為社群的成員，故事在人我之間有什麼作用？

　　反思故事內嵌於社會、文化、家族、語言、機構、體制等脈絡面向的本質，容許我們能夠注意比較複雜的細節（Clandinin, 2013），但是要達到如此理解並不容易。語言文字捕捉脈絡，難免有力有未逮之憾。要克服這方面的挑戰，或許可以求助於新興的視覺敘事研究，除了文字資料之外，再配合視覺影像媒材的分析，對於提升理解脈絡複雜性的潛力，頗令人期待（Riessman, 2008）。

　　有若干方式可用來把視覺材料整合到敘事，主要方式包括：使用影像來說故事、敘說關於影像的故事、使用影像來形塑說故事的敘說（此等影像的來源可能是在故事敘說過程發現或產生）。此外，對於發展相對成熟的視覺本位方法論，也有必要設法整合應用，比方說，南非女學童的性別敘事研究，採用「Photovoice」（影像發聲）技術，審慎進接探究需要敏感處理的主題（請參閱Simmonds, Roux, & ter Avest, 2015）。

4.3 現象學研究

| 4.3.1 | 現象學研究的定義

　　相對而言，敘事研究是報導單一個人或若干個人經驗的故事，而***現象學研究***（***phenomenological study***）則是透過若干個人之生活經驗，來描述某一概念或現象的共通意義。現象學研究者聚焦在描述所有參與者共通生活經驗到的某一現象（例如：哀傷即是普世共通經驗的現象）。

　　現象學的基本目的，是要還原個人對於某一現象之經驗，從而描述其普遍本質（「直指事物核心本質」（"grasp of the very nature of the thing"），van Manen, 1990，頁177）。要達到此等目的，質性研究者確認現象，亦即人類經驗的「客體對象」（van Manen, 1990，頁163）。最近，van Manen（2014）描述現象學研究如後：一開始

「好奇心萌發，想知道現象是怎麼一回事，還有現象是怎麼來的。個中探索只有在不斷的好奇心驅使下才有可能持續」（頁27）。此等人類經驗可能是諸如失眠、排擠、忿怒、悲慟、或是心臟手術之類的現象（Moustakas, 1994）。然後，研究者從經歷過該等現象的個人蒐集資料，從而綜合所有當事者的資訊，發展現象本質的複合描述。此等複合描述主要由兩個部分組成：(1)他們經驗到「什麼」現象；(2)他們「如何」經驗該等現象（Moustakas, 1994）。

▌4.3.2▌ 現象學研究的起源

現象學帶有分量相當重的哲學元素，大量汲取自德國數學家胡塞爾（Edmund Husserl, 1859-1938; 1970）的著作，以及後續拓展其觀點的其他學者，譬如：海德格、沙特、梅洛龐蒂（Spiegelberg, 1982）。現象學在社會科學和健康科學相當流行，尤其是社會學（Borgatta & Borgatta, 1992; Swingewood, 1991）、心理學（Giorgi, 1985, 2009; Polkinghorne, 1989; Wertz, 2005）、護理和健康科學（Nieswiadomy, 1993; Oiler, 1986）、教育（Tesch, 1988; van Manen, 1990, 2014）等學門領域。

胡塞爾的理念比較抽象、晦澀深奧，不容易確實掌握。因此，梅洛龐蒂（Merleau-Ponty, 1962）還特別提出如後問題：「什麼是現象學？」加以闡明。事實上，胡塞爾曾經把任何進行中的研究都稱為「現象學」（Natanson, 1973）。van Manen（2014）提出*實踐的現象學*（*phenomenology of practice*）一詞，以此等學者的主要現象學文獻作為基礎，用來指稱探究人類實踐如何賦予意義的研究方法。

不過，追隨胡塞爾的後起學人，對於現象學的使用，似乎也指向諸多不同的哲學預設（例如：Moustakas, 1994；Stewart & Mickunas, 1990；van Manen, 1990）。檢視個中觀點，門派林立的哲學預設容或有所差別，就其根本基礎來看，還是可以找出若干共通點：研究人們的生活經驗；認為經驗是有意識的（van Manen, 2014）；發展關

於經驗本質的描述，而不是要提供解釋或分析（Moustakas, 1994）。
在比較廣的層次，Stewart & Mickunas（1990）強調，現象學有四方
面的**哲學觀點**（*philosophical perspectives*）：

- 回歸哲學的傳統任務：有鑑於19世紀末期，哲學已經限縮到只
  能從實徵方法，美其名的科學主義（scientism），來探索世界。
  回歸哲學的傳統任務，就是回到哲學披上實徵科學盔甲之前，也
  就是回歸到古希臘哲學傳統，將哲學視為愛智或追尋智慧的一種
  概念。

- 不帶有預設的哲學：現象學的取徑是要懸置所有加諸對象的
  判斷，以求直指真實本身——亦即保持「自然態度」（natural
  attitude）——直到發現更為確定的根本。此種懸置即是胡塞爾
  所稱的「存而不論」（epoche）。

- 意識的意向性（intentionality of consciousness）：這個現象學的
  重要概念是指，意識總是指向客體。客體的實在，因此，無可擺
  脫總是連結到人們對於該對象的意識。所以，根據胡塞爾，實在
  （reality）不是分割為主體和客體，而是同時出現在意識的笛卡
  兒二元屬性的主體和客體。

- 拒絕主體—客體對立的二分法：這是從「意識的意向性」自然衍
  生的立論。客體的實在只能從個人經驗的意義獲得認知。

　　任何研究者在論述現象學研究，如果只是討論研究方法，而沒
有納入現象學的哲學立論，那就沒有善盡職責。比方說，Moustakas
（1994）用了一百多頁的篇幅，介紹現象學的哲學預設，然後才開
始談研究的方法。

　　我們對於現象學研究取徑的參考資訊來源，主要仰賴兩本著
作：van Manen（2014）《實踐現象學：現象學研究與書寫中的意義
賦予方法》（*Phenomenology of Practice: Meaning-giving Methods in
Phenomenological Research and Writing*），立基於人文學科取向；
Moustakas（1994）《現象學研究法》（*Phenomenological Research*

Methods），擷取自心理學觀點。在描述現象學研究領域的各種方法和傳統時，我們也參照van Manen（1990）首開先河的經典：《研究生活經驗：人文科學的行動敏感教學法》（*Researching Lived Experience: Human Science for an Action Sensitive Pedagogy*）。

| 4.3.3 | 現象學研究的定義特點

所有現象學研究，基本上都包含如下的典型特點：

- 強調探索一種現象，以單一概念予以命名，譬如：教育領域的「專業成長」、心理領域的「哀傷」、或健康領域的「照護關係」。

- 從有經驗過該等現象的一群個人，探索該等現象。依此目標，研究者找出一個異質團體的研究參與者，樣本人數介於3、4人，到10至15人之間。

- 討論現象學研究的哲學基本理念。研究焦點是個人的生活經驗，探究參與者對於該等現象的主觀經驗，以及參與者共通的客觀經驗。拒絕主觀─客觀的二分法觀點，基於此等理由，現象學落在介於質性和量化研究之間的某個位置。

- 在某些形式的現象學，研究者透過討論自身關於該等現象的經驗，從而將其個人經驗擱置在研究之外。但是，這並未保證把研究者與研究完全隔離，而是確認個人對於該現象的經驗，將此部分盡可能擱置，以便研究者聚焦在研究參與者的經驗。

  當然，這是理想狀況，但是透過這樣的作法，讀者得知關於研究者的經驗，從而得以自行判斷研究者是否只聚焦在參與者的經驗，而沒有在描述當中夾帶他們自身的經驗。Giorgi（2009）認為，擱置並不是忘掉曾經有過的經驗，而是不要讓過去的知識涉入到對於經驗的檢視。然後他指出，在人類生活的其他地方，也可以看到有需要類似的擱置。比方說，刑事案件的陪審團成員可能聽到法官說，某項證據不具有證據力，因此必須擱置該等證

據，以免影響個人的判斷；科學研究者本來希望自家珍愛的理論可得到支持，在求證過程中，除非有努力擱置該等理論，否則就可能誤判結果其實並沒有支持。van Manen描述此等括弧法或懸置，即是所謂的*現象學反思*（**phenomenological reflection**）。

- 一般而言，資料蒐集程序採用訪談法，訪談擁有該等現象之經驗的個人。不過，有些現象學研究也可能採用多樣化的資料來源，譬如：詩歌、觀察、文件等等。

- 資料分析可能採用系統化的程序，從比較窄的分析單位（例如：重大陳述），推向較寬廣的單位（例如：意義單位），進而提出詳細的複合描述，摘要總結兩項元素：當事人經驗到「什麼」現象，以及當事人「如何」經驗到該等現象（Moustakas, 1994）。

- 描述段落討論現象的本質，他們經驗到「什麼」現象，以及他們「如何」經驗到該等現象。「本質」是現象學研究的終極面向。

┃4.3.4┃ 現象學研究的類型

在此，我們的討論強調兩類型的現象學：詮釋現象學（van Manen, 1990, 2014），以及實徵、超驗或心理現象學（Moustakas, 1994）。

- **詮釋現象學**（**hermeneutic phenomenology**）：在健康領域的文獻，引述van Manen（1990, 2014）相當廣泛（Morse & Field, 1995）。van Manen（1990）是教育學者，寫了一本討論*詮釋現象學*的書，非常具有教學價值。書中描述研究以生活經驗為導向（現象），再加上針對生活經驗「文本」的詮釋（詮釋學；頁4）。

  雖然van Manen沒有提出一套規則或程序來實施現象學研究，而是描述為六項研究活動之間的反覆動態交織，研究者首先將注意焦點放在某一現象，所謂的「長久關切」（"abiding concern"，van Manen, 1991，頁31），亦即引發研究者強烈興趣的現象

（例如：閱讀、跑步、開車、母職）。在這過程中，反思現象的本質主題，亦即構成生活經驗的本質。研究報告書寫現象的描述，維持現象描述和研究課題之間的強烈連結，將報告各組成部分平衡組合成一個整體。此類型的現象學研究不單只是現象的描述，同時也包含詮釋，研究者對於生活經驗本質意義作出詮釋。冰島研究學者（Asgeirsdottir et al., 2013）提供了詮釋現象學的例子，檢視靈性經驗的本質，以及該等經驗對於十位接受安寧照護之病人的影響。研究結果凸顯併呈宗教和非宗教面向，以及討論神學取徑對於安寧照護的啓示和蘊義。

- **超驗現象學或心理現象學**（**transcendental or psychological phenomenology**）：Moustakas（1994）的超驗現象學或心理現象學，聚焦在描述參與者的經驗，而較少著墨於研究者的詮釋。此外，Moustakas還聚焦胡塞爾現象學的一個概念，「*存而不論*」或「*放入括弧*」（*epoche*或*bracketing*），這是指研究者將個人經驗擱到一旁，清除得越徹底越好，以便能夠用清新的觀點來檢視所要探究之現象。依此而言，「*超驗*」的意思是指，「每一件事情都全新看待，就如同第一次經驗。」（Moustakas, 1994，頁34）Moustakas承認，很少能夠達到如此完美的情況。不過，我們可以看到，擁抱這種理念的研究者，透過描述個人對於該等現象的經驗，在著手探究他人的經驗之前，將自身的經驗放入括弧，盡可能不滲入他們對於研究參與者之經驗的看法。

  除了放入括弧或懸置之外，實徵、超驗現象學的資料分析，還汲取自《現象學心理學的杜肯研究》（*Duquesne Studies in Phenomenological Psychology*）（例如：Giorgi, 1985, 2009），以及van Kaam（1966）和Colaizzi（1978）。個中程序，後來Moustakas（1996）重新提出闡明，主要包括下列步驟：確認所欲研究的現象；括弧懸置研究者個人經驗；從擁有該等現象之經驗的若干個人，蒐集資料；分析資料，還原爲重要陳述或引述，

再結合成為主題；發展**文本描述**（***textual description***），書寫參與者經驗到「什麼」現象；***結構描述***（***structural description***），書寫參與者「如何」經驗到該等現象（包含經驗所在的條件、情境、脈絡等資訊）；結合文本描述和結構描述，傳達整體現象本質意義。例如：Cordes（2014）的博士學位論文，即是採用超驗現象學研究取徑來檢視13位發展數學課程學生的經驗和感受，參與者經驗的本質涉及孤立、自我懷疑、愁雲慘霧、成功無望等描述。

| 4.3.5 | 現象學研究的執行程序

我們選擇介紹心理學家Moustakas（1994）的實施取徑，因為資料蒐集程序具有系統化的步驟，並且提供寫作指南，得以依循彙整文本描述和結構描述。心理現象學取徑的研究作法，已經有不少作者提出論述，包括：Dukes（1984）、Tesch（1990）、Giorgi（1985, 1994, 2009）、Polkinghorne（1989）、Moustakas（1994）。Pereira（2012）從新手研究者的角度，提供了對於現象學研究嚴謹度的反思。

現象學研究的主要實施步驟，摘要簡述如下（請參閱圖4.3）：

- **決定研究問題是否最適合採用現象學取徑來檢視**：最適合採用現象學取徑的研究問題類型乃是，要了解若干個人關於特定現象的共通經驗。其重要性在於了解此等共通經驗，進而用以發展實務或制定政策，或是發展關於所欲探討現象之特徵的深度理解。

- **確認有興趣想研究的現象，給予描述**：現象的例子包括情緒狀態，譬如：憤怒，以及社會建構，譬如：專業精神。現象也可能涉及取得對於某種病症的臨床理解，例如：體重過輕是什麼意思？或是對於某種行業的理解，例如：摔角選手是什麼意思？Moustakas（1994）提供若干現象學研究的現象例子。van Manen（1990）確認若干研究的現象，譬如：學習、初為人父、騎腳

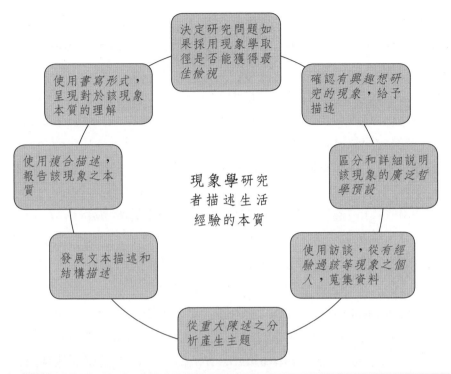

現象學研究者描述生活經驗的本質

圖4.3　現象學研究的執行程序

踏車等經驗。

- **區辨和詳細說明現象學的基礎哲學預設**：比方說，可能書寫關於客觀實在與個人經驗的結合。再者，此等生活經驗是在當事者的「意識」，並且指向經驗對象（此即「意識的意向性」概念）。為了充分描述參與者如何經驗該等現象，研究者必須盡可能將自我經驗懸置或放入括弧，越徹底越好。

- **使用多次的深入訪談，從有經驗該等現象之個人，蒐集資料**：Polkinghorne（1989）推薦研究者訪談5到25人，這些人都擁有該等現象的經驗。研究者提出兩類廣泛、普遍的問題，請受訪者回答（Moustakas, 1994）：第一類，在這樣的現象當中，你有經驗到什麼？第二類，哪些脈絡或情境，影響到你對該等現象的經

驗？其他開放式問題也可能提出來，但是這兩種問題尤其有助於聚焦蒐集資料，導向文本描述和結構描述，最終提供參與者共同經驗的理解。其他形式的資料也可加以蒐集，譬如：觀察、日誌、詩詞、音樂，以及其他形式的藝術。van Manen（1990）提到錄音會談、正式文書回應，以及戲劇、影片、詩詞、小說之類的替代經驗（vicarious experiences）之陳述。

- **從資料中找出重要陳述，加以分析，從而產生主題**：基本上，對於所有討論研究方法的心理現象學家（例如：Moustakas, 1994; Polkinghorne, 1989），*現象學資料分析（**phenomenological data analysis**）*都包括類似的實施步驟。首先，透過前述第一類和第二類的問題，取得資料作為基礎，開始對資料（例如：訪談逐字稿）進行分析，以螢光色或醒目顏色標示「重要陳述」（significant statements）。所謂「重要陳述」是指，能夠提供了解參與者如何經驗現象的句子或引述。Moustakas（1994）稱此等步驟為*水平化（**horizontalization**）*。然後，從重要陳述發展*意義叢集（**clusters of meaning**）*，進而形成主題。

- **發展文本描述和結構描述**：運用重要陳述和主題，來描述參與者關於該等現象的經驗，此即是文本描述（textural description）。再者，描述脈絡或場域情境如何影響參與者對於該等現象的經驗，此即是結構描述（structural description）或想像變形（imaginative variation）。文本描述和結構描述之外，Moustakas（1994）補充增加額外步驟：研究者書寫反思自身關於該等現象之經驗，以及影響該等經驗的脈絡和情境。我們傾向縮簡Moustakas的程序，將個人反思的陳述置於現象學分析的開頭，或是將其收錄在〈研究方法〉當中，討論研究者角色的部分（Marshall & Rossman, 2015）。

- **使用複合描述來報告現象之「本質」**：從文本描述和結構描述，研究者接著書寫複合描述來呈現現象的「本質」（essence），

亦即是**現象的根本、不會變形的結構**（*essential, invariant structure*）。主要而言，此一段落聚焦在參與者的共通經驗。比方說，這意味著關於特定現象的所有經驗都有一種底蘊的普遍結構（哀傷的本質是相同的，不論所愛的是小狗、鸚鵡或小孩）。

- **使用書寫形式來呈現對於現象本質的理解**：Max van Manen（2014）主張，現象學的研究與書寫不可分割。他進而解釋說，現象學書寫面臨的挑戰是，「必須把平常文字無法表現的現象呈現出來。」（頁370）有許多「方式」可用來溝通現象學研究，包括：系統化探索，將現象置放在存有的脈絡（例如：時間或空間的脈絡），或是將陳述組織安排，以反映對於現象經驗逐漸深化的理解。普遍的報告結構包括：〈介紹〉，讓讀者熟悉所要探討的現象，與／或提供研究者自身關於該等現象之經驗的個人陳述（Moustakas, 1994）；〈方法〉，描述研究程序，提供支持選用現象學取徑的邏輯理由，研究取徑的基礎哲學預設，以及關於資料蒐集和分析的細節；〈結果與討論〉，運用重要陳述，報告參與者如何經驗該等現象；〈結論〉，使用複合描述，報告現象的本質。

4.3.6 現象學研究的挑戰

現象學提供關於人類特定現象之共通經驗的深度理解。對於某些團體，譬如：治療師、教師、健康照護人士、政策執行者，理解某些共同經驗可能具有相當價值。現象學的資料蒐集可能涉及訪談參與者一次或若干次。採用Moustakas（1994）的資料分析取徑，因為結構化程度較高，對於新手研究者可能比較方便依循。不過，對於某些質性研究者，卻也可能嫌其結構化程度太高了。再者，現象學需要至少理解某些哲學預設，並且在研究中確認該等預設。由於現象學哲學理念比較抽象艱澀，不容易有效書寫表達於研究報告。此外，需要審慎選取研究參與者，必須是擁有所欲探究之現象經驗的個人，以便研究

者得以取得普遍的理解。有時候，可能很難找到適合的研究對象人選。

　　對於研究者，將個人經驗懸置或放入括弧可能有相當難度，因為資料詮釋總難免滲入研究者帶進研究主題的預設（van Manen, 1990, 2014）。或許，對於存而不論或放入括弧，我們有必要給予新的定義，譬如：投入反思，培養好奇心，從而懸置我們的理解（LeVasseur, 2003）。因此，研究者需要決定要以什麼方式將個人的理解引介到研究之中。事實上，投入現象學研究可能對研究者產生長遠的衝擊，而這也進一步肯定研究本身就是一種值得探究的「現象」。van Manen（1990）對於此等潛在的衝擊效應，有如後的描述：「現象學研究和方法常有轉化研究者的效應。事實上，現象學研究本身很多時候就是一種深入學習，導向意識轉化，提高洞察力，增進思慮周延透徹。」（頁163）

　　最後還有一個挑戰就是，新興的現象學取徑──詮釋取向現象學（interpretive phenomenology），是否與如何可能適切融入現象學研究的傳統。詮釋取向現象學分析的發展，主要領導人物是Smith, Flowers, & Larkin（2009），這種分析取徑立基於心理學的質性研究理論架構，並且受到來自現象學、詮釋學、表意文字符號研究（ideography）的影響。聚焦特定的面向，徹底而有系統的分析檢視，「如何得以從特定脈絡、特定個人的觀點，來理解特定現象。」（Smith et al., 2009，頁51）詮釋取向現象學分析整合了兩個層次的詮釋：一層是，參與者詮釋自身現象經驗的意義；另一層是，研究者致力詮釋理解參與者如何詮釋個人與社會世界的意義（Smith et al., 2009）。

4.4 扎根理論研究

4.4.1 扎根理論研究的定義

相較而言，敘事研究聚焦個人所述說的故事；現象學強調理解若干個人共同經驗的現象本質意義；扎根理論則是要跨越描述，進而朝向產生或發掘理論，達到對於所欲探究之過程或行動的「統一化的理論解釋」（"unified theoretical explanation"，Corbin & Strauss, 2007，頁107）。研究參與者全都有經驗過特定過程或行動，理論的發展可以幫助解釋實務，以及提供未來研究的架構。關鍵理念就是，此等理論發展不是來自「開架的」（off the shell）現成學說，而是生成或「扎根」（grounded）在有經驗過該等過程之參與者的資料（Strauss & Corbin, 1998）。因此，扎根理論是一種質性研究的設計，探究者從中產生普遍解釋（理論），來說明人數眾多的參與者對於某一過程、行動或互動共同持有的觀點。

4.4.2 扎根理論研究的起源

扎根理論研究設計，乃是在1967年由社會學家Barney Glaser和Anselm Strauss共同創立。當年，他們經常感覺研究者使用的理論往往與研究參與者格格不入。於是他們聯手合寫並出版了若干書籍，持續闡明想法（Corbin & Strauss, 2007, 2015; Glaser, 1978; Glaser & Strauss, 1967; Strauss, 1987; Strauss & Corbin, 1990, 1998）。有別於社會學傳統的先驗、理論取向，扎根理論家主張，理論應該「扎根」（grounded）於田野的資料，尤其是人們的行動、互動和社會過程。因此，扎根理論研究目標在透過參與者蒐集資料，以此作為根基，從中找尋資訊範疇之間的相互關聯，進而產生理論（配合圖解和假說，以求理論之完整），來解釋行動、互動或過程。

　　扎根理論的兩位創始者Glaser & Strauss，早期合作推出《死亡將至的意識》（*Awareness of Dying*）（Glaser & Strauss, 1965），以及《生命終點》（*Time for Dying*）（Glaser & Strauss, 1968）；但是兩人對於扎根理論的意義和程序，終因立場見解分歧，漸行漸遠而走上分道揚鑣之途。Glaser批評，Strauss的取徑預設規定太多，也太過於結構化（Glaser, 1992）。比較晚近，Charmaz（2006, 2014）另外提出***建構論取向的扎根理論***（***constructivist grounded theory***），引進了另類觀點的扎根理論實施程序。透過諸多不同門派的詮釋，以及《SAGE扎根理論手冊》（*The SAGE Handbook of Grounded Theory*）（Bryant & Charmaz, 2007）的引介推廣，扎根理論在許多學門領域頗受歡迎，包括：社會學、護理、教育和心理學，乃至於其他社會科學領域。扎根理論的簡明歷史發展介紹，請另行參閱Kenny & Fourie（2014）和Bryant & Charmaz（2007）。

　　除此之外，Clarke（請參閱Clarke, 2005; Clarke, Friese, & Washburn, 2015）連同Charmaz，也提出了另一波的新觀點，主張扎根理論應該走出「後實證論底蘊」（頁xxiii），另闢新徑，重新找回正途。相較而言，Clarke的立場比Charmaz更進一步，她建議，扎根理論應該納入社會「情境」，作為分析單元，並且採用三種社會學模式，包括：情境、社會世界／場所、位置繪圖（positional cartographic map），用來蒐集和分析質性資料。她進而擴充提出「後現代轉向之後」的扎根理論（Clarke, 2005，頁xxiv），並且仰賴後現代的諸多觀點〔包括：研究和詮釋的政治本質；研究者的反身性；正視資訊再現的問題；合法性和權威的問題；重新定位研究者，揚棄「全知觀點（omniscient，又稱上帝觀點）分析者」的位置，轉向「肯定（acknowledged）參與者」等等〕（Clarke, 2005，頁xxvii、xxviii）。Clarke頻繁援引後現代、後結構學者傅柯（Michel Foucault, 1972）的論點，做基礎來開展扎根理論的論述。

　　我們在討論介紹扎根理論時，主要參考取材自Corbin & Strauss

（2015）《質性研究基礎：發展扎根理論的技術與程序》（*Basics of Qualitative Research: Techniques and Procedures for Developing Grounded Theory*）第四版，他們為扎根理論提供了結構化的實作取徑；另一方面也參考援引Charmaz（2014）《建構扎根理論》（*Constructing Grounded Theory*）第二版，她為扎根理論提供了建構論和詮釋論的觀點。

▌4.4.3▐ 扎根理論的定義特點

扎根理論的主要特徵：

- 扎根理論研究聚焦在有獨特步驟或階段的過程或行動。因此，扎根理論研究者試圖要去解釋在時間過程「運行」的某種行動。比方說，可能是「發展通識教育計畫」的過程，或是「支持教師成為優秀研究者」的過程。

- 扎根理論研究者之目的在於尋求發展理論，來解釋過程或行動。文獻可以找到許多關於理論的定義；但是一般而言，理論是指，研究者針對某事物發展出來的解釋或理解。在扎根理論，此等解釋或理解，彙整若干理論範疇，排列出層次架構，用以展示理論如何做出合理的解釋。比方說，關於給予教職人員支持的理論，展示教職人員經由哪些過程或行動而獲得支持，包括：經由特定資源、個人採取特定行動、增進教職人員研究表現的個人成果（Creswell & Brown, 1992）。

- *備忘錄註解*（*memoing*）乃是扎根理論發展的一部分，研究者在資料蒐集和分析時，寫下浮現的想法。這些想法試圖釐清研究者所見的過程，進而描繪個中涉及的流程，以及凸顯特別有意思的細節。

- 資料蒐集、分析程序可說是*同步進行*，而且*反覆循環*。主要的資料蒐集形式是訪談，研究者持續把從參與者蒐集到的資料，拿來和浮現理論的理念做比較。個中過程包含反覆來回於參與者、新

的訪談蒐集資料，然後再回去比照逐漸演化的理論，從而填補個中空缺，以及闡明所欲探究的過程或行動如何運作。

- 扎根理論研究的資料分析涉及歸納過程。個中程序可能是結構化而且遵循特定的進程，譬如：開放編碼（open coding），從資料發展開放範疇 → 軸心編碼（axial coding），選擇一種*範疇*（*category*）作為焦點，在周圍環繞相關範疇，補充細節，形成理論模式 → 選擇性編碼（selective coding），匯集範疇之間的層級關聯，進一步闡明理論。最後，將理論呈現為*命題*（*propositions*，或假說）的圖解，或是討論（Strauss & Corbin, 1998）。另外，扎根理論也可採取比較沒有那麼結構化的資料分析作法，找出內隱於範疇的意義，加以彙整組合，從而發展建立理論（Charmaz, 2006）。

4.4.4 扎根理論的類型

扎根理論研究普遍流行的取徑，主要有兩種：扎根理論創始人Anselm Strauss和Juliet Corbin的系統化程序（Strauss & Corbin, 1990, 1998; Corbin & Strauss, 2007, 2015）；Charmaz（2005, 2006, 2014）另創的建構論取徑。Strauss & Corbin系統化取徑的重要概念包括：範疇、編碼、編碼程序，以及針對田野資料與浮現範疇進行系統化的持續比較。相對地，Charmaz的建構論取徑強調，理論發展立基於共同建構過程，這需要仰賴研究者和參與者共同投入田野的互動。

Anselm Strauss和Juliet Corbin的系統化扎根理論取徑

Strauss & Corbin的分析程序（Strauss & Corbin, 1990, 1998; Corbin & Strauss, 2007, 2015），屬於系統化較高的取徑，研究者尋求遵循分層逐級的程序，發展扎根田野資料的理論來解釋所欲探究的過程、行動或互動（例如：課程發展的過程、與案主分享心理測驗結

果的療癒過程）。研究者造訪田野，執行20到30場訪談，直到範疇達到飽和為止（換言之，持續蒐集資訊，直到再也沒能找到可以增益對於範疇之理解的新資訊）。範疇代表構成事件、發生過程、事例的資訊單位（Strauss & Corbin, 1990）。研究者也蒐集、分析觀察文件，不過此等形式的資料比較少採用。資料蒐集的過程，研究者也同時展開分析。

在我們看來，扎根理論研究的資料蒐集活動反覆來回，就像是鋸齒狀：外出到田野蒐集資料，回到辦公室分析資料，回到田野蒐集更多資料，再回到辦公室……。訪談對象是基於發展理論考量而選取的〔稱為「*理論取樣*」（*theoretical sampling*）〕，用來幫助研究者形成最佳理論。至於應該造訪田野多少次，則取決於範疇是否達到飽和，以及理論是否足以闡明複雜性。研究者持續擷取田野蒐集到的資料，拿來和分析過程浮現的範疇進行比較，此種過程稱為「*持續比較法*」（*constant comparison method*）。

扎根理論資料分析的第一個步驟，就是執行*開放編碼*（*open coding*），從原始資料找尋主要範疇。開放編碼過程涉及將資料予以叢聚，賦予意義，「分析和標示代表資料的概念」（Corbin & Strauss, 2015，頁216）。接著進行*軸心編碼*（*axial coding*），研究者從開放編碼建立的諸多範疇當中，確認一項代表「核心」現象的範疇作為焦點，然後再回去檢視分析資料，建立環繞此核心現象的諸多範疇。針對環繞核心現象的範疇，Strauss & Corbin（1990）建議可分成幾大類：*因果條件*（*causal conditions*，導致核心現象發生的原因）、策略（針對核心現象採取的因應行動）、脈絡和*中介條件*（*intervening conditions*，影響策略的廣泛和特定情境因素），以及後果（採用策略所得出的結果）。核心現象和周圍環繞的範疇，就構成了軸心編碼圖式（axial coding paradigm）。

接下來，最後步驟就是選擇性編碼（selective coding），研究者針對前述步驟建立的模式，發展文字命題（或假說），或是發展故

事，來闡明或描述模式中各範疇的關係連結。研究者持續發展、修訂理論，最後可以呈現為若干不同的形式，譬如：敘事（Strauss & Corbin, 1990）、視覺圖形（Morrow & Smith, 1995），或是一系列的假說或命題（Creswell & Brown, 1992）。

在討論扎根理論時，Corbin & Strauss（2015）從理論的視覺模式進一步跨出去，發展條件矩陣或後果矩陣（conditional or consequential matrix）。他們倡導以條件矩陣作為一種分析策略，來幫助研究者連結影響核心現象的巨觀和微觀條件，進而確認此等互動導致的後果。此等矩陣是一組向外擴展的同心圓，每一層圓圈分別標示代表個人、團體、組織，進而擴展到社區、區域、國家和全世界。依我的經驗所見，在扎根理論的實際研究很少採用此等矩陣，研究者通常止步於選擇性編碼階段，如此建立的理論可視為實質、低階理論，而不是抽象、大理論（例如：請參閱Creswell & Brown, 1992）。

雖然條件矩陣對於連結實質理論到社區、國家、世界的較廣泛蘊義、啟示有其重要性（例如：醫院的工作流程模式、手套的短缺、AIDS處遇的全國準則，可能都可以連結匯整；這種大理論的例子，請參閱Strauss & Corbin, 1998），但是扎根理論研究者很少有充足的資料、時間或資源，來發展條件矩陣。再舉一個例子，以扎根理論闡明美國軍人越戰經驗的歷史、社會、政治、文化和環境條件，就包括使用後果矩陣（Corbin & Strauss, 2015）。

Charmaz建構論觀點的扎根理論取徑

我們介紹的第二種扎根理論實施作法是Charmaz（2005, 2006, 2014）提倡的建構論取徑。相對而言，前述介紹的Strauss & Corbin（1998）取徑，是要研究單一過程或單一核心範疇；Charmaz提倡的社會建構論觀點的扎根理論，則是強調擁抱多樣化的世界、多元實在，以及諸多特定世界、觀點和行動的複雜性。建構論觀點的扎根理

論，根據Charmaz（2006, 2014），乃是立基於詮釋論的質性研究取徑，實施作法比較彈性寬鬆，聚焦於根據參與者觀點來發展理論，以期理解嵌入、 隱網絡、情境、關係，同時也著重於揭顯權力階層、溝通和機會。

　　Charmaz在扎根理論發展過程，相對比較重視個人的觀點、價值、信念、預設、意識型態，而比較沒有那麼強調研究方法的結構化；話雖如此，她還是有談論如何蒐集豐富資料、資料編碼、備忘錄註解、使用理論取樣等方法（Charmaz, 2006, 2014）。她也指出，太過仰賴複雜或冷僻晦澀的術語、繪圖、概念圖，乃至於系統化的程序（譬如：Strauss & Corbin, 1990），反而有可能讓研究者分心，不利於扎根理論的發展，同時也隱含研究者試圖取得主宰該等技術的權威。她倡導採用主動編碼，譬如：現在分詞或動名詞書寫的「*重塑生活*」（*recasting life*）作為編碼。再者，對於Charmaz，扎根理論程序並不最小化研究者的角色。在研究全程，研究者必須持續做出關於範疇的決定，針對資料提出問題，帶進個人價值、經驗和優先順位考量。根據Charmaz（2005），扎根理論發展的任何結論都只能是提示性的，不完整，也不是最終定論。

▎4.4.5 ▎ 扎根理論研究的執行程序

　　我們介紹的扎根理論實施程序，主要是立基於Strauss & Corbin（1990, 1998），以及Corbin & Strauss（2008, 2015），因為他們的系統化取徑比較有助於學習和應用扎根理論研究。另外，我們也納入Charmaz詮釋取徑的若干元素（例如：反身性、結構彈性變通，討論請參閱第二章）。同時，我們也採納了Charmaz（2014）的建議：「扎根理論的指南描述研究過程的步驟，提供實施途徑，你可以視情況採用和調整其中的作法，以便解決多樣化的問題，以及執行各種類型的研究。」（頁16）扎根理論的實施程序，請參閱圖4.4。

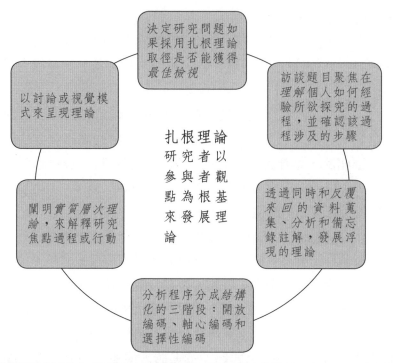

中央文字：扎根理論研究者以參與者觀點為根基來發展理論

決定研究問題如果採用扎根理論取徑是否能獲得最佳檢視

訪談題目聚焦在理解個人如何經驗所欲探究的過程，並確認該過程涉及的步驟

以討論或視覺模式來呈現理論

透過同時和反覆來回的資料蒐集、分析和備忘錄註解，發展浮現的理論

闡明實質層次理論，來解釋研究焦點過程或行動

分析程序分成結構化的三階段：開放編碼、軸心編碼和選擇性編碼

圖4.4 扎根理論研究的執行程序

- **決定扎根理論是否最適合用來探討研究問題**：對於某些過程或行動，如果沒有現成的理論可用來解釋或理解，那麼扎根理論研究就是很適合的選擇。文獻可能找得到理論模式，但是原本用來發展和測試該等模式的樣本或母群，並不是研究者所感興趣的。再者，或許有理論，但是有缺完整，因為並沒有討論到研究者感興趣的變項或範疇。在實務層面，可能需要理論來解釋人們如何經驗某現象，研究者發展的扎根理論就可以提供探索架構。

- **訪談題目聚焦在理解個人如何經驗所欲探究的過程，並確認該過程有哪些步驟**（該過程是什麼？如何開展？）：初探議題之後，研究者再回去找參與者，提問更詳細的問題，幫助形塑軸心編碼過程，譬如下列問題：

➤ 這過程有哪些核心元素（核心現象）？

➤ 哪些因素影響或造成此核心現象發生（因果條件）？

➤ 在該等過程當中，有運用到什麼策略（策略）？

➤ 策略運用之後，有發生什麼效果（後果）？

資料蒐集通常是透過訪談，雖然也可能蒐集其他形式的資料，譬如：觀察、文件、影音材料等等。個中重點是要蒐集充分的資訊，以確保理論充分發展〔或達到**飽和**（*saturate*）〕。這可能需要投入20到60次的訪談。

- **透過同時和反覆來回的資料蒐集、分析，以及備忘錄註解，建立浮現理論**：在資料分析全程，研究者寫下備忘錄，記錄理論進化發展浮現的各種想法，以便從中發掘型態（Lempert, 2007）。養成隨時做好備忘錄註解的習慣，是扎根理論發展不可或缺的要件。Corbin & Strauss（2015）尤其凸顯其關鍵性：「從最初的分析階段開始，應該隨時做好備忘錄註解，並且貫通整個研究過程」（頁117），以及「備忘錄一開始是著眼於想法的基本呈現，並且隨著研究進展，逐漸強化複雜度、密度、清晰度和正確度」（頁117）。

- **將分析程序分成開放編碼、軸心編碼和選擇性編碼三個階段**：在開放編碼階段，研究者針對所探究的現象，擷取資料片段，形成範疇。在每一範疇內，研究者找出若干**屬性**（*properties*，或次級範疇），並且尋求資料來進行維度化，換言之，展示屬性連續線端點之間的諸多可能性。

- **在軸心編碼階段，研究者彙整資料來產生新的範疇，環繞開放編碼建立的核心現象範疇**：研究者呈現**編碼圖式**（*coding paradigm*）或**邏輯圖案**（*logic diagram*）（亦即視覺模式），研究者從中確認**核心現象**（*central phenomenon*）（亦即關於該等現象的核心範疇），探索因果條件（亦即影響現象的條件）、策略（亦即核心現象導致的行動或互動），確認脈絡與中介條件

（亦即影響策略的廣、狹條件），界定後果（亦即運用策略產生的效果）。在聚焦特定理論元素（亦即條件）時，研究者最好儘量讓「解釋維持在概念層次，並且選擇使用資料片段來提供支持的證據」（Birks & Mills, 2015，頁130）。

- **在選擇性編碼階段，研究者可能撰寫「故事情節」（story line）來連結各種範疇**：再者，也可能擬出命題或假說，具體詳述預測的範疇之間的關係。視覺模式可以有助於呈現範疇之間的關係。

- **闡明實質層次理論（substantive-level theory）來溝通解釋研究焦點過程或行動**：實質層次理論是研究者為了貼近具體、特定問題或母群而書寫的。之後，可以透過量化資料進行實徵驗證，以決定實質層次理論是否可以類化到某樣本與母群（請參閱融合方法設計程序，Creswell & Plano Clark, 2011）。另外，研究也可能止步於產生扎根於特定田野資料的理論，而不再進一步尋求類化。

- **以討論或模式來呈現理論**：扎根理論研究的各個面向，都有書寫交織其中。至於扎根理論應該如何呈現，則取決於讀者，以及所要探討解釋的過程（例如：請參閱Birks & Mills, 2015; Charmaz, 2014; Corbin & Strauss, 2015）。通常的報告結構包括：介紹使讀者熟悉理論發展所要解釋的過程（或行動）；選擇採用扎根理論取徑的邏輯理由；說明研究程序，包括資料蒐集和分析；描述所建立的扎根理論，包括：開放編碼的主要範疇，軸心編碼環繞核心現象的條件，以及選擇性編碼建立的視覺理論模式，以命題或假說描述範疇之間的相互關係。理論的視覺模式可以發揮相當多的功用，提供摘要概述、理論的精簡視覺再現；結論提出討論所建立之扎根理論與文獻的一致或衝突、研究發現的重要性、蘊義或啟示、限制。

┃4.4.6┃　扎根理論研究的挑戰

扎根理論研究者面臨的挑戰，主要原因如下：

1. 研究者需要盡可能擱置先存的理論概念或理念，越徹底越好，以容許實質理論得以從資料分析當中浮現。

2. 雖然扎根理論基本上是演化、歸納的質性研究取徑，但是研究者也必須正視它仍是強調系統化的研究取徑，有著特定的資料分析步驟，尤其是Corbin & Strauss（2008, 2015）的系統化取徑。

3. 研究者面臨的困難還包括必須決定範疇何時達到飽和，或是理論細節是否充分、詳實。*區辨取樣*（*discriminant sampling*）可用來趨向飽和，研究者選取有別於先前訪談過的樣本，蒐集額外資訊，從而判斷發展的理論對於此等新樣本是否成立。

4. 研究者需要能夠辨認，研究的主要結果是具有特定元素構成的理論，包括：核心現象、因果條件、策略、條件和脈絡，以及後果。這些都是扎根理論預先規定應該建立的範疇，所以，Strauss & Corbin（1990, 1998），或Corbin & Strauss（2008, 2015）的取徑，或許沒有某些質性研究者渴望或想像的寬鬆彈性。如果有這樣的顧慮，Charmaz（2006, 2014）的取徑，結構化程度相對比較寬鬆，比較容易調適，或許就可以考慮選擇採用。

多年以來，扎根理論研究持續應用於許多學門，在頗多專業領域也頗有影響力，譬如：衛生、工程、教育、商業領域（Charmaz, 2003）。扎根理論研究有若干益處，都已受到肯定，包括：產生與脈絡關聯的理論，提供彈性探究現實世界議題（Corbin & Strauss, 2015），至於其他的益處可能還有待更多、更有力的實證支持。扎根理論的廣泛採用也促成更多關注，促成更多的研究實作指南出

版，介紹說明某些比較抽象的部分，譬如：備忘錄的實作（Lempert, 2007）。

4.5 俗民誌

| 4.5.1 | 俗民誌研究的定義

扎根理論研究者從檢視共同經驗某些過程、行動或互動的個人，蒐集資料作爲根基，從而發展理論；但是，該等研究參與者並不必然處於相同地點，或是彼此固定頻繁互動，形成分享的行爲、信念和*語言*（*language*）。再者，扎根理論的研究參與者大約20人左右；相對而言，俗民誌聚焦*文化分享團體*（*culture-sharing group*），研究旨在檢視個中成員的文化分享型態。當然，有時候此等文化分享團體可能不大（例如：少數幾位老師或少數幾位社工）；不過，就典型的俗民誌研究而言，文化分享團體通常相當大，涉及許多人長時期的固定頻繁互動（例如：某所學校的全部教師、某個市區的全部社工團體），參與者人數遠超過扎根理論的20人左右。

簡言之，俗民誌是一種質性研究設計，研究者描述和詮釋某文化分享團體分享和習得的價值、*行爲*（*behavior*）、信念、語言（Harris, 1968）。再者，俗民誌既是一種研究的過程，也是研究的成果（Agar, 1980）；換言之，俗民誌是探究文化分享團體的一種*研究方法*，也是此等研究的終端文書*產物*。俗民誌涉及長期投入觀察該等團體，通常是透過*參與觀察*（*participant observation*），研究者*沉浸*（*immersed*）在團體成員日常生活中來進行觀察和詮釋。俗民誌工作者探究文化分享團體成員的行爲、語言和互動的意義。

| 4.5.2 | 俗民誌研究的起源

俗民誌的最早淵源，可以追溯到20世紀初葉的人類學家，譬

如：鮑亞士（Boas）、馬林諾夫斯基（Malinowski）、拉德克利夫—布朗（Radcliffe-Brown）和米德（Mead）等人所做的比較文化人類學研究。雖然這些人類學家最初是以自然科學作為範本，但是他們蒐集「初民」文化（"primitive" culture）第一手資料的研究作法，明顯與傳統科學取徑有所差別（Atkinson & Hammersley, 1994）。1920、30年代，派克（Park）、杜威（Dewey）、米德等社會學家，調整人類學田野研究方法，轉用來研究美國當代社會的文化團體（Bogdan & Biklen, 1992）。科學取徑的俗民誌擴展，納入若干「學派」（schools）或次級類型的俗民誌，各自主張不同的理論取向和研究目標，譬如：結構功能論、符號互動論、文化和認知人類學、女性主義、馬克思主義、俗民方法論、批判理論、文化研究、後現代主義等等（Atkinson & Hammersley, 1994）。影響所及，俗民誌沒有獨尊一格的正統，而走向百花齊放的多元化取徑。

目前已有許多優秀的俗民誌參考書，包括：Van Maanen（1988, 2011），討論俗民誌的許多形式；LeCompte & Schensul（1999），集結若干簡冊的工具書叢集，介紹俗民誌的實施程序；Atkinson, Coffey, & Delamont（2003），討論俗民誌的實務；Atkinson（2015）討論俗民誌的*田野研究*（*fieldwork，*或 譯 *田野踏查*）；Madison（2011）討論*批判俗民誌*（*critical ethnography*）。

本節介紹討論俗民誌的主要概念，擷取自Fetterman（2010）的《俗民誌實施步驟》（*Ethnography: Step-by-step*）第三版，以及Wolcott（2008a）的《俗民誌：一種觀看之道》（*Ethnography: A Way of Seeing*）第二版，另外再加上Wolcott（2010）的《俗民誌啓蒙讀本》（*Ethnography Lessons: A Primer*），這本俗民誌初學者良伴的入門書，提供頗多實用的經驗之談。

4.5.3 俗民誌的定義特點

回顧檢視已發表、出版的俗民誌作品，我們整理了俗民誌研究的

定義特點，摘述如下：

- 俗民誌聚焦某團體（整個文化分享團體，或是次級團體），發展關於其分享文化的複雜而完整的描述。文化分享團體必須存在已有相當時日、足以形成可辨識的團體共通行為。簡言之，俗民誌關鍵是聚焦在文化當中可辨識的型態，而不是整個文化（Wolcott, 2008a）。

- 俗民誌研究者尋求探討文化分享團體成員心理活動的型態（也描述為儀式、民情習俗或規律性，譬如：透過語言表達的想法、信念），或是身體的活動（譬如：成員在團體中如何表現可觀察的行為）（Fetterman, 2010）。換言之，研究者尋求存在於社會組織（例如：社會網絡）的共享型態，以及理念系統（ideational systems，例如：世界觀、理念）（Wolcott, 2008a）。

- 除了投入田野蒐集資料、找尋文化分享團體的型態之外，理論在聚焦研究關注方面也扮演重要角色。比方說，一開始，俗民誌研究者先從某種理論出發，廣泛解釋他們希望從研究當中發現什麼，可能是汲取認知科學來理解理念和信念，或是援引唯物論理論，譬如：技術環境論、馬克思主義、涵化或創新等理論，從而觀察文化分享團體的成員如何言行（Fetterman, 2010）。

- 使用理論和尋求文化分享團體的型態，涉及投入廣泛的田野研究，蒐集資料主要仰賴於訪談、觀察、符號、文物，以及許多不同的資料來源（Atkinson, 2015; Fetterman, 2010）。

- 在分析資料時，研究者仰賴觀察者觀點，那是文化分享團體圈內人的主位觀點（emit perspective），逐字引述報導，然後再透過研究者，從科學立場的客位觀點（etic perspective），篩選前述的參與者主位觀點，最後綜合兩方面的觀點，從而發展整體的文化詮釋。基本上，此等文化詮釋就是關於團體的描述，以及呈現研究理論概念相關聯的主題。典型而言，優秀的俗民誌研究對象通常是目前所知有限的團體（例如：幫派），透過研究之後，有

助於讀者對於該等團體的運作，發展出別具新意的理解。

- 分析結果，導出對於文化分享團體如何運作的理解，或是團體成員如何生活。Wolcott（2010）提出兩點有用的待答問題，俗民誌作品最後必須有所解答：「在此場域的人們必須知道什麼，以及必須做什麼，以便該等體系得以運行如常？」「如果文化，有時簡單定義為分享知識，主要是透過耳濡目染，而不是透過正式教導，那些文化或知識是經由什麼樣的途徑，而達到足夠多的團體成員普遍持有的程度？」（頁74）

▌4.5.4▌ 俗民誌的類型

俗民誌有許多類型，譬如：自白俗民誌、生命史、自傳俗民誌、女性主義俗民誌、俗民誌小說、以及攝影、錄影和電子媒體等視覺俗民誌（Denzin, 1989; Fetterman, 2010; LeCompte, Millroy, & Preissle, 1992; Pink, 2001; Van Maanen, 1988）。在此，我們強調兩種盛行的俗民誌類型：實在論俗民誌，以及批判俗民誌。

實在論俗民誌（realist ethnography）

實在論俗民誌是文化人類學採用的傳統取徑，特徵請參閱Van Maanen（1988, 2011）的著作。基本上，它反映了研究者對於研究對象的一種特定立場。實在論俗民誌提供對於情境的客觀陳述，以第三人稱的觀點書寫，客觀報導田野研究從參與者獲悉的資訊。實在論俗民誌以第三人稱、不帶情緒化的聲音，報告從參與者所觀察或聽聞的事情。研究者隱身在背景，以全知觀點報導者的角色，呈現「事實」。此外，實在論取徑也報導客觀資料，謹慎地避免個人成見、政治目標或價值判斷之類的汙染。研究者提供參與者社群日常生活的細節。他們也使用描述文化的標準化範疇（例如：家庭生活、溝通網絡、工作生活、社會網絡、地位系統）。透過編輯、引述參與者的說

詞，俗民誌研究者產生參與者的觀點，並且擁有最終決定如何詮釋和呈現該等文化的權力。

批判俗民誌（critical ethnography）

相對於傳統的實在論俗民誌，現今許多俗民誌研究者則是擁抱「批判」取徑（Carspecken & Apple, 1992; Madison, 2011; Thomas, 1993），納入倡議或維權（advocacy）的觀點。有鑑於占優勢主宰地位的權力、名望、特權、權威等系統，邊緣化其他階級、種族、性別弱勢群體的個人，批判取徑就是因應如此局勢而生。批判俗民誌倡議促成邊緣化族群的解放（Thomas, 1993）。典型而言，批判俗民誌懷抱政治理念，尋求透過研究來發聲，對抗不公平和宰制等問題（Carspecken & Apple, 1992）。比方說，批判俗民誌可能研究學校，或是學校心理輔導實務漠視低度再現群體的需求，賦予較多的權威，挑戰社會現狀，以及探討解決權力和控制的問題。批判俗民誌研究權力、培力、不平等、不公平、宰制、壓迫、霸權、犧牲者等議題。

▍4.5.5▍ 俗民誌的執行程序

如同所有質性研究取徑一樣，執行俗民誌也沒有單一標準的途徑。雖然目前俗民誌實作指南著作已經比過往多（例如：出色的綜覽概述，請參閱Wolcott, 2008a；精簡的描述，請參閱Jachyra, Atkinson, & Washiya, 2015），這裡介紹的取徑，涵蓋了實在論和批判取徑的俗民誌研究元素（請參閱圖4.5）。以下摘列我們會用來執行俗民誌的步驟：

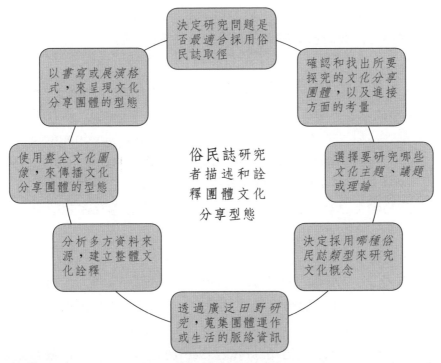

以書寫或展演格式，來呈現文化分享團體的型態

決定研究問題是否最適合採用俗民誌取徑

確認和找出所要探究的文化分享團體，以及進接方面的考量

使用整全文化圖像，來傳播文化分享團體的型態

俗民誌研究者描述和詮釋團體文化分享型態

選擇要研究哪些文化主題、議題或理論

分析多方資料來源，建立整體文化詮釋

決定採用哪種俗民誌類型來研究文化概念

透過廣泛田野研究，蒐集團體運作或生活的脈絡資訊

圖4.5 俗民誌研究的執行程序

- **決定研究問題是否最適合採用俗民誌取徑**：俗民誌取徑適合用來描述文化團體如何運行，探索該等團體之信念、語言、行為，以及團體面臨的權力、對抗、宰制之類的議題。文獻可能有所闕漏，因為該等團體不屬於主流，人們可能不熟知該團體，或是讀者可能不認同該等團體。

- **確認和找出所要探究的文化分享團體**：典型的俗民誌研究的團體存在已有相當時日，因此，成員彼此分享的語言、行為、態度已經形成可茲辨識的型態。再者，也有可能是社會上備受邊緣化的團體。因為俗民誌研究者投入相當時間，和團體成員交談或進行觀察，因此可能需要取得進接一位或多位團體成員，通常就是*守門人*（*gatekeeper*）或*關鍵資訊提供者*（*key informant*）〔或參

與者（***participant***）〕，容許研究者得以融入其中。

- **選擇要研究關於該團體的哪些文化主題、議題或理論**：主題、議題、理論提供架構，可供聚焦研究定位方向。再者，也有助於形塑文化分享團體的分析（***analysis of the culture-sharing group***）。主題可能包括：濡化（enculturation）、社會化、學習、認知、宰制、不平等、兒童與成年發展（LeCompte et al., 1992）。根據Hammersley & Atkinson（1995）、Wolcott（1987, 1994, 2008a），以及Fetterman（2010）等人的論著，俗民誌一開始檢視日常場域互動的人們，從中辨認普遍存在的型態，譬如：生命周期（life cycle）、事件和文化主題。

- **決定採用哪類型的俗民誌來研究文化概念**：研究目標也許是要描述文化分享團體的運作方式，抑或是要揭露諸如權力、霸權之類的議題，以及為某些團體伸張權益。如果是前者，那可能考慮傾向實在論的俗民誌；如果是後者，批判取向的俗民誌就比較適合。比方說，批判俗民誌可能提出探討社會不平等的議題；使用研究來倡權和呼籲改革行動；具體詳述不平等、宰制、壓迫或培力等需要探討的議題。

- **透過廣泛田野研究，蒐集團體運作或生活所在的脈絡資訊**：這稱為田野研究或田野踏查（Wolcott, 2008a）。蒐集俗民誌所需的資訊類型，需要進入研究場域或田野，尊重在地人的日常生活，蒐集廣泛而多樣化的材料。田野議題包括：尊重、互惠、決定誰擁有資料，以及正視他者（others）在俗民誌的核心地位。

  俗民誌工作者應該帶著敏感的心進入田野，敏於覺察、審慎因應田野議題（Hammersley & Atkinson, 1995），譬如：敏感關注進接過程，互惠回饋參與者，恪遵研究倫理、誠信無欺、不隱瞞研究目的。

  LeCompte & Schensul（1990）將俗民誌資料種類區分為以下若干種：測量、調查、訪談、內容分析、引談法、影音方法、空間

繪圖、網絡研究等等。

- **分析多方資料來源，建立關於文化分享團體的整體詮釋**：俗民誌研究者首先彙整詳細的**文化分享團體之描述**（*description of the cultural-sharing group*），在展延的時期，聚焦單一事件、若干活動或群體。然後展開型態的主題分析，從中標識文化分享團體如何生活或運作。最後，呈現「體系運作的整體圖像」作爲總結（Fetterman, 2010，頁10）。Fetterman（2010）指出，厚描述對於讀者的用途，「理想情況下，俗民誌研究者和讀者分享參與者對於情境的理解。厚描述就是文化詮釋的書寫紀錄。」（頁125）厚描述包含逐字引述，反映文化概念，譬如：社會結構、政治結構、親屬關係，以及團體成員當中的社會關係或功能，整合呈現參與者觀點〔*主位*（*emic*）〕和研究者觀點〔（*客位*（*etic*）〕。

- **以書寫或展演格式，呈現文化分享團體的型態**：要達成這樣的目標，通常是透過描述文化分享團體如何運行的規則或類化。這也稱爲全方位或整體的**文化圖像**（holistic *cultural portrait*）。俗民誌書寫涉及互動分析，而且往往在田野研究期間就已經開始書寫和分析。普遍的報告結構包括：介紹使讀者熟悉文化分享團體，闡明選用俗民誌取徑的邏輯理由；詳細說明研究程序，包括資料蒐集和分析步驟；提供文化詮釋，使用多樣化的方式來描述文化分析浮現的型態；最後的產物是全方位的文化圖像，融合參與者的觀點和研究者的詮釋，也可能倡議伸張邊緣弱勢族群或個人的權益，或是呼籲推動社會改革。其他俗民誌產物可能採用展演本位的形式，譬如：劇場製作、戲劇或詩詞。

▎4.5.6▎ 俗民誌的挑戰

俗民誌的挑戰來源，主要原因如後：研究者需要了解文化人類學、社會—文化系統的意義，以及一般研究文化者普遍探索的

概念。文化一詞並沒有具體可陳的指涉內涵，不是「位在外頭」（lying about）的某種東西（Wolcott, 1987，頁41），而是研究者在探究團體，尋求其社會世界的型態時，歸劃給該等團體的某種東西。文化是研究者從團體成員的言語、行為推衍而出，再將其指派給該等團體。文化包括：人們所做的事情（行為）；人們所說的話（語言）；實際言行和應然言行之間的潛在緊張；人們製造和使用的東西，也就是所謂的人造物件（Spradley, 1980）。文化的主題相當多樣化，請參閱Winthrop（1991）《文化人類學概念辭典》（*Dictionary of Concepts in Cultural Anthropology*）。Fetterman（2010）提出**整全**（***holistic***）觀點，闡明俗民誌如何全方位描述團體的歷史、宗教、政治、經濟和環境。

蒐集資料所需時間相當長，包括投入田野的時間。在許多俗民誌，敘事的寫法傾向文學筆法，近乎說故事的方式，這可能會導致潛在讀者群受到侷限，對於習慣傳統科學書寫的作者，也可能不太容易下筆。研究者也有可能「成為在地化」（going native），若是研究者因此感到綁手綁腳、多所顧忌，有可能就會無法完成研究。除此之外，俗民誌工作者進接人生地不熟的文化團體或系統，還可能面臨許多複雜或突如其來的田野議題。對於研究對象的需求，保持敏感和審慎對應，也格外重要。研究者必須進接所要探索的對象和地方，報導本身的研究執行對於該等對象和地方所帶來的衝擊。有許多討論也提到，研究經費獎助機構對於俗民誌田野研究的限制（尤其是時間長度的限制），以及資料如何形塑俗民誌研究的產生。

4.6 個案研究

4.6.1 個案研究的定義

俗民誌的文化分享團體可以視為單一*個案*（*case*），但是，俗民誌研究目標是要決定該等文化如何運作，而比較不是要發展對於個案的深度理解，或是透過個案來探索某些議題或問題（Yin, 2014）。個案研究則是要探討現實世界、當代脈絡或場域的單一個案（或多元個案）（請參閱Yin, 2014）。個案可能是具體實存的個體，譬如：個人、小團體、組織或是夥伴關係等等。另外，個案也可能具體程度比較低，譬如：社區、情感關係、決策過程、計畫方案等等（Yin, 2014）。根據Stake（2005），個案研究不算是方法論，而比較是關於研究選擇的對象〔亦即在特定時間、地點範圍或界限封閉系統（bounded system）之內的個案〕；相對地，其他學者也有人認為，個案研究是一種探究的策略、方法論或綜合性的研究策略（Denzin & Lincoln, 2005; Merriam & Tisdell, 2015; Yin, 2014）。Thomas（2015）的見解類似Stake（2005），他論稱，「個案研究的界定，比較不是關乎使用來做研究的方法，而比較是關乎你對於個案的範圍界定。」（頁21）

我們選擇把個案研究視為方法論：質性研究的一種設計類型，既是研究的對象，也是研究的成果產物。再者，我們定義個案研究為質性研究的一種取徑，探究者探索真實生活、當代脈絡的某一界限系統（個案）、或是多元界限系統（多元個案）；在資料蒐集，投入相當長的時日，深度蒐集*多元資訊來源*（*multiple sources of information*）（例如：觀察、訪談、影音媒材、文件和報導等等），取得詳盡細節；在研究報告部分，整合呈現*個案描述*（*case description*）和*個案主題*（*case themes*）。個案研究的分析單位，可

以是多元個案〔多元場地（*multisite*）研究〕或是單一個案〔*單一場地內部*（*within-site*）研究〕。

▌4.6.2▌ 個案研究的起源

　　社會科學家對於個案研究取徑頗為熟悉，在許多領域都相當受歡迎，包括：心理學（佛洛伊德）、醫學（醫療問題的個案分析）、法律（判例法）、政治學（個案報告）。個案研究橫跨許多領域，歷史悠久且輝煌。Hamel, Dufour, & Fortin（1993）指出，現代社會科學個案研究的起源，可以追溯到人類學和社會學。他們引述人類學家馬林諾夫斯基（Malinowski）的特羅布里恩群島（Trobriand Islands）研究、法國社會學家勒普雷（LePlay）的勞工家庭研究，以及1920、30年代直到1950年代，美國芝加哥大學社會學系的個案研究（例如：Thomas & Znaniecki，1958年的歐洲、美洲波蘭裔農民研究），都是質性個案研究的開路先鋒。

　　目前，個案研究學者有許多的參考書和取徑可供選用。比方說，應國瑞（Yin, 2014）融合量化和質性取徑的個案研究發展，並且討論解釋、探索、描述類型的質性個案研究。Merriam & Tisdell（2015）提倡教育領域的質性個案研究。Stake（2006）建立個案研究的系統化程序，並且廣泛引述「哈潑學校」（Harper School）的範例示範。Stake（2006）最近出版的專書，討論多元個案分析，提出按部就班的實施程序，也提供烏克蘭、斯洛伐尼亞、羅馬尼亞等地的多元個案研究實例。

　　在討論個案研究取徑，我們將會仰賴Stake（1995）的《個案研究的藝術》（*The Art of Case Study Research*），以及Yin（2014）的《個案研究：設計與方法》（*Case Study Research: Design and Method*）第四版，來介紹此一取徑的定義特徵。

|4.6.3| 個案研究的定義特點

回顧檢視質性個案研究報告文獻，我們整理出定義特點如下：

- 個案研究開始於確認特定的個案，然後投入聚焦描述和分析。研究的個案可能是單一個人、社區、決策過程或事件。除了研究單一個案之外，也可能選擇研究多元個案，以便進行跨個案的對照比較。典型的個案研究，探討的是當前仍在持續進展的個案，蒐集當下現實世界的資料，而不是遺落在歷史而需要重建的資料。

- 選取的個案必須是有界限的（bounded），亦即可以使用特定的參數（parameter）來界定或描述其範圍。界定個案範圍的參數可以是地點或時間。有些情況，涉入個案的特定人士也可視為界定個案範圍的參數。

- 個案研究的意圖，對於聚焦研究程序的類型也有重要的影響。質性個案的意圖可能是要闡明獨特的個案。這種個案有著不尋常之處，其本身就構成研究旨趣所趨的目標，需要詳加研究描述，這稱為*本質型個案*（*intrinsic case*）（Stake, 1995）。相對地，個案研究的意圖可能是要理解特定的議題、問題（例如：未成年少女懷孕），透過選擇研究適切的個案，而達到關於該等議題的最佳理解，這稱為*工具型個案*（*instrumental case*）（Stake, 1995）。

- 優秀個案研究的一項標誌是，呈現對於個案的深度理解。要達成此等目標，必須蒐集、整合許多形式的質性資料，譬如：訪談、觀察、文件、影音媒材。只靠單一來源的資料，通常不足以發展個案的深度理解。

- 個案研究的資料分析，也有若干方式可供選用。有些是分析個案（例如：學校、學區）內部的若干單位，有些是報告完整的個案（例如：整個學區）。再者，某些研究者選擇分析和比較多元個案；另外，有些研究者則是選擇分析單一個案。

- 個案描述的一項關鍵任務，就是要確認個案主題。主題也可能代表每一個案有待探究的議題或特定情境。如果是這樣，那完整的研究發現部分就會包括個案的描述，以及從個案發掘的主題或議題。個案主題的書寫組織方式，可能採用大事記、跨個案分析找尋個中異同、或是呈現理論模式。

- 個案研究通常結束於結論，研究者論說從個案擷取而得的整體意涵。這種關於個案整體意涵的結論，Stake（1995）稱之為「**斷言**」（*assertion*）；Yin（2009）稱之為建立「型態」或「解釋」；在我們來看，這就是從個案研究獲得的「心得或啟示」（lessons learned）。

4.6.4 個案研究的類型

依照個案研究分析的焦點，譬如：研究的是單一個人、若干個人、一個群體、一個計畫、或一種活動，可以將質性個案研究分成若干類型。再者，也可以依照研究的意旨，將質性個案研究分為三大類型：單一**工具型個案研究**（single *instrumental case study*）、**集合**（或多元）**個案研究**（*collective case study*）、**本質型個案研究**（*instrinsic case study*）。

單一工具型個案研究

研究者聚焦一個議題或關切問題，然後選擇一個有界限個案作為案例，來闡明該等議題或問題。Stake（1995）描述使用工具型個案研究，就是有「一個研究待答問題、一個謎團，需要找尋普遍理解，以及感覺透過研究特定個案，我們有可能取得關於該等問題的洞視」（頁3）。

舉例而言，Asmussen & Creswell（1995）使用工具型個案研究來探索校園暴力議題，並且藉由一個機構的單一個案，來示範闡明校

園對於潛在事故的反應。研究發現部分，根據蒐集多元來源資訊，分析發掘五項主題（否認、恐懼、安全、重新觸發、校園計畫）；研究結論部分，提出斷言，總結校園社群對於槍擊事故的兩大類反應：組織層面的反應，以及社會─心理層面的反應（簡短討論介紹，請參閱第一章；進一步探索，請參閱第十一章）。此一個案研究不應該視爲本質型個案研究，因爲若干大學校園都曾經（不幸地）發生過槍擊暴力事故。

集合個案研究

或稱多元個案研究（multiple case study），同樣地，要探索的也是一個議題或關切問題，但是研究者選取多元個案來研究闡明該等議題。研究者可能從若干地點選擇若干計畫來研究，或是從單一地點內選擇多項計畫來研究。很多時候，研究者透過立意取樣，選取多元個案來展現對於研究議題的多樣化觀點。有些研究者，例如Lieberson（2000）論稱，選擇採用小數量的多元個案對照，比較有可能發現其他情況下難以取得的結論。Yin（2009）指出，多元個案研究設計乃是採用複製的邏輯；換言之，研究者對於所有個案複製相同的研究程序。原則上，質性研究者比較不太喜歡跨個案之間的類化，因爲個案彼此脈絡其實不盡相同。不過如果要確保得到較佳的類化，就需要選擇代表性的個案。

舉例而言，Anderson, Toles,Corazzini, McDaniel, & Colón-Emeric（2014）多元個案研究，透過研究英國四所照護之家，包括406位經理和工作人員，歷時6個月，來闡明照護機構的關係型態和管理實踐（亦即議題與關切問題）。研究發現，建議正向互動策略可能促成比較理想的照護，再者也指出需要工作人員相互支援，投入正向互動，作爲提升照護品質的前提要件。

本質型個案研究

研究焦點在於個案本身（例如：評鑑某特定方案，或是研究學校成就受挫的某一位特定學生，請參閱Stake, 1995），因為個案呈現一種獨特或不尋常的情境。這有些類似敘事研究的焦點，但是個案研究分析程序，設定在個案脈絡或周遭相關因素的詳細描述。

舉例而言，Van Hout & Bingham（2013）研究「絲路」毒品網購黑市，就是本質型個案研究的一個例子。此研究探索個人使用者「網購毒品的動機、接觸和使用該網站的經驗、毒品資訊來源、決策過程和購買行為、使用的結果和情境，以及環繞安全議題的觀點」（頁383）。研究發現指出，「絲路」毒品網購和傳統網購或街頭毒品，在交易關係、參與和安全感等方面的差異，讓吾人得以明白，使用「絲路」網購毒品如何可能提高使用者的決定，以及減低潛在風險。

▌4.6.5▌ 個案研究的執行程序

目前已有若干執行個案研究的程序，可供參考選用（請參閱Merriam & Tisdell, 2015; Stake, 1995; Yin, 2009, 2014）。個案研究執行程序的討論（請參閱圖4.6），主要參考來源汲取自Stake（1995）和Yin（2014）；另外，創新觀點的簡明描述，請參閱Baxter & Jack（2008）。

- **決定個案研究取徑是否讓研究問題獲得最佳檢視**：如果研究者已經清楚確認有界限的個案，並且研究目標是要尋求關於該等個案的深度理解，或是對照比較若干個案，那麼個案研究取徑就是理想的選擇。
- **確認研究的意圖和個案（或多元個案），以及取樣個案的程序**：在執行個案研究時，我們推薦，研究者先考量個案研究的意圖和類型：單一或集體個案、多元場地或單一場地，以及聚焦個案本

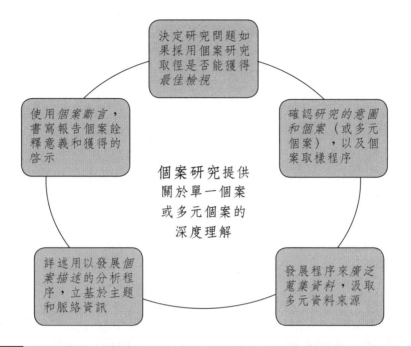

決定研究問題如果採用個案研究取徑是否能獲得最佳檢視

使用個案斷言，書寫報告個案詮釋意義和獲得的啟示

確認研究的意圖和個案（或多元個案），以及個案取樣程序

個案研究提供關於單一個案或多元個案的深度理解

詳述用以發展個案描述的分析程序，立基於主題和脈絡資訊

發展程序來廣泛蒐集資料，汲取多元資料來源

圖4.6 個案研究的執行程序

身或議題（本質型、工具型），判斷決定哪一種選項最有希望達到解決研究的目標。選擇的個案可能是單一或若干個人、計畫、事件、活動（Stake, 1995; Yin, 2009），在這方面，有若干立意取樣（***purposeful sampling***）策略可供採用。很多時候，我們發現，選擇個案最好要能夠有助於展現不同觀點〔立意最大化取樣（purposeful maximal sampling），請參閱Creswell, 2012〕；不過，普通個案、可進接個案、或是不尋常個案，也都是頗受歡迎採用的選項。

• **發展程序來執行廣泛蒐集資料，汲取多元資料來源**：常見的資料來源包括：觀察、訪談、文件、影音媒材。比方說，Yin（2014）推薦六種資訊蒐集的類型：文件、檔案紀錄、訪談、直接觀察、參與觀察、文物。

- **具體詳述分析程序，說明個案描述如何整合主題分析和脈絡資訊**：個案研究資料分析的類型，可能採用*全方位分析*（*holistic analysis*），這是關於個案整體的分析；或是採用*內嵌分析*（*embedded analysis*），這是針對個案特定面向的分析（Yin, 2009）。透過資料蒐集和分析，關於個案的詳細描述從而浮現（Stakes, 2009），研究者詳細描述個案的諸多面向，譬如：個案的歷史、大事記、或是個案活動的逐日記述。比方說，校園槍擊事故的個案研究（請參閱第十一章），追溯事故發生後兩個星期該校園的反應。研究者可能聚焦少數幾個關鍵議題〔*主題分析*（*analysis of themes*），或個案主題〕，是要了解此個案本身的複雜性，而不是要尋求由此個案類化到其他個案的普遍性。

  另一種分析策略，確認每一個案內的議題，然後尋找跨越該等個案的共通主題（Yin, 2009）。這種分析可以提供豐富的*個案脈絡*（*context of the case*）（Merriam, 1988）。研究多元個案時，典型的格式首先是提供每一個案的詳細描述，以及找尋個案內的主題，這稱為*個案內部分析*（*within-case analysis*）；接下來，橫跨個案的主題分析，這稱為*跨個案分析*（*cross-case analysis*），再加上關於個案意義的斷言或詮釋。不論意義是從探究個案而獲得對於某些議題之心得或啟示（工具型個案），抑或是從個案本身學到某種不尋常或獨特的情事（本質型個案）。Lincoln & Guba（1985）指出，這階段主要書寫從個案獲得的心得或啟示，Stake（1995）稱之為「斷言」。Stake（1995）使用若干斷言，聚焦陳述從個案學到之心得或啟示，來作為個案研究的總結：「前面呈現過相對未加詮釋的觀察之後，我將會摘要總結我感覺對於此個案的理解，以及在概念方面或信心程度上，我對於此個案的類化有怎樣的變化。」（Stake, 1995，頁123）

- **使用個案斷言，書寫報告關於個案的詮釋意義和從中獲得的啟示**：撰寫個案的描述涉及反思，而且你越早開始，就越容易完

成。當然，最適合的報告書寫組織結構，將會隨著研究進展而逐漸浮現，也會因為研究斷言的不同而展現個殊的形貌。在這方面，我們採納Stake（1995）的建言：「斟酌報告的組織寫法時，需要將讀者放在心上。」（頁122）

一般而言，個案研究報告結構包括：開場的微型敘事，用來引介讀者使其熟悉研究的核心元素，包括提出支持選用特定研究取徑的邏輯根據，研究程序，個案的廣泛敘事描述與其脈絡，可能包含有助於理解個案的歷史和組織機構等方面的重要脈絡資訊。然後描述議題，汲取自額外的資料來源，再與研究者對議題的詮釋整合，呈現正反兩面的證據，接著再呈現整體個案斷言。最後，結尾的微型敘事讓讀者留下對於個案的整體印象。根據Stake（1995），結尾的微型敘事是用來提醒讀者，留意特定的個案脈絡：「我喜歡以敘事作為結尾，提醒讀者，這報告只是關於發生在某一個複雜個案的經驗。」（頁123）

┃4.6.6┃ 個案研究的挑戰

質性取徑的個案研究，有一項挑戰是必須確認個案。選取的個案可能規模宏大（例如：童子軍組織），也可能規模狹窄（例如：特定大學的決策過程）。個案研究者必須決定要選擇研究何種界限封閉系統，承認可能有若干選項符合條件；並且明白，選取該等個案來闡明個案本身，或用以示範闡明議題，是有價值的研究。此外，研究者還必須考量是要研究單一個案或多元個案。

隨著多元個案研究日益增多，下列三項議題的考量也越加重要：資源限制、個案選擇、以及跨個案分析。

- **資源限制的考量**：不會太感意外，如果資源受限（例如：時間和財務方面的限制），研究的個案數量越多，整體分析往往會趨向稀釋，個別個案的研究深度也會連帶受到折損。
- **個案選擇的考量**：如果決定選擇採用多元個案研究取徑，接著

必須考量的問題就是，「該選取多少個案？」這個問題並沒有
普遍適用的標準答案。不過，通常選擇的個案數量不超過4或5
個。驅使研究者考慮選取大數量個案的動機，就在於*可類化性*
（*generalizability*），不過這對於大部分質性研究者倒是不太有
意義（Glesne & Peshkin, 1992; Lincoln & Guba, 2000）。

- **個案分析的考量**：最後有待考量的議題就是，「考量什麼來導引
  質性資料分析？」在單一個案研究，導引分析的考量是，研究設
  定為工具型或本質型目的；在多元個案研究，研究初期通常比較
  不會明顯區分工具型或本質型目的。在這方面，Stake（2006）
  提出「*共同議題*」（*quitain*）的概念，作為重要考量指南。所謂
  「共同議題」，乃是橫跨所有個案，「有待研究的目標或現象」
  （頁4），並且指出，在研究初期確認「共同議題」，對於引導
  個案的選取相當重要。

個案的選擇需要研究者建立邏輯理由，支持為何採用特定的選樣
策略以及蒐集特定的個案資料。比方說，提供充分的資訊來呈現個案
的深入圖像，可能會侷限了某些個案研究的價值。在籌劃個案研究
時，我們請研究者擬定資料蒐集矩陣，具體詳述可能蒐集到個案各種
資訊的數量。決定個案的「界限」，譬如：時間、空間、事件、過
程等界限，可能頗具挑戰難度。某些個案研究可能沒有清楚的（自
然）起點和終點，在這種情況下，研究者就需要判斷設下適合界定個
案的界限。

以往，個案研究最令人顧慮的是，嚴謹度可能不太理想；也有
證據顯示，確實存在品質欠佳的個案研究，諸如此類的負面例子難
免讓人感到喪氣，也可能讓有心投入者裹足不前。不過，最近30幾
年來，個案研究已經獲得相當廣泛的肯定，應用個案研究取徑的頻
率和參考書籍的數量，也都有長足的進展（例如：Thomas, 2015;
Yin, 2014）。《個案研究百科全書》（*Encyclopedia of Case Study
Research*）編輯室的徵稿啟事，就明文鼓勵投稿者使用個案研究

（Mills, Durepos, & Wiebe, 2010）。此外，還有不少出版品，目標讀者設定在新接觸個案研究者，其中一個焦點就是要吸引更多研究新血投入此一陣營（例如：Baxter & Jack, 2008; Flyvbjerg, 2006）。

4.7　五種取徑的對照比較

這五種質性研究取徑都有共通的研究過程：首先，介紹研究問題，提擬研究待答問題；然後，資料蒐集、分析和詮釋；最後，撰寫研究報告。質性研究者已經發現，在初學階段，有效的學習訣竅是，綜覽檢視這五種取徑的梗概全貌。從此等梗概全貌，我們可以確認五種取徑當中的基本差異。因此在本章最後，我們依次從三方面：基本考量、資料程序、研究報告，來對照比較這五種取徑。

4.7.1　基本考量

我們整理摘列四個面向的基礎考量，方便讀者對照比較這五種取徑，請參閱表4.1。

表4.1　五種質性研究取徑的基礎考量對照比較

基礎考量	敘事研究	現象學	扎根理論	俗民誌	個案研究
研究焦點	探索個別人物的生活	理解經驗的本質	以田野資料為基礎，發展理論	描述和詮釋文化共享團體	發展關於單一個案或若干個案的深度描述和分析

基礎考量	敘事研究	現象學	扎根理論	俗民誌	個案研究
分析單位	研究單一個人或許多個人	研究擁有相同經驗的若干個人	研究涉及多人的某一過程、行動或互動	研究共享相同文化的團體	研究單一事件、方案、活動、單一個人或若干個人
最適合的研究問題類型	需要述說個人經驗的故事	需要描述生命經歷現象的本質	發展扎根於參與者觀點的理論	描述和詮釋團體文化的共享型態	提供單一個案或許多個案的深度理解
源起的學門或領域	人文學類包括：人類學、文學、歷史、心理學、社會學	哲學、心理學、教育	社會學	人類學和社會學	心理學、法律、政治學、醫學

- **研究的焦點**：在最基礎的層次，這五種取徑的差別在於，研究試圖要達成什麼；換言之，就是研究的焦點或主要目標。舉例而言，探索某人物的生活，就不同於產生理論來解釋某等過程或行動，也不同於描述某文化分享團體的運作。
- **分析的單位**：不過，我們還是得注意，這五種取徑之間仍有若干共通點。比方說，分析單位是單一個人時，敘事研究、俗民誌、個案研究就多少有些相似。研究單一個人時，確實可能採行這三種取徑的任一種；不過，就資料蒐集和分析的類型來看，就有明顯差異。對照來看，*敘事研究*，聚焦在單一個人敘說故事，進而將故事資料組織呈現為大事記；*俗民誌*，焦點是把故事放在文化體系或文化分享團體的脈絡；*個案研究*，單一個案通常是選來示範闡明某議題，彙整個案所在場域的細節描述。在此，我們建

議，如果目的是要研究單一個人，可以考慮選用敘事研究或個案研究；比較不推薦俗民誌，因爲那比較適合用來取得較廣泛的文化圖像。

- **最適合的研究問題類型**：對照比較敘事研究和個案研究，探究單一個人的適合程度，我們覺得敘事研究取徑會比較適合，因爲敘事研究傾向聚焦單一個人；相對地，個案研究通常涉及多元個案。提擬待答問題的過程，頗有助於決定研究問題是否適合選用特定的取徑。

- **起源的學門或領域**：雖然有些取徑的起源學門或領域可能有所重疊，但是也有些取徑起源於單一學門或領域（例如：扎根理論起源於社會學，俗民誌的建立則是源自人類學、社會學），另外還有些取徑則有較爲廣泛的跨學門背景（例如：敘事研究、個案研究）。這些也可幫助考量如何選擇研究取徑。

| 4.7.2 | 資料程序

分爲資料蒐集和資料分析兩方面，請參閱表4.2：

表4.2　五種質性研究取徑的資料程序對照比較

資料的程序	敘事研究	現象學	扎根理論	俗民誌	個案研究
資料蒐集的形式	主要使用訪談和文件	主要使用個人訪談，但也可能運用文件、觀察和藝術等材料	主要使用20至60人的訪談	主要使用觀察和訪談，但也可能在田野研究過程蒐集其他來源的資料	使用多元來源的資料，譬如：訪談、觀察、文件、文物等等

資料的程序	敘事研究	現象學	扎根理論	俗民誌	個案研究
資料分析的策略	分析資料，建立故事、「重新敘說故事」，以及發展主題，通常使用大事記	分析資料，找尋重要陳述、意義單位、文本描述和結構描述，以及「本質」的描述	分析資料，藉由開放編碼、軸心編碼、選擇編碼	分析資料，藉由描述文化分享團體，以及關於該等團體的主題	分析資料，藉由個案描述、個案主題，以及跨個案的主題

- **資料蒐集**：五種取徑採用類似的資料蒐集形式，包括：訪談、觀察、文件、影音媒材。取徑之間的差異可能反映在以下面向：強調的傾向有所不同（例如：俗民誌比較偏重觀察，扎根理論比較強調訪談），資料蒐集的形式多寡（例如：現象學傾向只有採用訪談；個案研究傾向採用多元來源的資料，以茲提供全方位、深度個案圖像）。

- **資料分析**：取徑之間的差異更是顯著。不只是分析階段的具體、特定程度有明顯差別（例如：扎根理論的分析程序，最具體、特定；敘事研究的分析過程，比較沒有明確的界定）；分析步驟數量多寡，也有明顯差異（例如：現象學分析步驟最多，俗民誌分析步驟最少）。

4.7.3 研究報告

每種取徑的研究報告（書面報告，請參閱表4.3），也隨著研究過程不同，而有各異其趣的形貌。分別來看：敘事研究，報導個人生活故事；現象學，描述現象經驗的本質；扎根理論，呈現資料浮現發展的理論，通常繪製成視覺模式；俗民誌，報導文化分享團體如何

運行的全方位圖像；個案研究，有界限系統或單一個案（或若干個案）的深度研究。

表4.3 五種質性研究取徑的研究報告對照比較

研究報告	敘事研究	現象學	扎根理論	俗民誌	個案研究
介紹	聚焦參與者和故事的本質	聚焦解釋現象	聚焦發展理論所預期解釋的過程或行動	聚焦所探索的文化分享團體	先使用引言的微型敘事文，然後聚焦個案的核心要點
研究程序	陳述選用該研究方法的邏輯理由、個人對經驗的重要性和資料程序	陳述選用該研究方法的邏輯理由、哲學預設和資料程序	陳述選用該研究方法的邏輯理由和資料程序	陳述選用該研究方法的邏輯理由、類型和資料程序	陳述選用該研究方法的邏輯理由、類型和資料程序
研究結果	敘說故事，使用多樣方法，包括重新敘事、理論化、敘事片段	報告現象如何被經驗，使用重大陳述討論主題的意義	發展故事涉及開放編碼、軸心編碼、選擇編碼、理論命題和模式	逐字引述，描述文化和分析文化主題的型態	首先提供個案的廣泛描述，然後呈現個案當中的關鍵議題主題
結論	詮釋意義的型態	描述經驗的「本質」	提出理論或模式	文化圖像，描述文化分享團體如何運作	個案研究斷言和結語的微型敘事

書寫報告的普遍結構，也可以轉用來設計期刊論文研究。因為每一種取徑都有若干數量的步驟，適合用來作為學位論文或書籍長度研究的章節組織。先前介紹各種取徑的基礎知識之後，再配合此處討論的取徑之間的差異，讀者就有能力可以開始草擬各種取徑的報告書寫架構。當然，隨著研究進展到終點，報告書寫架構會逐漸浮現，個中樣貌也會有所變化；但是初期草擬的報告架構，也可輔助考量研究設計的各項議題。

對於每一種取徑，〈介紹〉部分，是要描述研究的特定焦點（亦即研究目的），引導讀者熟悉研究問題與待答問題。其次，〈研究程序〉，以大綱形式，說明研究程序，通常包括：選擇採用該特定取徑的理由，以及提供資料程序相關的細節。

再來，請注意，每一種取徑各有獨特的報告組織架構，〈研究結果〉的呈現也有所差別。比方說，所有取徑普遍都會提供深度描述，但是描述的組織方式則可能因取徑不同而有所差異。比方說，敘事研究，可能使用大事記來敘說故事；現象學，可能使用重大陳述作為書寫的組織結構，用以報導人們如何經驗所探索的核心現象。同樣地，這五種取徑的〈結論〉，也各有差異：個案研究，普遍呈現個案速寫的微型敘事作為結尾；俗民誌，普遍使用文化圖像來呈現整體詮釋、學到的心得或啟示，以及提出代表本質的問題。在這個時間點，讀者可以暫時把此等書寫結構視為一般性的模式。在第五章，我們將檢視五篇期刊論文，分別示範闡明這五種取徑，屆時將會進一步探索每一種取徑的書寫結構。

本章重點檢核表

1. 對於這五種質性研究取徑，各有哪些合適的研究問題？

   • 請列舉三則研究問題，首先確認研究的焦點，然後確認哪種取徑可能比較適合。根據研究問題，進而草擬適合五種取徑的研究待答問題，每種取徑各一則。你能否確認各種取徑研究待答問題之間的隱微差異？

2. 在質性研究期刊當中，你能否從各篇文章中確認五種取徑的定義要點？

   • 檢視質性研究期刊文章，確認其使用這五種取徑當中的哪一種。譬如：Huber & Whelan（1999），敘事研究；Doyle, Pooley, & Breen（2012），現象學；Leipert & Reutter（2005），扎根理論；Miller, Creswell, & Olander（1998），俗民誌；Chirgwin（2015），多元個案研究。使用本章介紹的定義要點，檢視你所選的期刊文章，找出每一定義要點的所在位置。你能否確認其中有任何定義要點沒有出現？或是另外還有出現其他新的定義要點？

Chirgwin, S. K. (2015). Burdens too difficult to carry? A case study of three academically able Indigenous Australian Masters students who had to withdraw. *International Journal of Qualitative Studies in Education*, *28*, 594-609. doi:10.1080/09518398.2014.916014

Doyle, J., Pooley, J. A., & Breen, L. (2012). A phenomenological exploration of the childfree choice in a sample of Australian women. *Journal of Health Psychology*, *18*, 397-407. doi:10.1177/1359105312444647

Huber, J., & Whelan, K. (1999). A marginal story as a place of possibility: Negotiating self on the professional knowledge landscape. *Teaching and Teacher Education, 15*, 381-396. doi:10.1016/S0742-051X(98)00048-1

Leipert, B. D., & Reutter, L. (2005). Developing resilience: How women maintain their health in northern geographically isolated settings. *Qualitative Health Research, 15*, 49-65. doi:10.1177/1049732304269671

Miller, D. L., Creswell, J. W., & Olander, L. S. (1998). Writing and retelling multiple ethnographic tales of a soup kitchen for the homeless. *Qualitative Inquiry, 4*(4), 469-491. doi:10.1177/107780049800400404

3. 這五種取徑的哪些資源，你可以用來擬定研究計畫？

- 選擇其中一種取徑，針對該特定取徑撰寫簡要描述，以及其使用的程序。納入至少五筆參考文獻，作為你的研究計畫。你能否納入至少兩筆參考文獻？

4. 你是否了解如何轉化研究的焦點、程序和書寫結構，使成為五種取徑？

- 評估你想要執行的質性研究計畫。首先採用敘事研究取徑，然後轉化成為現象學、扎根理論、俗民誌、個案研究等取徑。比較研究焦點，資料蒐集和分析程序。你能否討論五種取徑之間書面報告結構的差異？

本章摘要

本章介紹五種質性研究取徑——敘事研究、現象學、扎根理論、俗民誌、個案研究。我們提供研究焦點和定義、起源和發展歷史、定義特徵、主要類型、執行研究的主要程序。最後，我們討論執行每一種取徑研究的挑戰、新興的趨勢、關鍵資源。為了

凸顯這些取徑的主要差異，我們提供綜覽表格，對照比較這五種取徑在若干重要面向的重點特色，包括：基礎面向的考量（研究焦點、分析單位、研究問題的類型、學門領域起源的本質）、資料程序（資料蒐集的形式、資料分析的策略）、研究報告（研究結果和書面報告的結構）。

　　下一章，我們將檢視五篇研究，分別示範這五種質性研究取徑，讀者也可以更貼近認識這五種取徑的研究書寫結構。

延伸閱讀

　　第一章，我們呈現了本書介紹討論五種取徑的主要參考書，每一種取徑各取兩本。在這裡，我們擴充這份清單，可供讀者進一步深入探索學習每一種取徑。這份書目不應視為窮盡所有相關資源的完整清單，我們鼓勵讀者應該從本書書末收錄比較完整的參考文獻，找尋進一步的研讀材料。

敘事研究：

Clandinin, D. J., & Connelly, F. M. (2000). *Narrative inquiry*: *Experience and story in qualitative research*. San Francisco, CA: Jossey-Bass.

　　Jean Clandinin & Michael Connelly整本書穿插呈現許多實用的參考資源，描述他們成為敘事研究者的個人歷程。對於新接觸敘事研究者，特別有幫助的是最後一章，全方位討論敘事研究的倫理議題。

Czarniawska, B. (2004). *Narratives in Social Science Research*. Thousand Oaks, CA: Sage.

　　這是敘事研究的重要參考資源，Barbara Czarniawska探索各種敘事與分析的多樣化用途，尤其有幫助的是作者使用她自

己的研究例子，來示範說明研究的概念化乃至於故事敘說等概念。

Daiute, C. (2014). *Narrative Inquiry*: *A Dynamic Approach*. Thousand Oaks, CA: Sage.

Colette Daiute提供執行她所謂動態敘事研究的基本鷹架，包括：使用例子、活動和訣竅。特別值得注意的是，她如何建立日常生活實踐的基礎，以及如何將此等基礎連結到敘事研究。

現象學研究：

Giorgi, A. (2009). *A Descriptive Phenomenological Method in Psychology*: *A Modified Husserlian Approach*. Pittsburgh, PA: Duquesne University Press.

Amedeo Giorgi使用研究範例，示範闡明應用描述性現象學方法的實施步驟。這是心理學領域研究人員必備的參考書。

Stewart, D., & Mickunas, A. (1990). *Exploring phenomenology*: *A guide to the field and its literature* (2nd ed.). Athens: Ohio University Press.

在這本重要的著作中，David Stewart & Algis Mickunas介紹胡塞爾、海德格，以及其他20世紀前半葉現象學的各種派別。對於讀者，特別有幫助的是討論現象學對於傳統哲學的挑戰。

Van Manen, M. (1990). *Researching Lived Experience*: *Human Science for an Action Sensitive Pedagogy*. Albany: State University of New York Press.

Max Van Manen描述現象學傳統，以及執行現象學研究的方法和程序。這本書有許多關鍵貢獻，其中第五章聚焦現象學的書寫，尤其值得參考。

扎根理論研究：

Birks, M., & Mills, J. (2015). *Grounded Theory*: *A Practical Guide* (2nd ed.). Thousand Oaks, CA: Sage.

Melanie Birks & Jane Mills在全書中大量運用圖表和教學輔助設計，相當有助於讀者理解書中介紹的內容。尤其是提供批判思考問題，引領讀者自我評估書中呈現的題材；另外，「透視扎根理論的窗口」亦提供了重要的洞視。

Bryant, A., & Charmaz, K. (Eds.). (2007). *The SAGE Handbook of Grounded Theory*. Thousand Oaks, CA: Sage.

很多時候，手冊的確是新接觸某種研究取徑的入門好起點。就此而言，Alan Bryant & Kathy Charmaz合編的這本手冊，就提供了執行扎根理論研究的實用指南。其中特別值得注意的是，兩位主編合寫的扎根理論研究歷史發展，以及Lora Lempert著筆的備忘錄註解的撰寫。

Clarke, A. E. (2005). *Situational Analysis*: *Grounded Theory after the Postmodern Turn*. Thousand Oaks, CA: Sage.

Adele Clarke使用圖解來提高複雜性的可見度，其中一項獨特的見解就是她對於情境的概念化，還特別納入了一般研究在界定脈絡時比較沒有考量到的遺漏資料（例如：環境因素）。

俗民誌研究：

Atkinson, P. (2015). *For Ethnography*. Thousand Oaks, CA: Sage.

在這本書的核心，就是關於俗民誌研究的田野研究工作。Paul Atkinson提供容易遵循的原則，來引導投入俗民誌田野研究。

Madison, D. S. (2011). *Critical Ethnography*: *Method, Ethics, and Performance* (2nd ed). Thousand Oaks, CA: Sage.

D. Soyini Madison藉由使用三項個案研究，提供重要洞視，以及理論在規劃批判俗民誌研究過程的角色。

Wolcott, H. F. (2010). *Ethnography Lessons*: *A Primer*. Walnut Creek, CA: Left Coast Press.

在本書中，Harry Wolcott呈現他個人長達50年的俗民誌研究生涯，親身經歷的諸多挑戰和成功經驗，穿插交織他和許多知名人類學者的個人互動。其中一項重要貢獻是，他個人和學生經歷過的倫理兩難困境，以及對於質性研究所有關聯的心得。

個案研究：

Gomm, R., Hammersley, M., & Foster, P. (2000). *Case Study Method*. Thousand Oaks, CA: Sage.

Robert Gomm, Martyn Hammersley, & Peter Foster號召了許多作者，共同來討論個案研究的實務和挑戰。特別值得一讀的幾章包括：Yvonna Lincoln & Egon Guba合寫的個案研究的可類化性，以及Stanley Lieberson撰寫的個案比較。

Stake, R. E. (2006). *Multiple Case Study Analysis*. New York, NY: Guilford Press.

Robert Stake的這本書，罕見地聚焦於多元個案研究，不過也收錄了一章來介紹單一個案研究。這本書引導讀者透過執行一項多元個案研究的範例，涉及多國的〈按部就班的個案研究計畫〉（Step by Step Case Study Project），並且提供許多工作單（worksheets），幫助讀者逐步學習如何執行多元個案研究。

Thomas, G. (2015). *How to Do Your Case Study* (2nd ed.). Thousand Oaks, CA: Sage.

Gary Thomas提供了易於遵循的簡明指南，如何來閱讀、設計

和執行個案研究。特別值得一提的是，他使用許多例子來闡
明如何聚焦個案研究的目的。

5

五種取徑的質性研究範文解析

　　我們始終覺得，學習撰寫質性研究的最佳途徑，就是閱讀期刊發表的質性研究論文，仔細檢視個中寫法。比方說，如果打算投入扎根理論研究，我們會建議搜尋20篇期刊發表的扎根理論文章，逐一仔細檢視，從中挑選最完整的一篇，涵蓋扎根理論的*所有*定義要點，以此作爲仿效的範本。當然，此等過程也適用於其他四種質性研究取徑。退一步而言，如果你一時之間沒能完成前述建議的方式，也可以從本章介紹的五篇範本，逐步建立各種取徑的範文資料庫。

　　這五篇範文，分別代表本書介紹的五種質性研究取徑。我們相信，最理想的進行方式應該是先讀完整篇文章，再回來用你自己的理解來對照本章整理的摘要。其次，閱讀我們的分析，說明各篇文章如何得以作爲各種特定取徑的範本，以及如何整合納入各種取徑的定義要點（請參閱第四章）。在本章的結尾處，我們反思，爲什麼特定質性研究案適合選擇其中某一種取徑。最後，在本章重點檢核表，我們納入更多的期刊論文例子，可供讀者自行參考研習。

　　第一篇，敘事研究取徑，教育領域研究，Chan（2010），研究單一人物，加拿大華裔學生張艾美（Ai Mei Zhang譯音）在中學以及家人互動的族裔認同故事。

　　第二篇，現象學取徑，健康照護領域研究，Anderson & Spencer（2002），研究美國AIDS／HIV照護機構若干感染者對於該疾病的個

人經驗、想像和看法。

第三篇，扎根理論取徑，運動社會學與健康教育領域研究，Harley et al.（2009），研究非裔美國女性整合體能活動到個人生活型態的過程。個中適切融入理論架構，用以解釋關鍵因素之間的連結路徑。

第四篇，俗民誌取徑，社會學領域研究，Mac an Ghaill & Haywood（2015），呈現英國出生、巴基斯坦和孟加拉裔的勞工階級、穆斯林年輕男子，在2008至2011年間，成長在英國急遽變遷的社會大環境與地方社群文化之間，這群文化分享團體成員的認同形成議題。

第五篇，質性個案研究取徑，教育心理學領域，Frelin（2015），描述和提議瑞典中學輔導方案教師協商師生關係的三項主題（信賴關係、人類關係、學生自我形象），以期改善學生長期承受學校成就受挫之經驗。

這五篇範文獲選的理由是，有效展現每一種取徑的定義特徵（請參閱第四章），並且涵蓋各種不同學門領域、地理區域、參與者多樣性。

問題討論

- 敘事研究範文，述說的是什麼故事？
- 現象學研究範文，檢視的是什麼經驗？
- 扎根理論研究範文，浮現的是什麼理論？
- 俗民誌研究範文，研究的是什麼文化分享團體？
- 個案研究範文，檢視的是什麼個案？
- 這五種取徑範文的核心特色有何差別？
- 研究者如何從這五種取徑當中，選擇適合特定研究案的一種？

5.1　敘事研究（Chan, 2010）

Chan, E. (2010). Living in the Space Between Participant and Researcher as a Narrative Inquirer: Examining Ethnic Identity of Chinese Canadian Students as Conflicting Stories to Live By. *The Journal of Educational Research*, *103*, 113-122. doi:10.1080/00220670903323792

這篇教育領域研究，採用敘事研究取徑，是關於華裔加拿大學生張艾美的故事。研究期間，張艾美就讀加拿大多倫多灣街學校七、八年級。研究者Chan選擇研究張艾美是因為她的故事可以提供資訊來闡明，學校、老師、同學以及家人各方的期許，如何可能形塑個人的族裔認同。艾美敘說她生活當中的若干特定事件，作者蒐集該等故事，再加上課堂觀察所見，作為基礎，撰寫研究報告。此外，研究者也訪談了張艾美和其他學生，記錄廣泛的田野筆記，並且主動參與艾美的學校活動（例如：多元文化之夜）、家庭晚餐、艾美在教室和同學的交談。作者的主要興趣是要探索資料蒐集期間浮現的衝突故事。

作者Chan介紹研究時，引述變遷的學生人口學組成，凸顯有需要更妥善理解移民學生、少數族裔學生，夾在學校和家庭之間的日常生活經驗。作者援引杜威論述經驗和教育關聯的哲學論點（Dewey, 1938），作為理論基礎，來架構三維敘事研究空間（Clandinin & Connelly, 2000）。在此研究中，作者採行Clandinin et al.（2006）的程序，用以描述學生和老師相互交織的生活。

從資料的主題分析，作者呈現若干衝突故事：朋友間的緊張態勢，艾美在學校隱藏不用家裡講的母語，因為學校接受的是英語，而母語被認為對此有所妨礙；再者，校方也只准許華語普通話，而母語福州話只能在家裡和家人之間使用。另外，還有多重衝突的影響力相

互拉扯：父母對於艾美行為的期許和同學對她的期待，時有衝突；衝突也來自家人需要艾美幫忙照顧家裡經營的生意，而老師期許她完成作業、準備測驗和其他學業規定。

研究結果最後一部分呈現，作者反思自己在研究過程的經驗，譬如：她參與的諸項事件如何形塑她的理解；機會如何浮現，建立信賴；她如何發展支持這位女學生權益的維權立場。總結而論，這項研究有所貢獻於理解移民或少數族裔學生面臨的挑戰；學生、老師、同儕、父母之間莫衷一是的衝突期待；少數族裔的個人價值如何受到衝突情境的形塑。擴而言之，此研究提供了參考資訊，有助於導引教師、教育行政人員來面對多樣化族群的學生，也可作為「生活本位文學敘事」（"life-based literary narrative"，Chan, 2010，頁121）的範本。

此篇文章體現了敘事研究的定義要點（相關討論介紹，請參閱本書第四章；另外請參閱Clandinin, 2013; Riessman, 2008）：

- 從單一個人——華裔加拿大學生張艾美，蒐集故事。
- 外顯化故事蒐集過程的協力合作本質：隨著時間推移，建立研究者和參與者之間的契合關係。
- 選擇聚焦單一人物的各方面經驗；更具體、特定而言，聚焦在此學生的族裔文化認同，以及父母、同儕、老師如何影響形塑此等認同。
- 討論灣街學校的地點、物理環境和社會脈絡，大部分的事件發生於此，收錄在研究報告的敘事書寫中。
- 建立資訊證據基礎，透過不同形式的資料，譬如：個人觀察、訪談、田野筆記、活動出缺席狀況等等，以茲探索此學生的族裔文化認同。
- 採用主題分析取徑，分析此學生、家長、學校「發生的各種事情」。
- 蒐集資料的時間始於2001年秋季，直到2003年6月，因此有相當

多機會得以檢視時間推移之間諸多事件的開展。不過，這篇敘事並沒有建構大事記來呈現各項主題的先後序列，所以閱讀之餘，難以決定某一主題（例如：新生訓練時隱藏母語）是否發生在另一主題〔例如：用餐時間，同學對話夾雜華語普通話（學校通用）和福建話（家裡使用）〕之前或之後。

- 凸顯每一主題浮現的緊張情況（例如：在家裡使用普通話和福建話的緊張情況）。不過，整體敘事並沒有傳達特定的轉捩點或主顯節。

5.2　現象學研究（Anderson & Spencer, 2002）

Anderson, E. H. & Spencer, M. H. (2002). Cognitive Representations of AIDS: A phenomenological study. *Qualitative Health Research*, *12*, 1338-1352. doi: 10-1177/1049732302238747

此篇健康照護領域研究，採用現象學取徑，特別聚焦愛滋感染者對愛滋病所持有的心理意象或認知再現。研究者探索此主題的原因是，期望了解感染者對於AIDS的認知再現、情緒反應，以及此等因素對於其治療的影響，從而設法減低高風險行為，提高生活品質。因此，研究目的是要，「在現象學的脈絡之內，來探索感染者關於AIDS的經驗和認知再現。」（Anderson & Spencer, 2002，頁1339）

首先，作者Anderson & Spencer在文章一開始的〈介紹〉中指出，美國有一百多萬人感染HIV，繼而提出「疾病再現的自我規範模式」（Self-Regulation Model of Illness Representation），作為研究的理論架構；此模式主張，病人是主動的問題解決者，行為乃是基於對健康威脅的認知、情緒反應之產物。病人形成疾病的再現（例如：對疾病的想像），研究者有必要對此有比較透徹的理解，以提供病人治療、行為和生活品質等方面的協助。然後作者轉向AIDS感染者經驗

的文獻。他們回顧檢視質性研究文獻，有若干篇採取現象學取徑，探索HIV感染者的生活和因應等主題。不過，沒有研究曾經探索感染者關於AIDS的心理意象。

他們的研究設計訪談了58位確診感染HIV的男女。為了研究這些人，研究者採取Colaizzi（1978）首倡的現象學研究程序，後來Moustakas（1994）予以修訂。在18個月期間，訪談58位感染者，訪談問題包括：「你的AIDS經驗有哪些？你是否有想像AIDS／HIV的心理意象？你會如何描述AIDS／HIV？你有什麼感覺？這對於你的生活有什麼意義？」（Anderson & Spencer, 2002，頁1341-1342）研究者也請參與者畫出心中想像的AIDS／HIV心理意象。雖然在58位受訪者當中，只有8人畫出AIDS／HIV的想像，研究者仍然選擇把該等圖畫納入資料分析。資料分析包括下列元素：

- 閱讀訪談逐字稿若干次，以取得對於各篇稿子的通篇感覺。
- 確認與該等經驗直接關聯的重要詞句。
- 形塑該等意義，叢聚分類為所有參與者逐字稿的共通主題。
- 整合結果，成為關於該等現象的深度、窮盡描述。
- 參與者協同檢核研究發現，並在最後的描述當中收錄參與者說詞。

資料分析找出175則重要陳述，從中發掘11項重大主題，譬如：「害怕身體毀滅」、「生命橫遭侵吞」。研究的〈結果〉部分，報導這11項主題，提供大量的參與者說詞引述和觀點，以茲闡明每一項主題的多元觀點。

研究以討論作為終結，作者描述感染者經驗的本質（亦即窮盡的描述），以及調節心情和病情的因應策略（亦即環繞經驗的脈絡或條件）。最後，作者比較研究發現的11項主題和文獻其他作者報告的結果，綜合討論對於愛滋感染者照護的蘊義和啟示，以及未來研究方面的問題。

此研究示範闡明現象學研究的若干定義要點，相關討論和介紹請

參閱先前第四章Moustaks（1994）和van Manen（1990, 2014）：

- 檢視現象──AIDS／HIV感染者對於此疾病的「認知再現或心理意象」。
- 嚴謹的資料蒐集，包括和58位感染者進行個人訪談，並納入他們關於AIDS／HIV的繪畫。
- 作者只簡短提及現象學背後的哲學理念。他們指出，懸置研究者個人經驗或放入括弧，並且指出研究探索感染者生活經驗的必要性，而比較不是要取得理論的解釋。
- 研究者談論到懸置研究者個人資訊。具體而言，他們指出，訪談者是照護AIDS／HIV感染者的從業人員與研究者，因此，訪談者必須承認該等經驗背景，並且設法放入括弧，存而不論。
- 資料蒐集包括58次訪談，執行期間橫跨18個月，三個地點專門收容AIDS／HIV感染者的醫療院所、長期照護機構、以及安養之家。
- 採用Moustakas（1994）提出的系統化資料分析程序，來分析重要陳述、意義、主題，以及現象本質的描述。在最後討論，納入若干表格，以範例闡明重要陳述、意義、主題叢集，展示作者如何從原始資料開始處理，直到導出現象本質的窮盡描述。
- 研究結尾，提供描述58位感染者的經驗本質與脈絡（例如：心理因應機轉）。

5.3 扎根理論（Harley et al., 2009）

Amy E. Harley, A. E., Buckworth, J., Katz, M. L., Willis, S. K., Odoms-Young, A., & Heaney, C. A. (2009). Developing Long-Term Physical Activity Participation: A grounded theory study with African American women. *Health Education and Behavior*, *36*(1), 97-112.

doi: 10.1177/1090198107306434

此篇運動社會學與健康教育領域研究，採取扎根理論取徑，尋求發展非裔美國女人行為過程的理論，以茲解釋如何整合體能活動到個人生活型態。Harley等人的研究發想是因為有鑑於體能活動對於特定次級團體，譬如普遍少有運動的非裔美國女人，應該是值得特別關切研究的問題。衡諸現有研究文獻，有關體能活動整合的演化過程，缺乏特定因素和關係的既存知識，因此，研究者決定選用扎根理論取徑。根據判準取樣，訪談人選年齡界於25到45歲之間，大專或技術學校教育程度，熱衷體能活動。參與者招募，透過兩所當地大學非裔美籍姊妹會的校友會。初步資料蒐集，採用面對面深度訪談，並參照Spradley（1979）的訪談實施指南。資料蒐集和初步分析程序可視為同步進行，研究者持續調整訪談問題，以因應「沒能有效引談資訊的情況，滿足有待進一步發展範疇與概念的需求」（頁100）。焦點團體後續追蹤目的是要推展初期的發現，以及蒐集回饋意見來優化初探建立的理論架構。

此研究的資料分析採用Strauss & Corbin（1998）的系統化取徑，其中包括：編碼、概念發展、資料和浮現概念之間的持續比較，以及形塑理論模式。然後，呈現理論模式圖，包含體能活動融入個人生活型態演化過程的三個階段：初始階段、過渡階段和統整階段。作者在這三個階段內，分別發掘若干範疇，具體詳述脈絡（亦即非裔美國人的社會和文化脈絡），以及影響體能活動整合的條件。然後，作者舉出其中一項條件——體能活動的規劃實務，透過圖解方式，闡述各種可能的規劃方法。此等闡述使得研究者得以導出具體、特定的實務建議，譬如：每週體能活動的理想節數、每週最高節數等等。在〈結論〉部分，提出重要的實務啟示，建議未來如何可能設計出適合非裔美國女子體能活動的計畫。

此研究符合扎根理論取徑的許多定義特徵，相關討論請參閱先前第四章Charmaz（2014）和Corbin & Strauss（2015）：

- 核心焦點是要理解行為過程，理論模式呈現此等過程涉及的三個階段。
- 浮現的理論建議，此等三階段架構可用來解釋所研究之非裔美國女子體能活動整合的演化過程。
- 研究者沒有具體明確指出，在訪談和分析資料時，是否有使用備忘錄之類的註解。
- 他們的資料蒐集與分析，與許多扎根理論研究一致：同步蒐集和分析面對面訪談資料，繼而執行焦點團體，以供效度檢驗和優化之用。
- 研究者投入結構化的分析取徑，包括：編碼發掘範疇、發展理論模式，納入脈絡和條件，以及使用質性分析軟體。作者只提供少量細節說明用來形塑架構發展的分析和整合策略（例如：開放編碼、軸心編碼、選擇性編碼與備忘錄）。
- 研究者提供詳細描述理論模式包含的三個階段，並且對照比較其研究建立的理論模式與文獻既存的理論模式。

5.4 俗民誌（Mac an Ghaill & Haywood, 2015）

Mairtin Mac an Ghaill, M., & Haywood, C. (2015). British-Born Pakistani and Bangladeshi Young Men: Exploring unstable concepts of Muslim, Islamophobia and racialization. *Critical Sociology*, *41*, 97-114. doi: 10.1177/0896920513518947

這篇社會學領域的研究，採用俗民誌取徑，描述英國出生、巴基斯坦和孟加拉裔的勞工階級、穆斯林年輕男子，身處文化變遷環境所面臨的族裔認同問題，為期3年。這群人住在伯明罕大都會區的一個社區，這是英國境內自我認同為穆斯林人數最多的地方。作者Mac an Ghaill & Haywood聚焦這群人面臨的伊斯蘭、穆斯林社群的

文化團體化約再現，以及身為年輕穆斯林，「迫切需要批判質疑，他們聲稱外界強施加諸他們身上的社會隔離、文化固著，以及宗教、族裔和國家等分類界線。」（頁98）研究參與者都是年輕男子，彼此不只是朋友，也同屬廣義社群的成員，他們都參與相同的青年組織和社群組織，就讀相同的幾所大學，受雇於相同的老闆，參與相同的休閒活動。此研究探索這群年輕男子，總共25人，他們都來自「同一地理區域，面臨急速變遷的英國文化，有著共同的成長經驗」（頁99）。研究者描述，透過積極參與社會關懷活動，以及先前投入當地社區家庭服務工作，建立聲譽，從而取得進接該團體的管道。

俗民誌資料蒐集方法，透過深度團體生命史訪談，橫跨3年時期，提供洞視，理解這群年輕男子的成長、家庭、上學、社會生活、地方社群。另外再輔以多元來源的資料蒐集，包括：觀察、非正式交談，以及透過滾雪球取樣，訪談成員父母、社區代表人物，從而取得進一步的理解。資料分析參照Braun & Clarke（2006）提倡的主題分析指南。整合多元來源的資料，作者描述團體成員的世代特定經驗，如何牽連族群認同（ethnicities）的穆斯林種族化（racialization）和個中變動關係；亦即，他們如何斡旋、轉化外界大環境加諸穆斯林身分認同的意涵。作者最終呈現基於主題推出更廣泛的抽象層次，指出該團體在城市急遽變遷的文化下，如何看待他們所承受的社會和文化排擠經驗。簡言之，作者確認孟加拉和巴基斯坦裔年輕男子如何在複雜處境，經歷和回應族群文化認同，以及宗教、文化歸屬的界線。作者提醒讀者，審慎考量理解這群年輕人的參與，以及在地脈絡和外界社會、經濟大環境對於認同形成的影響。

Mac an Ghaill & Haywood的俗民誌展現了俗民誌研究的核心元素（請參閱本書第四章，Fetterman, 2010; Wolcott, 2010），也融入了批判俗民誌的面向（Madison, 2011），呼籲未來有必要進一步研究邊緣化團體（例如：Goffman, 2014）：

- 此俗民誌研究一個文化分享團體，成員是英國出生、巴基斯坦和

孟加拉裔的勞工階級、穆斯林年輕男子，他們面對英國社會文化急遽變遷的成長環境。這個團體社群存在已有一段相當時日。

- 作者描述這個團體25位成員，對於世代特定經驗的想法。透過尋索此團體的文化分享型態，研究提供了另類的再現空間，用以批判探索「關於宗教種族化的爭論，宗教在種族化過程扮演的核心角色，以及伊斯蘭恐懼症成為穆斯林種族化的當代形式」（頁110）。

- 秉持批判俗民誌的一貫精神，作者結合唯物論和後殖民論述的理論架構，以及引述該等年輕男子的說詞，來詮釋、批判此團體面臨的文化變遷處境。

- 在作者的位置性（positionality）反思方面，他們描述自身投入廣大社會的情形，以及以參與觀察者角色，投入該特定團體，為期3年。作者也投入田野研究，執行深度團體訪談和生命史訪談該等年輕人。為求進一步理解，另外還配合觀察、非正式交談，以及透過滾雪球取樣，訪談父母、社區代表人士。

- 從參與者提供的資料（主位emic觀點），以及研究者的田野筆記資料（客位etic觀點），著手文化詮釋，從而發展主題分析。首先，描述關於此團體族群認同的穆斯林種族化，以及他們如何斡旋社會大環境加諸穆斯林身分的意涵。結論部分，從前述分析的諸主題導出更廣泛的抽象層次，闡釋這群年輕人如何看待他們在城市（英國伯明罕大都會）急遽變遷的大環境之下，所遭遇各式各樣的社會和文化排斥。

- 有別於其他批判取徑的研究，此研究最後沒有提出推動社會轉型的訴求。反之，呼籲未來進一步的研究，來檢驗此研究的發現，譬如：團體成員進行成員檢核。這是因為團體成員提出的文化詮釋，主要乃是為了他們本身而建構的。這個研究者提供了整全而複雜的文化分享團體圖像，讀者得以深入理解巴基斯坦和孟加拉裔年輕男子如何以流動不定的方式，經驗和反應種族、宗教、文

化歸屬。

5.5 個案研究（Frelin, 2015）

Frelin, A. (2015). Relational Underpinnings and Professionality-A case study of a teacher's practices involving students with experiences of school failure. *School Psychology International*, 36, 589-604. doi: 10.1177/0143034315607412

　　這篇教育心理學領域研究，採用質性個案研究取徑，描述瑞典一位老師如何在教學實務當中，斡旋師生關係，從而輔導協助學生，克服長久成就受挫的學校經驗。在〈介紹〉部分，作者Frelin提供邏輯理由，支持選擇採用個案研究取徑，論稱此取徑適合「示範闡明，教育場域關係之建立與維持的複雜性」（頁590）。作者將研究的必要性置諸「專業領域關係」（relational professionality）的文獻，更具體而言，就是探討正向師生關係的影響，以及學習成就受挫學生相關聯挑戰教育領域師生關係研究的文獻。

　　在研究程序方面，參考Stake（1995）提出的實作指南。首先，找到11位老師進行相對非結構化的訪談，以及脈絡觀察。經過初步資料分析，再採用立意取樣，從中選出瑞典某中學「引航方案」的「Gunilla」老師，主要是考量她有能力形成正向師生關係，並且擁有廣泛教學經驗，長期教導不受一般中學接納的學生。作者描述，如何保持訪談「聚焦於有效引談實務故事和實務論述；另外，輔以觀察，用來凸顯教師工作的脈絡，並且用來引出新的訪談問題」（頁593）。在資料分析方面，以跨個案分析和持續比較作為主導（Charmaz, 2006），配合使用質性分析軟體ATLAS.ti，來輔助分析。

　　描述完老師教學脈絡之後，〈結果〉部分，描述資料分析發現的

結果，亦即Gunilla老師如何斡旋正向師生關係，分成三項主題來呈現：信賴關係、人性化關係、學生自我形象。個案斷言肯定，老師和長期學習成就受挫的學生建立、維持連結關係的重要性。〈結論〉部分，提出實務方面的啓示，呼籲學校心理師支持教師，斡旋此個案研究發掘的正向師生關係。

　　此研究體現個案研究取徑的定義特徵，請參閱本書第四章Stake（1995）、Yin（2014）、Flyvbjerg（2006）等作者的討論：

- 此研究的個案議題是確認一位帶領長久學習受挫學生的老師，檢視其斡旋正向師生關係的過程與脈絡。
- 研究描述的此一個案是有界限的封閉系統，界限的元素如後：參與者（Gunilla老師）、時間（限於資料蒐集期間）、地點（位於瑞典、提供「引航方案」的某所中學）。
- 研究意旨設定爲報告工具型個案的研究。因此，焦點是放在透過探索一位老師帶領長期學習受挫學生的教學實務，藉以闡明教育場域斡旋正向師生關係所涉及的複雜議題。
- 資料蒐集包括：訪談和觀察，以取得關於教師實務作法的深入理解。不過在這方面，作者其實應該可以蒐集更廣泛、多元來源的資料。
- 在資料分析的實施作法方面，細節提供甚少，只提到有參考持續比較法作爲引導（Charmaz, 2006）。
- 個案脈絡的詳盡描述，以及三項主題的呈現，反映研究者投入相當可觀的心力。作者似乎有採用大事記（亦即先建立關係，然後維持……），來描述老師斡旋正向師生關係的過程。
- 〈結論〉部分，呈現跨個案斷言肯定，老師與學習成就受挫學生建立、維持正向關係的重要性，以及提出學校心理師支持教師斡旋正向關係的實務啓示。然而，由於這篇論文只呈現單一個案（Gunilla老師），而不是多元個案，因此，作者並沒有呈現眞正基於若干教師的跨個案分析。

5.6 五種質性研究取徑的差異

要分辨五種取徑的差別,有一種好用的方式是,檢視每一種取徑的核心焦點或目的。如圖5.1所示,各種質性研究取徑的研究焦點分別是:

- 敘事研究:探索描述個人的生活。
- 現象學:理解概念或現象與生活經驗的本質。
- 扎根理論:發展扎根田野資料的理論,來解釋某種過程或行動。
- 俗民誌:描述和詮釋文化分享團體。
- 個案研究:檢視特定的案例,通常用意是要透過個案來檢視某議題,闡明議題的複雜性。

檢視前述五篇研究範文(或是自行搜尋瀏覽其他類似的範文),各種質性研究取徑的焦點會更加明顯而容易辨識、區分。

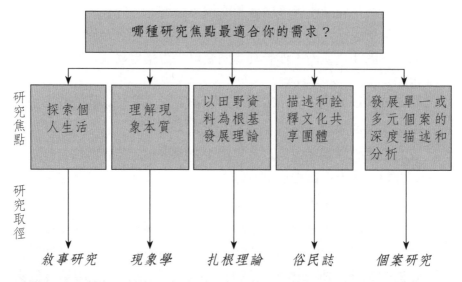

圖5.1 根據研究主題/焦點,區分五種質性取徑

|5.6.1| 每種取徑的核心特色

敘事研究

華裔加拿大中學生張艾美的故事，就是很好的例子——研究者決定做敘事研究，乃是有感於某單一個人需要加以研究，把該特定人物的故事作為研究的焦點，可以示範闡明移民學生面臨的衝突經驗，以及若干值得關注探討的相關議題（Chan, 2010）。再者，研究者需要提出邏輯理由，來支持有必要研究特定人物，可能是該等人物能夠闡明某問題，或是有傑出的生涯，全國鎂光燈焦點，乃至於一般平凡百姓（Clandinin, 2013）。資料蒐集和分析過程涉及蒐集關於該人物的個人素材，譬如：從對話或觀察，到個人經驗的故事。

現象學研究

現象學研究的聚焦不是個別人物的生活，而是要從若干個人了解關於生活經驗之某現象的意義，譬如：人們如何以心理意象再現所罹患的某種疾病（Anderson & Spencer, 2002）。再者，研究選取的參與者是有該等現象之經驗的個人，通常透過訪談來取得資料（van Manen, 2014）。研究者將取得的資料進行若干步驟的處理，最終從所有人關於該等現象的共同經驗，發展成現象之經驗的描述，亦即現象的本質。

扎根理論研究

相對於現象學研究，聚焦人們對於某現象之共同經驗的本質意義；扎根理論研究則抱持不同的目標——要產生實質理論來解釋某些過程或行動，譬如：關於非裔美國女性如何整合體能活動到個人生活型態的理論（Harley et al., 2009）。總之，扎根理論是要發展以田野資料為基礎的理論，來解釋某種過程或行動。資料蒐集的方法主要是

訪談，而資料蒐集和分析程序可說是同步和反覆遞迭進行。研究者使用系統化程序來分析和發展理論，個中程序可能涉及：從原始資料產生範疇；找尋範疇之間的關係，從而建立理論模式；闡明理論成立和運作的脈絡和條件（Corbin & Strauss, 2015）。最後呈現扎根理論的視覺模式綜合討論。整體而言，扎根理論取徑的嚴謹度和科學可信用度都很強。

俗民誌研究

選擇俗民誌設計是為了要研究文化分享團體，譬如：英國出生、巴基斯坦和孟加拉裔勞工階級年輕穆斯林男子（Mac an Ghaill & Haywood, 2015）。俗民誌研究者研究文化分享團體，成員互動已有相當時日，彼此分享或規律型態的語言和行為（Fetterman, 2010）。俗民誌的開場，需要詳細描述文化分享團體，然後作者轉向確認該等團體環繞某些文化概念的型態，譬如：涵化、政治、經濟等等。俗民誌的結尾，摘要總結，該等文化分享團體日常生活的運作。以此方式，讀者理解原本可能不熟悉的族群，譬如：Mac an Ghaill & Haywood（2015）研究的英國大都會某社區的穆斯林年輕男子。

個案研究

選擇個案研究取徑，是為了要研究有清楚界限的個案，譬如：某學校的輔導方案教師如何透過關係實務作法，斡旋正向師生關係，從而協助學生克服長期學習成就受挫之經驗（Frelin, 2015）。這是屬於工具型個案研究，研究者探索一個議題，從檢視單一或若干個案而浮現的理解。再者，也很重要的是，研究者需要有脈絡材料，以茲描述個案所在的場域細節，並且汲取多元來源的資訊，來提供關於個案的全方位、深度圖像。在撰寫個案研究報告方面，核心任務就是要呈現個案的詳細描述，檢視個案浮現而出的若干議題，或是聚焦單一議題

（Stake, 1995）。最後報告結論，解釋從這種個案研究可能學到的心得或啓示。

|5.6.2| 如何選擇適合你研究的取徑

現在對於這五種取徑有比較通透的了解之後，你如何以此爲基礎，從其中選擇最適合你研究的取徑呢？我們推薦，首先，你可以試著從研究取徑的結果來切入思考，簡言之，特定的取徑是致力於達成什麼結果？（例如：是關於個別人物的研究；檢視對於某現象之經驗的意義；產生理論；描述和詮釋文化分享團體；深度研究單一個案）。進而再檢視，該等結果是否與你的研究目標相適配？除此之外，下列問題也需要納入斟酌：

- **預期讀者群**：你所屬領域的守門者（例如：論文審查委員、指導教授、期刊編輯委員），最常使用哪些取徑的研究？

- **研究者背景與資源**：你接受過哪些取徑的訓練（例如：修過的課程、讀過的書）？可能取得哪些資源來引導完成特定取徑的研究工作（例如：論文審查委員、參考書籍、研究方法工作坊）？

- **學術文獻**：你所屬領域的學術文獻，最需要的是哪些取徑研究的貢獻（例如：研究某個別人物；探索某種概念的本質意義；發展理論；文化分享團體的圖像；深度個案研究）？

- **研究者個人取徑**：你感覺比較自在的是偏向結構化的取徑，抑或是說故事的取徑（例如：敘事研究或俗民誌）？你感覺比較自在的是偏向扎實、界定分明的取徑，抑或是比較有彈性、寬鬆的取徑（例如：扎根理論、個案研究或現象學）？

本章重點檢核表

1. 這五種取徑當中，哪一種取徑的哪些定義特徵，最適合用來設計你的質性研究？請回答下列問題，可以幫助你考量如何選擇適合的取徑：

   • 敘事研究：你計畫研究哪種個別人物？你是否有管道得以進接蒐集此等人物的生活經驗資訊？

   • 現象學：你有興趣研究的是什麼現象？你是否有管道得以進接有該等現象之經驗者？

   • 扎根理論：你計畫探索哪種社會科學概念、行動或過程，發展理論來解釋之？你是否有管道得以訪談有經驗該等過程的若干個人？

   • 俗民誌：你計畫研究的是哪種文化分享團體？該等團體成員是否互動已有相當時日，形成可供辨識研究的行為、語言和信念等型態？

   • 個案研究：你計畫檢視的是哪種個案？該個案本身具有獨特性值得探索，抑或是透過研究該等個案來闡明某議題或問題？

2. 你是否了解這五種取徑之間的關鍵差異？

   • 請閱讀採用這五種取徑的各領域質性期刊文章，請你指出這些作者使用取徑之定義特徵，並且討論為什麼此等作者可能選擇採用該等取徑。

   個案研究取徑：

   教育領域，Asmussen, K. J., & Creswell, J. W. (1995). Campus response to a student gunman. *Journal of Higher Education*, *66*(5), 575-591. doi:10.2307/2943937

   教育領域，Brickhouse, N., & Bodner, G. M. (1992). The beginning science teacher: Classroom narratives of convictions and constraints. *Journal of Research in Science Teaching, 29,* 471-485.

扎根理論取徑：

家庭研究領域，Brimhall, A. C., & Engblom-Deglmann, M. L. (2011). Starting over: A tentative theory exploring the effects of past relationships on postbereavement remarried couples. *Family Process, 50*(1), 47-62. doi:10.1111/j.1545-5300.2010.01345.x

教育領域，Creswell, J. W., & Brown, M. L. (1992). How chairpersons enhance faculty research: A grounded theory study. *Review of Higher Education, 16*(1), 41-62. Retrieved from https://www.press.jhu.edu/journals/review_of_higher_education

現象學取徑：

健康照護領域，Edwards, L. V. (2006). Perceived social support and HIV / AIDS medication adherence among African American women. *Qualitative Health Research, 16,* 679-691. doi:10.1177/1049732305281597

職能治療領域，Padilla, R. (2003). Clara: A phenomenology of disability. *The American Journal of Occupational Therapy, 57*(4), 413-423. doi:10.5014/ajot.57.4.413

敘事研究取徑：

女性研究領域，Geiger, S. N. G. (1986). Women's life histories: Method and content. *Signs*: *Journal of Women in Culture and Society, 11,* 334-351. Retrieved from http://www.jstor.org/stable/3174056

教育領域，Nelson, L. W. (1990). Code-switching in the oral

life narratives of African-American women: Challenges to linguistic hegemony. *The Journal of Education*, *172*(3), 142-155.

俗民誌取徑：

文化人類學領域，Haenfler, R. (2004). Rethinking subcultural resistance: Core values of the straight edge movement. *Journal of Contemporary Ethnography*, *33*, 406-436. doi:10.1177/0891241603259809

教育人類學領域，Rhoads, R. A. (1995). Whales tales, dog piles, and beer goggles: An ethnographic case study of fraternity life. *Anthropology and Education Quarterly*, *26*, 306-323. Retrieved from http: //www.jstor.org/stable/3195675

本章摘要

　　本章檢視五篇期刊論文作為範本，示範闡明五種取徑的質性研究書寫：敘事研究、現象學、扎根理論、俗民誌、個案研究。這些範文反映這五種取徑的許多定義特徵，仔細研讀可以幫助分辨各種質性研究寫作的異同，有助於考量決定自己的研究計畫適合選擇採用哪些取徑的研究。

• 選擇敘事研究，可以用來檢視個別人物的生活經驗，分享其生命故事。適合時機：當事人仍然健在，而且願意分享故事，可以找到充分材料。

• 選擇現象學，是為了檢視現象與當事人關於該等現象之經驗的意義。要具備執行訪談個人的條件，現象學的哲學理念基礎，遵循特定的程序，完成現象本質意義的論述。

• 選擇扎根理論研究，是要產生或發展理論，主要透過訪談蒐集

資訊，使用系統化程序，包括：開放編碼、軸心編碼、選擇編碼，來分析資料。結案報告是科學形式的，但仍提出探究敏感和情緒方面的議題。

- 選擇俗民誌，是要研究文化分享團體或個人的行為。需要具備執行觀察和訪談的條件，長期投入田野踏查，發展關於團體的全方位、深度描述，捕捉、探索浮現的主題。
- 選擇個案研究，可以用來檢視個案，亦即時間或空間界限的封閉系統，蒐集多元來源的廣泛資訊，提供關於個案的深度圖像。

　　以上是這五種質性研究取徑的重要區別要點。透過詳細研讀每一種取徑的研究範文，我們可以進一步學到各種取徑研究實施的細節，從而有助於斟酌選擇適合採用的取徑。下一章，我們將會見識到這五種取徑如何書寫質性研究的〈介紹〉部分。

延伸閱讀

　　本章透過五篇範文，綜覽介紹和對照比較這五種取徑，並且提供相關的參考資源。在這裡，我們持續擴充每一種取徑的參考書單（先前介紹的書單，請另行參閱第一章和第四章）。這份書目不應視為窮盡所有相關資源的完整清單，我們鼓勵讀者應該從本書書末收錄比較完整的參考文獻，找尋進一步的研讀材料。

Clandinin, D. J., Huber, J., Huber, M., Murphy, M. S., Murray Orr, A., Pearce, M., & Steeves, P. (2006). *Composing Diverse Identities*: *Narrative Inquiries into the Interwoven Lives of Children and Teachers*. New York, NY: Routledge.

　　在這本書中，作者群透過例子闡明敘事研究的有用性，尤其是捕捉學校環境當中，孩童、家庭、老師、行政人員之間的

複雜互動。對於任何人想要投入關於兒童的敘事研究，這都應該列為必讀的重要參考讀本。

Colaizzi, P. F. (1978). Psychological research as the phenomenologist views it. In R. Valle & M. King (Eds.), *Existential Phenomenological Alternatives for Psychology* (pp. 48-71). New York, NY: Oxford University Press.

這本收錄豐富關鍵資源的參考書，介紹存在主義現象學（existential phenomenology），作為心理學領域的哲學和方法論取徑。Paul Colaizzi撰寫的這一章，提出執行現象學分析的實作程序，時至今日仍然極具參考價值。

Denzin, N. K., & Lincoln, Y. S. (2013). *Strategies of Qualitative Inquiry*. Thousand Oaks, CA: Sage.

在這本相對平易近人的手冊中，Norman Denzin & Yvonna Lincoln採取新的取徑來介紹質性研究。其中尤其值得一讀的是，Flyvberg撰寫的個案研究，這一章特別有助於讀者辨識個案研究和其他質性研究取徑的差別。

Goffman, A. (2014). *On the Run: Fugitive Life in an American City (Fieldwork Encounters and Discoveries)*. Chicago IL: Chicago University Press.

Alice Goffman的這本俗民誌研究，投入西費城貧窮社區，記錄一群非裔年輕男子，歷時6年。她也介紹俗民誌可能發生的一系列倫理議題，值得進一步探索。

Spradley, J. P. (1979). *The Ethnographic Interview*. New York, NY: Holt, Rinehart & Winston.

James Spradley的這本經典著作，介紹開放式訪談的執行，對於所有質性研究取徑都很實用，深遠的影響力至今未有消退。除了建議研究問題的修辭之外，他提供了實用指南，可供分析階段引導執行比較資料之步驟。

6

質性研究的介紹與主題聚焦

　　研究的開場，如同先前數章所述，乃是任何研究最重要的部分。如果研究目的不清楚，研究待答問題含糊不明，或是研究問題、議題界定不清，後續研究過程就可能陷入茫然失據的窘境。你不妨試著找最近讀過的質性研究期刊論文，看看讀起來是否順暢？如果是，那通常就代表研究各部分有連結完好。簡言之，研究問題指向待答問題，資料蒐集自然而然隨之而來，然後，資料分析和詮釋緊密連結，來回答該等待答問題，進而幫助讀者理解研究問題。作者運用個中啓承轉合的元素，作爲串聯銜接各部分的橋梁。很多時候，各組成元素前後往返交織，個中邏輯前後連貫一致，因此所有元素都能相互整合連結（interrelate, Morse, & Richards, 2002），而且彼此牽動交互影響（interactive, Maxwell, 2013）。

　　優秀的質性研究〈介紹〉，各組成元素之間的整合，始於清楚確認有需要研究的問題，繼而提出研究的主要意旨，也就是所謂的研究目的或研究目標。在研究的所有組成元素當中，**研究目的宣言**（**purpose statement**）是最重要的。透過這項宣言，爲整篇文章鋪設定調舞台，傳達作者希望研究達成的目標。正因爲如此重要，所以我們特別提供了書寫腳本，可以幫助你撰寫研究目的宣言，提供收錄使用在你的質性研究〈介紹〉。運用這個腳本時，你所需要做的就是將適合的選項填入空格中，全部填寫好之後，可以完成清楚、簡潔、扼

要的質性研究目的宣言，讀者就可以一目了然，有所依循。然後，根據目的宣言，發展成若干待答問題（通常也就是比較具體、特定、範圍較聚焦的問題），這些問題比較適合在研究過程搜尋資料來回答解決。

　　在本章，我們將會討論如何撰寫優良的質性研究問題宣言、如何撰寫清楚的研究目的宣言，以及如何進一步具體擬定研究待答問題。再者，我們會建議，〈介紹〉當中的各組成元素如何可能適作調整，以配合採用於本書介紹的五種質性研究取徑。

問題討論

- 有哪些證據或元素可顯示，研究問題、研究目的、研究待答問題之間的相互關聯？
- 如何可能撰寫研究問題宣言，使其反映質性研究的五種取徑？
- 如何可能撰寫研究目的宣言，使其傳達五種取徑的各別特殊取向？
- 如何可能撰寫研究待答的核心問題，運用哪些暗語和伏筆，以便能夠提示五種取徑？
- 如何可能撰寫研究待答的次級問題，以便將核心問題細分爲若干部分？

6.1 研究問題、研究目的和研究待答問題之間的連動接合

　　要展現方法論的連貫相容（*methodological congruence*，初步描述請參閱第三章），首先要確認有需要探究的問題，並且清楚陳

述之；提出研究的主要目的；具體擬出待答問題，用以導引研究設計。這是因為關於這些事項的決定（亦即研究問題、研究目的、研究待答問題）將可提供基礎，以茲決定後續研究方法關聯的考量。為了幫助讀者掌握個中決策過程，我們在此提供圖6.1作為導引架構。

　　首先，研究者確認一個研究問題，撰寫研究問題宣言，然後此一問題聚焦在主要研究目的。第二，研究者建立研究目的宣言〔請注意，有些人也稱之為研究目標（research aim）〕，用來推出主要研究目標。最後，再透過提擬的研究待答問題，而完成研究目的之操作化。待答的核心問題和次級問題，進而引導研究設計。

　　請讀者注意，圖6.1也隱含一項重要意涵：質性研究的各組成部分相互連動接合，比方說，資料蒐集方法與資料分析策略的選擇決定，資料處理結果將可用來回答特定的研究待答問題，從而有所貢獻於主要研究目的，以及用以調查、探究確認的研究問題。

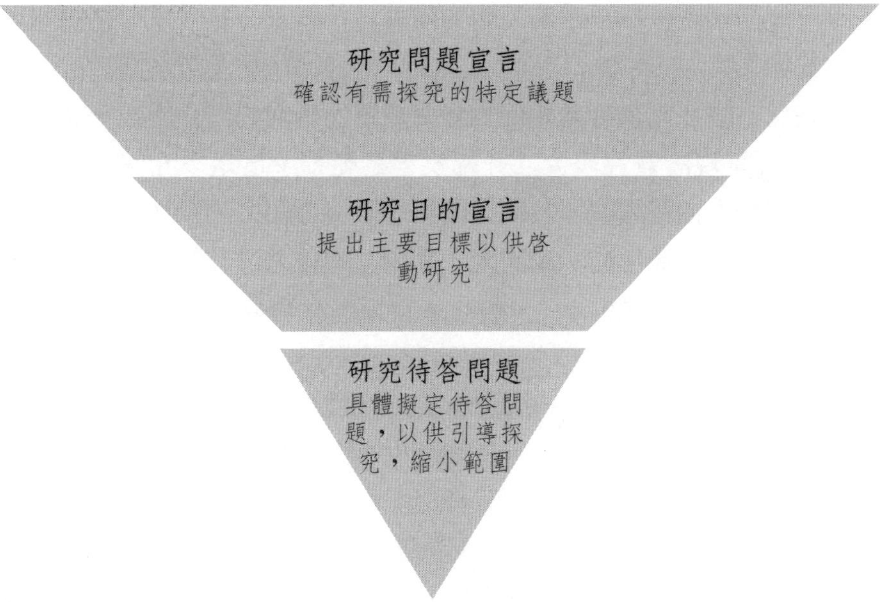

研究問題宣言
確認有需探究的特定議題

研究目的宣言
提出主要目標以供啓動研究

研究待答問題
具體擬定待答問題，以供引導探究，縮小範圍

圖6.1　研究問題、研究目的、研究待答問題之間的相互連動接合

6.2 研究問題宣言

　　人們如何開始質性研究呢？你是否明白，所有優秀的研究，開頭第一件事就是清楚指出研究的問題確實有提出研討的必要性。質性研究在〈介紹〉部分，明確指出研究問題或議題。「問題」（problem）這個詞彙，或許會讓人有些迷惑，尤其是不太熟悉研究論文寫作者，剛開始下筆撰寫這段文字難免倍感煎熬。因此，與其徒添困擾，稱呼這段文字為研究問題，讓人不知如何下筆，比較一新耳目的寫法，或許可以改稱是說明研究的必要性，或是提出支持需要投入研究的邏輯理由。在質性研究，介紹研究問題的用意是要來提供邏輯理由，用以支持探討特定研究問題或議題的必要性。質性研究的開頭，就會討論研究問題。但是，真正的研究問題，還需要架構在開場介紹的若干其他元素之內。有鑑於此，接下來，我們要分析開場白看起來可能的樣貌，以及示範說明如何量身打造適合每一種取徑的開場白寫法。

　　在此，讓我們來考量如何設計撰寫質性研究的〈介紹〉。首先，檢視圖6.2呈現的質性研究〈介紹〉書寫範本，這是多元個案研究，探討高中學生抽菸議題。我們會開始思索〈介紹〉的寫作章法，乃是起源於我們稍早幾年的一篇研究，其中談到優秀研究論文的開場寫法（請參閱Creswell, 2014）。如同該文指出，寫得好的〈介紹〉，通常都隱含一種模式，亦即「介紹的闕漏模式」（"deficiencies model of an introduction"，Creswell, 2014，頁111）。之所以如此稱呼，乃是因為關鍵就是在〈介紹〉指出當前文獻的闕漏，進而論稱研究如何可能予以補足。如今，我們還知道，質性研究不只是增補充實文獻，同時也能為遭受漠視的族群爭取發聲權，深入探究理解核心現象，導向具體、特定的結果，譬如：故事、現象本質、產生理論、團體的文化圖像、個案的深度分析等等。

1.提出研究主題	・探索高中學生抽菸的概念和迷思。

2.討論研究問題	・抽菸是美國社會的致癌主因（McGinnis & Foefe, 1993）。近年來雖然成人抽菸已有減少，但在青少年卻有增多的趨勢。根據疾病管制局（Center for Disease Control and Prevention）報告，高中生抽菸比率從1991年的27.5%升高到1995年的34.8%（USDHHS, 1996）。除非此等趨勢急遽逆轉，否則估計將有500萬孩童死於非命（CDC, 1996）。

3.總結摘述文獻	・先前青少年抽菸研究聚焦四項主題：(1)若干研究檢視，青少年最初開始抽菸的問題，有些結果指出最早可能在中學階段（例如：Heishman, et al., 1997）。(2)其他研究聚焦校內抽菸的預防，此等研究結果導向若干學校預防學生抽菸計畫（例如：Sussman, et al., 1995）。(3)只有極少數研究檢視青少年戒菸的問題，這和成年戒菸的大量研究形成強烈對比（Heishman, et al., 1997）。(4)最後一項主題是抽菸行為的社會脈絡，以及可能影響抽菸的社會因素（Fearnow, et al., 1998）。比方說，青少年抽菸可能發生在工作相關情境、父母或照護者抽菸、青少年社交活動、或學校附近「安全」的抽菸地點（McVea, et al., 付梓中）。

4.指出證據當中的落差	・檢視青少年抽菸的研究，很少有直接關注高中脈絡。高中時期，學生形成同儕團體，可能導致青少年抽菸。很多時候，同儕變成強烈的社會影響力，無神論、音樂團體，可能影響對於抽菸行為的看法（McVea, et al., 付梓中）。學校場合也是老師和行政人員需要特別注意的地方，應當以身作則，以及貫徹禁菸的規定（OHara, et al., 1999）。既有的研究主要都是量化取徑，聚焦在結果和跨理論模式（Pallonen, 1998）。不過，質性研究提供學生自身說詞和充滿細節的觀點，針對多元觀點的複雜分析，以及各種不同學校的特定脈絡，這些都可能形塑學生的抽菸經驗（Creswell, 付梓中）。再者，質性研究提供機會，讓高中學生投入成為協同研究者，資料蒐集程序可以提升效度，免於學生的觀念受到成人觀點汙染。

5.論稱研究對讀者群的重要性	・透過檢驗此等多元學校脈絡，鼓勵學生投入成為協同研究者，我們可以更妥善理解，高中學生對於抽菸的想法和迷思。有了此等理解，研究者可以更妥善辨識變數，發展關於抽菸行為的理論模式。學校教師和行政人員可以規劃介入措施，來預防或改變學生對於抽菸的態度，學校管理人員可以輔助學生戒菸或介入方案。

圖6.2 論文〈介紹〉章節的研究問題書寫範本

原始資料來源：改編自McVea, Harter, McEntarffer, & Creswell（1999）。

從圖6.2中，你會見識到優秀的研究〈介紹〉包含的五項元素：主題、研究問題、文獻關於研究問題的資訊、文獻的闕漏、研究問題對於目標讀者群的重要性。最後，再加上第六項元素，就是研究問題宣言，本章稍後會提出說明。

優秀的研究〈介紹〉，應該具備下列五項元素：

1. **在開場的少數幾個句子或段落，提出研究主題或題材，吸引讀者興趣**：出色的開場白，在文學寫作稱為「敘事釣鉤」（narrative hook），可以勾住讀者的注意力，吸引讀者想要一探究竟。常用的敘事釣鉤包括：當前時事話題、重大爭議、引用數據或是頂尖研究。我們建議，最初幾個句子最好避免引述學術論著，因為那不僅需要讀者聚焦特殊理念，也需要深入淺出的功力。換言之，最初幾個句子應盡可能淺白直接，專注在研究主題的普遍討論（進一步詳細討論，請參閱Creswell, 2016）。

2. **討論研究問題或議題，從而導出研究的必要性**：在〈介紹〉部分，讀者只需要知悉，你打算探討的議題或關切問題是什麼。介紹研究問題的另一種寫法是，論述你想要探討的主題有何重要性。換言之，也就是向讀者說明你的研究的重要性（Ravitch & Riggan, 2012）。至於如何找尋研究問題，可以參考介紹質性研究方法的書籍（例如：Creswell, 2012; Marshall & Rossman, 2015; Ravitch & Mittenfelner Carl, 2016），指出若干來源，可供尋找研究問題的靈感。比方說，研究問題可能來自於個人對於某些議題的經驗、工作相關的問題、指導教授的研究、或是學術文獻（Creswell, 2014）。

   我們喜歡把研究問題想成來自現實生活的議題，或是文獻的闕漏。在現實生活議題方面，可能是學生面對朋友、家人、學校衝突期許拉鋸的族裔認同困境（例如：Chan, 2010）；愛

滋感染者如何從疾病經驗找出個人的生活意義（Anderson &
Spencer, 2002）。

研究的必要性也可能來自既存文獻的闕漏。作者可能在〈介
紹〉或〈未來研究〉等章節或段落，提到文獻的闕漏。誠如
Barritt（1986）指出，支持投入質性研究的邏輯理由，不是要
發現新的元素，如同自然科學研究那樣，而是要凸顯對於長
久受到漠視或遺忘經驗的關注。透過凸顯關注意識和創造對
話，希望研究可以促成更周詳的理解，尤其是他者的經驗和
觀點，進而促進實務的改善（Barritt, 1986）。除了打開對話
和理解空間之外，質性研究也可能促成深度理解，填補文獻
空缺，建立新的思考路線，擴大邊緣化族群的發聲空間，或
是評估鮮少被提出研究的非主流族群之迫切議題。

3. **摘要學術文獻**：簡短討論最近文獻提出討論此等研究問題的
證據。是否有人直接研究過此等問題？廣義地研究過此等問
題，或是討論過緊密關聯的主題？至於正式投入研究之前，
文獻回顧應該達到何種程度，則是見仁見智。質性研究作者
（例如：Creswell, 2012; Marshall & Rossman, 2015; Ravitch &
Mittenfelner Carl, 2016）指出，文獻回顧的程度需要讓研究者
能夠提供邏輯理由，支持所要探討的問題，以及指出研究在
該等主題之文獻當中的位置。

我們發現，很有幫助的一種作法是，透過視覺呈現的方式，
來界定研究可能放置到文獻的哪個位置。比方說，或許可
以發展關於既存文獻的視覺圖形，比如研究地圖（research
map，Creswell, 2014），在這圖中呈現文獻提出探討的諸多
主題，從而指出提議的研究如何置放在其中，並且可望有所
擴展。再者，我們也認為，這個部分不是要提供關於任何單
一研究的細節，那是屬於完整的文獻回顧應該做的事情。介
紹部分的文獻回顧，是要針對有論及研究問題的相關文獻，

做出概括的陳述。如果沒有文獻論及你想做的研究問題,那就討論最接近的文獻。總之就是希望目前尚沒有足夠優秀的質性研究,也只有少數(甚至完全沒有)研究有直接探討你想做的主題。

4. **使用文獻或討論,指出相關研究的闕漏**:清楚標示出關於研究問題的理解,存在什麼樣的缺失。提出若干理由,譬如:資料蒐集方法不適切,確實有研究的必要性,或是研究不充分。在〈介紹〉陳述文獻闕漏的部分,可以插入資訊來指出特定質性取徑研究的闕漏。比方說:

   • 敘事研究:在問題宣言的地方,可以提及為何需要個別人物的敘事,來取得探討解答研究問題的個人經驗。

   • 現象學研究:研究者論稱有需要知道更多關於特定現象的資訊,以及探討擁有該等現象共同經驗之個人。

   • 扎根理論:作者可以陳述,需要發展理論來解釋研究想要探索的過程,因為目前理論不夠充適,或是尚沒有針對研究對象族群的相關理論,或是理論有需要修正,以適合特定族群。

   • 俗民誌:研究問題宣言可能闡明,為什麼描述和詮釋特定團體的文化行為有其重要性,或是某團體或族群如何受到邊緣化或無從發聲。

   • 個案研究:研究者可能討論個案如何可能幫助提供資訊,來理解議題或問題。

   諸如此類的例子,研究者呈現研究問題的必要性,並將其連結到所欲採用的特定質性研究取徑。

5. **論述研究對於讀者群的重要性**:說明讀者群或利害關係人等如何可能從此研究獲益。考量不同類型的讀者群,譬如:其他研究者、決策者、實務工作者、學生,並且指出對於每一種讀者群,各自可能從此研究獲得什麼樣的益處。

接下來，〈介紹〉就要書寫研究目的宣言，因為在這個環節，讀者應該已經清楚明瞭前面提出的研究問題有探究的必要性，並且有足夠的吸引力，促使他們繼續讀下去，看看研究的整體意圖可能是什麼（研究目的），以及研究要解決哪些種類的問題（研究待答問題）。

6.3 研究目的宣言

在研究目的宣言（purpose statement），研究設計和研究取徑相互關聯的情形，仍然持續存在。研究目的宣言是在陳述研究的主要目標或意旨，也稱為研究的「路線圖」（road map）。這堪稱是整個質性研究最重要的陳述，需要審慎構思和書寫，力求言簡意賅，切中題旨。只不過令人扼腕得是，太多作者往往繁蕪理亂、語焉不詳，導致讀者得額外花費許多心力來摸索、爬梳，還不見得能夠確實掌握研究到底是怎麼一回事。

其實，如此窘境是有可能避免的，只要參照我們提供的腳本，將適合的選項填入空格，再適度修改字句用語即可（請另行參閱Creswell, 1994, 2009, 2012, 2014）：

> The purpose of this _____ [narrative, phenomenological, grounded theory, ethnographic, case] study is [was? Will be?] to _____ [understand? describe? develop? discover?] the _____ [central phenomenon of the study] for _____ [the participants] at _____ [the site]. At this stage in the research, the _____ [central phenomenon] will be generally defined as _____ [a general definition of the central phenomenon].
>
> 本_____〔敘事、現象學、扎根理論、俗民誌、個案〕

> 研究目的是要＿＿〔理解、描述、發展、發現〕在＿＿〔場地〕＿＿〔參與者〕的＿＿〔核心現象〕。在研究的此階段，＿＿〔核心現象〕的普通定義是＿＿〔核心現象的普通定義〕。

如同這套腳本所示，只要填入若干特定關鍵字眼，就可以標識研究採用何種質性研究取徑。以下說明撰寫研究目的宣言的過程：

- 第一句直接寫出所採用的特定質性取徑，接下來順著寫出配合該等取徑的研究目的、資料蒐集、分析、報告書寫等元素。
- 作者使用特定的關鍵字眼來描述研究目的或焦點，從而標示出研究採用的取徑種類。比方說，研究目的宣言當中，若干特定字眼，譬如：*理解經驗*（敘事研究）；*描述*（個案研究、俗民誌、現象學）；*意義*（現象學）；*發展*或*產生*（扎根理論）；*發現*（所有取徑），可以作為暗語（encode）和伏筆（foreshadow），用來提示採用的特定取徑（請參閱表6.1）。
- 作者確認核心現象，亦即研究要探索或檢視的核心概念。在質性研究一開始，聚焦單一個核心現象（例如：老師輔導長期學習成就受挫學生，斡旋正向師生關係的實務作法；或是文化分享團體的行為，譬如：英國出生、巴基斯坦和孟加拉裔勞工階級穆斯林年輕男子）。隨著田野投入經驗累積之後，可以考慮納入跨團體的對照比較，或是尋找連結關係。初步探索核心現象之後，繼而就可著手開始分析。
- 研究參與者和場地的種類，也可作為暗語和伏筆，從而提示所採用的質性取徑種類，譬如：參與者是單一個人（敘事研究，或個案研究）；若干個人（扎根理論，或現象學）；一個團體（俗民誌）；場地（個案研究的方案、計畫、事件、活動或地方）。

表6.1 研究目的宣言的暗語，可用來標示特定質性取徑

敘事研究	現象學	扎根理論	俗民誌	個案研究
・敘事研究 ・故事 ・主顯節 ・生活經驗 ・大事記	・現象學 ・描述 ・經驗 ・意義 ・本質	・扎根理論 ・產生 ・發展 ・命題 ・過程 ・實質理論	・俗民誌 ・文化共享團體 ・文化行為和語言 ・文化圖像 ・文化主題	・個案研究 ・有界限的封閉系統 ・單案或集合個案 ・事件、過程、方案、個人

我們也建議，研究目的宣言納入普通定義（*general definition*），來界定核心現象。此等定義是初期、暫時的定義，僅供研究初探階段暫時使用（Clandinin, 2013）。在一開始，這種定義可能頗難預先決定具體細節。但是，比方說：

- **敘事研究**：作者可能定義要蒐集的故事類型，譬如：人生週期階段、童年回憶、青少年到成年的過渡期、參與匿名戒酒團體聚會，甚或是手足過世之後的家族故事（Ellis, 1993）。

- **現象學研究**：核心現象可能界定為悲傷、憤怒的意義，甚或是下棋（Aanstoos, 1985）。

- **扎根理論研究**：核心現象可能定義為，研究計畫要檢視之過程的核心概念（Corbin & Strauss, 2015）。比方說，過去的情感關係對於再婚夫妻的影響（Brimhall & Englom-Deglmann, 2011）。

- **俗民誌**：作者或許會定義所檢視之關鍵文化概念（很多時候，可能擷取自人類學的文化概念），譬如：角色、行為、涵化、溝通、神話、故事、或是其他概念（Wolcott, 2008a）。

- **個案研究**：譬如在某項「本質性」個案研究（Stake, 1995），作者可能會透過時間和地點來定義個案的界線。再者，如果檢視的是「工具性」個案研究，研究者或許會透過普通定義來陳述個案

當中所檢視的議題。

以下摘列研究目的宣言若干例子，用以示範說明如何使用暗語和伏筆，來提示所採用的特定取徑（請另行參閱Creswell, 2012, 2016）：

【範例6.1】　敘事研究目的宣言

注意在下列例子中，生活經驗如何受到強調：

a. 單一人物與其生命故事：

The author describes and analyzes the process of eliciting the life history of a man with mental retardation.

作者描述與分析，關於提引一位心智障礙男子述說其生命史的過程。（Angrosino, 1994，頁14）

b. 車禍受害者的親友與他們的反應：

The family and friends of a crash victim and the reactions of these individuals: The story I tell here describes the aftermath of the crash as my family and friends in Lurary, the town where I was born and where Rex lived, react to and cope with this unanticipated tragedy.

我在此述說的故事，描述發生在我的故鄉Lurary小鎮一場車禍的後果，由受害者Rex的親友述說，他們對這突如其來的悲劇有何反應和因應。（Ellis, 1993，頁712）

【範例6.2】　現象學研究目的宣言

請看下列例子，如何清楚定義研究的核心現象：

a. 一群青少年對於初為人父角色的信念：

The present study was designed to explore the beliefs, attitudes, and needs the current and expectant adolescent fathers and young men who are fathers of children born to adolescent mothers have regarding their role as a father.

本研究乃是設計來探索，未成年少男或年輕男性讓未成年少女意外懷孕或生產之餘，對於即將為人父或已經為人父的角色，有哪些信念、態度和需求。（Lemay, Cashman, Elfenbein, & Felice, 2010，頁222）

b. 個人賦予健康照護經驗的意義：

The purpose of our phenomenological study was to explore what meaning people with liver failure ascribe to the experience of waiting for a transplant at a major Midwestern transplant center.

我們現象學研究的目的是要探索，在中西部一所器官移植中心，等待肝臟移植的肝衰竭病人，對於此等經驗賦予什麼樣的意義。

（Brown, Sorrell, McClaren, & Creswell, 2006，頁120）

【範例6.3】　扎根理論研究目的宣言

在下列兩個例子，研究者透過研究環繞某種主題的過程，從而提出理論：

a. 個人的領導認同：

The purpose of this study was to understand the processes a person experiences in creating a leadership identity.

本研究目的是要了解，個人在建立領導認同之過程的經驗。

（Komives, Owen, Longerbeam, Mainella, & Osteen, 2005，頁594）

b. 一群婦女在孤立無援處境下的反彈復甦能力：

The purpose of this study was to explore how women maintain their health in geographical, social, political, economic, and historical contexts.

本研究目的是要探索，在地理、社會、政治、經濟、歷史的孤立脈絡之下，女人如何維持健康。（Leipert & Reutter, 2005，頁50）

【範例6.4】 俗民誌研究目的宣言

下面兩個例子，描述某種文化分享團體的圖像：

a. 一群球場運動公園員工的文化：

The article examines how the work and the talk of stadium employees reinforce certain meanings of baseball in society, and it reveals how the work and the talk create and maintain ballpark culture.

本文檢視，體育館職員的工作和談話如何強化棒球在社會的特定意義，並揭顯該等工作和談話如何創造及維持球隊運動公園文化。（Trujillo, 1992，頁351）

b. 直刃族sXe運動的核心價值：

The article fills a gap in the literature by giving an empirical account of the sXe movement on a description of the group's core values.

本文透過描述直刃族sXe運動團體的核心價值，從而填補文獻的闕漏。（Haenfler, 2004，頁410）

【範例6.5】 個案研究目的宣言

下列兩個例子可明顯看出，研究焦點在於理解某特定界限的封閉系統：

a. 關於技術整合的多元個案研究：

The purpose of this study was to describe the ways in which three urban elementary schools, in partnership with a local, publicly funded multipurpose university, used as similar array of material and human resources to improve their integration of technology.

本研究目的是要描述，三所市區小學和一所當地的公立綜合大學，如何透過夥伴關係，分享物質和人類資源，改善技術整合。

（Staples, Pugach, & Himes, 2005，頁287）

b. 某所大學校園對於槍擊事故的反應之本質型個案研究：

The study presented in this article is a qualitative case analysis that describes and interprets a campus response to a gun incident.
呈現於本文的研究是質性個案分析，描述和詮釋某所大學校園對於槍擊事故的反應。（Asmussen & Creswell, 1995，頁576）

6.4 研究待答問題

質性研究待答問題（research questions）的用意，是要把研究目的範圍縮小爲若干問題，以提供研究尋求解答。我們特別將「研究目的宣言」和「研究待答問題」予以區別，以便可以清楚看見這兩者如何分別概念化和撰寫。相對地，有些論者可能將這兩者結合爲一，或是只保留研究目的宣言，而不另外再提研究待答問題，這種典型寫法常見於期刊論文。不過在許多類型的質性研究，譬如：博士論文、碩士論文，研究待答問題和研究目的宣言則有明顯區隔，並且分別陳述。再次重申，研究待答問題提供機會，得以讓研究者透過暗語和伏筆寫法，來提示研究採用的特定質性取徑。

6.4.1 核心待答問題

關於研究待答問題的撰寫，有些作者提供了建議可供參考（例如：Creswell, 2014, 2016; Marshall & Rossman, 2015）。質性研究的待答問題乃是開放式、演化、非方向性的，透過比較具體而特定的語詞來重新架構研究目的，而且通常使用「什麼」或「如何」的問句，而不是「爲什麼」的問句，以便聚焦核心問題進一步探索。這是因爲「爲什麼」的問句可能導向因果方向性的答案；相對地，「什麼」和「如何」則比較適合引談開放式的答案。待答問題的數量不多（5到7題），並且盡可能呈現各種不同的形式，從「壯遊」（"grand tour"，Spradley, 1979, 1980）式問題，「說說關於你自己……」，到

比較特定、具體的問題。

我們推薦研究者將整個研究化約到單一**核心待答問題**（*central question*），再輔以若干**次級待答問題**（*subquestions*）。提擬核心待答問題通常需要花上頗多心思，因為廣度需要足以涵蓋整個研究目的；然而，傳統訓練卻是傾向養成研究者形塑特定、具體的問題。要達到涵蓋廣度充分的核心待答問題，我們通常會建議研究者盡可能提出最廣泛待答問題，以求完整涵蓋解答研究問題。

核心待答問題的鋪陳，可以採用五種質性取徑特定的用語。Morse（1994）回顧檢視研究待答問題的類型，就直接指出此等議題。她談到，俗民誌，可以發現描述文化的問題；扎根理論，過程的問題；現象學，意義的問題。不過，她沒有談到敘事研究或個案研究的例子。比方說，我們可以檢閱第五章介紹的五篇範文，試著看看能否找到各篇的核心待答問題。我們馬上可以看出，這些期刊論文的作者，一般而言，都沒有提供核心待答問題，而是呈現研究目的宣言，這種寫法很常見於期刊論文。儘管如此，試著去想像，如果他們有提出核心代答問題，那會怎麼寫。透過這樣的練習，應該能幫助你掌握如何撰寫與辨識核心待答問題。在下列的範例，我們呈現我們版本的研究待答問題（*或是作者的版本*），示範說明每一種取徑的研究待答問題，其中每一類的第一則例子出自第五章的範文。

【範例6.6】　敘事研究待答問題

請注意，這兩則敘事研究的待答問題，如何強調焦點是在參與者的生活經驗：

a. Chan（2010）為蒐集華裔加拿大學生張艾美的故事，可能提擬如下的研究待答問題：

張艾美在學校、同儕、家人之間，經驗到哪些涉及族裔認同衝突的故事？

b. Nelson（1990）為了引談人生敘事，對照比較兩位非裔美國婦女的話碼切換型態，可能提擬如下的研究待答問題：

二十世紀後半葉，兩位非裔美國婦女參與美國文化的經驗，有哪些型態、話碼切換型態的重要性，以及共同脈絡化的線索？

【範例6.7】　現象學研究待答問題

請檢視下列兩則現象學研究待答問題，如何鋪陳研究焦點是要描述現象：

a. Anderson & Spencer（2002）為了捕捉愛滋病毒感染者如何再現與想像其疾病，可能提擬如下的待答問題：

確診愛滋感染的男女，對於其疾病賦予什麼意義？

b. Padilla（2003，頁415）為了描述一位長期失能的婦女賦予其生活經驗什麼意義，可能提擬如下的待答問題：

對於一位許多年前頭部受創而失能的婦女，其生活經驗是怎樣的一種情況？

【範例6.8】　扎根理論研究待答問題

下列兩則扎根理論研究待答問題，焦點是要提出理論，可以清楚看見研究目的：

a. Harley et al.（2009）為解釋非裔美國女性整合體能活動到個人生活型態的過程，可能提擬如下的待答問題：

什麼樣的行為過程理論可解釋15位非裔美國女性，整合體能活動到個人生活型態的過程？

b. Brimhall & Engblom-Deglmann（2011）為理解喪偶者再婚涉及的過程，可能提擬如下的待答問題：

什麼樣的關係過程理論可描述，過去婚姻關係對於喪偶再婚者的影響？

【範例6.9】 俗民誌研究待答問題

請注意，下列兩則俗民誌研究待答問題的例子，如何尋求描繪某文化分享團體的文化圖像：

a. Mac an Ghaill & Haywood（2015）為呈現一群英國出生、巴基斯坦和孟加拉裔勞工階級穆斯林年輕男子，面臨大環境文化急遽變遷，可能提擬如下的待答問題：

這群英國出生、巴基斯坦和孟加拉裔勞工階級穆斯林年輕男子，有哪些族裔、宗教、文化連結的核心價值？他們如何建構與理解家庭、就學、社交生活的世代特定經驗？在急遽變遷的英國社會大環境之下，他們如何在該地區社群內成長和互動？

b. Haenfler（2004）為描述直刃族sXe運動成員的核心價值，可能提擬如下的待答問題：

直刃族sXe運動成員的核心價值是什麼？他們如何建構和理解身為這個次文化團體成員的個人主觀經驗？

【範例6.10】 個案研究待答問題

在下列兩則個案研究的待答問題例子中，很明顯可以看出都是聚焦於理解某種有界限的封閉系統：

a. Frelin（2015）為了追溯某學校輔導方案的一位教師，如何在實務上斡旋師生關係，以輔導學生克服長期學習受挫的經驗，可能提擬如下的待答問題：

有哪些師生關係和教師專業等方面的實務作法，可能有助於教師和其他學校職員，協助學生克服長期學習受挫的障礙？

b. Asmussen & Creswell（1995）在個案研究論文的介紹部分，提出五項核心待答問題，用以引導描述和詮釋校園對槍擊事件的反應，這五項問題如下：

「發生什麼事情？」「有哪些人涉及對於此一事件的反應？」

「事件發生後8個月期間，各種反應當中浮現哪些主題？」「有哪些理論構念可能幫助我們理解校園反應？」「在此個案當中，有什麼獨特的理論構念？」（頁576）

【範例6.10】的b例子，示範描述個人經驗，然後發展主題再現校園的個人反映。這些範例顯示，作者可能有、也可能沒有提出核心待答問題；不過，所有這些研究就算沒有明文提出核心待答問題，也都有隱含指涉。對於期刊論文寫作，通常使用研究目的宣言來引導研究，可能比較少呈現核心待答問題。不過，對於研究生的研究，譬如：碩士論文或博士論文，趨勢則是都會納入呈現研究目的宣言和核心待答問題。

▍6.4.2▍ 次級待答問題

作者通常提擬小數量的次級待答問題，藉此進一步將核心問題細分為若干更具體的探究方向。比方說，假若核心問題是：「身為大學教授是什麼意思？」那麼就可能提擬如後的次級待答問題，來分析其下級涵蓋的主題：「在課堂上、身為研究者、擔任論文指導教授、或身為系所同僚等情況，身為教授是什麼意思？」在這個例子中，次級待答問題聚焦若干特定的角色或職位。本質上，次級問題將核心問題拆解為若干組成元素。再者，次級問題並不是固定的，而是可能會隨著大學教授派任不同角色或職位而有所差別，比方說，行政管理職位或實習導師。

以下若干建議，可供參考撰寫次級待答問題，提供引導資料蒐集期間的訪談或觀察之用：

- 陳述小數量的次級待答問題，進一步優化核心待答問題。一般而言，我們推薦提擬5至7則次級待答問題。資料蒐集期間可能會浮現新的問題，而且如同所有質性研究的待答問題一樣，隨著研究進展，先前擬定的待答問題也可能有所轉變或演化成新的問

題。

- 可以試著把次級待答問題視為工具，用來將核心待答問題分割成若干部分。問自己：「如果將核心待答問題分割成我會想要探索的某些領域，可能會是哪些呢？」在這方面，我們可以從俗民誌找到不錯的範例。Wolcott（2008a）說，壯遊問題或核心待答問題，譬如：「這裡發生了什麼？」只可能透過「就哪些方面而言呢？」，從而蒐集到回答前述核心問題的實質資料（頁74）。
- 提擬「如何」或「什麼」的開放式次級待答問題。如同前面介紹核心待答問題一樣，使用「什麼」或「如何」的問句，而不是「為什麼」的問句，因為「為什麼」的問句可能導向因果方向性的答案；相對地，「什麼」和「如何」則比較適合引談開放式的答案。

在思索提擬次級待答問題時，你可以聚焦所採用之特定質性取徑。分而言之：

- 敘事研究：次級待答問題可能進一步探索*故事的意義*。
- 現象學：次級待答問題可能幫忙建立研究*現象本質的構成元素*。
- 扎根理論：次級待答問題幫助提供*浮現理論的細節*。
- 俗民誌：次級待答問題是提供有關*文化分享團體的細節*，譬如：成員的儀式、溝通、經濟生活方式等等。
- 個案研究：次級待答問題將用來探求*個案的元素*，或你想要理解的*議題*。

下面的範例，呈現的是第五章五篇範文用來導引研究的次級待答問題。

【範例6.11】　敘事研究次級待答問題

Chan（2010）為了從華裔加拿大學生張艾美蒐集其故事，可能提擬次級待答問題如下：

- 有哪些學校經驗可能促成艾美的族裔認同？如何可能促成？
- 同儕經驗如何可能促成艾美的族裔認同？
- 艾美描述哪些家庭經驗對其族裔認同有所影響？

【範例6.12】　現象學研究次級待答問題

Anderson & Spencer（2002）為尋求理解愛滋感染者如何再現其疾病的心理意象，可能提擬次級待答問題如下：

- 確診感染愛滋病毒代表什麼意思？
- 對於被診斷感染愛滋病毒，有哪些難受或安心的感覺？
- 病人最初如何意識到自己可能感染愛滋病毒或生病了？

【範例6.13】　扎根理論研究次級待答問題

Harley與同僚（2009）為尋求解釋非裔美國女性整合體能活動到個人生活型態的過程，可能提擬次級待答問題如下：

- 該等女性透過哪些過程，將體能活動整合到個人生活型態？
- 在整合體能活動到個人生活型態的過程，她們面臨的最大挑戰有哪些？
- 基於什麼樣的動機，促使她們整合體能活動到個人生活型態？

【範例6.14】　俗民誌研究次級待答問題

Mac an Ghaill & Haywood（2015）為記錄一群英國出生、巴基斯坦和孟加拉裔勞工階級穆斯林年輕男子，面臨變遷文化環境對於族裔認同的衝擊，投入俗民誌研究，為期3年有餘，可能提擬次級待答問題如下：

- 這群成員描述，哪些核心信念和其族裔認同最有關聯？
- 這群成員指出，哪些經驗影響其文化認同？
- 這群成員描述，哪些社會經驗可能凝聚該等核心信念？

【範例6.15】 個案研究次級待答問題

Frelin（2015）為了追溯某學校輔導方案的一位教師，如何在實務上斡旋師生關係，以輔導學生克服長期學習受挫的經驗，可能提擬次級待答問題如下：

• 哪些師生關係實務作法可能有助於學生克服學校障礙？

• 這位老師覺得哪些師生關係實務作法有助於學生成功？

• 哪些教師實務作法有助於學校成功？

第七章，我們將會先檢視五種質性研究取徑共通的資料蒐集程序，然後再討論五種取徑之間的差別作法。

本章重點檢核表

1. 你有否「看見」作者如何聚焦和介紹他們所發表或出版的質性研究？請選擇檢視第五章的其中一篇範文。

   a. 首先，請確認*研究問題宣言的五項元素*（摘要請參閱圖6.2），看看你檢視的範文如何呈現這些元素。請注意，哪些元素比較容易確認，哪些元素比較難以確認。

   b. 其次，從這篇範文找出*研究目的宣言*。請注意，該等宣言使用哪些暗語或伏筆的修辭手法？是否有提供關於質性研究取徑、核心現象、參與者、場地的資訊？

   c. 最後，使用本章介紹的撰寫研究目的之腳本，重新改寫這篇範文的研究目的宣言，完成後，請比較這兩則研究目的宣言之間的相似和相異。

2. 你能否應用本章介紹的撰寫研究目的宣言之腳本？

   a. 請使用圖6.1摘列的McVea et al.（1999）研究問題宣言作為基礎，寫成一份現象學研究目的宣言。然後再選用另一種質性研究取徑，寫成另一份研究目的宣言。

McVea, K., Harter, L., McEntarffer, R., & Creswell, J. W. (1999). Phenomenological study of student experiences with tobacco use at City High School. *High School Journal*, *82*(4), 209-222.

3. 你能否確認，期刊研究作者在〈介紹〉陳述的各部分元素有相互關聯？請閱讀採用不同取徑、不同領域的質性期刊論文。

a. 首先，請確認*研究問題*、*研究目的*，以及*研究待答問題*。請注意，哪些比較容易確認，哪些比較難以確認。這三個部分在方法論相容方面，達到什麼樣的程度？

b. 其次，檢視研究的〈介紹〉如何引介*研究問題*。請評估，各篇論文對於研究問題宣言的五大元素（摘要請參閱圖6.2），有清楚、周詳呈現到何種程度。注意哪些元素比較容易確認，哪些元素比較難以確認。

c. 然後，檢視研究的〈介紹〉如何引介*研究目的*。請評估，各篇論文如何使用特殊字眼和資訊，來提示質性研究的特定取徑、核心現象、參與者、研究場地。

d. 最後，檢視全文，找尋*研究待答問題*的證據。評估其中的核心待答問題和次級待答問題有清楚、周詳呈現到何種程度。

〔敘事研究取徑，社會學領域〕Ellis, C. (1993). "There are survivors": Telling a story of sudden death. *The Sociological Quarterly*, *34*, 711-730. doi:10.1111/j.1533-8525.1993.tb00114.x

〔現象學取徑，公衛、護理領域〕Lemay, C. A., Cashman, S. B., Elfenbein, D. S., & Felice, M. E. (2010). A qualitative study of the meaning of fatherhood among young urban fathers. *Public Health Nursing, 27*(3), 221-231. doi:10.1111/j.1525-1446.2010.00847.x

〔扎根理論取徑，教育心理領域〕Komives, S. R., Owen, J. E., Longerbeam, S. D., Mainella, F. C., & Osteen, L. (2005). Developing a leadership identity: A grounded theory. *Journal of College Student Development, 46*(6), 593-611. doi:10.1353/csd.2005.0061

〔俗民誌，溝通領域〕Trujillo, N. (1992). Interpreting (the work and the talk of) baseball. *Western Journal of Communication, 56*, 350-371. doi:10.1353/csd.2005.0061

〔個案研究，教育科技領域〕Staples, A., Pugach, M. C., & Himes, D. J. (2005). Rethinking the technology integration challenge: Cases from three urban elementary schools. *Journal of Research on Technology in Education, 37*(3), 285-311. doi:10.1080/15391523.2005.10782438

4. 你能否開始草擬研究的〈介紹〉，並且妥善整合各部分元素？請參照遵循下列步驟：

   a. 以少數幾個句子，簡要陳述你的研究焦點，也就是研究問題或議題。

   b. 討論研究文獻，提供證據支持有必要研究該等問題。

   c. 呈現邏輯理由，支持你選用的研究取徑適合你想要探究的問題。

   d. 檢視草稿，使用研究問題宣言的五項元素（摘要請參閱圖6.2），來引導你修改研究問題宣言。請注意，哪些元素比較容易納入，哪些元素比較難以納入。

   e. 運用本章介紹的撰寫研究目標宣言的腳本，請注意，那些元素比較容易確認，那些元素比較難以確認。

　　f. 請運用本章提供的撰寫研究問題的建議。具體而言，請使用「如何」或「什麼」的問句，草擬核心待答問題。然後，檢視你有否妥善處理核心待答問題的四項關鍵元素：核心現象、參與者、場地、研究取徑。寫下「什麼是」核心現象？檢視你所寫下的核心待答問題，判斷範圍是否足夠寬廣，並且簡明扼要，涵蓋而且切中你研究可能需要探問的問題。把核心待答問題分割為若干次級主題。然後，考量此等次級主題如何可能轉化成為你可以在研究提問參與者的問題。使用這些考量問題來引導撰寫次級待答問題。

5. 檢視〈介紹〉當中呈現的三項元素（亦即研究問題、研究目的，以及研究待答問題），找尋彼此相互統整的證據。

本章摘要

　　本章探討關於介紹和聚焦質性研究的主題：研究問題宣言、研究目的宣言、研究待答問題。我們首先描述這些元素之間相互連動、接合的必要性，並且提供引導架構來輔助撰寫。結構上，我們先討論質性研究設計每一階段的普遍要項，然後再分別介紹五種取徑的獨特考量與實務作法。

　　在研究目的宣言部分，應該提出研究的主題，討論研究問題，摘述相關文獻，指出文獻的缺漏，論稱研究該等問題取得的知識，將可使目標讀者獲益。在文獻闕漏的部分，作者可以插入具體資訊，點出適合選用特定質性研究取徑。比方說，作者可以說有需要蒐集特定人物的敘事，發掘經驗的「本質」，發展理論，描繪某文化分享團體的生活，使用個案來探索特定議題。本章也提供撰寫研究目的宣言的腳本，腳本可以納入選用的特定質性研究取徑，以及使用若干暗語或伏筆等手法，來提示使用的研

究取徑。

　　研究待答問題區分為一個核心待答問題，以及大約5到7個次級待答問題。核心待答問題的陳述可以使用暗語，來提示所採用的研究取徑，譬如：敘事研究，引導發展故事；扎根理論，引導發展產生理論。在資料蒐集過程，次級待答問題也可使用來作為訪談過程提問的關鍵問題，或作為引導觀察的提綱。

延伸閱讀

　　本章引述若干文章，綜覽介紹和對照比較五種取徑的研究介紹和聚焦。在此，我們繼續擴充關於每一種取徑的參考書單（請另行參閱第一章和第四章）。這份書目不應視為窮盡所有相關資源的完整清單，我們鼓勵讀者應該從本書後頁收錄比較完整的參考文獻，找尋進一步的研讀材料。

Creswell, J. W. (2016). 30 *Essential Skills for the Qualitative Researcher*. Thousand Oaks, CA: Sage.

　　這是John W. Creswell最新出版的質性研究書籍，提供創新的組織方式，引導認識質性研究的30種必要技巧。研究者可以很容易取用特定技巧的相關資源，簡易而方便學習使用，對於初接觸質性研究的新手特別有幫助。

Richards, L., & Morse, J. M. (2012). *README FIRST for a Users Guide to Qualitative Methods* (3rd ed.). Thousand Oaks, CA: Sage.

　　Lyn Richards & Janice Morse提供取用簡易的資源，幫助讀者思考關於質性研究規劃和執行等事宜。其中一章，介紹說明各種質性取徑的研究待答問題，特別有助於釐清各種取徑如何提擬適合的研究待答問題。

Marshall, C., & Rossman, G. B. (2015). *Designing Qualitative Research* (6th ed.). Thousand Oaks, CA: Sage.

第六版，Catherine Marshall & Gretchen Rossman擴充當代議題的涵蓋範圍，增修質性研究設計關鍵要素細節，再次提升了這本實用指南的參考價值。穿插各章節的小專欄，提供讀者認識潛在問題的便捷管道，以及看待該等問題的獨到觀點，對於辯護研究計畫特別有幫助。

Ravitch, S. M., & Mittenfelner Carl, N. (2016). *Qualitative Research*: *Bridging the Conceptual, Theoretical, and Methodological*. Thousand Oaks, CA: Sage.

Sharon Ravitch & Nicole Mittenfelner Carl提供方便容易取用的參考資源，介紹說明質性研究涉及的過程。其中第十一章，堪稱本書的獨創貢獻，提供重要指南，引導思考關於質性研究倫理和研究關係品質等關鍵議題。

7

資料蒐集

考量質性研究的資料蒐集時，一個典型的想法是，聚焦在蒐集資料的類型與程序。然而，資料蒐集涉及的遠不止於此，還需要預估取得許可涉及的倫理議題，執行適切的質性取樣策略，發展記錄資訊的方式，回應田野可能發生的議題，以及確保資料儲存安全。再者，在各種形式的資料蒐集活動中，雖然很多傾向只執行訪談和觀察，但是就如同我們即將在本章見識到的，各式各樣的質性資料來源持續擴增，因此，我們也鼓勵除了常用的訪談和觀察之外，不妨多多嘗試採用新興或創新的蒐集方式。除此之外，對於每一種質性研究取徑而言，新形式的資料和蒐集過程也需要敏感因應可能浮現的議題。

我們發現，透過視覺圖像呈現，頗有助於理解所有質性取徑的資料蒐集階段。提供最佳展示的就是「循環」（circle）模式。本章首先就來介紹此循環模式，簡要描述其中涉及的活動，包括：找出所要研究的地方或個人，取得進接和建立契合，執行立意取樣，蒐集資料，記錄資訊，探索田野議題，儲存資料。然後，我們探索五種取徑在前述活動的差別。最後，總結評述對照比較五種取徑的資料蒐集活動。

> ### 問題討論
>
> - 質性研究的資料蒐集過程有哪些步驟？
> - 蒐集資料時，有哪些關鍵的倫理考量？
> - 研究者如何找尋所要研究的個人或地方？
> - 有哪些進接和契合議題？
> - 哪些因素會影響決定如何選擇立意取樣的策略？
> - 蒐集的資訊有哪些類型？
> - 蒐集到的資料如何予以記錄？
> - 在資料蒐集階段，有哪些常見的議題？
> - 蒐集到的資料如何儲存？
> - 在資料蒐集方面，五種質性研究取徑之間有哪些相似和相異之處？

7.1 資料蒐集循環

透過視覺的循環模式，我們可以將資料蒐集視為一系列相互關聯的活動，目標是要蒐集優質的資訊，來回答研究過程浮現的待答問題。如圖7.1所示，在資料蒐集過程，質性研究者投入一系列的活動。在這當中，我們將找尋研究的個人或地點列為第一個步驟，不過，研究者其實可能從任何節點切入展開這個循環。最重要的是，我們希望，研究者能夠考量資料蒐集過程涉及的多元活動——不只限於訪談和觀察。請注意，在此圖當中，我們將倫理考量議題放置在資料蒐集循環的交匯處，這是要強調資料蒐集的所有活動都會涉及而且必須關注倫理議題。

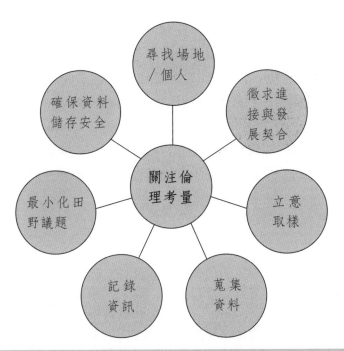

圖7.1 資料蒐集活動

　　在這過程中，有一項重要的步驟是，找尋研究的個人或地點，以及取得進接和建立契合關係，以便參與者願意提供好資料。與此緊密關聯的步驟是要決定立**意取樣**（*purposeful sampling*）策略，選取個人或地點。這不是機率抽樣，母群機率樣本；而是立意樣本，亦即基於研究目的而選取的樣本，以確保提供的資訊得以有效回答研究問題。

　　一旦研究者選好個人或地點，接下來就必須決定最合適採用的資料蒐集策略。目前的**趨勢**，質性研究有越來越多的資料形式和蒐集、記錄方式可供選擇。比方說，訪談便有多樣化的類型，分別產生不同的互動，連帶也會影響記錄的方式。典型而言，質性研究者會蒐集多種來源的資料。要引導資料蒐集的執行，研究者可能會發展訪談或觀察博多稿，用來記錄資訊；可能也需要透過試行，來調整、優化

博多稿的格式，以及使用時應該注意的事項。再者，研究者必須預測資料蒐集過程的田野議題，譬如：資料不充適、被迫提早離開田野或研究場地、或是資訊遺失等問題。最後，質性研究者必須決定如何儲存蒐集到的資料，以便日後取用方便，並確保資料不致受損或遺失。

接下來，我們就開始來介紹資料蒐集循環的七項活動。我們先說明這七項活動的一般實施程序，然後再描述每一種質性研究取徑的個殊作法。關於這五種質性研究取徑之間的相似和相異之處，請參閱表7.1。

表7.1 五種取徑的資料蒐集活動

資料蒐集活動	敘事研究	現象學研究	扎根理論	俗民誌	個案研究
傳統上的研究目標（場域或個人）	單一個人，可進接而且擁有獨特的個人經驗故事	多元個人，擁有所欲研究現象之經驗	多元個人，有回應某種行動或參與核心現象的過程	文化分享團體的成員，或是足以代表該團體的成員	有界限的封閉系統，譬如：某一過程、行動、事件、方案、或若干人物
典型的進接和契合程序	取得研究對象當事人的許可；取得進接檔案資訊等的權限	找出擁有所欲研究現象之經驗的個人	找尋同質性的樣本	透過守門者，取得進接；贏得資訊提供者的信賴	透過守門者，取得進接；贏得資訊參與者的信賴

資料蒐集活動	敘事研究	現象學研究	扎根理論	俗民誌	個案研究
如何選擇研究的場地或個人（立意取樣策略）	若干策略，取決於所欲研究的人物（例如：方便、政治重要性、典型、關鍵個案）	找尋擁有所欲研究現象之經驗的個人，「效標樣本」	找尋同質性樣本，「理論本位樣本」，「理論樣本」	找尋研究者本身陌生或圈外人的文化分享團體，「代表性樣本」	找尋單一個案或多元個案，「非典型個案」，或「最大變異量個案」、「極端個案」
蒐集的資料類型	文件、檔案材料、開放訪談、參與者日誌、參與觀察、日常閒聊；通常為單一個人	訪談某種數量範圍的個人（例如：5到25人）	主要訪談20到30人，取得足夠發展扎根理論的詳細資訊	文化分享團體的參與觀察、訪談、文物、文件	廣泛的形式，譬如：1到4個個案的文件、紀錄、訪談、觀察、物質文物
如何記錄資訊？	筆記、訪談博多稿	訪談，通常與相同個人執行多次訪談	訪談博多稿、田野筆記、備忘錄註解	田野筆記、觀察博多稿、訪談博多稿	田野筆記、訪談博多稿、觀察博多稿

資料蒐集活動	敘事研究	現象學研究	扎根理論	俗民誌	個案研究
資料蒐集活動常遭遇的議題（田野議題）	材料的進接、陳述和材料的真實性	括弧懸置研究者個人經驗、訪談的後勤作業	訪談議題（例如：後勤作業、開放性）	田野議題（例如：反身性、反應性、互惠、「成為在地人」、洩漏隱私資訊、欺瞞）	訪談和觀察的議題
資訊或資料如何儲存？	檔案夾，數位檔案	逐字稿，數位檔案	逐字稿，數位檔案	田野筆記，逐字稿，數位檔案	田野筆記，逐字稿，數位檔案

▌7.1.1▐ 資料蒐集過程的倫理考量

不論採用何種質性取徑，在田野蒐集資料、分析和報告傳播等過程，研究者都可能會遭遇許多倫理議題。在第三章，我們已經討論過其中某些議題，但是在質性資料蒐集階段，倫理議題特別凸顯（關於質性研究各階段的倫理議題摘要，請參閱表3.2）。

規劃和執行符合倫理的研究意味著，研究者應該要預估研究過程可能發生的所有倫理議題，並且設法提出因應對策。一般而言，研究倫理議題主要關係到三大原則：(1)尊重當事人（亦即個人隱私和知情同意）；(2)關切福祉（亦即減低傷害和提高互惠）；(3)公平正義（亦即公平處遇和提高多樣包容性）。舉例而言，要保護參與者的匿名性，可以使用數字之類的代碼或假名來指稱參與者。要獲得參與者

的支持，質性研究者需要告知參與者所參與的研究，向他們解釋研究目的，並且不使用**欺騙**（*deception*）手段，隱瞞研究的本質。如果研究主題事關敏感，參與者若是知情可能會拒絕涉入，那應該如何因應呢？

另外一個可能的倫理議題是，參與者分享的資訊是否會留下紀錄，而有外洩的隱憂。雖然在大部分的情況，研究者在分析當中通常會刪除該等個人資訊，但是有些時候，研究報告有可能呈現個人資訊，而給當事人帶來潛在傷害，如此一來，個人資料的記錄與否和如何記錄，就可能引發倫理議題。舉例而言，有研究者訪談研究入監服刑的美國原住民，在一次訪談當中，研究者得知其中有人可能有「逃獄」的打算。研究者考量之後認為，如果呈報此等情資，就會失信於當事人，因此決定保持沉默。幸運的是，後來並沒有真的發生逃獄。

最後，我們指向近來日益重視的焦點議題，如何以尊重不同知識系統和互動的方式，來引談和記錄資訊。在這方面，已有許多資源，可供參考斟酌研究者如何因應多樣化的脈絡與／或邊緣化的族群（例如：Chilisa, 2012; Clandinin et al., 2006; Stanfield, 2011）。

機構審查委員會（**Institutional Review Board**）：在展開資料蒐集之前，研究者必須取得機構審查委員會許可同意（Creswell, 2012; Hatch, 2002; Sieber & Tolich, 2013），目的是要提供證據給審查委員會，佐證研究設計確實有遵循倫理守則。一般而言，大部分的質性研究都得以豁免全委員會的完整審查，或改以簡易或快速審查代替；但是研究如果涉及未成年人（亦即未滿18歲），或是高風險、高敏感的族群（例如：HIV陽性或帕斯提的個人），那就需要完整的審查。這通常需要投入繁複的申請程序，也需要相當長的審查時間。審查過程涉及遞交計畫書，詳述研究程序，包括：如何選擇研究場地、取樣、資料蒐集策略的執行，以及研究資料的記錄、儲存、運用等管理計畫。表7.2摘要概述資料蒐集循環七類活動涉及的倫理議題。接下

來，還會分別針對這七類活動涉及的倫理議題，提供進一步的介紹和
討論。

表7.2 資料蒐集活動可能遭遇的倫理議題與描述細節的範例

資料蒐集活動	預期可能遭遇和需要設法因應的倫理議題例子	需要描述細節的例子
場域或個人	選擇的場地可能衍生權力議題（例如：研究自己工作所在地）。考量不涉及權力隱憂的替代選項	場域或個人選擇的邏輯和程序
進接和契合	場地需要取得同意進接許可。確認額外的審核程序，尋求守門人協助	場地進接和許可的邏輯與程序
	提供資訊給參與者，使其知悉研究的程序與權力。徵求適切人選同意參與研究	個人知情同意的程序
	熟悉研究脈絡和母群。找出關於文化、宗教、性別和其他需要尊重的面向	契合關係建立的邏輯和程序
取樣策略	讓參與者明白研究目的，以及為何他們受邀參與研究	樣本選擇的邏輯與招募研究參與者的程序
資料類型	資料蒐集可能會干擾場地；資料蒐集應該適合參與者	資料來源選擇的邏輯
	考量研究者如何從參與者取得資訊；提供適切回饋給參與者，注意互惠的機會	資料程序
記錄程序	記錄程序可能侵擾參與者與／或場地；讓參與者知悉維持保密的措施	資料記錄的邏輯與程序

資料蒐集活動	預期可能遭遇和需要設法因應的倫理議題例子	需要描述細節的例子
田野議題	進入與進接等議題；資料類型的適切性；資訊蒐集的程序	視狀況而定
資料儲存	儲存資料或材料於安全處所，審慎關照資料的預期運用	資料管理程序和運用

┃7.1.2┃ 場地或個人

經常有人會問我們，研究者應該如何選擇研究的場地或個人呢？我們通常的回答是，得看個人決定選用哪種研究取徑而定。

敘事研究

需要尋找一個或多個人物來研究，該等人物能夠進接，願意提供資訊，具有獨特性或普遍性，能夠有助於理解所要探索的特定現象或議題。Plummer（1983）建議，可以選擇研究兩種來源的個人：一種是實用考量的來源，可能是碰巧遇上的個人，來自其他研究的參與者，或是自願參與者。另一種來源可能是「邊緣人」（marginal person），亦即生活在衝突文化的個人；「大人物」（great person），亦即對於其生活的年代有重要影響的人；「平凡人」，亦即可以代表芸芸眾生的一個例子。

另外還有一個觀點，Gergen（1993）建議，敘事的「存在」（"come to existence"，頁280）不是來自個人的產物，而比較是關係的一個面向，屬於文化的一部分，反映諸如性別、年齡層之類的社會角色。因此，取樣的重點不是問應該選哪一個人來研究。反之，敘事研究者需要考量如何能夠讓故事浮現，而且承認所有人都有可說

的故事。不過，Daiute（2014）則建議，敘事的意義建構始於適切的時間和空間取樣。另外一個有幫助的考量點是，敘事研究的焦點是第一級的敘事，抑或是第二級的敘事（Elliott, 2005）。如果是第一級的敘事，那就是要讓參與者用自己的方式，說自己經驗的故事；相對地，第二級的敘事，則是研究者建構關於他人經驗的敘事（例如：傳記），或是呈現許多人的集合故事。

現象學研究

參與者可能位於單一場地，但不必然總是如此。最重要的是，選取的研究參與者必須擁有所欲探索之現象的生活經驗（van Manen, 2014）。參與者的個人特徵越多樣歧異，研究者就越難發現共通的經驗、主題，從而也推高確認現象本質的挑戰性。

扎根理論研究

研究參與者可能不是位於單一場地；事實上，他們如果分散各地，反而比較有可能提供重要的脈絡資訊，有助於軸心編碼階段用來發展範疇。總之，扎根理論研究取樣的考量人選，必須擁有研究者所要探索之過程或行動的經驗。比方說，Creswell & Brown（1992）訪談遍及美國各地的32位系所主任，擁有領導和提攜系所同仁的經驗。

俗民誌研究

位於單一場地的文化分享團體，已經發展出分享的價值、信念和預設（Fetterman, 2010）。研究者需要確認一個團體（或是某團體當中具有代表性的單一個人或若干個人），最好是研究者對於該等團體是「陌生人」的身分（Agar, 1986），並且能夠取得進接。

個案研究

需要選擇一個或若干個地點，來研究方案、事件、活動、個人或若干個人。雖然Stake（1995）指稱單一個人為適合的「個案」研究對象，我們也可能轉向選用敘事研究取徑（傳記或是生命史），來研究單一個人。不過，若干個人的研究，每一個人界定為個案，也是可接受的作法，這就是所謂的集合式個案研究（collective case study）。

「自家後院」的研究與研究自己

學生也常問的一個問題是，能否研究自己所屬的組織、工作地點或是他們自己。如此的研究可能會牽涉到權力議題，並且可能給研究者、參與者和場地帶來潛在的危害。比方說，要研究自己工作的地點，就可能遇上能否蒐集到「好的」資料。雖然研究自家後院的場地有其便利之處，也可排除資料蒐集的許多障礙，但是如果研究者報告不利的資料，或是參與者揭露的資訊可能帶給組織或工作地點負面的影響，諸如此類的情況也可能危及研究者自身的工作。

優秀質性研究的一個特徵，就是報導多元觀點（請參閱第三章，質性研究的特徵）。我們並不是唯一提出如此警告者。Glesne & Peshkin（1992）質疑「自家後院」的研究（頁21），他們指出，如此取得的資訊是「危險的知識」，對於身為圈內人的研究者，可能涉及政治性的危機。如果因為重要性而有需要研究自己的組織或工作地點，我們通常推薦配合使用多元效度檢驗，以確保陳述正確而且有洞視。

研究自己，則又是另一回事。如第四章所述，自傳俗民誌就提供了特定的研究取徑或方法，可供研究自我。目前已有若干介紹自傳俗民誌的參考書，討論個人故事如何融合較大的文化議題（請參閱Ellis, 2004；Muncey, 2010）。Ellis（1993）研究自家兄弟意外身亡

對家族的衝擊，提供範例闡明研究如何融合個人情緒的力量與環繞自身經驗的文化觀點。我們推薦想要研究自己和個人經驗的研究者，可以試著參考自傳俗民誌或傳記回憶錄的方式，來構思如何執行學術研究的實施程序。

▎7.1.3▎ 進接與契合

質性研究涉及研究一個或多個場地，以及取得許可同意在該等場地進行研究，並且找出適合場地的方式，讓蒐集資料得以順利進行。取得進接場地和個人也涉及若干步驟。不論何種質性研究取徑，都需要取得機構審查委員會之類的許可，尤其是在美國。這意味著，必須取得大學或研究機構審查委員會審核通過，以及參與研究當事人的知情同意；在某些情況，可能需要學校理事會或醫院人體試驗審查委員會等的審核。如果有此規定，研究報告或研究計畫就應該呈現取得該等審核同意的證據。比方說，在研究報告中陳述，「此研究已獲得俄亥俄州立大學機構審查委員會審核通過」（Harley et al., 2009，頁99），或是「取得大學機構審查委員會和市立醫院人體試驗審查委員會審核通過之後，接洽符合條件的人選來參與研究」（Anderson & Spencer, 2002，頁1340）。

在送繳機構審查委員會的申請文件當中，必須納入研究計畫預計使用的材料樣本。對於質性研究，需要徵求參與者知情同意參與研究，通常是接洽可能人選，讓他們檢視和簽名，知情同意表格之類的文件範例請參閱圖7.2。

DEPARTMENT OF EDUCATIONAL PSYCHOLOGY
THE UNIVERISTY OF NEBRASKA, LINCOLN
114 Teachers College Hall. Lincoln, NE 68588-0345 TEL
(402) 472-2223 email: rdeayala2@unl.edu

質性研究知情同意書

研究案名稱：質性研究課程學習經驗的質性個案研究
英文名稱：Experiences in Learning Qualitative Research: A Qualitative Case Study
你好：

以下資訊提供給你參考，決定是否願意參與本研究。任何時間點，你都有權決定是否要退出研究，當然也不會影響到你和本學系、任課老師或大學林肯校區的關係。

本研究目的是要理解，博士班質性研究課程的學習過程，研究設計是單一、整全的個案研究。在研究目前階段，「學習過程」的定義是指對於質性研究課程的感覺，以及在課程的各個階段對於質性研究的理解。

資料蒐集的時間點有三：第一次，學期初，課程剛開始時；第二次，課程進行到期中時；第三次，學期末，課程結束時。資料蒐集的形式包括：文件（學生和授課者撰寫的上課日誌，學生對於課程和研究程序的評鑑），影音材料（課堂錄影），訪談（學生之間的訪談逐字稿），課堂觀察田野筆記（由學生和授課者撰寫）。參與資料蒐集的個人包括這門課程的授課者和學生。

如果你對本研究有任何疑問，不論是在參與之前，或是在參與研究期間，你都可以隨時向我們提問，無須猶疑或不好意思。研究結束之後，我們會很樂於和你分享本研究的發現。你的姓名將不會和研究發現有任何連結，只有研究人員才會知道你的身分，以及你參與本研究等資訊。

就目前所知，參與本研究不會招致危險與／或不舒適的情形。參與本研究的預期獲益包括：獲知關於學習質性研究經驗的資訊，有機會可以參與質性研究，另外對於參與投入資料細節分析的學生，還可以獲得掛名共同作者的權益。我們會給你一份知情同意書的副本，以供保留存查。

日　　　期：＿＿＿＿＿＿＿＿＿＿＿＿＿＿＿

參與者簽名：＿＿＿＿＿＿＿＿＿＿＿＿＿＿＿

研究主持人：John W. Creswell博士，密西根大學

圖 7.2 同意參與研究的範本

223

徵求研究參與者知情同意的表格、書函或其他形式的文件，通常需要納入若干特定元素，擇要摘述如下：

- 研究參與者有權利可以在任何時間點，自由退出研究
- 研究核心目的與資料蒐集程序
- 確保研究參與者身分的保密
- 參與研究可能招致的潛在危害
- 參與研究預期可能獲得的好處
- 參與者和研究者的簽名

取得進接也意味著，找到有助研究的人士，可以協助進接研究場地，以及順利執行資料蒐集。隨著所採用質性取徑的種類以及參與者，同意許可的取得和契合關係的建立也會有所不同。以下針對各種取徑的個別作法，依次摘述如下：

敘事研究

應該讓研究參與者知悉，研究者是基於何等動機，而選取他或她參與研究、確保匿名性，以及告知研究目的。此等資訊的揭露，有助於建立契合關係。進接傳記文件和檔案也需要取得許可，在某些情況，可能還需要專程前往圖書館或檔案資料館，以查閱書面的文檔資料。

現象學研究

樣本包括有經驗過所欲探討之現象的個人，取得參與者的書面同意文件，也很重要。Anderson & Spencer（2002）研究三個場地（AIDS / HIV醫療院所、長期照護機構，以及安養之家），總共58位確診愛滋感染者，這些參與者包括男女兩性，年紀都在18歲以上，能以英語溝通，微型心理狀態測驗分數22分以上。在這種涉及弱勢群體的研究，敏感審慎取得當事人同意參與研究，就是必須慎重處理

的任務。

扎根理論研究

需要提供參與者同意許可，同時研究者也應該建立和參與者的契合關係，以便他們願意揭露詳細的觀點，來陳述對於研究要探索之行動或過程的反應。扎根理論研究者首先進接同質性的樣本，這些人擁有關於該等行動或過程的共通經驗。Harley與同僚（2009）首先接觸兩所當地大學非裔美籍姐妹會的校友會，參加她們的聚會，然後展開招募研究參與者的行動。

俗民誌

進接通常始於接觸文化團體的「守門人」，進而再透過他們洽詢其他潛在參與人選（Atkinson, 2015）。舉例而言，Mac an Ghaill & Haywood（2015）的俗民誌研究，就描述了研究者初步接觸所要探索之文化分享團體的兩位年輕人，透過這兩位「守門人」的引介，繼而進接其他成員。

尋求進接邊緣化團體時，守門人可能特別重要，因為個中涉及信賴、文化、語言等方面的顧慮（Creswell, 2016）。以「陌生人」的身分投入研究異文化時，接觸守門人和文化系統，最好放緩步調，不宜操之過急。對於俗民誌和個案研究，守門人可能要求提供關於研究的若干資訊，通常包括需要研究者回答下列的問題（Bogdan & Biklen, 1992）：

- 為什麼選擇此場地來研究？
- 研究期間會在該場地做什麼？研究者會在該場地待上多久的時間？
- 研究者在場是否會造成干擾？
- 研究者將會如何報告研究結果？

- 守門人、參與者、以及場地,將可能從此研究獲得什麼好處(互惠性)?

| 7.1.4 | 立意取樣策略

質性研究的立意取樣,必須考量三方面的事宜,而且個中考量還會隨著採用的特定質性取徑而有所差異。另外,有關各種資料形式的取樣考量討論,請另行參閱Guest, Namey, & Mitchell(2013)。以下分別介紹說明這三方面的考量:(1)決定選取哪些參與者或場地;(2)決定哪種特定類型的取樣策略;(3)決定樣本規模。

選取參與者或場地作爲樣本

- 敘事研究:研究者考量較多的是要選取哪個人作爲樣本,選取的原因可能是:正好方便找來研究的個人,具有政治重要性的個人(例如:能夠激起關注或邊緣化的個人),典型的個人或一般民眾。選取的個人必須有相關經驗的故事可說。研究者可能有若干選項可以考量,取決於該等人物是*邊緣人、大人物、或尋常百姓*(Plummer, 1983)。同意參與研究的女學生是*方便樣本*,可以提供洞視性暴力、貧窮、AIDS / HIV等議題的資訊(Simmonds, Rouz, & ter Avest, 2015);再者,也是*關鍵樣本*,能夠提供關鍵資訊,闡明非洲社會廣泛性別議題所面臨的諸多挑戰。加拿大華裔移民學生張艾美(Chan, 2010),有助於透過學生、老師和父母的敘事,提供資訊來理解族裔認同。
- 現象學研究:取樣策略的範圍就小了許多,通常就是擁有所要研究核心現象經驗的個人,*判準取樣策略*可以取得不錯的結果。
- 扎根理論研究:取樣的考量是該等人選能否促成理論的發展。Corbin & Strauss(2015)提出*理論取樣策略*,這是著眼於抽取的人選能夠有助於建立開放編碼和軸心編碼,從而發展扎根理

論。在實作上，首先選取和研究*同質樣本*（例如：童年受虐的女性支持團體成員），建立初步理論之後，接著再選取、研究*異質樣本*（例如：童年沒有受虐的其他類型女性支持團體）。研究異質樣本的理由，是為了要*證實*或*否證*，建立扎根理論在脈絡和中介條件之下能否成立。

- 俗民誌：一旦調查者選定某文化團體所在的場地，接下來，就要決定選擇研究什麼人以及什麼事物。在這方面，若干論者提議採用文化內部的取樣。Fetterman（2010）推薦採用*大網取徑*（big net approach），俗民誌研究者首先和文化分享團體的每一個成員打成一片。研究者仰賴他們的判斷，並根據研究待答問題來選取次文化成員或單位。他們也善加利用機會（亦即*機會取樣*；Miles & Huberman, 1994），或是建立效標來選取樣本（亦即*效標取樣*）。根據Hammersley & Atkinson（1995），取樣的效標是著眼於能否取得團體社會生活全年各時序的觀點、代表性的成員（人口學背景），以及指向多樣化行為的脈絡。

- 個案研究：我們傾向選取*不尋常的樣本*，來做集合個案研究，並且採用*最大化變異量取樣策略*，盡可能選納代表多樣化的個案，以期充分描述關於群體的多元觀點。集合個案研究也可能選取*極端個案*或*偏離個案*，例如：針對不尋常的「絲路」網購毒品使用者經驗的研究（Van Hout & Bingham, 2013）。

取樣策略的類型

質性研究使用立意取樣的概念。研究者選擇個人和場地來研究，因為此等個人和場地能夠提供資訊，來理解研究問題與核心現象。執行立意取樣時，必須決定應該選取哪些人事物、採取哪種取樣策略，以及選取多少樣本。再者，還必須決定，取樣是否與所採用的特定質性研究取徑相容。

我們先談質性研究的一般取樣作法，有了基本認識之後，再分別

介紹五種質性取徑的取樣策略。在思索如何決定選取哪些人或事物作爲研究樣本時，我們發現，Marshall & Rossman（2015）提出從四個面向來考量取樣的構想，頗有助益。這四個考量面向分別是：人物、行動、事件，與／或過程。她們也指出，在研究過程當中，取樣也得適時改變；研究者需要保持靈活變通。但是儘管如此，研究者還是有必要盡可能預先規劃好取樣策略。在這方面，我們也喜歡從若干不同的層級，包括：場地、事件、過程、參與者等，來考量質性研究的取樣。在優秀的質性研究計畫，應該呈現一種以上層級的取樣，而且每一層級的取樣都必須確認清楚。

關於該採用哪種取樣策略，我們需要指出，目前已有若干普遍認可的質性取樣策略（請參閱表7.3）。這些策略都有特定名稱和定義，也可以在研究報告當中加以描述說明。有時候在單一研究當中，也可能採用一個以上的取樣策略。

最大化變異量取樣（***maximum variation sampling***）這種取樣策略，在質性研究相當受歡迎。這種取樣策略預先決定若干判準，用以區分場地或參與者符合判準的程度，然後從中選出在判準維度上相互差距頗大的各種場地或參與者。這種取樣可以提高機會，讓研究發現更有可能充分反映差異性或多樣化的觀點。這乃是質性研究追求的一種理想結果。其他常用的取樣策略還包括：*關鍵個案取樣*，可以提供解答研究問題的特定資訊；*方便取樣*，容易進接和方便蒐集資料。

表7.3 質性研究取樣策略的類型

取樣的類型	目的
最大變異量取樣（Maximum variation）	記載個人或場地在特定面向的多樣變異範圍
同質樣本（Homogeneous）	聚焦、化約、簡化和輔助團體訪談

取樣的類型	目的
關鍵個案（Critical case）	允許邏輯類化和最大化應用資訊到其他個案
理論本位取樣（Theory based）	闡明和檢視理論的某個構面或整個理論
證實或否證個案（Confirming and disconfirming cases）	闡明初步分析，尋求例外，找尋變異
滾雪球或鏈鎖取樣（Snowball or chain）	透過人面廣者，推舉哪些人可能提供值得蒐集的豐富資訊
極端或偏離個案（Extreme or deviant case）	探求研究旨趣之現象的極度不尋常展現
典型個案（Typical case）	凸顯正常或平均樣態
強度取樣（Intensity）	尋求呈顯現象強度且資訊豐富的個案，但不是極端個案
政治重要性取樣（Politically important）	吸引可欲的關注，或是避免吸引不可欲的關注
隨機立意取樣（Random purposeful）	當潛在的立意樣本太大時，加入隨機抽取程序，增加樣本的可信用度
分層立意取樣（Stratified purposeful）	顯示諸多次級團體，輔助比較
效標取樣（Criterion）	尋求符合某些效標的個案；有助於確保品質
機遇取樣（Opportunistic）	追蹤新的線索；善加利用不期而遇的樣本
混合或融合取樣（Combination or mixed）	通過三角檢驗、彈性化，符合多元旨趣和需求
方便取樣（Convenience）	節省時間、金錢、心力，但可能犧牲資訊質量和可信度

原始資料來源：Miles & Huberman（1994，頁28），SAGE出版社翻印許可。

樣本規模

樣本規模（*sample size*）也是取樣決策必須考量的重要面向。質性研究樣本規模的一般原則是，研究少數個人或場地，蒐集廣泛細節。一般而言，質性研究的用意不是要類化研究結果（某些形式的個案研究則屬例外），而是要闡明個殊、特定的人事物（Pinnegar & Daynes, 2007）。除了一般原則的建議之外，每一種質性取徑對於樣本規模也各有獨特的考量。

- **敘事研究**：許多只有一位或兩位人物的敘事，除非有需要較多的人物，來發展集合故事（Huber & Whelan, 1999）。

- **現象學研究**：就我們經驗所見，參與者的人數範圍極大，少則一人（Padilla, 2003），多者高達325人（Polkinghorne, 1989）。Dukes（1984）建議研究3至5人，Edwards（2006）的現象學研究則包含33個人。

- **扎根理論研究**：我們建議納入20到30人，以便發展充適飽和的扎根理論，但也可能遠超過這樣的研究參與者人數（Charmaz, 2014）。

- **俗民誌**：我們喜歡界定良好的單一文化分享團體，集中而廣泛蒐集相當數量的文物、訪談和觀察，直到該等團體的運行樣態清晰可見為止。

- **個案研究**：我們不建議在單一研究納入超過4或5個的個案（Yin, 2014）。這樣的個案數量應該足以提供充分機會，來確認個案蘊含的主題，同時也能得以執行跨個案的主題分析。Wolcott（2008a）則建議，超過一個以上的個案可能導致細節稀釋，不利於提供多層次的深度細節。

| 7.1.5 | 資料的形式

檢視質性研究文獻，不難發現，新形式的質性資料持續浮現（請

參閱Creswell, 2012; Merriam & Tisdell, 2015; Warren & Xavia Karner, 2015）。大致而言，可以歸類為四大基本群組：訪談（範圍從一對一當面互動訪談，乃至於團體、網路互動訪談），觀察（範圍從非參與觀察，乃至於參與觀察），文件（範圍從私人文件，乃至於公共文件），影音媒材（範圍從攝影，乃至於參與者創造的物件）。長年下來，各種資料形式持續增生演化，概略整理清單，如圖7.3所示。

訪談：
- 執行一對一訪談，雙方處於同一處所，或是透過網路或電子郵件等虛擬平台。
- 執行焦點團體，與談者處於同一處所，或是透過網路或電子郵件等虛擬平台。

觀察：
- 執行觀察，採取參與者或觀察者的身分。
- 執行觀察，身分從參與者轉移為觀察者（或是逆向轉移）。

文件：
- 研究期間，研究者撰寫研究日誌，或是請參與者寫日誌或日記。
- 檢視個人文件（例如：信件、電子郵件、私人部落格）。
- 分析組織文件（例如：報告、策略計畫、章程、病歷）。
- 分析公共文件（例如：官方備忘錄、部落格、紀錄、檔案庫資訊）。
- 檢視自傳和傳記。

影音媒材：
- 請參與者拍攝照片或錄影（例如：照片引談法）。
- 在社會情境或個人使用錄影或影片。
- 檢視照片或錄影。
- 檢視網站、推特、臉書簡訊。
- 蒐集聲音（例如：音樂、兒童笑聲、車輛喇叭聲）。
- 蒐集電話或電腦簡訊。
- 檢視個人所有物（財產）或儀式物件。

圖7.3 質性研究資料蒐集取徑概略清單

資料來源：改編自Creswell（2016）。

　　我們把質性研究蒐集的資料類型分成四大群組，雖然也有某些可能不是那麼容易歸類。近年來出現若干新的資料形式，譬如：新聞敘事書寫、電子郵件、觀察錄影和照片。特別值得注意的是，使用影音和數位方法的質性研究程序（Bauer & Gaskell, 2007; Mitchell, 2011）。電腦媒介的質性研究資料蒐集，常見的形式包括：虛擬焦點團體、透過電子郵件或網路聊天室的網路訪談、網路部落格和生活書寫（life journal，譬如：開放式的線上日記）、網路訊息布告欄，以及社群媒體（Halfpenny & Procter, 2015; Markham & Baym, 2009; Warren & Xavia Karner, 2015）。某些俗民誌研究者執行線上資料蒐集，譬如：電子郵件、聊天室、即時通訊、視訊會議，以及網站的影音媒材（Garcia, Standlee, Bechkoff, & Cui, 2009）。透過網路平台的質性資料蒐集，可以減輕差旅和逐字稿轉謄的費用，因此具有金錢和時間效益方面的優勢。對於參與者也提供了時間和空間的彈性，容許他們比較能夠從容思考和回答問題，因此比較能夠深入反思討論的主題，有助於營造不帶威脅且自在的環境，比較能夠放心討論敏感性的議題（Nicholas et al., 2010）。更重要的是，線上資料蒐集提供了另類管道，得以進接難以接觸的群體（礙於實務的限制、殘障、語言或溝通障礙），這些人在往往受到邊緣化，很難出現在傳統形式的質性研究（James & Busher, 2009）。

　　不過，關於線上資料蒐集，也引發越來越多倫理方面的憂慮，譬如：參與者的隱私保護、新浮現的權力不對等、資料的所有權、真實性、資料的可信賴度（James & Busher, 2009; Marshall & Rossman, 2015; Nicholas et al., 2010）。特別值得注意的是，涉及兒童的資料蒐集，譬如：Jachyra, Atkinson, & Washiya（2015）俗民誌研究，探索使用社群媒體的青少年男生。再者，網路研究也對於研究者和參與者有額外的要求。比方說，參與者需要具備某些技術能力，有上網的管道，以及讀寫基本能力。在使用線上資訊方面，研究者需要調適新的觀察方式，觀看螢幕資訊，強化詮釋資料的技巧，以及改善線上訪談

技巧（Garcia et al., 2009; Nicholas et al., 2010）。

　　儘管創新形式資料蒐集可能涉及前述諸多難題，我們還是鼓勵質性研究者在設計研究時，可以試著納入創新的資料蒐集方式。舉例而言，van der Hoorn（2015）使用音樂本位研究法（在木琴與／或鐘琴的即興演奏），來評估參與者對於管理專案之經驗的感覺。後續追蹤訪談，請參與者解釋他們的即興演奏，以及評估他們對於管理專案的經驗。研究者需要考量視覺俗民誌（Marion & Crowder, 2013; Pink, 2001），或是在敘事研究當中納入生活故事、隱喻的視覺敘事、數位檔案（請參閱Clandinin, 2007）。我們也頗喜歡「照片引談法」（photo-elicitation），給參與者看照片（參與者自己收藏的照片，或是研究者提供的照片），然後試著述說照片的內容〔例如：在「Photovoice」（影像發聲）的程序〕。比方說，Guell & Ogilvie（2015）針對英國劍橋地區19位參與者，蒐集超過500張通勤上班途中的照片，然後運用照片引談法來蒐集資料。

　　各種質性研究取徑，往往會有各自偏好的資料蒐集作法；不過，也沒必要把偏好的方式視為不容逾越的標準規範。對於敘事研究，Czarniawska（2004）提到三種蒐集故事的方式：自發說出的故事、經由訪談引談的故事，以及透過網路等媒體請求講述的故事。Clandinin & Connelly（2000）建議蒐集田野筆記、書信、對話、訪談、家庭故事、文件、照片、個人—家庭、社會文物。加拿大華裔高中生張艾美族裔認同衝突的故事，資料蒐集包含：觀察、訪談、田野筆記、出席參與活動（Chan, 2010）。對於現象學研究，資料蒐集過程主要涉及深度個人訪談，多達10人（關於長時間訪談的討論，請參閱McCracken, 1998）。這裡的重點是要描述，小數量個人對於所欲探索現象之經驗的意義。很多時候，需要對每一位參與者個別進行若干次的長時間訪談。舉例而言，Anderson & Spencer（2002）現象學研究，檢視感染者對於AIDS的「認知再現或意象」，總共訪談58位男女受訪者，時間達18個月。除了訪談和自我反思，Polkinghorne

（1989）還倡導蒐集研究脈絡以外經驗的資訊，譬如：擷取自小說家、詩人、畫家、舞蹈家的描述。關於現象學的資料蒐集範例，我們推薦Lauterbach（1993），展現透過多樣化的資料蒐集，深刻而細膩地描述孕婦渴望迎接新生兒卻不幸夭折的生命經驗。

　　扎根理論研究的資料蒐集，訪談扮演核心角色。在Creswell & Brown（1992）的扎根理論研究，訪談33位大學系所主任，每次訪談大約一個小時。除了訪談之外，其他形式的資料，譬如：參與觀察、研究者反思或研究日誌（備忘錄）、參與者日誌、焦點團體，也可用來幫助發展扎根理論（Birks & Mills, 2015; Corbin & Strauss, 2015）。Adolph, Kruchten, & Hall（2012）採用訪談、參與觀察、文件等資料，來解釋軟體發展的過程。不過，就我們的經驗來看，在扎根理論研究，訪談乃是主要角色，其他多元形式的資料則居於次要角色。

　　在俗民誌研究，研究者可能透過觀察、訪談、文件和文物，蒐集多元形式的資料（Atkinson, 2015; Fetterman, 2010; Spradley, 1980）；不過，一般而言，最受歡迎的顯然是觀察和訪談。Haenfler（2004）田野調查直刃族sXe運動核心價值的俗民誌，研究者投入該運動14年，參與多達250幾場的音樂會，訪談28位男女成員，蒐集的文件來源包括：新聞故事、歌詞、網頁、sXe的相關雜誌。此外，特別值得一提的是，俗民誌主張質性資料蒐集配合採用量化的問卷調查和測驗，這在五種取徑當中可謂獨樹一格。比方說，LeCompte & Schensul（1999）就倡導，俗民誌應該採用廣泛形式的資料，包括：觀察、測驗和重複測量、取樣問卷調查、訪談、內容分析次級或視覺資料、引談方法、影音資訊、空間繪圖、網絡研究。

　　和俗民誌一樣，個案研究的資料蒐集也包含廣泛形式的程序，以便研究發展建立個案的深度圖像。Yin（2014）推薦多元形式的資料蒐集，包括：文件、檔案紀錄、訪談、直接觀察、參與觀察、文物。Asmussen & Creswell（1995）的校園槍擊事故個案研究，使

用矩陣來呈現廣泛的資料蒐集，其中分爲四欄的資料類型（訪談、觀察、文件、影音媒材），以及若干列的特定次級團體（例如：學生、中央行政等）。矩陣的使用，特別適合於資料豐富的個案研究；再者，對於希望傳達深度和多元資料的所有質性取徑研究，也同樣很有助益。

在圖7.3四類型的資料蒐集當中，文件和影音媒材通常是作爲輔助資料，用來補充訪談和觀察。不過，很重要的是，我們也需要承認，透過檢視既存的個人和組織的文件、文物，可以取得重要的歷史和脈絡資訊（Prior, 2003）。Bogdan & Biklen（2006）將既存的資料分成三類：(1)個人文件（例如：個人網站、電子郵件、部落格）；(2)官方文件（例如：組織的官方網站、手冊、報告）；(3)流行文化的文件（例如：大眾可以接觸到的攝影、雜誌）。爲了緩解檢視文件和影音媒材可能遭遇的諸多挑戰，我們推薦，提前準備斡旋進接該等資料；根據資料的用途，清楚定義納入和排除的判斷標準；配置充分時間來檢視和綜合資料。

訪談和觀察值得特別關注，因爲頻繁採用於五種質性研究取徑。目前有不少書籍，專門介紹這兩種形式的質性資料蒐集（例如：訪談，Brinkmann & Kvale, 2015; Rubin & Rubin, 2012；觀察，Angrosino, 2007; Bernard, 2011）。接下來兩小節特別聚焦介紹我們推薦使用的訪談和觀察的基本實施程序。

訪談

訪談（interview）是一種立基於會談的社會互動（Rubin & Rubin, 2012; Warren & Xavia Karner, 2015）。根據Brinkmann & Kvale（2015），訪談當中，「知識就建構於訪談者和受訪者之間的互動。」（頁4）質性研究訪談可以進一步描述爲，「致力於從受訪者的觀點來理解世界，展開其經驗的意義，以及揭顯其生活世界。」（頁3）至於訪問哪些人，以及談些什麼問題，則取決於研究目的和

研究待答問題。訪談的問題通常是屬於研究當中的次級待答問題，提問的用語應該以能夠讓受訪者理解爲原則。這些或許可視爲**訪談博多稿**（*interview protocol*）的核心元素，博多稿首先是開場白，設法讓受訪者打開心防，盡可能針對研究問題暢所欲言，最後收尾則是請教還有哪些人值得前去訪談，以獲得更進一步的了解，或是謝謝受訪者花時間接受訪談。順利執行的訪談需要複雜的技術，因此無怪乎，訪談往往被稱爲需要長期鍛鍊、熟能生巧的「技藝」（Brinkmann & Kvale, 2015; Rubin & Rubin, 2012）。

訪談的互動有許多種類可供選擇。一對一訪談、受訪者和訪談者同處一室當面訪談、或是隔空透過電話訪談，另外也可透過簡訊或線上聊天功能，進行書面訪談。焦點團體的優點在於，受訪者之間的互動可能促進最佳資訊，適用時機則是受訪者彼此相似而且相談融洽，蒐集資訊時間受限，一對一訪談可能多所遲疑，不利取得資訊等情況（Krueger & Casey, 2014; Morgan, 1997）。Krueger & Casey（2014）討論使用網路焦點團體，包括：聊天室焦點團體，以及電子布告欄。他們討論如何管理這類網路焦點團體，以及如何發展團體討論的問題。

Stewart & Williams（2005）討論同步（即時）和非同步（非即時）線上焦點團體的社會研究應用。他們凸顯新興虛擬現實應用的優點，因爲可以讓參與者有較長的時間來思考回答問題，可以管理較大的數量，以及容許比較多熱烈和開放的意見交流。線上焦點團體的潛在挑戰包括：取得完全知情同意；招募參與者；選擇適合召開討論的時間，以適合全球不同時區的參與者。選擇比較容易進接的訪談互動類型時，很重要的是要審愼權衡個中利弊得失，比方說：有些訪談互動類型可能缺乏視覺溝通；大部分可能需要參與者不會多所猶豫，而無法坦然發言和分享想法；再者，可能也需要擁有嫻熟的科技使用能力和習慣（James & Busher, 2009）。如果受訪者口才比較不好、個性害羞，可能給訪談者帶來若干挑戰，蒐集的資料也可能不

夠充足。不論何種模式的訪談，環境應該盡可能舒適自在，在團體訪談場合，鼓勵所有參與者發言，並且留意可能主宰團體動向的個別人士。

　　關於訪談，另外還有一種訪談觀點，就是將其視為包含若干步驟的程序，譬如：Brinkmann & Kvale（2015）和Rubin & Rubin（2012）。Brinkmann & Kvale（2015）提倡的訪談程序，包括七個階段：(1)確認研究主題；(2)設計訪談研究；(3)實施訪談；(4)轉謄逐字稿；(5)分析資料；(6)檢驗效度、信度和研究發現的類化；(7)研究報告。Rubin & Rubin（2012）提倡的回應式訪談模式（responsive interview model），也包括七種步驟，類似Brinkmann & Kvale（2015），但是他們認為這些步驟的順序並不是固定不變，而是容許視需要而改變提問的問題、研究的場地、情境等等。前述兩種訪談研究取徑，都橫跨了研究的許多階段，從初期研究主題的決定，乃至於最後研究報告的撰寫。我們呈現的訪談取徑，聚焦在資料蒐集過程，並且正視此等過程是嵌入在整體研究的較大範圍之內。訪談的準備與執行程序，摘要如圖7.4。

- **擬定訪談待答的題目**：開放式、一般性的問題，聚焦於理解研究的核心現象。
- 參照前述的立意取樣策略（請參閱表7.3），確認得以最佳回答研究問題的受訪者。
- **區分訪談類型，決定哪種最實用，以及哪種互動最可能產出最佳資訊**：我們推薦，評估各種可行的選項，從中挑選最適合特定脈絡的一種。
- **一對一訪談或焦點團體訪談，使用充適的記錄程序來蒐集資料**：我們推薦，使用收音效果比較靈敏的設備，譬如：領夾式麥克風或頭戴式耳機。我們也推薦，在團體訪談場合，最好採用多個記錄器材，並且放置在不同位置。
- **設計與使用訪談博多稿或訪談大綱（Brinkmann & Kvale,**

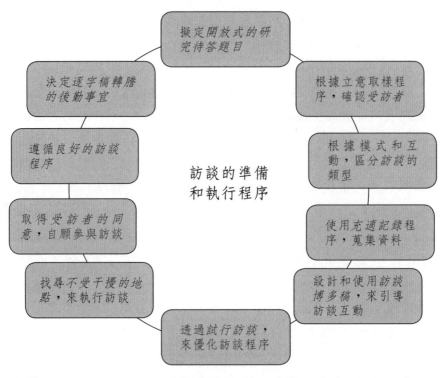

圖7.4 訪談的準備和執行程序

2015）：使用大約5至7道開放式問題，每道題目保留充分空間，以供書寫受訪者的答覆，以及研究者對於該等答覆的評述（訪談博多稿的範本，請參閱圖7.5）。

- **透過試行訪談，來優化訪談待答題目與訪談程序**：Sampson（2004）貨輪引水人的現象學研究，使用試行訪談，來發展研究工具、評估觀察者偏見、架構訪談問題、蒐集背景資訊，以及調適研究程序。在個案研究，Yin（2014）推薦，可以透過試行訪談來優化資料蒐集計畫，以及發展訪談問題。試行訪談的個案取樣是基於方便、可進接和地點鄰近等考量。
- **找尋不受干擾的訪談地點**：如果可能，儘量找尋容許錄音的私下

訪談博多稿

研究名稱：大學校園對於槍擊事故的反應

訪談時間：

日　　期：

地　　點：

訪談者：

受訪者：

受訪者的身分：

〔簡短描述研究案〕

訪談題目：

1.在這事故當中，你的角色是什麼？

_____

_____

2.在這事故之後，發生了什麼事情？

_____

_____

3.這事故為大學社區帶來怎樣的衝擊？

_____

_____

4.這事故有否造成什麼樣深遠的影響後果？

_____

_____

5.有哪些人我們應該前去訪談，以便更詳細了解校園對於這起事故的反應？

_____

_____

◎訪談結束，感謝受訪者參與訪談。向參與者確保訪談內容會保密，以及未來後續訪談事宜。

圖7.5 訪談博多稿或訪談大綱範本

談話地點。

- **取得受訪者同意，自願參與訪談，並且完成機構審查委員會認可的知情同意文件**：訪談開始時，向受訪者說明研究目的、訪談所需時間、退出研究的權利，以及訪談結果的使用計畫（提供訪談報告或摘要複印本給受訪者）。

- **訪談者遵循良好的訪談程序**：謹守在研究範圍之內，使用訪談博多稿或訪談大綱，在約定的時間內完成訪談，尊重和禮貌地提出少數量的問題和建議。最後一點重要的提醒是，訪談期間，訪談者應該謹守分際，扮演好聆聽者的角色，而不要變成滔滔不絕的發言者。

- **預先決定好逐字稿轉謄的後勤事宜**：比方說，哪些需要轉謄成逐字稿？如果有使用電腦軟體，如何檢查？在此，需要預先決定如何處理語音線索、贅詞，以及「嗯、啲、呵」之類的口頭語氣詞。如果逐字稿沒有包含某些內容，日後分析將會受到侷限。

觀察

觀察（observation）是質性研究蒐集資料的主要工具之一，需要觀察者投入五種官能，捕捉田野場域的現象，通常搭配使用田野筆記，觀察紀錄結果可供科學研究之用（Angrosino, 2007）。觀察也需要立基於研究目的和研究問題，在觀察過程中，你可能觀察物理場景、參與者、行動、互動、會話、以及你自身的言行舉止。運用你的各種官能，包括：視覺、聽覺、觸覺、嗅覺、味覺。你必須了解，不可能把觀察現場所有的一切完全寫下來。因此，在觀察剛開始時，你可能先從廣泛的地方入手，然後再集中心力，捕捉研究待答問題的相關面向。或深或淺地，觀察者都會涉入自身觀察的對象之中。

根據觀察者涉入參與和觀察的相對程度深淺，通常可將觀察者區分爲四大類：

- **完全參與者（complete participant）**：研究者完全投入所觀察

的對象當中，這可幫助建立與觀察對象的契合關係（Angrosino,
2007）。

- **參與者投入部分觀察活動**（**participant as observer**）：研究者參
與所研究場地的活動，而且參與者角色比起研究者角色還要顯得
突出，這可幫助取得圈內人的觀點，以及主觀性的資料。不過，
一邊要參與活動，還要兼顧觀察記錄，難免使人陷入分身乏術的
窘境（Bogdewic, 1999）。
- **觀察者現身但不參與活動**（**nonparticipant or observer as
participant**）：研究者維持圈外人的角色，從旁觀察和記錄田野
筆記。研究者可能現身在觀察場域，但只是記錄資料，而沒有直
接涉入活動，也沒有跟在場的人有任何互動（Bernard, 2011）。
- **完全觀察者**（**complete observer**）：研究對象完全不會注意到或
看見研究者在觀察。

要成為優秀的質性研究觀察者，你在觀察過程中可能需要改變角
色，譬如：一開始的角色是現身觀察但不參與活動，然後漸漸轉為參
與者角色；抑或是反過來的角色轉換。參與觀察，比方說，就可能提
供研究者各種角色的可能性，介於完全圈外人和完全圈內人中間任
何位置的角色（Jorgensen, 1989）。在若干俗民誌研究中（Bernard,
2011; Jorgensen, 1989），就可以讀到從完全圈外人到完全圈內人，
個中角色轉換過程的詳細記載。Wolcott（1994）校長遴選委員會的
俗民誌研究，則展現了圈外人的觀點，他純粹觀察和記錄該委員會
遴選校長過程的各項活動，完全沒有涉入遴選委員之間的對話和活
動。

自然場域的觀察是一種特殊的技巧，需要正視因應若干議題，譬
如：對於受訪者的隱瞞、印象整飭、研究者在陌生場域的潛在邊緣化
（Atkinson, 2015）。如同訪談一樣，我們也把觀察視為包含一系列
準備和執行步驟的程序，摘要請參閱圖7.6：

- **選擇要觀察的地點**：取得進接場地的同意許可。

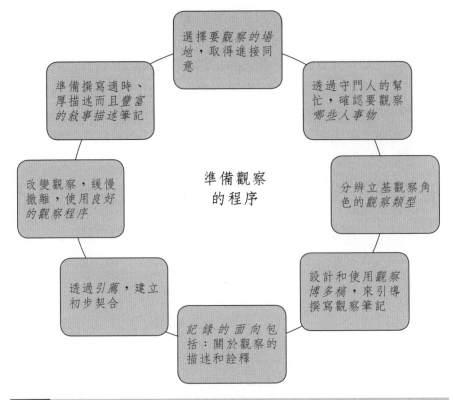

選擇要觀察的場地，取得進接同意

透過守門人的幫忙，確認要觀察哪些人事物

準備撰寫適時、厚描述而且豐富的敘事描述筆記

準備觀察的程序

分辨立基觀察角色的觀察類型

改變觀察，緩慢撤離，使用良好的觀察程序

設計和使用觀察博多稿，來引導撰寫觀察筆記

透過引薦，建立初步契合

記錄的面向包括：關於觀察的描述和詮釋

圖7.6 觀察的準備和執行程序

- 在研究場地，確認觀察對象（哪些人事物）、**何時觀察**、**觀察多久時間**：守門人協助此等程序。
- **分辨立基觀察角色的觀察類型**：角色範圍從完全參與者（融入成為在地人）到完全觀察者。我們尤其喜歡初期先採取圈外人的角色，然後隨著時間推移，逐漸轉變成圈內人的角色。
- **設計與使用*觀察博多稿*（*observational protocol*）**，來引導撰寫田野筆記：應該納入描述筆記和反思筆記（亦即你的經驗、第六感和心得等等）。務必記得，在開頭處註記觀察的日期、地點、時間等資訊（Angrosino, 2007）。

- 記錄面向包括描述和詮釋，諸如參與者圖像、場域的物理特徵、特定事件和活動，以及你自己的反應（**Bogdan & Biklen, 1992**）：描述發生了哪些事情，包括：參與者個人反思、洞視、點子、困惑、直覺、初步詮釋、突破瓶頸，以及你對於此等面向的反思。

- 建立初步契合，如果你是外來者，請適合的人幫忙引薦：保持友善，先不要太急切躁進。最初幾趟的觀察期間，先從比較有限的目標著手。最初幾次的觀察或許先集中心力，專注觀察，別急著做太多筆記。

- **觀察者遵循良好的觀察程序**：觀察之後，緩慢撤離，謝謝參與者，並且知會他們關於該等蒐集資料的運用，以及他們如何得以進用該等資料。

- **在觀察之後，儘快完成筆記，內容豐富、厚描述的敘事**：針對觀察的人事物，給予盡可能完整的筆記（**Emerson, Fretz, & Shaw, 2011**）。

▎7.1.6▎ 記錄程序

在討論訪談和觀察的程序時，我們提到可以運用博多稿（亦即事先設計好的表格），用來導引記錄訪談或觀察期間蒐集到的資訊。首先，來看訪談博多稿，這可以輔助吾人在訪談期間，比較有條理地記錄受訪者的回應。再者，也可幫助研究者組織關於下列事項的想法，譬如：頁首（header）、可供啟動訪談的資訊、結論的構想、可供結束訪談的資訊、對受訪者的致謝等等。圖7.5中，兩位作者提供他們在校園槍擊個案研究使用的訪談博多稿（**Asmussen & Creswell, 1995**）。

在前面引述的訪談博多稿範例當中，除了5道開放式問題之外，還包含若干項目，頗值推薦參考。以下是我們整理的訪談博多稿使用說明，酌供參考應用：

觀察博多稿：質性研究博士班課程	
活動時間長度：90分鐘	
描述筆記	反思筆記
研究生課堂學習質性研究的經驗是什麼？	
參看教室速寫圖（在本頁的下半部），以及關於如此場地擺設的評述。	*投影片的內容，好多細節。不曉得坐在教室後面的人能否看得清楚。*
大約05:17 p.m.，克勞斯維爾博士進入滿座的教室，向大家介紹沃爾科博士，眾人似乎鬆了一口氣。	*上課一開始，投影機的電源線沒有插好。不曉得是否會讓學生分心（需要多花時間去插好電源線）。*
克勞斯維爾博士簡短介紹來賓講者；主要著眼於他的國際經驗；特別評述教育俗民誌：《校長室的男人》。	*克勞斯維爾博士和沃柯特博士晚到：學生顯得有些焦慮；可能和延後到05:00 p.m.上課有關（部分學生06:30 p.m.就得趕去上另一堂課，或是另有其他安排）。*
描述筆記	反思筆記
沃爾科博士開場和大家講，他目前正在寫的教育俗民誌，聚焦兩本著作：《轉化質性資料》和《田野研究的藝術》。	*僅從兩人簡短對話互動來看，交情似乎頗為契合。*
沃爾科博士一開場先為自己的聲音有些疲累致歉（顯然是一整天講了很多話的緣故）。克勞斯維爾博士離開教室，去拿取講者的投影片。 這堂課似乎可分為三個部分的活動： 1.講者問班上學生，能否辨識純粹的俗民誌方法論。 2.講者呈現樹狀圖，描繪教育質性研究的若干主要策略與次要策略。 3.一派輕鬆的「老教頭」拋出問題，主要是關於學生的研究計畫，以及沃爾科博士先前所寫的研究。	
第一個問題：「你們如何看待質性研究？」緊接著再問：「根據你對質性研究的看法，俗民誌有哪些地方比較符合，哪些比較不符合？」	

圖7.7 觀察博多稿範本

- 使用頁首傳達研究的基本資訊，以及向受訪者提示、說明研究目的。頁首也可能包含有關保密事宜，以及凸顯知情同意書納入的其他面向。
- 在博多稿的各道題目之間，應該預留空白。記得受訪者有可能不會直接回答問題。比方說，訪談者提問的是第二題，但受訪者回答的可能是關於第四題。記得做好準備，當受訪者答非所問時，將當下發生的狀況記錄在空白處。
- 熟記待答問題，以及各問題的先後順序，以避免失去和參與者的目光相接。問題之間，要有循序漸進的和緩轉換，避免突如其來的跳接或穿插。
- 預先寫好訪談結束感謝受訪者的說詞。如果有需要，補上後續追蹤查訪的資訊。

其次，在觀察期間，也可能使用*觀察博多稿*來記錄資訊。圖7.7呈現的是一位學生使用觀察博多稿，記錄哈利·沃爾科教授生前應邀來訪的課堂觀察。在此，只提供其中一頁，應該足夠大致明瞭整份博多稿紀錄可能包含的內容。博多稿的頁首，提供關於此一觀察場合的簡介資訊。接下來，一條直線由上而下，將頁面分隔成左、右兩欄，分別是「描述筆記」和「反思筆記」。在左邊一欄，可以看到「描述筆記」，依照發生順序，摘要速記課堂活動的流程。這些可能成為有用的資訊，可供發展課堂活動開展的大事記。另外，在右邊一欄的「反思筆記」，包含對於過程的註解、對於活動的反思、以及對於活動的摘要結論，以供日後發展主題之用。場地的視覺素描和標籤，提供額外的有用資訊。

不論有否採用觀察博多稿或訪談博多稿，一項基本任務是要記錄資訊，或是Lofland & Lofland（1995）所說的「登錄資料」（logging data，頁66）。這過程涉及透過各種形式來記錄資訊，譬如：觀察田野筆記、訪談紀錄、文件和繪圖、普查紀錄、攝影、錄音等等。另外，資訊紀錄也可能涉及非正式的過程，包括：初步的「隨手速

記」（"jotting"，Emerson et al., 2011）、日常記事或摘要，以及描述摘要（田野筆記的例子，請參閱Marshall & Rossman, 2015; Sanjek, 1990）。這些形式的資訊紀錄頗常見於敘事研究、俗民誌和個案研究。

▌7.1.7▐ 田野議題

五種取徑的質性研究，在蒐集資料期間都會面臨*田野議題*（*field issues*），必須預作準備。過去數年間，隨著關於詮釋架構（請參閱第二章）的討論日益擴展，也催生了不少書籍和文章紛紛提出討論田野議題。蒐集質性資料所需投入的時間，以及資料的龐雜程度，往往讓初學者倍感壓力。在這方面，我們給初學者的實務建議是，先試著做有限度的資料蒐集，透過試行研究（pilot project），從中取得初步經驗（Sampson, 2004）。這種有限度的資料蒐集活動，可能包含一或兩次的訪談或觀察，以便推估正式蒐集資料所需的時間。

在思索和預測資料蒐集過程可能發生的議題時，不妨試著將其視為與資料蒐集若干面向相關聯的議題，譬如：進入和進接組織、觀察程序、訪談者與受訪者的動力，以及文件和影音媒材的可進接性，諸如此類的面向。以下分別針對這些面向的田野議題，逐一討論說明。

進入和進接組織的田野議題

取得進接組織、場地和個人的同意許可，有其挑戰難度。說服個人同意參與研究，在田野場地建立信賴和可信度，取得參與者同意回答問題，這些都是在進接方面的重要挑戰。場地的適切性也同樣需要加以考量（請參閱Weis & Fine, 2000）。比方說，研究者選擇某場地，可能是因為隱含有某種利益（例如：受雇於該場地、研究自己所屬機構的上司或下屬），因此可能會限制編碼觀點的多樣化，不利於

主題的發展。研究者本身在團體的「立場」，也可能阻礙承認研究目標經驗或現象的所有維度。在資料蒐集過程，研究者可能聽見或看到某些令人不安的資訊。再者，參與者可能會害怕，他們的議題會曝露給社群以外的人士，而這層顧慮可能會使得他們不願意接受研究者對他們的處境所做的詮釋。

另外，還有一項議題也和進接有關聯，那就是機構審查委員會可能不見得熟悉質性研究採用的非結構訪談，以及這類訪談連帶的危險（Corbin & Morse, 2003）。舉例而言，Weis & Fine（2000）提出一項重要問題：機構審查委員會對於研究計畫的審查反應，是否與／或如何可能影響研究者的故事敘說。

觀察程序的田野議題

觀察過程，可能遭遇若干種類的挑戰。基本上，和研究者扮演的角色有緊密關聯，譬如：研究者是否採取參與者角色、非參與者角色，或是這兩者中間地帶的某種角色。

觀察的機轉，也可能存在挑戰，譬如：能否記得做田野筆記、確實記錄引述詞句、決定從非參與者轉向參與者角色的最佳時機、不要被現場的資訊淹沒了、學會如何及時調整觀察的廣度和重點、保持游刃有餘。

*參與觀察*的角色，也吸引若干作者評述（Ezeh, 2003; Labaree, 2002）。Labaree（2002）在研究大學的學術評議會當中，採取參與者的角色。研究報告指出參與觀察角色的好處，但也談論到進入現場的兩難，譬如：向其他與會者揭露自己的身分，分享共同與會者的關係，同時還得努力保持適當距離。Ezeh（2003），奈及利亞籍研究生，探索該國鮮爲人知的少數民族Orring。雖然初期接觸該族群得到還不錯的支持，但是隨著研究者與該社群的互動日益緊密，人際關係的問題也紛紛冒出頭，譬如：遭到指控刺探祕密，感受壓力需要更慷慨地贈送禮物，懷疑和當地婦女偷情。Ezeh結論指出，同一國籍並

不保證可以免於遭受田野難題。

訪談者和受訪者之間動力的田野議題

質性訪談可能面臨的挑戰，通常聚焦在*執行訪談的機轉*。Roulston, deMarrais, & Lewis（2003）以大事記形式記載為期15天的密集課程，學生執行訪談練習所遭遇的挑戰，包括：參與者出現預期之外的行為、學生發展訪談引談的能力、措辭和斡旋問題、處理敏感議題、發展逐字稿轉謄程序等等。Suoninen & Jokinen（2005）質問，在社工研究領域，訪談問題的措辭是否與／或如何可能導致隱含說服的問題、反應或解釋。

無庸置疑地，訪談的執行相當耗費心力，尤其對於經驗不多的研究新手，投入需要廣泛訪談的研究，譬如：現象學、扎根理論、個案研究，個中挑戰難度更是不容小覷。訪談需要的工具設備，問題也很大，錄音和逐字稿轉謄等設備，都需要在訪談之前做好準備。訪談當中的提問（例如：少說、處理情緒爆發場面、運用破冰技巧等等），也包括訪談者必須面對處理的許多問題。訪談執行和錄音轉謄逐字稿的工作，常讓許多經驗較淺的研究者大嘆吃不消。除此之外，在現象學訪談提出適當的問題，以及仰賴受訪者討論經驗意義，在在都需要研究者發揮耐性和技巧。

近來關於質性訪談的討論，有一項凸顯的重點是，對於訪談者和受訪者之間關係的反思（Brinkmann & Kvale, 2015; Nunkoosing, 2005; Weis & Fine, 2000）。比方說，Brinkmann & Kvale（2015）討論訪談者和受訪者之間權力的不對等，他們認為，研究訪談不應該視為完全開放、自由的對話。反之，由於訪談的本質使然，在訪談者和受訪者之間建立權力不對等的動力，在這樣的動力之下，訪談由訪談者「統治」。如此的訪談是單行道的對話，提供資訊給研究者，立基於研究者的議程，促成研究者的詮釋，以及包含受訪者抗拒而隱匿資訊的「反控制」。為了矯正如此的權力不對等，Brinkmann & Kvale

（2015）建議多採用協力合作的訪談，研究者和參與者致力於權力對等的方式，來執行提問、詮釋與報告。

Nunkoosing（2005）擴展前述權力不對等的討論，進一步反思權力和對抗的問題，區分眞理（truth）和本眞性（authenticity）的差別，闡明同意的不可能，以及訪問者自我的投射（包括：地位、種族、文化、性別等等）。Weis & Fine（2000）提出進一步的考量問題：受訪者是否有能力清楚闡述壓抑或迫害他們的諸多力量？他們是否抹除個人的歷史、取徑和文化認同？他們是否選擇不去曝露個人歷史，或是個人生命經驗的重大面向？諸如此類的問題，在實務上，不可能找到適合所有訪談的萬全解決方案。但是至少讓我們提高敏感度，意識到質性訪談有需要預期可能遭遇的諸多重要挑戰。

最後一個議題是，在訪談場合，譬如：個案研究、現象學研究、俗民誌研究，研究者是否應該和參與者分享其個人經驗？這種分享最小化了「括弧法」，而這在現象學研究，對於建構參與者經驗現象本質的意義乃是必須的；另外，在個案研究和俗民誌，研究者分享其個人經驗也有可能壓縮了參與者分享資訊。

文件和影音媒材進接的田野議題

在文件研究，許多議題涉及找尋材料，很多時候藏諸遠方，或是評估該等材料的公開性，以及取得同意使用該等材料（Marshall & Rossman, 2015）。對於傳記學者，首要的資料蒐集類型可能是檔案庫研究；目前有許多檔案庫已有提供上線服務。網路科技產生的資料形式，也持續引發重要的倫理議題（Davidson & di Gregorio, 2011）。

研究者請參與者寫日記，或是建立文件或影音紀錄，也可能在研究過程衍生額外的田野議題。寫日誌來蒐集資料，常見於個案研究和敘事研究。在參與者開始寫作日誌之前，應該給予什麼樣的指示說明？所有參與者對於書寫日誌是否都同樣自在無礙？比方說，幼童口

語表達能力或許還行，但是寫作技巧可能就有所侷限，要這樣的參與者寫日誌是否恰當？研究者也可能遭遇參與者日記手寫筆跡難以識讀的狀況。錄影也可能給質性研究者帶來若干田野議題，譬如：需要設法將干擾雜音控制到最低，選擇攝影機的裝機位置，決定是否提供特寫或遠鏡頭拍攝等等。

▌7.1.8▌ 資料儲存與保全

質性研究的專書和論文，鮮少關注資料的儲存管理，這一點讓我們頗感驚訝。資料類型可能會影響所選用的儲存作法，也會隨著採用的研究取徑而有所差別。比方說，在撰寫敘事生命故事時，研究者需要發展檔案系統，以便處理「一大堆的手寫筆記和錄音」（Plummer, 1983，頁98），至於近年來則是數位記錄和檔案。Davidson（1996）建議，蒐集資訊和資料庫的修改紀錄，都應該適時備份保存，這對於所有類型的研究都是很實在的忠告。隨著質性研究領域應用電腦的情況日益廣泛，對於質性資料如何組織和儲存，不論資料是田野筆記、逐字稿、或是粗略的手寫速記，勢必也將越來越受到關注。對於使用大規模資料庫的質性研究者，這方面的議題也更顯重要。

在討論資料管理時，Lambert（2015）凸顯英國《理解社會調查》（*Understanding Society survey*）提供的龐大數量資料，如果沒有運用數位儲存方法，這是絕無可能達成的。具體而言，他描述這類資料庫「乃是政府主辦的重大調查，其規模之大，涉及重複、廣泛訪談超過十萬名受訪者，蒐集關於健康、社會議題，鉅細靡遺的豐富資訊……」（頁105）結論指出，E化研究平台的關鍵挑戰在於，研究者如何妥善運用新型資料管理方式的進接潛能，以及該等資料之分析如何可能帶來社會層面的潛在影響和啓示。

關於資料儲存和安全處理，有若干原則特別適合質性研究，摘列如下：

• 務必記得要做好電腦檔案備份（Davidson, 1996）。

- 訪談期間錄音，應使用高品質的錄音帶或錄音設備。另外，確保錄音規格要與謄稿機相容。
- 發展一套錄音帶的目錄總清單（master list），以供建檔存查取用。
- 保護參與者的匿名保密，在資料當中遮除姓名。如果有需要建立總清單，務必與相連結的資料分開儲存。
- 發展一套資料蒐集矩陣，作為視覺輔助工具，來定位和確認研究資訊。

7.2 五種取徑之資料蒐集的對照比較

最後，讓我們再次回顧表7.1，對於五種質性研究取徑各自適用的資料蒐集活動，都有相似和相異之處。先就相異而言，主要有下列數點：

1. 資料蒐集活動的偏好類型：
   - 個案研究和敘事研究，傾向使用多元形式的資料，來建立深度個案或故事經驗。
   - 扎根理論研究和現象學研究，主要依賴訪談。
   - 俗民誌，則凸顯參與觀察和訪談；但是如前所述，他們也可能使用許多不同來源的資訊。
   - 個案研究，運用多元形式的資料蒐集。
2. 資料蒐集的單位：
   - 敘事研究、現象學、扎根理論，研究的是個人。
   - 個案研究，檢視參與某事件、活動或組織的一群人。
   - 俗民誌，研究整個文化系統，或該等系統內的某些次文化。
3. 對於田野議題的討論數量：

- 俗民誌學者，對於田野議題有相當廣泛的論述（例如：Atkinson, 2015; Hammersley & Atkinson, 1995）；這可能反映出俗民誌傳統的關切焦點，包括：不對等權力關係、強施客觀外部標準在參與者，以及缺乏對於邊緣化群體的敏感度。
- 敘事研究，比較少論及田野議題，不過他們對於*訪談執行*的相關議題還是有頗多討論（Elliot, 2005）。
- 五種質性研究取徑，對於*倫理議題*都有廣泛討論。

4. 資料蒐集過程的侵入或干擾程度：

執行訪談，在現象學和扎根理論取徑，似乎侵入或干擾程度最低。

儘管五種取徑在資料蒐集方面有前述諸多差異，但這並沒有減損彼此之間的重要類似處。摘列整理如下：

1. 公家機構贊助的所有質性研究，至少在美國與若干國家地區，都需要通過機構審查委員會的批准。
2. 訪談和觀察，都是各種質性研究取徑的資料蒐集核心程序。
3. 記錄的工具，譬如：觀察博多稿和訪談博多稿，各種質性研究取徑都頗爲類似（雖然博多稿的具體待答問題，通常會反映個別質性研究取徑的特定用語而有所差別）。
4. 資料儲存的議題，緊密連結於資料蒐集的形式、研究的基本目的，不論採用何種質性研究取徑，都需要發展某些管理系統，以便有組織的取用資訊和確保安全。

接下來在第八章，我們將承續本章資料蒐集循環，以此爲基礎，開始來檢視質性取徑共通的資料分析螺旋，以及對照比較五種取徑在資料分析與呈現方面的相似和相異處。

本章重點檢核表

1. 你有否看出，在已發表的質性研究，個別作者對於資料蒐集活動的描述有哪些相似和相異處？

   a. 首先，從這些期刊論文確認7種資料蒐集活動的證據（摘要請參閱圖7.1），其中哪些較容易確認，哪些元素較難確認？

   b. 其次，比較這些文章當中，各種資料蒐集活動的描述，其中有哪些相似，哪些不同？

2. 請參閱採用各種取徑、不同領域的期刊論文，你能否確認，研究目的和蒐集資料有所整合的證據？

   a. 首先，確認研究蒐集的是什麼類型的資料。是否有呈現支持使用該等類型之資料的邏輯？

   b. 其次，檢視研究的介紹，指出研究目的（和研究待答問題，如果有呈現的話），以及採用的質性取徑。

   c. 最後，評估資料蒐集的類型是否適合於研究取徑和研究目的。簡言之，蒐集的資料能否適切回應研究目的？為什麼能或不能？

   〔敘事研究〕Ellis, C. (1993). "There are survivors": Telling a story of sudden death. *The Sociological Quarterly, 34*, 711-730. doi:10.1111/j.1533-8525.1993.tb00114.x

   〔扎根理論〕Komives, S. R., Owen, J. E., Longerbeam, S. D., Mainella, F. C., & Osteen, L. (2005). Developing a leadership identity: A grounded theory. *Journal of College Student Development, 46*(6), 593-611. doi:10.1353/csd.2005.0061

   〔現象學〕Lemay, C. A., Cashman, S. B., Elfenbein, D. S., & Felice, M. E. (2010). A qualitative study of the meaning of fatherhood among young urban fathers. *Public*

Health Nursing, *27*(3), 221-231. doi:10.1111/j.1525-1446.2010.00847.x

〔個案研究〕Staples, A., Pugach, M. C., & Himes, D. J. (2005). Rethinking the technology integration challenge: Cases from three urban elementary schools. *Journal of Research on Technology in Education*, *37*(3), 285-311. doi:10.1080/15391 523.2005.10782438

〔俗民誌〕Trujillo, N. (1992). Interpreting (the work and the talk of) baseball. *Western Journal of Communication*, *56*, 350-371. doi:10.1353/csd.2005.0061

3. 你能否針對質性研究計畫，開始草擬資料蒐集循環？請參考檢視圖7.1，資料蒐集循環的七項活動。發展一個矩陣，描述你草擬的研究資料蒐集循環包含的7項活動。在這矩陣中，請提供每一項活動的詳細資訊，請參考下列步驟：

a. 陳述你研究焦點的地點與／或個人，請簡要闡明支持該等決策的邏輯理由。

b. 討論你計畫採用什麼程序來取得進接個人與／或守門者，以及發展契合。

c. 呈現你計畫採用的立意取樣策略，闡明該等取樣策略適合研究取徑的邏輯理由。

d. 描述你計畫蒐集的資料形式，闡明該等資料形式適合研究取徑的邏輯理由。

e. 以大綱形式，列出你計畫發展用來記錄資訊的程序。

f. 考量你投入田野研究之後可能浮現的議題，擬出化解該等議題的計畫。

g. 應用本章建議的資料儲存安全策略，草擬你將會遵循的實施程序。

h. 檢視資料蒐集循環活動的描述，找出可能忽略的倫理議題。

4. 你能否將本章學得的認知應用到你的資料蒐集計畫？

5. 針對你的研究，設計訪談博多稿或觀察博多稿。執行一次訪談或觀察，使用你設計的博多稿來記錄蒐集資料。通過此等測試經驗，確認資料蒐集期間可能面臨的挑戰。

本章摘要

　　本章，我們介紹討論資料蒐集過程的若干要素。首先，研究者必須關注因應資料蒐集所有階段可能發生的倫理議題；取得進接研究場地與／或個人，以及建立契合關係；立意取樣，使用一種或多種取樣策略；蒐集多樣化形式的資訊（譬如：訪談、觀察、文件、影音媒材，以及新興資訊形式）；建立資訊紀錄的實施取徑（譬如：使用觀察和訪談博多稿）；預估田野議題（從進接場地與／或個人到倫理議題），擬出因應對策；發展資料管理系統，確保資料儲存安全和資料庫處理。在資料蒐集方面，五種質性研究取徑的主要差異在於：蒐集資訊的多樣化程度、檢視的研究單位、文獻討論田野議題的多寡、資料蒐集的侵擾程度。不論採用何種取徑，研究者的根本責任就是必須以合乎倫理的方式蒐集和管理資料。通常就是在展開研究之前，取得機構審查批准，然後切實執行申請計畫描述的知情同意、資料紀錄、儲存等實施程序。

延伸閱讀

　　以下的書單協助延伸本章關於質性研究資料蒐集的綜覽介紹，這份書目不應視為窮盡所有相關資源的完整清單，我們鼓勵讀者應該從本書書末收錄比較完整的參考文獻，找尋進一步的研讀材料。

Creswell, J. W. (2012). *Educational Research*: *Planning, Conducting, and Evaluating Quantitative and Qualitative Research* (4th ed.). Upper Saddle River, NJ: Pearson.

　　John W. Creswell並列介紹質性和量化研究的執行步驟。這種雙管齊下的呈現方式，對於已有研究基礎知能和經驗的研究者，可能特別有幫助。其中關於取樣和資料蒐集的討論，更是必讀的關鍵資源。

Chilisa, B. (2012). *Indigenous Research Methodologies*. Thousand Oaks, CA: Sage.

　　Bagele Chilisa描述多樣化的原住民研究方法論，收錄全球各地的原住民個案研究範例。她也針對從事原住民研究者，提供實作指南。

Guest, G., Namey, E. E., & Mitchell, M. L. (2013). *Collecting Qualitative Data*: *A Field Manual for Applied Research*. Thousand Oaks, CA: Sage.

　　Greg Guest, Emily Namey, & Marilyn Mitchell提供詳細描述的資料蒐集程序，包括：參與觀察、深度訪談、焦點團體。特別值得注意的是，文件分析的討論，以及各種資料形式的取樣規模大小，都提供了相當有助益的導引指南。

Stanfield, J. H., II (Ed.) (2011). *Rethinking Race and Ethnicity in Research Methods*. Walnut Creek, CA: Left Coast Press.

　　John Stanfield主編，汲取各章作者的個人和專業經驗，凸顯

他們對於方法的運用，以及研究過程浮現的實務議題。

訪談的實施指南：

Brinkmann, S., & Kvale, S. (2015). *InterViews*: *Learning the Craft of Qualitative Research Interviewing* (3rd ed.). Thousand Oaks, CA: Sage.

Svend Brinkmann & Steinar Kvale環繞描述訪談研究的七個階段，作為全書的組織架構，提供有關訪談執行的全方位指南。

James, N., & Busher, H. (2009). *Online interviewing*. Thousand Oaks, CA: Sage.

Nalita James & Hugh Busher討論電腦輔助訪談的方法論與知識論挑戰。特別值得注意的是，討論執行線上訪談、虛擬環境相關的倫理議題。

Krueger, R. A., & Casey, M. A. (2014). *Focus Groups*: *A Practical Guide for Applied Research* (5th ed.). Thousand Oaks, CA: Sage.

有關焦點團體規劃和執行的優秀綜覽讀本，新版本擴充闡述訪談問題的發展。特別實用的是討論不同訪談脈絡的主持技巧（例如：年幼的參與者、跨文化的場域）。

Rubin, H. J., & Rubin, I. S. (2012). *Qualitative Interviewing*: *The Art of Hearing Data* (3rd ed.). Thousand Oaks, CA: Sage.

Herbert Rubin & Irene Rubin描述包含七步驟的回應式訪談取徑，書寫平易近人，並且提供廣泛訪談經驗累積的心得。

觀察實施和田野筆記：

Angrosino, M. V. (2007). *Doing Ethnographic and Observational Research*. Thousand Oaks, CA: Sage.

Michael Angrosino提供執行俗民誌的全方位實施指南。特別值得注意的是倫理議題的討論，以及描述多樣化資料蒐集技

術，尤其是田野研究的參與觀察。

Bernard, H. R. (2011). *Research Methods in Anthropology*: *Qualitative and Quantitative Approaches* (5th ed.). Walnut Creek, CA: AltaMira.

在這本綜合性的參考書中，Russ Bernard提綱挈領說明取樣、蒐集和分析資料的程序。其中關於觀察程序的實作指南，特別有幫助。

Emerson, R. M., Fretz, R. I., & Shaw, L. L. (2011). *Writing Ethnographic Fieldnotes* (2nd ed.). Chicago, IL: University of Chicago Press.

Robert Emerson, Rachel Fretz, & Linda Shaw提綱挈領呈現建立和詮釋田野筆記的實務指南。透過深入淺出的範例說明，有效幫助讀者掌握其實不是很容易描述的俗民誌田野筆記實施作法。

文件和影音材料的運用和相關議題：

Bauer, W. M., & Gaskell, G. D. (Eds.). (2007). *Qualitative research with text, image and sound*: *A practical handbook*. Thousand Oaks, CA: Sage.

這本手冊最值得注意的是關於錄影、影片和攝影（第六章），以及對話（第十一章）、影像（第十三和十四章）、音樂（第十五章）的分析指南。

Merriam, S. B., & Tisdell, E. J. (2015). *Qualitative Research*: *A Guide to Design and Implementation* (4th ed.). San Fransisco, CA: Jossey-Bass.

這本參考書對於質性研究的設計、執行和報告，相當實用。特別值得注意的是，他們對於各種形式文件的相關研究描述，包括：流行文化的檔案（例如：卡通、電影）、視覺媒

材（例如：錄影、網路媒材）、物質材料和文物（例如：工具、電子產品）。

Warren, C. A., & Xavia Karner, T. (2015). *Discovering Qualitative Methods*: *Ethnography, Interviews, Documents, and Images* (3rd ed.). New York, NY: Oxford University Press.

Carol Warren & Tracey Xavia Karner描述多樣類型檔案和影像的取樣、蒐集和分析過程。

8

資料分析與再現

　　文本和其他多元形式資料的分析，乃是質性研究者無可迴避的挑戰。決定如何以表格、矩陣、敘事等形式來**再現資料**（***represent the data***），顯然又給個中挑戰增添不少難度。很多時候，質性研究者傾向把資料分析等同於文本或影像的分析。然而，分析的過程遠遠不止於此，另外還涉及了資料的組織、執行初步的徹底閱讀資料庫、**編碼**（***coding***），以及組織**主題**（***themes***）、再現資料，還有形成**詮釋**（***interpretation***）。這些步驟彼此相互連結，形成由諸多資料分析和再現相關活動構成的螺旋。電腦可以輔助質性資料分析，因為程式可能輔助許多任務，通常可以讓任務變得比較容易、迅速，但是也並不一定得用電腦才可完成分析任務。關於電腦程式在分析過程的角色，Patton（2015）評述道：「許多人很仰賴電腦程式，因為對於運用嫻熟者，可以讓生產力大幅躍升；然而，軟體對於質性分析並不是必要的。不論你是否使用軟體，真正的分析工作還是發生在你的腦子裡。」（頁530-531）。

　　在這一章，我們首先回顧檢視資料分析和再現過程的關鍵倫理議題。接下來，我們摘要三種通用的分析作法，以便讀者可以見識頂尖學者如何運用類似的分析過程，以及個殊不同的作法。然後，我們介紹一種視覺模式——資料分析螺旋——我們發現，這種螺旋模式相當實用，可以作為教／學輔助工具，幫助透過視覺化，來綜覽質性資料

分析的所有步驟。我們使用這種螺旋模式，進一步概念化探索五種質性研究取徑。然後，檢視個別質性取徑的特定資料分析程序，以及對照比較相似和相異之處。接下來，我們討論質性分析的電腦運用，包括權衡利弊得失。最後，我們介紹四種軟體——MAXQDA、ATLAS. ti、NVivo、HyperRESEARCH——討論這些質性資料分析軟體的共通功能，以及五種質性取徑個別適用的編碼模本。

> **問題討論**
>
> - 在資料分析期間，可能出現哪些倫理議題？
> - 在質性研究，有哪些共通的資料分析策略？
> - 對於五種取徑的質性研究，各有哪些特定的資料分析程序？彼此之間有何差別？
> - 質性分析電腦程式，有哪些程序可供選用？對於各種不同質性研究取徑，這些程序有何差別？

8.1 資料分析的倫理考量

在資料分析和再現的過程，研究者可能遭遇諸多挑戰，其中主要是關於參與者的保護，以及研究發現的揭露（請參閱表8.1）。在運用特定的分析策略之前，預先檢視這份表格，可以提醒我們小心斟酌倫理議題（初步討論，請參閱第三章）。對於參與者的保護，核心任務是，研究者必須隱蔽參與者的名字，越早越好，以避免分析檔案當中納入可能暴露參與者身分的資訊。研究者也可以建立複合人物側寫（composite profile），避免參與者可能被辨認出來。在研究發現的揭露方面，研究者必須負責嵌入成員檢核策略，提升對資料詮釋的信心，這是研究效度檢驗的一種關鍵步驟（請參閱第十章）。設法讓參

與者投入資料分析，可能有助於協同合作資料詮釋，乃至於最後的資料再現。

表8.1 資料分析過程需要注意的倫理議題例子

倫理議題的類型	預期與因應倫理議題例子	最小化負面衝擊的例子
保護參與者免於遭受傷害	揭露的資訊可能傷害參與者	遮隱姓名，或指派假名
	資料可能追溯到特定〔個人〕來源	建立複合式的參與者人物側寫
研究結果的揭露範圍／程度	進接分析程序的管道侷限，對於研究發現的再現缺乏共識	嵌入成員檢核策略，提供機會分享程序和結果
	選邊支持參與者，只揭露正面結果	呈現多元觀點，反映複雜圖像

8.2 三種分析策略

　　質性研究的資料分析包含：首先，準備和組織資料，以供分析之用（亦即逐字稿之類的文字資料，或照片之類的影像資料）；然後，通過編碼和濃縮編碼，將資料進一步化約成為主題；最後，以圖表等形式來再現資料或是討論。在質性研究參考書當中，這些都是常見的通用分析程序。無可否認地，其中存在有某種程度的調適。重點是，除了這些共通步驟之外，五種質性取徑各自還有若干特定的分析步驟。

　　表8.2呈現三種典型的質性分析程序，我們之所以選擇這三種，

乃是著眼於代表三種觀點：(1)Madison（2005, 2011）呈現一種詮釋架構，擷取自批判俗民誌；(2)Huberman & Miles（1994）採取系統化的分析取徑，運用在質性研究領域已經相當悠久；(3)Wolcott（1994）使用比較傳統的取徑，源自於俗民誌和個案研究分析。這三種典型的質性分析過程，除了有許多類似點之外，也各自包含若干獨特的階段。

表8.2 若干方法論學者倡導的質性資料分析通用策略

分析策略	Madison（2005, 2011）	Huberman & Miles（1994）	Wolcott（1994）
在閱讀資料的同時，書寫註解		在田野筆記的邊界處，書寫註解	用螢光、醒目顏色標記值得注意的資訊
草擬反思想法		在註解當中，試寫反思想法	
做田野筆記的摘要概述		在田野筆記插入摘要草稿	
修詞遣字		隱喻	
確認編碼	使用抽象編碼，或具體編碼	書寫編碼和備忘錄註解	
將編碼化約為主題	確認顯著的主題或型態	標註型態和主題	確認型態化的規律
計算編碼的頻率		計算編碼的頻率	
找尋範疇之間的關聯		標註變項之間的關係，建立證據的邏輯鏈	

分析策略	Madison（2005, 2011）	Huberman & Miles（1994）	Wolcott（1994）
將範疇連結到文獻發掘的分析架構			使用文獻發掘的架構，建立脈絡化
建立觀點	給場景、觀眾和讀者建立觀點		
展示和報告資料	建立圖解或詮釋架構圖	建立對照和比較	展示研究發現，採用表格、圖案、圖片、圖表等；比較個案；和標準個案作比較

　　這些作者都提出討論資料分析的核心步驟，包括：編碼（將資料化約成為有意義的片段，再指派名稱給該等片段）；結合編碼使成為較廣泛的範疇或主題；展示和對照比較資料圖解、表格、圖表。此等步驟乃是質性資料分析的核心元素。

　　除了上述共通的核心元素之外，這些作者也各自呈現資料分析過程的不同階段。比方說，Huberman & Miles（1994）針對分析步驟，提供比較詳細的描述，譬如：邊緣註解的書寫、草擬田野筆記的摘要、標註範疇之間的關係。最近，Bazeley（2013）針對這當中許多策略，描述實際應用的方式，並且將其中若干策略加以擴展，譬如：如何可能促使參與者投入分析、視覺媒材的運用，以及軟體的角色。另外，Madison（2011）提出建立觀點的必要性，換言之，就是研究者必須採用詮釋架構（例如：批判觀點、女性主義等等），來執行資料分析。在批判、理論取向的質性研究，觀點或詮釋架構乃是研究的核心要素。另一方面，Wolcott（1994）強調在質性分析過程，

應該著重於從資料形成描述，再將此等描述連結到文化人類學的文獻
與主題。

8.3 資料分析的螺旋

質性研究的資料分析，並不是開架式的商品，而是量身打造、
反覆修訂、「舞蹈編排」（"choreographed"，Huberman & Miles,
1994）。資料蒐集、分析和報告撰寫，並不是各自隔絕的獨立步
驟，而是相互關聯，並且經常同步進行。

Bazeley（2013）認為，資料分析的成功，主要得歸諸於早期的
準備，用心關照「從〔你的研究〕構思開始，你採取的步驟如何可
能助益或阻礙你對於所觀察現象的詮釋和解釋」（頁1）。其中一個
挑戰是，將資料分析過程予以外顯化，因為質性研究者很多時候都
是「做中學」（Dey, 1993，頁6）。這也導致批評者宣稱，質性研究
大都是直覺、軟性、相對主義，或是質性資料分析太過於仰賴三個
I：Insight（洞視）、Intuition（直覺）、Impression（印象）（Day,
1993，頁78）。無可否認地，質性研究者保留了不尋常和機緣巧合
的空間，研究報告的寫作容許有相當程度的自由發揮空間，分析程序
經常在田野研究期間持續演化。雖然有如此的獨特性，我們相信，質
性研究的分析過程還是有其普遍共通的形貌，可供參照依循。

這種質性資料分析共通的形貌，最貼切的描述就是螺旋形，我們
在此稱為資料分析螺旋（data analysis spiral）。如圖8.1所示，研究者
分析質性資料，得投入螺旋之中循環移動，而比較不是固定線性的路
徑。研究者帶著文字或影音資料，進入此等螺旋，最後出來帶著分析
結果的陳述或敘事。在這過程中，研究者觸及分析的若干面向，並且
環繞著螺旋反覆打轉若干迴圈。在螺旋的每一迴圈之內，研究者使用
分析策略，產生特定的分析產物。在接下來的小節，將會針對這過程

的所有一切，提供進一步的描述說明（摘要概述，包括資料分析螺旋
的活動、策略和結果，請參閱表8.3）。

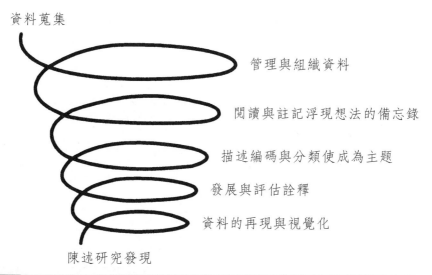

圖8.1 質性資料分析螺旋

表8.3 質性資料分析螺旋的活動、策略和結果

資料分析螺旋的活動	分析策略	分析結果
管理和組織資料	準備資料檔案和分析單位	檔案命名系統，組織檔案資料庫，組織文本、影像、紀錄等的分析單位
	確保檔案儲存安全	建立檔案儲存的長程計畫
	選擇分析模式	使用分析軟體，手工分析，或手工和軟體並用

資料分析螺旋的活動	分析策略	分析結果
閱讀和註記浮現想法的備忘錄	閱讀同時做筆記	隨著時間推移,從備忘錄發展編碼、反思;與/或跨檔案、跨問題或跨研究,整理摘要
	速寫反思想法	
	摘要整理田野筆記	
描述編碼和分類使成為主題	嘗試各種字眼	命名初始編碼
	確認編碼	列出編碼範疇與其描述的清單
	應用編碼	指派編碼給特定單位的文字、影像和紀錄
	化約編碼,使其成為主題	最終定版的編碼手冊
發展與評估詮釋	發展範疇/主題/系族的連結關係	脈絡化的理解和繪圖
	將範疇/主題/系族連結到由回顧文獻而發掘建立的分析架構	理論與命題
資料的再現與視覺化	建立觀點	矩陣、樹狀圖和模型
	資料的展示和報告	研究發現的陳述

8.3.1 資料的管理與組織

　　資料管理,分析螺旋的第一迴圈,開啓整個分析過程。在分析過程的早期階段,研究者通常會把資料組織成爲數位檔案,並且建立檔案命名系統。前後連貫而一致的命名系統確保不論透過手動或運用電腦,都可以很方便從資料庫找到材料的位置(Bazeley, 2013)。電子試算表格或資料庫,可採用資料形式、參與者、蒐集日期等類別來執行搜尋,有效率地找到檔案資料的所在位置。在這方面,Patton

（1980）有如下的評述：

> 質性方法產生的資料數量極為龐大。我發現，根本沒有
> 任何方法能讓學生做好心理準備，從容不迫地面對資料汗牛
> 充棟的狀況。坐在案前，盯看著堆積如山的訪談逐字稿和
> 田野筆記檔案，很難不讓人感到泰山壓頂的莫名壓力。（頁
> 297）

　　組織檔案之餘，研究者接著轉化資料，擬定檔案儲存的長程計畫。在轉化資料步驟，研究者需要決定，文本與數位化影音媒材的適合單位（例如：字眼、句子、整篇故事）。Grbich（2013）建議，數位化影音媒材（例如：照片、新聞廣告等等）或文物（例如：陶土雕塑、服飾）的圖檔，可採用JPEG或PDF檔案。很重要的是，研究者必須審慎考量這些初期的組織決策，因為有可能影響到未來的分析。比方說，如果研究者是想要比較檔案，那麼最初建立個別檔案的格式，以及上傳到軟體的檔案格式，就很重要。譬如，若是針對時間序，或跨越多元參與者、跨越特定的資料形式（例如：訪談、焦點團體、文件），來進行對照比較，那麼初期的檔案組織方式選擇妥適與否，就可能發生促進或阻礙的影響。電腦程式有助於檔案管理和分析任務，其角色將會在本章稍後提出探討。

8.3.2 資料閱讀和備忘錄註記浮現理念

　　建立資料的組織之後，研究者接下來需要投入分析，取得對資料整體的梗概感覺。比方說，Agar（1980）建議研究者「閱讀逐字稿全文若干遍，將自己沉浸到文中細節，試著找出對訪談整體的感覺，然後再將該等整體感覺拆解成若干部分」（頁103）。類似地，Bazeley（2013）描述她閱讀、反思、把玩、以及探索各種策略，彷彿每一次都是「第一次投入探索全新的資料」（頁101）。在田野筆

記、逐字稿的邊緣、或圖案的下方，書寫註解或備忘錄，可以幫助探索資料庫。快速瀏覽文本，可以幫助研究者對於資料整體取得梗概的感覺，又不會陷溺在編碼的細節。快速瀏覽的益處，可以讓作者以清新的眼光來接觸文本，「彷彿是出諸陌生人之筆」（Emerson, Fretz, & Shaw, 2011，頁145）。

備忘錄（memo），是閱讀過程腦海浮現的簡短詞語、想法或關鍵概念。根據Miles, Huberman, & Saldaña（2014）的定義，備忘錄的角色，「不只是資料的摘要描述，而是要致力於綜合整理出較高層級的分析意義。」（頁95）類似地，在檢視影音媒材的數位檔案時，也應該把浮現的想法，以備忘錄的方式，書寫在數位檔案或是伴隨的文字檔案。Grbich（2013）建議使用下列問題，來引導檢視資料的內容與脈絡：什麼？為何？何時？如何？何人所建？傳達什麼意義？一般介紹質性分析的參考書，都有提供影音媒材分析的指南（例如：Rose, 2012）；另外，關於特定形式的影音媒材，比方說：影像的分析，請參閱Banks（2014）；影片和錄影的分析，請參閱Mikos（2014），或Knoblauch, Tuma, & Schnettler（2014）；聲音的分析，請參閱Maeder（2014）；虛擬資料的分析，請參閱Marotzki, Holze, & Verständig（2014）。

舉例而言，校園槍擊事件的個案研究（Asmussen & Crswell, 1995），使用備忘錄的書寫程序如後：首先，快速瀏覽整個檔案庫，確認主要組織想法。接著，查閱田野筆記（觀察、訪談逐字稿、物理痕跡證據、影音媒材等）之後，作者放棄了先前擬定的研究待答問題，以便能夠「看見」受訪者所說的。然後，作者反思資料當中的較大思想，形成初步的範疇。這些範疇數量不多（大約10個左右），他們從中找尋多元形式的證據，來支持每一種範疇。再者，他們發掘證據描繪關於每一種範疇的多元觀點（Stake, 1995）。就我們兩人的經驗來看，我們都發現備忘錄投入的時間相當值得，尤其有助於建立數位化的*稽查軌跡*（*audit trail*），可供讀取和檢視之

用（Silver & Lewins, 2014）。稽查軌跡可在效度檢驗策略時派上用場，記載研究思考過程，釐清隨著時間推進而產生的理解變化，討論請參閱第十章。

以下提供若干建議，以茲引導書寫備忘錄註解（請另行參閱 Corbin & Strauss, 2015; Miles et al., 2014; Ravitch & Mittenfelner Carl, 2016）。

- 分析過程，從頭到尾，將備忘錄註解列為優先要務。從初步閱讀資料時，就開始書寫備忘錄，一直持續到最後書寫結論時。比方說，我們建議在每一次分析資料時，都應該書寫備忘錄，並且頻繁回顧先前書寫的備忘錄，以茲追蹤編碼和主題發展的演化。Miles et al.（2014）對於備忘錄書寫的迫切性，有如後的描述：「靈光乍現時，立即*停下*你手邊的任何事情，把該等想法寫成備忘錄……所有靈感，即使模糊、混沌，也全部都給寫下來。」（頁99；斜體字強調的*停下*，為原文標示）

- 建立適合個別需求的系統，來組織備忘錄。除非建立有條理的系統來加以組織，否則備忘錄很快就會亂成一團。不過，研究學者對於如何建立備忘錄的組織系統，仍然缺乏共識。我們的作法是依照個別研究需求，來處理備忘錄的書寫任務。比方說，我們使用備忘錄連結之文本單位的系統，並且建立標題（caption）來反映內容。在分析當中，可以運用下列三種層次的備忘錄：

  ➤ 片段備忘錄（segment memo）：捕捉資料當中特定片語的理念。這種備忘錄可幫助確認初步編碼，近似於Ravitch & Mittenfelner Carl（2016）前編碼階段備忘錄（precoding memo）。

  ➤ 文件備忘錄（document memo）：捕捉檢閱個別文件檔案發掘的理念，或記載跨文件檔案的演化理念。此等備忘錄可幫助摘述和確認編碼範疇，用以發展主題，與／或整合跨問題或跨資料形式之間的比較。

➤ 研究案備忘錄（project memo）：捕捉單一概念之內的諸多理念整合，或是記載如何可能整合研究案之內的諸多概念。這種備忘錄近似於Corbin & Strauss（2015）所描述的總結摘述備忘錄（summary memo），可幫助研究進展，因為能夠進接研究案之內的所有主要理念。

• 嵌入分類整理（sorting）策略，以輔助備忘錄之讀取。備忘錄必須容易讀取，得以依照時間、內容、資料形式、參與者等條件，來進行進階搜尋。要發揮如此功能，在撰寫備忘錄時，很重要的就是要標註日期和建立可供搜尋的標題。Corbin & Strauss（2015）建議使用可供搜尋的概念關鍵字（conceptual headings），強化備忘錄讀取的效能。

這一節結尾，我們強調備忘錄在系統化分析過程扮演的輔助角色，因為備忘錄可以幫助追蹤理念發展的過程。而這還可以補強質性資料分析過程和結果的可信用度，因為「質性研究者應該期待，在第六感、直覺、出其不意的情況激發之下，做出對於研究場域、脈絡、參與者更加豐富而有力的解釋」（Janesick, 2011，頁148）。

┃8.3.3┃ 描述、分類、詮釋：編碼與主題

閱讀資料和書寫備忘錄註解之後，分析螺旋的第二迴圈，就是開始著手資料的描述、分類、詮釋。這一迴圈的目標是，形成*編碼*或*範疇*（這兩個用語將會交互替代使用），這乃是質性資料分析的核心任務。在這裡，研究者建立詳細的描述、指派編碼、發展主題或維度，以及根據自己的觀點或參照文獻的觀點，提出詮釋。*詳細的描述*意味著，研究者鉅細靡遺描述自己所見。詳細是指提供個人、地方、事件等場域脈絡的「*在原位*」（*in situ*）資訊。在閱讀和管理資料之後，描述成為開啟質性研究的好起點，而且在俗民誌和個案研究扮演核心角色。

編碼的過程是質性研究的核心，涉及針對訪談、觀察、文件等資

料，找出個中意義。編碼過程透過聚集相近意義的資料，使成爲小範疇的資訊，從研究蒐集建立的不同資料庫找尋證據來支持該等範疇，然後指派適切的範疇命名。這就好像是「篩檢」資料；質性研究不會完全運用到蒐集的全部資料，其中有些可能會篩除（Wolcott, 1994）。研究者發展短清單的暫行編碼（例如：25至30個編碼），每一個編碼對應到文本片段（文本片段長短不一）。

　　研究新手發展的編碼清單，通常會包含數量太多的編碼。我們建議最好簡短些比較好，有必要的時候，將初步清單稍爲擴展即可。這種作法稱爲精實編碼（lean coding），一開始只建立5或6個範疇，每一個給予縮寫的標籤或編碼，然後隨著後續重複檢閱資料庫，逐漸予以擴展。典型而言，不論資料庫大小，我們建議最終的編碼清單不要超過25至30個範疇，再進一步化約爲5至6個主題，以供撰寫研究報告敘事。有些研究者最終編碼產出高達100或200個範疇，如果資料庫複雜，確實有可能得出如此龐大的數量。只不過這樣一來，要化約爲5至6個主題（這是大部分正式發表的標準數量），就會十分吃力。對於影音資料，可以透過找尋所研究現象之其他面向的連結關係，從中確認編碼，再將編碼分類使成爲主題。Grbich（2013）建議，影音資料的編碼，可以參考如後的引導問題：哪些編碼適合？有哪些新的編碼浮現？哪些主題有關聯到其他資料來源？

　　Job等人（2013）研究探討，如何支持胎兒酒精症候群學生獲得學習成就，研究團隊分析11個焦點團體和3場訪談（包括老師、行政人員、照護者、其他相關專業人員等），圖8.2示範闡明編碼的過程，描述三項主題當中的一項（培養關係）。首先，主題的發展開始於三項初步編碼（態度、行為、策略）；其次，進而擴展成六項編碼；最後，再化約成兩項最終編碼範疇（尊重互動、真誠溝通）。作者在發表的論文當中，對於主題的描述，乃是組織成爲兩個最終編碼範疇（有時也稱為次級主題）；在方法論的陳述方面，有納入編碼過程的描述，但是沒有提供實際例子。這樣的寫法滿常見於一般期刊論

文，但是有些博士學位論文可能納入編碼的例子作爲附錄（個案研究的例子，請參閱Poth, 2008）。

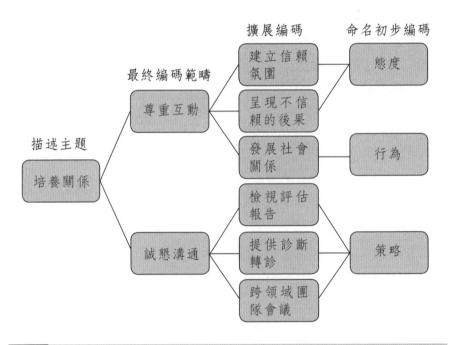

圖8.2 「培養關係」主題的編碼程序範本

決定最終編碼清單，建立描述，這些將構成*編碼手冊*（*codebook*，例子請參閱表8.4）的基礎資訊。編碼手冊藉由例子，示範說明每一項編碼的定義界線，在評估評量者間際信度（inter-rater reliability），扮演重要角色（討論請參閱第十章）。編碼手冊應該包含下列資訊（改編自Bazeley, 2013; Bernard & Ryan, 2009）：

- 賦予編碼適合的命名，如果有需要，可在邊緣附上縮寫的標籤。
- 描述編碼，定義界線，使用納入（適用）和排除（不適用）的判準。
- 例子示範說明編碼，使用研究資料庫的相應片段。

表8.4　編碼手冊「培養關係」主題的例子

主題	編碼的名稱（縮寫）	定義	適用的情況	不適用的情況	文本片段的例子
培養關係	彼此尊重的互動（尊重）	有證據顯示認可個人貢獻是重要的，或努力有得到重視	互動有促成或阻礙學生成功或信賴／不信賴	如果是指涉結果〔改變實務〕，適用編碼「行動」或「訓練／準備」	「這是他們的地盤，我不〔要〕進去，把我的意志強加上去。」Job et al. (2013)
	誠懇溝通（溝通）	有證據指出溝通有關聯於形塑學生的成功	描述資訊分享的時機、品質和頻率——報告、轉介、團隊會議	如果是指稱評估支持，適用編碼「意識」或「可進用性」	「……我們必須保持開放……願意傾聽，不妄加判斷。我覺得一旦有這些，其他也會……跟著一起來。但眼前還是有太多人想要判斷……」

　　表8.4示範說明編碼手冊，可用來引導發展主題：「培養關係」。這個範例提供：兩個編碼的界線描述（亦即「尊重互動」、「真誠溝通」）；編碼適用／不適用的情況；編碼相應的文本片段例子。我們發現，其中特別有幫助的是指出可能適用其他編碼的情形；比方說，「行動」和「準備」兩種編碼適用於第二主題「改變實務」，而「意識」和「可進用性」兩種編碼適用於第三主題「評估支持」。在正式發表的論文，方法論章節納入一般描述，說明評分者編碼合意程度的評估程序，以及沒有使用編碼手冊的編碼結果。這不是什麼罕見的情形，一般發表的論文多半沒納入編碼清單；不過，就我們擔任評審的經驗，委員會成員和其他檢閱者往往告訴我們，質性研究通常會使用編碼手冊，並且在附錄提供例子。

　　在編碼過程，有若干重要議題必須慎重斟酌因應，說明如下，酌供參考：

1. 質性研究者是否應該計算個別*編碼出現的次數*。比方說，Huberman & Miles（1994）建議研究者應該初步計算編碼的次數，以茲推估整個資料庫當中，該等編碼出現的頻率高低。不過，對此問題，正反意見皆有。如同Hays & Singh（2012）聲稱，至今仍是「各方熱議課題！」（頁21）；對於某些質性研究者，計算和報告編碼出現次數，感覺很自在。這確實也提供出現頻率的指標，通常可見於量化研究或強調系統化的質性研究取徑。就我們的研究經驗而言，我們可能會檢視每一個編碼相連結的資料片段之數目，作為參與者對於個別編碼興趣程度的指標，但是我們並沒有在研究報告中呈現該等數據。這是因為我們，連同其他人（例如：Bazeley, 2013; Hays & Singh, 2012），認為計數傳達量化取徑的數量意涵，而與質性研究有所違背。此外，計數也傳達對所有編碼都應給予相同的重視，可是同一編碼對應的不同片段卻有可能代表相互矛盾的觀點。

2. 是否使用*既存或先驗的編碼*，來引導編碼的程序。對於這點，也存在正反兩面的意見。Crabtree & Miller（1992）討論一系列編碼的策略，從預先擬定的編碼，到「浮現的」編碼（頁151）。在健康科學領域，使用預先擬定的編碼或範疇（很多時候，擷取自理論模式或文獻），情況相當普遍（Crabtree & Miller, 1992）；但是，使用預先擬定的編碼，可能會限制分析，不利於開放編碼反映參與者觀點，而反映參與者觀點乃是質性研究致力追求的重要價值。如果質性資料分析運用預先擬定的編碼，我們通常會鼓勵研究者在分析過程保持開放，容許額外的編碼從中浮現。

3. 編碼的名稱或標籤浮現自若干來源。編碼或標籤的命名起源，可能是*實境編碼*（*in vivo codes*），亦即參與者本身的實際用語；或是擷取自社會科學或健康科學的術語（例如，因應策略）；也可能是研究者發掘最能代表所編碼之資料的名稱，或是和編碼相關聯的隱喻（Bazeley, 2013）。在資料分析過程，我們鼓勵質性研究者尋找可用來描述資訊和發展主題的編碼片段。這些編碼可能包含下列：
   - 研究者預期會從資料當中發現的資訊。
   - 研究者沒有預期會發現的意外資訊。
   - 對於研究者、參與者或讀者群（以及潛在參與者和讀者群），有趣概念或不尋常的資訊。

4. 質性研究者編碼的*資訊類型*。研究者可能尋找故事（敘事研究）；個人經驗與脈絡（現象學）；過程、行動、互動（扎根理論）；文化主題和文化分享團體如何運行（俗民誌）；特定個案或多元個案的詳細描述（個案研究）。另外還有一種考量資訊類型的方式，就是採取解構的立場，聚焦於解構欲望和權力的議題（Czarniawska, 2004）。Czarniawska確認若干解構取向的資料分析策略（改編自Martin, 1990，頁

355），有助於所有質性取徑研究者運用來考量分析各種資料類型：

- 打破二分法，拆穿虛而不實的分野（例如：公共／私人、自然／文化）。

- 檢視沉默──沒有說出來的（例如：在使用「我們」之類的代名詞時，哪些人事物被排除在外）。

- 注意斷裂或矛盾；注意文本沒道理或不連續的地方。

- 聚焦文本最突出或特殊的元素；揭露想像或許可的界線。

- 詮釋隱喻，從中挖掘多元意義的豐富來源。

- 分析可能指向潛意識的潛文本，很多時候是有關性慾的內容。

- 透過取代主要元素「重建」文本，從而區分偏見的群體特定來源與普通來源。

　　除了編碼之外，資料分析還涉及分類，這是把文本或質性資訊拆解，從中找尋資訊的範疇、主題或維度。分類涉及確認5到7個普遍主題。質性研究的主題（也稱為範疇），是廣泛單元的資訊，由若干編碼聚合而構成共通的理念。此等主題，依我們看來，就像是一家族的主題和子女（亦即次級主題），甚至孫兒輩，代表資料片段的諸多層次。要把資訊化約使成為5至7個「家族」，尤其是在大規模的資料庫，其實是很困難的，但是我們的過程涉及篩濾資料，化約成可管理的小數量主題，以便書寫成結案報告的敘事。對於質性研究新手，一項關鍵挑戰就是從編碼躍進到主題。以下摘錄若干策略，可供參酌探索和發展主題（Bazeley, 2013）：

- 使用備忘錄註解，來捕捉浮現的主題想法。當你處理資料時，撰寫備忘錄，納入相關編碼的細節。比方說，在探討教育成功的研究，初期的研究案備忘錄確認「關係」可能是重要的主題，但是一直到編碼過程後期，才逐漸明朗需要培養什麼樣的關係（Job et al., 2013）。

- 在編碼時，以螢光或醒目色彩，標記值得注意的引述字句。除了確認引述字句，還需要納入描述爲什麼該等引述值得注意。比方說，納入初步編碼，稱爲「值得注意的引述」，單純只是爲了方便追蹤可能有價值的引述。此等「值得注意的引述」也可以用來形塑主題的發展。研究者可以指派有趣的引述，加上如此編碼標籤，用在質性研究報告，使其容易讀取。
- 建立繪圖，來再現編碼或浮現概念間的連結關係。視覺化再現對於尋找編碼之間的重疊相當有用。比方說，使用ATLAS.ti（質性分析軟體）編碼網絡繪圖功能，視覺化編碼之間的連結關係，再運用附帶的工具來檢視諸多編碼之間是否有所重疊。
- 草擬摘要陳述，反映重複出現或異乎尋常的面向。注意資料當中重複出現或偏離常態的部分，可能幫助看出條件和後果之間的*型態*（*patterns*）。
- 在轉移到聚焦詮釋過程之前，很重要的是必須正視，有些人把主題分析當成另一種編碼的作法。以我們的研究經驗而言，我們強調，主題發展過程當中，編碼占有不容忽視的角色。對於此等看法，Bazeley（2013）闡述得相當精闢：「在尋求詮釋、分析和理論化質性資料的研究者當中，大家的共識就是，主題的發展仰賴於資料的編碼。」（頁191）

| 8.3.4 | 發展與評估詮釋

　　質性研究者在執行研究的同時，也會投入資料詮釋活動。詮釋涉及找出資料的感覺或意義，或是Lincoln & Guba（1985）所描述的「學習到的課題」（lessons learned）。Patton（2015）描述這種詮釋過程，需要兼具創意和批判能力，審愼考量判斷，資料分析產生的哪些型態、主題和範疇是有意義的。質性研究的詮釋涉及層級越來越高的抽象，個中過程開始於發展編碼，從編碼形成主題，然後再將主題組織成若干廣泛的意義單位，來捕捉資料的多元層級意義。質性研

的詮釋有若干形式可供選用，比方說，立基於第六感、直覺、洞視的詮釋（關於連結編碼和概念的詮釋策略，更詳盡的討論介紹請參閱 Bazeley, 2013; Ravitch & Mittenfelner Carl, 2016）。詮釋也可能涉及社會科學構念或理念，或是與社會科學構念或理念相互對立的個人觀點。因此，研究者會連結自己的詮釋到較寬廣的研究文獻。在後現代和詮釋取徑的研究者看來，詮釋乃是暫時、可受質疑的看法，而不是最終定論。

在迭代來回的詮釋過程當中，Marshall & Rossman（2015）鼓勵，「質性研究者要戒慎提防」（頁228），不要囿限於自己的詮釋，而要能夠小心去比較既存資料、相關文獻、初步假說，留意潛在的替代理解，來挑戰自己的詮釋。對於影音媒材，在發展和評估詮釋時，可以使用策略來找出型態、發展故事、摘要或陳述。Grbich（2013）建議使用下列問題來引導詮釋：哪些令人驚訝的資訊是你沒預期發現的？對於參與者和讀者群，哪些資訊可能含有饒富趣味或不尋常的概念？哪些是主宰的詮釋，此外還有哪些替代的想法？

對於初期的資料詮釋，或稽查軌跡（audit trail，進一步討論，請參閱第十章）和程序，研究者可能徵求同儕回饋。這可能頗有幫助於評估「我如何知道我知道？」，或「我如何認為我知道？」，因為這需要研究者清楚闡明在資料範疇看到的型態。研究者可能使用繪圖來再現概念之間的關係，而且在某些情況，此等視覺呈現也可收錄在研究結案報告中。

| 8.3.5 | 資料的再現與視覺化

分析螺旋的最後階段，研究者再現資料，把文本當中發現的結果打包成文本或圖表。比方說，要建立資訊的視覺化圖形，研究者可能呈現對照比較表格（請參閱Spradley, 1980），或是矩陣，比方說，2×2的矩陣表格，來比較男女兩性在某兩種主題或範疇的分布情形；或是6×6的效果矩陣表格，用來展示協助的六種位置和六種

類型（請參閱Miles & Huberman, 1994; Miles et al., 2014）。矩陣的方格（cell）呈現的不是數字，而是文字，研究者根據內容，使用矩陣來比較和交叉參照範疇，從而建立資料型態或範圍的圖形（Marshall & Rossman, 2015）。樹狀階層圖（hierarchical tree diagram）代表另一種資料視覺化的形式（Angrosino, 2007），可以展示不同程度的抽象，樹狀圖的最上層抽象程度最高，最底層抽象程度最低。圖8.3示範說明，校園槍擊個案研究資料分析結果的抽象程度（Asmussen & Creswell, 1995）。此圖解呈顯出，分析首先是針對原始資料（包括多元來源）進行歸納，然後化約成若干具體而特定的主題（例如：安全、否認），最後歸結為兩類最廣泛主題，代表社會心理和心理層面的反應。

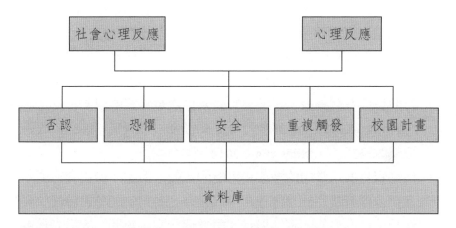

圖8.3 校園槍擊事故個案分析層次：樹狀階層圖範本

原始資料來源：Asmussen & Creswell（1995）。

　　研究者可用的資料展示形式頗多，要決定哪種效果最理想，可能有相當難度。以下策略可幫助指引建立和使用矩陣展示資料（乃至於其他展示形式），我們相信這些策略應該持續反覆運用（改編自Miles et al., 2014）：

- **搜尋資料，選取要展示的資料層級和類型**：決定要以哪些形式和
  類型的資料呈現，比方說，直接引述、摘述改寫、研究者解釋，
  或是混合多種類型的資料。手動搜尋資料或是使用軟體搜尋功
  能，找出潛在的材料。建立納入／排除的判準，「外顯紀錄，決
  定資料再現的規則」（Miles et al., 2014，頁116）。
- **草擬展示格式的初步構想，尋求回饋**：選擇行、列的標籤，注意
  資料的數量和類型應該取得適度平衡，因為「寧可資訊太多，也
  好過資訊太少」（Miles et al., 2014，頁116）。請同僚幫忙檢視
  你對於展示格式的初步構想，請他們提供回饋建議資料展示的其
  他方式。
- **評估完整性和可讀性，視需要加以修改**：尋找資料闕漏或模糊不
  清的部分，如果確實有此等情況，資料展示就必須讓讀者可以
  明顯看出來。如果可能，減少圖表的行、列數量，以不超過5或
  6行、列為宜，這樣比較適合管理。為了控制行、列數量不要太
  多，如果合適的話，可以試著在行、列之內建立資訊分組，甚至
  打散分成多個圖表。不要覺得受到你所見格式的限制，反之應該
  「*Think display*（*從展示的角度來思考*），調整和創造你覺得最
  理想的格式」（Miles et al., 2014，頁114）。
- **注意資料展示當中的型態和可能的比較、叢聚**：檢視資料展示，
  使用多樣策略和摘要概述初步的詮釋。書寫的過程對於優化和釐
  清想法是必要的。資料展示總需要伴隨文字說明，因為光是展示
  「本身並不會為自己說話」（Miles et al., 2014，頁117）。
- **再次造訪伴隨文本，以及驗證結論**：檢查確定文本不只是單純摘
  述資料，而是有提出解釋和結論。然後，把結論拿來和原始資料
  或資料摘述做驗證，因為「如果你試著把結論放到『基礎層次』
  來檢視，但感覺不太對勁，那就代表結論還需要修改」（Miles
  et al., 2014，頁117）。

質性資料的再現形式，也可以採用假說或命題，用以具體詳述資

料範疇之間的關係。在扎根理論，比方說，研究者提出命題，用以說明現象的成因與其脈絡、策略之間的相互連結關係。最後，作者呈現隱喻來分析資料，譬如借用A領域的說詞來形容B領域（Hammersley & Atkinson, 1995）。質性研究作者也可能透過分析隱喻來書寫整份研究。有關創新形式資料展示的額外作法，以及再現影音媒材分析的指南，請另行參閱Grbich（2013）。

在這環節，研究者可以透過將資訊帶回給資訊提供者，從而取得他們對於初步摘要和資料再現的回饋，這也是檢驗研究效度的一個關鍵策略，請參閱第十章。

8.4　五種取徑的資料分析

在思考質性資料分析過程時，可分成兩個層次來看。第一，先前介紹過的共通分析螺旋涉及的諸多過程。第二，以此為基礎，再添加五種取徑的特定分析程序。這些程序會帶領你的資料分析，跨出普通的分析取徑，邁入比較細膩的進階分析程序。以下討論的組織架構，請參閱表8.5，首先，我們逐一討論這五種取徑特定的分析和再現方式；最後，再綜合對照檢視這五種取徑在資料分析的重大相似和相異之處。

表8.5　各種質性研究取徑適用的資料分析和再現

資料分析與再現	敘事研究	現象學	扎根理論	俗民誌	個案研究
管理與組織資料	·建立和組織資料檔案	·建立和組織資料檔案	·建立和組織資料檔案	·建立和組織資料檔案	·建立和組織資料檔案

資料分析 與再現	敘事研究	現象學	扎根理論	俗民誌	個案研究
閱讀和註 記浮現想 法備忘錄	·閱讀文本，在邊緣註解，形成初始編碼	·閱讀文本，在邊緣註解，形成初始編碼	·閱讀文本，在邊緣註解，形成初始編碼	·閱讀文本，在邊緣註解，形成初始編碼	·閱讀文本，在邊緣註解，形成初始編碼
描述和分 類編碼使 成為主題	·描述跨各客觀經驗型態的組態 ·確認與描述故事編年大表	·藉由擱置/存而不論，描述個人經驗 ·描述現象本質	·描述開放編碼範疇 ·選擇一個開放編碼範疇來建立成為過程中的核心現象	·描述社會、社域動事件製場境的圖；研究行者、繪製場情	·描述個案與脈絡
發展和評 估詮釋	·找出故事當中的主顯節 ·確認脈絡材料	·發展重大陳述 ·將命題陳述分組成為意義單位	·投入軸心編碼—因果條件、脈絡、中介條件、策略和後果 ·發展理論	·分析資料，找出主題型態規律性和化的	·使用範疇聚集立或確立主題型態

資料分析 與再現	敘事研究	現象學	扎根理論	俗民誌	個案研究
資料的再現與視覺化	・重述故事和詮釋故事的較大意義	・發展文本描述：「發生什麼？」 ・發展結構描述：「現象如何經驗？」 ・使用複合描述，發展現象的「本質」	・投入選擇性編碼，找出範疇之間的相互連結關係，從而發展「故事」或命題或矩陣	・詮釋和找出研究發現的意義：「文化如何運行？」	・使用直接詮釋 ・發展自然主義的類化說明：從此等個案「學到」什麼？

▎8.4.1 ▎ 敘事研究的分析與再現

Riessman（2008）關於敘事研究分析的討論，堪稱個中翹楚。她評述道：敘事分析是指「一系族的方法，用以詮釋文本，共同點是都具有故事的形式」（頁11）。敘事研究需要分析蒐集的資料，找出值得敘說的故事、事件開展的**大事記年表**（***chronology***），以及**轉捩點**或主顯節。

在資料分析方面，敘事研究者有若干選項可供採用：

1. 文學取向（literal orientation）：比方說，四位小學四年級學童講述科學教育故事的敘事研究，就採用了若干取徑來執行敘事分析（Ollerenshaw & Creswell, 2002）。其中一個取徑是Yussen & Ozcan（1997）所提出的，分析文本資料找尋情節結構的五種元素（包括：人物、場景、問題、行動、衝突化解）。敘事研究者可以使用統整諸如此類故事元素的分

析取徑。譬如：Clandinin & Connelly（2000）3D空間分析取徑，包含三類敘事元素如後：人物互動（個人互動與社會互動），時間連續性（過去、現在、未來），情境（物理地方，或說故事者的地方）。在Ollerenshaw & Creswell（2002）的敘事研究，我們看見若干敘事分析常見的元素：以田野文本的形式，蒐集個人經驗的故事，譬如：透過執行訪談或對話；以敘事元素（例如：3D空間取徑，以及情節結構的五種元素）作為基礎，重述故事；重寫故事使成為大事年表；融入參與者經驗發生的場域或地方等脈絡資訊。

2. 大事記年表取徑（chronological approach）：Denzin（1989）建議研究者在分析傳記時，首先可以確認故事主人翁生活的客觀經驗元素。請參與者從個人日誌摘錄生活的梗概圖像，可能是不錯的分析切入點。在這梗概圖像當中，研究者尋找人生階段或經驗（例如：童年、婚姻、就業），來發展個人生活的大事記年表。故事和主顯節也可能從個人日誌或訪談浮現。研究者從資料庫（通常是訪談或文件）找尋具體、脈絡性的傳記材料。在訪談期間，研究者提示受訪者擴展故事的片段，邀請針對個人生活提出理論。理論可能涉及職業生涯模式、人生週期過程、社會世界模式、傳記的情感關係模式、人生週期的自然歷史模式等等。然後，研究者從敘事片段和範疇，組織出較大的型態和意義。Daiute（2014）確認四種意義詮釋的型態，分別是：相似、差異、變化、一致性。然後，研究者依據分析結果，重新建構個人傳記，並且確認形塑人生的元素。最後，書寫分析結果的摘要，凸顯以下層面：(1)個人生活的過程；(2)關於該等生活經驗的不同理論；(3)生活經驗的獨特和普遍要素。此外，在敘事分析和再現過程，也會嵌入協同取徑，邀請參與者投入（Clandinin & Connelly, 2000）。

3. 另一種分析敘事取徑，著眼於*敘事報告的書寫方式*。Riessman（2008）建議四類型的分析策略，反映敘事書寫方式的多樣化：

- 主題分析（thematic analysis）：研究者分析資料當中口說或書面蘊含什麼主題。這是敘事研究最常見的分析取徑。例如：Chan（2010）的敘事研究，就有採用主題分析取徑。

- 結構形式（structural form）：強調故事「如何」敘說。這帶進了語言學的分析，說故事者透過使用形式和語言，來達成特定的效果。論述分析（discourse analysis）立基於Gee（1991）的分析方法，聚焦檢視故事敘說過程的諸多語言學元素，譬如：語音串連、聲調高低、語調抑揚頓挫等等。

- 對話或展演分析（dialogic or performance analysis）：由研究者和參與者互動產生，或是由參與者主動創作詩詞或展演戲劇之類的活動。

- 新興的視覺分析（visual analysis）：針對伴隨文字的影像進行詮釋，或是敘說影像如何產生的故事，或是不同的讀者群如何看待視覺材料或影像。

舉例而言，在Chan（2010）呈現的敘事研究，敘事主人翁是加拿大華裔高中女學生張艾美，分析一開始是採用主題分析取徑，類似Riessman（2008）的作法。簡短描述張艾美的學校之後，作者提出討論若干主題，全都與衝突有關（例如：家裡使用語言vs.學校使用語言的衝突）。作者分析資料當中的衝突理念，以及對於主題發展的詮釋，反映出她採用的是後現代觀點的詮釋透鏡。主題分析之外，作者繼而探索她身為敘事研究者的角色。如此一來，雖然整體的分析是立基於主題分析取徑，引入衝突主題與研究者的經驗，也在分析當中增添了理論架構和反思層面。

|8.4.2| 現象學研究的分析與再現

敘事研究分析的建議，提供的是一般性的分析模本。相對地，在現象學，則比較傾向特定、結構化的分析方法，尤其是Moustakas（1994）提倡的分析取徑。Moustakas在其書中回顧檢視若干分析取徑，但我們發現，他改編自Stebick, Colaizzi, & Keen的分析方法，堪稱是最實用的取徑。以下介紹的就是此等分析方法的簡化版本：

- **描述研究者對於所探究之現象的個人經驗**：研究者一開始先呈現自己對於該現象經驗的完整描述。這是試圖要擱置研究者的個人經驗（不可能徹底達成），以便可以聚焦研究參與者。

- **發展重要陳述的清單**：研究者從訪談或其他資料來源，找尋關於參與者個人對於研究主題經驗的陳述；列出重要陳述的清單（資料的水平化），平等看待每一陳述擁有的價值；發展不重複或重疊的清單。

- **發掘意義單位或主題**：將重要陳述分組，使成為若干較廣泛的資訊單位，此等較廣泛單位，亦即意義單位或主題，提供作為詮釋的基礎，因為個中建立叢聚，並且剔除重複。

- **建立文本描述**：參與者對於所研究現象之經驗是「什麼」的描述，這就是文本描述，描述在經驗當中發生了什麼，包含參與者逐字說詞的例子。

- **建立結構描述**：草擬關於現象之經驗「如何」發生的描述，這就是結構描述，研究者針對現象經驗發生的情境、脈絡，加以反思。例如：高中生抽菸行為的現象學研究（McVea, Harter, McEntarffer, & Creswell, 1999），提供結構描述，納入關於抽菸現象發生的地點，譬如：停車場、校外、學生儲物櫃、校內的偏僻角落等等。

- **撰寫關於所研究之現象的複合描述**：複合描述整合了文本描述和結構描述，呈現經驗的「本質」，代表現象學研究的終極標的。

典型的再現方式即是，以長篇幅的段落，告訴讀者，參與者對於現象的經驗是「什麼」，以及他們「如何」經驗（亦即經驗發生的脈絡）。

Moustakas是心理學家，研究的現象本質上乃是心理學屬性的現象，譬如：哀傷或失落。Giorgi（2009）也是心理學家，提供一種分析取徑，類似於Stevick, Colaizz, & Keen。Giorgi討論研究者如何從資料讀出整體感覺的意義，決定意義單位，轉化參與者的表述，使成為具有心理學意涵的表述，最終再寫出現象本質的描述。其中，最有實用參考價值的是Giorgi提出實例，示範闡明他和另外一名研究者針對嫉妒現象所做的分析。

另外，Riemen（1986）的現象學研究，傾向結構化的分析取徑。此研究是探討病人和護士的照護現象，作者採用「互動：有關懷或無關懷」和「性別：男或女」的2X2結構化組織，將重大陳述分成四類意義單位來呈現。最後，作者在表格的四個方格內，分別納入兩段短篇幅的段落，呈現兩則「窮盡式」的經驗本質描述。Anderson & Spencer（2002）愛滋感染者的現象學研究，採用Colaizzi（1978）的分析方法（詳細介紹討論，請參閱Moustakas, 1994）。基本上，個中資料分析實施步驟包括：從資料找尋重要陳述→發展意義單位→叢聚成為主題→呈現窮盡式的現象（本質）描述。

結構化程度比較低的分析取徑，可見於van Manen（1990, 2014），要採用這種現象學資料分析取徑，可能需要滿足兩項條件：適切的研究問題和資料。首先，需要有適切導引研究的現象學問題，因為「如果缺乏啓發清晰度（heuristic clarity），分析就會缺乏反思焦點而失敗」（van Manen, 2014，頁297）。其次，資料必須有經驗層面的關鍵品質，因為「如果資料缺乏經驗的細節、具體、栩栩如生（vividness）、生活經驗的肌理（lived-thoroughness），分析就會缺乏實質而失敗」（van Manen, 2014，頁297）。

van Manen提出的現象學資料分析，開始步驟就是「現象學反

思」（"phenomenological reflection"，van Manen, 1990，頁77），目的是要捕捉事物的本質意義。現象學反思的材料範圍很廣，可能是會話錄音的逐字稿、訪談材料、日常紀錄或故事、晚餐桌邊的閒聊、正式的書面回應、日記、其他人的書寫、影片、戲劇、詩、小說等等。van Manen（1990）把重心擺在取得對於各項主題的理解，比方說，可以問自己，「這例子是關於什麼的例子？」（頁86）這些主題應該擁有具體而特定的品質，譬如：焦點、理念的簡化、生活經驗之結構的描述（van Manen, 1990, 2014）。個中過程涉及注意整個文本（整全閱讀取徑）、找尋陳述句或片語（選擇性閱讀或重點閱讀取徑）、檢視每一個句子（細節閱讀或逐行閱讀取徑）。下列四個方向，也是很重要的注意點：個人感受到的空間（例如：現代銀行）；身體的在場（例如：戀愛中的人看起來如何？）；時間（過去、現在、未來）；與他人的關係（例如：握手表達出的關係）。最後，分析資料找尋主題，使用不同取徑來檢視資訊，以及考量諸如前述的反思方向，從而完成生活經驗之意義的外顯結構。

| 8.4.3 | 扎根理論的分析與再現

與現象學類似，扎根理論也使用詳細的程序來執行資料分析，包括三階段的編碼：開放編碼、軸心編碼、選擇性編碼，關鍵參考文獻請參閱Strauss & Corbin（1990, 1998）和Corbin & Strauss（2007, 2015）。扎根理論提供程序，從資料當中發展範疇（開放編碼）；找尋連結範疇的關係（軸心編碼）；建立「故事」來連結範疇（選擇性編碼）；最後，呈現理論命題的論述（Strauss & Corbin, 1990）。

- **開放編碼階段**：研究者檢視文本（例如：逐字稿、田野筆記、文件），找尋凸顯的範疇。運用持續比較法，確立範疇「飽和」；換言之，持續蒐集資料（訪談），尋求代表範疇的例子，直到取得的資訊不再能提供有關該等範疇的新洞視。此等範疇構成次級範疇，又稱為屬性，用以表徵關於範疇的多元觀點。然後，屬性

予以維度化處理，並且呈現在維度的連續線上。總體而言，開放編碼階段將資料庫化約爲一小組的主題或範疇，用以表徵扎根理論研究探索的過程或行動。

- **軸心編碼階段**：一旦開放編碼發展出若干初期範疇之後，研究者開始從其中確認單一範疇，作爲核心現象，基本上，即是參與者廣泛討論的範疇，或是具有特別意思的概念，在所探索的過程或行動當中占有核心地位。研究者將此一範疇（核心現象），放置在所發展理論的核心位置，然後回到資料庫（或是去蒐集新的資料），來確認環繞此核心現象的其他範疇。具體而言，研究者投入軸心編碼程序，重新檢閱資料庫（或是新蒐集的資料），以提供洞視理解特定的編碼範疇，或解釋核心現象。這些環繞在核心現象周圍的編碼包括：影響核心現象的*因果條件*，用來探討核心現象的*策略*，形塑該等策略的*脈絡和中介條件*，執行策略的*結果*。

- **選擇性編碼階段**：軸心編碼階段產生的資訊，然後組織成爲視覺圖案，用來呈現理論模式。如此，就產生或建立了理論。從這理論，研究者提出命題（或假說）或宣言，闡明範疇之間的視覺相互關係。這過程稱爲選擇性編碼。最後，在最廣泛層級的分析，研究者可以建立條件矩陣，這種圖表是一種分析輔助工具，可以幫助研究者，從視覺圖像看出與核心現象關聯的條件和後果（例如：社會、世界）（Corbin & Strauss, 2015; Strauss & Corbin, 1990）。就我們所知，很少有現象學研究眞正使用到條件矩陣。

此外，還有Charmaz（2006）的扎根理論分析取徑。要理解Charmaz和前述Strauss & Corbin分析取徑的差異，一個關鍵就是她自己的說法：「避免強施硬套理論架構。」（Charmaz, 2006，頁66）她強調，讓理論從資料當中逐漸*浮現*成形，基本上，包括以下若干階段：

- **初步編碼**：分析的第一個步驟，是針對每一個字、一行文字、一個片段的資料，進行初步編碼。在這初期階段，重點是要分析檢視初步編碼，以理解所要研究的過程和較大的理論範疇。

- **聚焦編碼**：使用初步編碼來篩檢大量的資料，將資料予以整合，以及尋求較廣泛的解釋。她不支持Strauss & Corbin（1998）軸心編碼的程序（亦即將資料組織分成條件、策略、行動／互動、後果等特定類別的範疇）。不過，Charmaz（2006, 2014）倒是有檢視範疇，並且發展範疇之間的連結。

- **理論編碼**：她也相信並使用Glaser（1978）首創的理論編碼程序。這涉及詳細說明範疇之間的可能關係，立基於先驗的理論編碼族系（例如：原因、脈絡、次序等等）。然而，Charmaz（2006, 2014）後來補充指出，理論編碼必須是浮現的，才適合納入扎根理論。

對於Charmaz而言，浮現的理論強調的是理解，而不是解釋。如此發展建立的扎根理論有下列特徵：浮現、多元實在；事實與價值的連結；暫時性的資訊；關於社會生活或過程的敘事。

*扎根理論的再現*存在許多不同的形式可供選用。在Creswell & Brown（1992）關於系主任的研究，理論是再現為假說。在Harley等人（Harley et al., 2009）的研究，探討非裔美籍婦女整合體能活動的演化過程，以包含三個階段的圖形來呈現理論模式。其分析討論包含引述Strauss & Corbin（1998）的方法論，然後建立編碼，將編碼分組成為概念，從而形成理論架構。研究報告並沒有提供開放編碼程序的具體步驟；不過，在結果討論部分，有聚焦理論模式的三個階段；確認脈絡、條件的軸心編碼步驟；闡明此等演化過程和規劃方法當中，對於婦女運動最根本的必要條件。

8.4.4 俗民誌的分析與再現

對於俗民誌研究，我們推薦Wolcott（1994）提倡的資料分析三

面向：關於文化分享團體的*描述、分析、詮釋*。

描述（description）

Wolcott（1990）相信，書寫俗民誌的一個好的出發點，就是描述文化分享團體與其場域：

> 描述是質性研究的基石……在描述當中，你成爲說書人，邀請讀者透過你的眼睛來看你所看到的……開場就是直接了當描述場域和事件，不用註腳，也不要插入分析，就只是事實，細心的呈現，有趣的連結，恰如其分的細節。（頁28）

從詮釋觀點來看，研究者可能只呈現一組事實；其他的事實和詮釋，則得等待參與者和其他人從閱讀俗民誌而發掘。但是，描述透過以大事記的方式來呈現資訊，也可能有所分析。作者依照時序，聚焦描述團體或個人「生活中的每一天」。最後，其他分析技術還包括：聚焦關鍵事件、發展具有完整情節和人物刻畫的「故事」、書寫「懸疑」故事、檢視互動中的團體、採用分析架構，或是透過參與者的看法呈現不同的觀點。

分析（analysis）

對於Wolcott（1994），分析乃是一種分類（sorting）程序，是「質性研究的量化面向」（頁26）。個中涉及凸顯描述階段引介的特定材料，或是藉由圖表、繪圖、各種圖案或圖形，來展示研究的發現。俗民誌也可以使用系統化的程序來執行分析，譬如：Spradley（1979, 1980）提出的系統化分析程序，包括：建立分類學或分類表格（taxonomies）、比較表格（comparison tables），以及語義表格

（semantic tables）。最受俗民誌研究者歡迎的分析程序，或許就是 Wolcott（1994）提出的，找尋資料當中規律化的型態。其他形式的分析還包括：把文化分享團體和其他團體做比較；根據某些標準，來評估文化分享團體；找出文化分享團體和理論架構之間的連結。其他分析步驟包括：批判研究過程，以及建議重新設計研究。

詮釋（interpretation）

俗民誌的詮釋也是一種資料轉化步驟。研究者不止步於資料庫，而是進一步探測，看看「從裡頭，可能找出些什麼東西」（Wolcott, 1994，頁36）。研究者嘗試發表出人意表或比較研究式的詮釋，促使讀者產生疑問或提出問題。研究者從資料做出推論，或是轉向尋求理論，以提供作為詮釋的架構。研究者也可以在詮釋當中凸顯個人角色：「這就是我從裡頭找出的」，或「這就是研究經驗帶給我的影響」（頁44）。最後，研究者也可以透過詩詞、小說或展演等表達形式，來創作詮釋。

- 多元形式的分析取徑：俗民誌的分析也可採用多元形式，例如：Fetterman（2010）就是個中代表，他沒有採取固定步驟的分析程序，而是推薦三角檢驗策略，交叉驗證多方來源的資料，從中尋找文化分享團體成員思考或行為的型態，聚焦關鍵事件，用來分析整個文化（例如：猶太安息日宗教儀式）。俗民誌研究者也可能製作場域地圖、圖表、矩陣，有時甚至也會運用統計分析來檢視頻率和強度。他們也可能採用水晶檢驗策略來檢視其想法，以提供「世俗的結論、別出心裁的洞視，或是撼天動地的主顯節」（Fetterman, 2010，頁109）。

- 主題分析取徑：Mac an Ghaill & Haywood（2015）俗民誌研究，則是參照Braun & Clarke（2006）提出的主題分析取徑。此研究描述一群英國出生、孟加拉和巴基斯坦裔穆斯林年輕男子的世代特殊經驗，從中探索族裔認同和身為穆斯林的意義變遷。研究報

告的最後一節，提出超越主題的抽象意旨，試圖捕捉此等族群如何看待他們在英國急速變遷的城市生活當中，所經歷的社會和文化層面的排擠。作者在結論中融入他們在3年的研究期間，傾聽該族群參與者敘事的經驗，並且努力抗拒「使用流行和學術的解釋」來再現他們的認同（頁111）。反之，他們選擇強調需要審慎而周延的考量，以便理解該等年輕男子身歷其境的參與，以及在地脈絡和廣泛社會、經濟因素對於認同形成的影響。

- **批判觀點的分析程序**：Haenfler（2004）在分析程序融入*批判觀點*，詳細描述直刃族sXe運動的核心價值如何抗衡其他文化，然後討論與該等核心價值關聯的五項主題（例如：正向、潔淨的生活）。在結論部分，針對該團體核心價值，提出廣泛的詮釋，譬如：參與此等次文化對於個人和集體有何意義。不過，Haenfler在研究方法的部分，一開始是自我揭露，陳述他的背景，以及他在參與直刃族sXe運動的自我角色位置，個中自我資訊也包括從1989至2001年其個人經驗的大事記。

8.4.5 個案研究的分析與呈現

對於個案研究，就如同俗民誌一樣，分析也包含關於個案與其場域的詳細描述。如果個案呈現大事記，我們會推薦分析多元來源的資料，以茲決定個案演化過程每一步驟或階段的證據。此外，場域的描述特別重要。舉例而言，Frelin（2015）的個案研究，分析描述場域的資訊來確認在特定學校脈絡之內，哪些關係實踐比較成功；具體言之，哪些師生關係的實踐比較有助於學業受挫學生邁向學習成功之途。再舉一例，Asmussen & Creswell（1995）校園槍擊事件的個案研究，尋求確立在特定場域（美國中西部，平靜安全的大學城社區），如何可能看待此等事故的反應。

此外，Stake（1995）提倡四種形式，來執行個案研究的資料分析和詮釋。(1)範疇叢集（categorical aggregation），研究者從資料

找尋若干叢集的例子，希望當中能夠浮現議題相關的意義。(2)*直接詮釋*（*direct interpretation*），尋求單一例子，從中汲取意義，而不去尋求多個例子。個中程序是先把資料拆解，然後再以比較有意義的方式重新組合。(3)確立資料當中的型態。(4)找尋範疇之間的對應關係，可能使用表格（例如：2×2表格）來展示範疇之間的關係。當研究涉及多元個案時，Yin（2014）提倡可以採用跨個案綜合（cross-case synthesis），作為分析手法。他還建議可以建立文字表格，來展示個別個案的資料。研究者可以從表格當中，找尋個案之間的相似和相異處。最後，研究者從分析資料來發展*自然主義的類化*（*naturalistic generalization*），此等類化乃是人們從自然場域的個案領略出的啟示，或是可以轉移應用到其他類似脈絡。

　　除了前述的分析作法之外，我們覺得還有必要加入*描述的元素*，亦即提供關於個案諸多面向的細節或「事實」。在Frelin的個案研究（Frelin, 2015），作者以大事記的組織方式，描述如何斡旋師生關係輔助學生成功，以及該等關係的特徵，包括：信賴、人性化和學生的自我形象。研究報告的最後部分，在參照有關長期承受學習受挫學生族群的文獻，討論教師工作的複雜實務本質，以及考量此等教師研究發現轉移應用到類似脈絡學校心理師的可能性。再舉一例，在校園槍擊事故個案研究，我們得以進接分析過程的大量描述細節（Asmussen & Creswell, 1995）。個案描述環繞槍擊事故發生後兩個星期，凸顯主要人物、場地和活動。然後，這些資料叢聚成為大約20個範疇（範疇叢聚），進而合併為五個主題。報告的最後部分，呈現關於個案主題的類化，以及如何將類化結果對照文獻當中探討校園暴力的研究。

8.5　五種取徑之資料分析與再現的對照比較

在此，讓我們再回頭檢視表8.2，五種質性取徑的資料分析和再現的若干共通點，以及各別的獨特要素。

在共通點方面，這五種取徑的研究者，一開始都會建立資訊檔案，再加以組織。其次，分析步驟包含閱讀和備忘錄註解，從中發展對於資料的感覺，找出資料的意義。然後，除了扎根理論之外，其他四種取徑都有一個階段，專門用來描述；相對地，扎根理論研究者則是尋求建立理論，來闡釋所探究之行為或過程。

不過，這五種取徑之間，確實存在若干重要的差別。扎根理論和現象學，資料分析有著最詳細、具體規範的實施程序；俗民誌和個案研究，分析程序比較一般化；敘事研究的分析則是結構化程度最低的。其次，在分類階段使用的術語方面，在各種取徑之間，也各自採用不同的專有用語（全文請參閱【附錄】，每一種取徑各自的專有術語與釋義）。扎根理論當中的*開放編碼*階段，粗略而言，類似於現象學研究的初期階段，用以確認*重要陳述*；再者，也類似於個案研究，*範疇叢聚*的程序。研究者必須熟悉這些術語的定義，並且在選用的特定研究取徑，正確運用之。最後，資料的再現也會反映資料分析的步驟，例如：敘事研究的敘事，現象學的表格化重要陳述、意義和描述，扎根理論的視覺模式或理論。

8.6　應用電腦軟體的質性資料分析

1980年代晚期，就已經有質性電腦程式可供使用；隨著科技日新月異的進展，此等應用程式分析圖文資料的功能也變得越來越精進。基本上，電腦程式的資料分析過程和人工處理過程都是雷同的：研究者確認圖文片段，指派編碼標籤，搜尋資料庫所有相同編碼

的片段，列印此等片段。在這過程中，眞正做編碼和發展範疇的其實是研究者，而不是電腦程式。

Marshall & Rossman（2015）解釋軟體質性分析工具的角色：「我們提醒，軟體只是工具，協助處理資料分析的某些機械化和管理層面的事項。所以，分析思考仍然有待於研究者腦中的硬碟！」（頁228）質性資料分析軟體和各式獨特功能，數量和類型與日俱增，這也使得研究新手在選擇軟體時面臨頗大挑戰。有關質性資料分析軟體的演進歷史，詳細討論請參閱Davidson & di Gregorio（2011）。

質性資料分析軟體或許有其價值，但是研究者也應該注意其限制。對於熟悉量化資料分析軟體者，主要得考量到兩者的期待可能不盡相同，因爲在質性分析，「軟體……並不能幫你做分析，比方說，像統計軟體SPSS或SAS那樣，幫你做多元迴歸分析。」（Weitzman, 2000，頁805）下面幾節，將幫助你熟悉可供選用的質性分析軟體與功能。

8.6.1 優點與缺點

研究者爲什麼會想要使用電腦程式，來組織、編碼、排序、呈現資料詮釋，這些都是需要考量的要點。這是因爲依我們看來，電腦程式基本上只是提供研究者工具來整理資料，以及方便讀取編碼連結的資料片段。我們覺得電腦程式對於大規模的資料庫幫助最大，譬如：500頁以上的文本；當然，對於規模較小的資料庫，電腦程式也可能提供某些有價值的輔助。總之，雖然不是所有質性研究者都有興趣使用電腦程式，但還是存在若干優點。電腦程式可能提供以下的功能：

- **提供組織化的檔案儲存系統，方便讀取使用**：透過電腦系統化的儲存，研究者可以將整個研究案的資料收錄在一個地方，輕鬆管理資料檔案、備忘錄、圖案等材料，而且搜尋也不會漫無界限。

以我們的經驗看來，在完整搜尋研究個案或找尋具有某些特徵的個案時，這種功能尤其重要。

- **幫助方便找到材料，以供分類之用**：研究者可以迅速搜尋而找到要分類的材料，譬如：想法、陳述、片語、字詞。就我們的經驗而言，不再需要將資料剪貼成紙條或紙板，反覆排序、組合，嘗試從中發掘主題。再者，也不需要發展分色系統，來標示與主題相連的文本。有了電腦的輔助，搜尋任務也會大幅簡化。一旦研究者確認扎根理論的範疇或個案研究的主題，就可使用範疇或主題的名稱，來搜尋資料庫的其他例子。

- **鼓勵研究者仔細檢閱資料**：逐行閱讀，思考每一個句子和每一個理念的意義，如此一來，研究者就會投入主動的閱讀策略。就我們的經驗而言，沒有電腦程式的輔助，研究者在閱讀文本檔案或逐字稿時，可能比較沒有條理，也比較無法仔細分析每一個理念。

- **建立編碼和主題的視覺再現**：電腦程式的概念圖繪製功能，容許研究者可以將編碼、主題之間的關係予以視覺化，這對於詮釋頗為有用。就我們的經驗而言，描繪互動關係的模型功能容許透過視覺再現，來探索關係和建立理論，並且也可將該等視覺材料收錄在結案報告中。

- **連結備忘錄到編碼、主題或文件，方便檢閱**：電腦程式容許研究者透過*超連結*（*hyperlink*），就可輕鬆讀取編碼、主題、文件相連結的備忘錄。就我們的經驗而言，研究者能夠「看見」編碼所從出的原始文件片段，對於檢核詮釋是否適切頗為重要。

- **容許研究團隊成員之間執行合作分析，以及分享分析結果**：電腦程式可以有效促進研究團隊成員（可能分散在若干不同地點），進接取用彼此的分析檔案，成員之間的溝通也比較方便、有效率。就我們的經驗來看，沒有使用電腦程式，個別研究者可能各自為政，缺乏共通目標，或是雖然使用共通編碼，但是整合起來

卻大費周章。

運用電腦程式除了所費不貲之外，還可能涉及以下若干缺點：

- **需要投入時間，學習安裝和操作程式**：除了了解質性研究程序之外，還得投入額外時間和資源來學習如何操作程式，這可能讓某些人視爲畏途。當然，有些人可能比較容易學會電腦程式操作，而且先前使用其他程式的經驗也可能縮短學習時間。不同的程式可能需要學習新的術語和程序。就我們的經驗來看，我們可以很快就學會操作各種程式的基本功能（例如：檔案匯入、備忘錄註解），但是要熟練各別程式的搜尋、讀取、繪圖等功能，確實得耗費不少時間。

- **干擾分析，阻礙創意**：有些論者指出，在研究者和資料之間置入機器，可能會產生不舒服的距離感，或是阻礙分析過程的創意發想（例如：Bazeley & Jackson, 2013; Gibbs, 2014; Hesse-Biber & Leavy, 2010）。要減輕諸如此類的顧慮，在團隊合作的研究，我們結合電腦和人工，電腦用來管理資料和後期的編碼作業；但初期的編碼發展則是透過人工作業，在逐字稿的邊界書寫筆記。

- **電腦程式執行變更的效率頗高，但某些人反而可能視爲缺點**：雖然研究者可能把電腦分析發掘的編碼視爲固定的，不過其實是可以變更的，這就是所謂的「再編碼」（"recoding"，Kelle, 1995）。某些人可能會認爲，變更編碼或是移動資訊之類的作法，不是很值得嘉許；再者，也可能有人發現電腦程式拖慢或阻礙此等過程。就我們的經驗而言，電腦程式執行變更的效率頗得我們喜愛；不過，我們也明白，有些程式一旦做出變更，就很難恢復。

- **大部分的電腦程式，僅提供有限的分析指南**：電腦程式的操作說明，在使用的難易和可進用程度方面，參差不齊，雖然隨著各種程式不斷推陳出新，目前已有許多參考書籍和示範影片協助新手入門。比方說，請參閱關於電腦程式在扎根理論的應用（Corbin

& Strauss, 2015），或是型態分析的步驟（Bazeley, 2013）。

- **研究者必須付出額外心力，挑選適合個人需求的程式**：研究者面臨的挑戰是得投入額外心思，去學會如何操作電腦程式提供的諸多特殊功能。就我們的經驗來看，有時候還滿難預測哪些功能可能最重要。Gilbert, Jackson, & di Gregorio（2014）感嘆地指出，研究者與其把焦點放在該選擇使用哪種程式，倒不如多花點心思來考量，「我將會投入的是哪些分析任務，然後再問，我如何可能利用〔程式〕科技來妥善完成該等任務？」（頁221）

　　特定的電腦程式有可能沒提供研究者需要的功能，所以，研究者應該多比較幾家，以便找到符合需求的程式。

│8.6.2│ 如何決定是否要用電腦程式

　　質性資料分析領域，已經發展出相當多樣化的軟體和技術，統稱為電腦輔助質性資料分析軟體（Computer-Assisted Qualitative Data Analysis Software），英文簡稱CAQDAS，這類程式可以提供某些輔助，至於是否要選擇使用，仍需研究者費心斟酌決定。在這方面，頗為有用的參考網路資源是「CAQDAS Networking Project」（網址：http://www.surrey.ac.uk/sociology/research/researcjcetmres/caqdas）。基本上，資料分析螺旋涉及的所有過程（請參閱本章先前的討論），都可以用手工、電腦程式輔助，或是結合兩者來進行。

　　介紹質性研究的書籍，或多或少都有提及質性分析程式的運用（例如：Hays & Singh, 2012; Saldaña, 2013; Silverman, 2013）。這些作者也都描寫到質性分析程式運用日益普遍的情形。Kuchartz（2014）寫道：「電腦程式的發展和運用，幾乎已成為質性研究的標準備配。過去20年間，電腦輔助質性資料分析領域，堪稱社會科學方法學發展創新成效最高的領域。」（頁121-122）各種可用的參考資源數量日益增多（例如：文本、部落格、影音視訊），正式發表的論文當中，有運用電腦程式的情況也相當普及（Gibbs, 2014），這

些都可能使得某些研究者在面臨是否要選用電腦程式時，比較容易下決定。目前也已出現若干參考資源，提供綜覽評述質性分析的多樣化電腦軟體（例如：Kuckartz, 2014; Silver & Lewins, 2014）。透過這些參考資源，你可以方便參閱其他研究者對於使用軟體的觀點和經驗。

　　在圖8.4，我們提出五方面的問題，可供引導考量是否要使用電腦程式來執行質性分析：(1)本身擁有的質性分析知識技能；(2)目前對於個別程式的熟悉程度；(3)研究資料庫的複雜程度；(4)哪些分析

1.我帶進什麼知識技能到質性資料分析？
　　a.我能否發展、應用、分類編碼，使成為主題？
　　b.我能否使用主題來發展和驗證質性資料分析？
　　c.我還需要發展哪些額外的知識技能，以便能夠更充分執行質性分析？
　　d.我還需要投資哪些額外資源，以便能夠學會質性分析？
2.我對於質性資料分析電腦程式，熟悉程度有多高？
　　a.我熟悉的電腦程式，能否有效達成我的研究目標？
　　b.此等程式的功能是否能配合我採用的質性研究取徑？
　　c.我還需要哪些額外訓練，以便能夠勝任此等程式？
　　d.我還需要哪些額外資源，以便能夠學會此等程式？
3.我的研究資料庫，複雜程度有多高？
　　a.我的分析將包含多大數量的檔案？
　　b.我的分析將會使用哪些格式的資料檔案？
4.我預期我的研究需要哪些分析功能，以便達成研究目標？
　　a.我是否會在編碼、主題或檔案當中進行比較？
　　b.我是否會在編碼、主題或檔案當中尋找模式？
　　c.我是否會製作繪圖或視覺呈現？
　　d.我是否會發展理論、故事或理解？
5.我的研究預期採取什麼樣的研究者組合形式？
　　a.我是否會和其他人組成團隊，來執行分析工作？
　　b.我是否會合併多位研究者的分析結果？

圖8.4 引導決定是否使用質性分析電腦程式的五方面問題

功能是達成研究目標必要的；(5)研究者的組合形式。透過回答這些問題，可用來幫助確認使用電腦程式能否符合研究者的需求。

8.6.3 電腦程式摘要介紹

目前已有許多電腦程式可供選擇使用，其中有些是校園個人發展，有些則是商業發行的產品。此外還有若干參考書，提供介紹某些電腦程式，比方說，Silver & Lewins（2014）檢視7種程式；Weitzman & Miles（1995）檢視24種程式。對於潛在使用者而言，重點是要比較各種程式的組織架構、功能，以及與各種質性研究取徑的配合情形（請參閱Guest, Namey, & Mitchell, 2013，表11.1）。在這裡，我們主要介紹4種普遍應用的商業程式（請參閱Creswell, 2012; Creswell & Maietta, 2002）：MAXQDA、ATLAS.ti、NVivo，以及HyperRESEARCH。這些程式都有持續增修新的版本，以下只呈現通用版的概括介紹，而不涉入特定版本的變更細目。

MAXQDA（http://www.maxqda.com）

可以幫助研究者，有系統地評估和詮釋質性文本。也提供強大功能，發展理論和檢驗理論結論。主要功能選單有四個視窗：資料、編碼或範疇系統、文本分析、基本搜尋和複雜搜尋的結果。使用階層式的編碼系統，研究者可以指派加權指數給編碼連結的文字片段，用以標識該片段和該編碼的相關程度。備忘錄註解的書寫很容易，也可以儲存爲若干不同的類型（例如：理論備忘錄或方法論備忘錄）。繪圖功能可以產生不同類型的概念圖，用以代表理論關聯性、實徵關係、資料依賴度等概念。資料可以匯出到統計軟體程式，譬如：SPSS或Excel；反之，也可以從SPSS或Excel匯入資料。研究如果有多位編碼者，可以很容易透過使用此軟體來協同合作。可以儲存和編碼處理圖像和影音資料。搭配使用MAXApp行動應用程式，可以讓研究者使用智慧型手機來進行資料蒐集、編碼、備忘錄註解，這些都

可以直接傳輸到電腦，提供進一步分析之用。MAXQDA由德國Verbi Software發行。Corbin & Strauss（2015）的書中提供頗為詳盡的示範說明，討論扎根理論研究如何使用此軟體；另外還有示範程式，可供進一步學習若干獨特功能。

ATLAS.ti（http://www.atlasti.com）

可以幫助組織文字、圖像、影音資料檔案，以及編碼、備忘錄和研究發現。再者，可以編碼、註解和對照比較資訊片段。可以在互動視窗之間拖曳編碼。可以快速搜尋、讀取、瀏覽與個別理念相關的所有資料片段和筆記。特別重要的是，還可以建立視覺網絡，得以在概念圖之中連結資料片段、備忘錄、編碼。資料可以匯出到SPSS、HTML、XML、CSV等程式。容許團隊研究人員協同合作，分享和對照比較彼此如何編碼。Freise（2014）提供有用的參考資源，專門介紹ATLAS.ti的功能，以及可供試用的示範版本，相關細節請參閱德國的Scientific Software Development。

NVivo（http://www.qsrinternational.com）

NVivo是QSR International發行的最新版本軟體，結合了N6（或NUD*IST 6）和NVivo 2.0的功能，可幫助分析、管理、形塑質性資料。流線型的外觀使其相當容易使用。資料庫和檔案的儲存提供安全保護，研究者可以使用多種語言，還有提供研究團隊合併檔案的功能，研究者容易操弄資料和進行搜尋。再者，可以使用繪圖呈現編碼和範疇。NCapture可以處理社群媒體資料，包括：Facebook、Twitter和LinkedIn的個人檔案資料。有關此一軟體的演進介紹（從N6到NVivo），請參閱Bazeley（2002），以及NVivo的參考資源（Bazeley & Jackson, 2013）。NVivo是由發行澳洲QSR International發行，有提供試用版本。

HyperRESEARCH（http://www.researchware.com）

這套質性軟體使用頗為容易上手，可以輔助編碼、讀取和建立理論，以及執行諸多資料分析功能。HyperRESEARCH擁有升級的多媒體和多語功能，容許研究者可以處理文字、圖像、影音材料。另外，Hypothesis Tester提供額外的理論建立功能。也容許研究者繪製視覺圖案，外掛式的HyperTRANSCRIBE，能夠將影音資料轉換成逐字稿。這套程式是由Researchware開發，可供美國境內使用。

另外，還有一些程式也可參考選用，簡述如下：

1. 商業軟體程式：
    * QDA Miner（http://provalisresearch.com）
    * Provalis開發，可供融合方法研究使用。
    * Qualrus（http://www.qualrus.com）
    * Idea Works開發，可供管理和分析文字、多媒體、網頁。
    * Transana（http://www.transana.org）
    美國威斯康辛大學麥迪遜校區開發，可供質性分析影音和圖檔資料。
2. 開放資源軟體程式：
    * Open Code（http://www.phmed.umu.se/English/edpidemology/research/open-code）
    瑞典Umea大學開發，可供扎根理論研究使用。
3. 網路軟體：
    * Dedoose（http://www.dedoose.com）
    SocioCultural Research Consultants開發，可供質性研究團隊即時作業。

8.6.4 五種質性研究取徑的電腦程式運用

對於五種質性研究取徑，電腦程式可以協助處理以下的質性資料分析任務：

- **儲存和組織多樣化的質性資料**：提供方便的資料儲存方式。資料以文件檔案儲存（某些程式可透過文字處理程式，將文件檔案轉化成DOS、ASCII、RTF等格式）。檔案的資料可能是訪談逐字稿、觀察筆記、或是報紙掃描的文章。對於五種質性研究取徑，文件可能是訪談、觀察、或是圖像，而且可以輕易從檔案庫當中確認。

- **搜尋和分類與編碼或主題相連結的文字片段或圖像片段**：使用電腦程式時，研究者一次檢閱文本的一行文字或圖像，自問：「這人在說（或做）什麼？」然後，研究者指派編碼標籤，標籤的來源可能是擷取參與者的用語、社會科學或人文學科的用語、或是自行構想適合該情境的字詞。檢閱若干頁的文件或圖像之後，研究者可以使用搜尋功能，找出所有符合編碼標籤的文件片段或圖像片段。透過這樣的方式，研究者可以很容易就看出，參與者如何以相似或相異的方式討論編碼或主題。

- **讀取和檢視連結到兩個以上編碼標籤的共通段落或片段**：搜尋過程可以擴大納入兩個以上的編碼標籤，比方說，編碼標籤「雙親家庭」可以結合「女性」，這樣搜尋結果就會找出女性討論雙親家庭的資料片段。再比方說，「雙親家庭」結合「男性」，就會找出男性討論雙親家庭的資料片段。透過共現頻率功能，研究者可以檢視各種編碼組合的頻率，研究者就可以使用搜尋功能來找尋特定字眼，來檢視該等字眼在文本當中出現的頻率。透過這樣的方式，研究者就可以根據各種質性取徑研究焦點常用的特定字眼之出現頻率，來建立新的編碼，或是可能的主題。比方說，敘事研究的故事元素當中的型態，現象學研究的重要陳述，代表扎根理論多元觀點的屬性，俗民誌的文化分享團體想法或行為，個案研究的例子。

- **比較編碼標籤，找出之間的連結關係**：如果研究者有訪談或觀察女性和男性，那麼蒐集的資料就可以用來比較女性和男性對於

「雙親家庭」的觀點。電腦程式可以讓研究者探索編碼或主題之間的相互關係。透過這樣的方式，對於所有五種取徑的研究，在發展主題、模式和抽象等任務時，研究者都可以輕鬆讀取該等編碼、範疇相關聯的資料片段。

- **支持研究者完成不同抽象層級的概念化**：質性資料分析過程，如本章先前所述，開始於研究者分析原始資料（例如：訪談），繼而從資料發掘編碼，再把若干編碼結合成爲意涵較寬廣的主題。如此發展而得的主題，質性研究報告常採用作爲小標題（headings）。電腦程式提供途徑來組織編碼的階層，較小的單位（編碼）置放在下層，較大的單位（主題）在上層。比方說，在NVivo，兒童和家長編碼的概念就示範了兩層級的抽象。研究者得以建立分析層級，檢視原始資料和主題之間的關係。透過這樣的方式，敘事研究，得以發展敘事；現象學，描述現象的本質；扎根理論，建立理論；俗民誌，提出文化詮釋；個案研究，撰寫個案的斷言。

- **再現和視覺化編碼和主題**：許多電腦程式提供概念繪圖、圖表和叢集分析等功能，使用者得以產生編碼、主題視覺繪圖，從而檢視個中相互關係。透過這樣的方式，研究者可以隨著研究進展，持續調整資訊，重新組織編碼和主題，賦予新的範疇。再者，透過追蹤不同版本的繪圖，可建立包含分析過程日誌的稽查軌跡，以備日後查閱（進一步的討論，請參閱第十章）。

- **記載和管理備忘錄，使成爲編碼**：電腦程式提供書寫和儲存多種類型備忘錄的功能，比方說，備忘錄可能連結文本片段、圖像、編碼、檔案，乃至於整個研究案。透過這樣的功能，研究者可以在分析期間，就開始創建編碼手冊、質性報告、或是記載備忘錄浮現的洞視。

- **建立和應用五種質性研究取徑的編碼模本**：研究者可以依據所採用的質性研究取徑，預先建立編碼清單，來適配該等取徑資料分

析程序。然後，在電腦分析過程，研究者檢閱資料，可以確認適配編碼的資訊，或是書寫備忘錄，從中找尋可能發展編碼的浮現想法。如圖8.5到圖8.9所示，Creswell（2013）創立了五種質性取徑的編碼模本。在這些例子當中，發展的是階層化（樹狀圖）的編碼，但是也可畫成圓圈或非線性的圖式。電腦程式通常採用階層化的組織方式，來繪製編碼的概念圖。

8.6.5 五種質性研究取徑的編碼模本

以下摘述Creswell（2013）提倡的五種質性取徑的編碼模本。

1. 敘事研究的編碼模本（圖8.5）

首先，我們建立和故事有所連結的各類編碼，諸如故事可能出現的大事記、情節、3D空間模式、主題；然後，可能採用情節結構取徑，或是3D空間模式，進一步開展分析。請注意，在圖8.5中，我

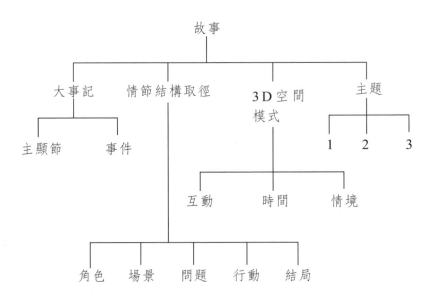

圖8.5 敘事研究的編碼模本

們把這兩種可能選用的分析途徑都呈現出來，主要是希望讀者見識
到，可以從中選擇合適的分析途徑，但不代表這兩種分析途徑都必須
同時選用。一般而言，研究者在還沒實際開始著手分析之前，並不會
預先知道選用哪種分析途徑比較合適。研究者可能發展一個編碼或
「故事」，然後開始以分析的元素為基礎，著手把故事寫出來。

2. 現象學研究的編碼模本（圖8.6）

我們使用先前資料分析階段提及的範疇。我們將編碼置入下列
五類：括弧或懸置（如果有使用）、重要陳述、意義單位、文本描
述、結構描述（這兩者也可能寫成備忘錄）。置頂的編碼：「現象的
本質」，寫成關於「本質」的備忘錄，最後將會收錄到書面報告，成
為關鍵內容。

圖8.6 現象學研究的編碼模本

3. 扎根理論研究的編碼模本（圖8.7）

我們納入扎根理論的三個主要編碼階段：開放編碼、軸心編碼、
選擇性編碼。另外，如果研究有使用到條件矩陣，也會納入可供發展
該等條件矩陣的編碼。置頂的編碼，可以使用「理論描述或視覺模
式」，來建立所探究之過程的理論視覺模式。

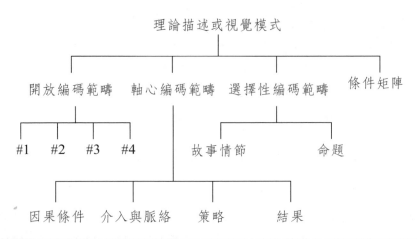

圖8.7 扎根理論研究的編碼模本

4. 俗民誌研究的編碼模本（圖8.8）

我們納入的範疇包括：俗民誌使用的理論透鏡之備忘錄或參考資料，文化描述的編碼，主題分析，田野議題的編碼，詮釋的編碼。置頂的編碼：「文化分享團體的文化圖像——『如何運行？』」，這種編碼可能是立基於俗民誌研究者註記的一則備忘錄，用以摘要概述該等文化分享團體的主要規則。

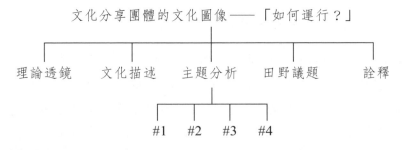

圖8.8 俗民誌的編碼模本

5. 個案研究的編碼模本（圖8.9）

我們選用多元個案研究來示範說明，對於每一個案，編碼的範疇包括：個案脈絡和個案描述，每一個案內的主題分析，跨個案主題分析的相似點和相異點，橫跨所有個案的斷言和類化。

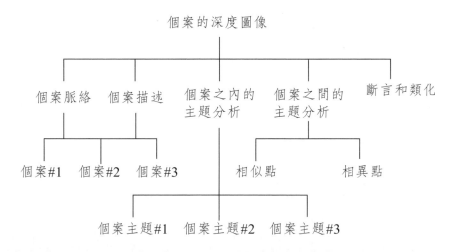

個案的深度圖像

個案脈絡　個案描述　個案之內的主題分析　個案之間的主題分析　斷言和類化

個案#1　個案#2　個案#3　相似點　相異點

個案主題#1　個案主題#2　個案主題#3

圖8.9 個案研究的編碼模本（多元或集體個案取徑）

|8.6.6| 如何選擇合適的電腦程式

目前市面上已有許多質性分析軟體可供採用，研究者必須審慎選出合適的。基本上，所有程式都有提供類似的基本功能，再加上各自額外強調的獨門絕活。許多程式都有網站提供試用版本，以便你能夠先行檢視和試用，以判斷決定是否合用。再者，也有若干參考資源，提供特定程式的綜覽介紹和操作指南。你也可以請教有實際使用特定程式的研究者。透過這些途徑，你可以參考其他研究者的觀點和經驗。2002年，Creswell & Maietta提出八大類的判準，檢視若干程式。在圖8.10，我們將此清單擴充為九大類，包括：(1)與研究整合

1.程式與你的研究整合運用的難易程度如何？
  a.價錢和操作系統是否可接受？是否有可用的支援和資源，方便學習基本功能？是否有進階研習的進修機會？
  b.新手剛開始使用，以及初期處理文件，是否容易上手？
  c.特定研究需要的關鍵功能，是否容易操作使用？
2.程式可接受的資料檔案格式範圍有多廣？
  a.程式能否處理不同類型的純文字資料和影音資料？
  b.程式能否處理不同的語言（如果有需要）？
  c.匯入的資料檔案能否加以變更？
3.程式提供哪些讀取和搜尋功能？
  a.我能否在資料片段標示文字醒目色彩（畫重點）？
  b.我能否搜尋特定資料片段？
4.程式提供哪些類型的備忘錄功能？
  a.我能否插入和讀取資料片段相關聯的備忘錄？
  b.我能否插入和讀取編碼、主題、檔案相關聯的備忘錄？
  c.我能否插入和讀取整體研究案相關聯的備忘錄？
5.程式提供哪些編碼和檢閱功能？
  a.我能否發展編碼？
  b.我能否輕易將編碼指派到文本或圖像？
  c.我能否輕易展示個別編碼相關聯的資料片段？
  d.我能否輕易檢閱和修改編碼？
6.程式提供哪些分類和範疇化功能？
  a.我能否進行特定編碼的分類？
  b.我能否結合若干編碼來進行搜尋？
7.程式提供哪些繪圖功能？
  a.我能否建立編碼的視覺展示（例如：網絡圖、概念圖等等）？
  b.我能否建立模式或理論的視覺再現？
8.程式提供哪些匯入、匯出功能？
  a.我能否匯入量化資料庫（例如：SPSS）？
  b.我能否匯出文字或圖像的質性資料庫到量化分析程式？
  c.我能否匯出具有相關聯編碼的編碼清單？
  d.我能否匯出視覺展示或繪圖？
9.程式提供哪些合併、儲存、保全功能？
  a.能否容許兩位以上的研究者分析資料，然後合併分析結果？
  b.是否很容易建立檔案備份？
  c.有哪些保全功能可供使用？

圖8.10 電腦質性資料分析軟體的九項功能

改編自Creswell & Maietta (2002). Qualitative Research.收錄於D. C.
Miller & N. J. Salkind (Eds.). *Handbook of Research Design and Social Measurement*（第六版，頁167-168）. Thousand Oaks. CA: SAGE.

運用的難易程度；(2)可接受的資料檔案格式範圍；(3)讀取和搜尋功能；(4)備忘錄的類型；(5)編碼和檢閱；(6)分類和範疇化；(7)繪圖，譬如：概念圖；(8)檔案匯入和匯出；(9)儲存和保全。透過回答這些判準的導引問題，可以幫助你確認滿足研究需求的電腦程式。

本章重點檢核表

1. 你是否有看出，在已發表出版的質性研究作品當中，各家作者描述的資料分析程序，彼此之間有哪些類似與差異？請選擇兩篇質性研究範文。

   a. 首先，請確認其中兩篇論文當中，資料分析螺旋五項活動（摘要請參閱表8.3）的證據。請指出哪些元素比較容易確認，哪些比較難確認。

   b. 其次，請比較這兩篇論文如何描述每一項的資料分析活動。請指出，哪些部分相似，哪些則有所差異。

2. 對於這五種取徑，你分別可使用哪些一般性的編碼策略，將文本資料予以編碼，以供分析之用？

   a. 首先，取得一篇短文檔案，譬如：訪談的逐字稿、觀察的田野筆記、或是數位化的文件檔案（例如：網路版的報紙文章）。

   b. 其次，閱讀文件，括號選取大片段的文本，以螢光或顯目顏色標註重點，新增註解備忘錄，問你自己下列的問題：

   i.這段文本討論的內容是什麼？

   ii.你預期在資料庫當中會發現什麼？

   iii.你預期會發現什麼意想不到的資訊？

   iv.對於參與者而言，資訊當中的哪些概念顯得有趣或不尋常？

   c. 然後，發展和指派編碼標籤給文本的特定片段，請參考使用

本章介紹的資訊，並參考下列引導問題來進行：

i.哪些編碼可能適用？

ii.浮現哪些新的編碼？

iii.哪些編碼與其他資料來源有所連結？

d. 最後，再次檢閱先前指派給每一個編碼標籤的文本片段，然後考量哪些編碼可能適合你的研究用來發展主題。

3. 對於這五種取徑，你分別可以使用哪些一般性的編碼策略，將圖像資料予以編碼，從而提供分析之用？

a. 首先，從你的研究案或是從雜誌等來源，取得一張圖片，將其轉化成數位化的圖檔。

b. 其次，檢視數位圖像片段，問你自己下列問題，從而新增註解備忘錄：

i.這圖像的內容是什麼？

ii.這圖像為何、何時、如何與由誰而製造？

iii.這圖像傳達什麼意義？

c. 然後，發展和指派編碼標籤給圖像片段，請參考使用本章介紹的作法，並參考下列引導問題來進行：

i.哪些編碼可能適用？

ii.浮現哪些新的編碼？

iii.哪些編碼與其他資料來源有所連結？

d. 最後，再次檢視先前指派給每一個編碼標籤的影像片段，然後考量哪些編碼可能適合你的研究用來發展主題。

4. 你應該考量哪些因素，以引導決定是否使用質性資料分析軟體？

a. 使用你想做的質性研究，應用本章提供的引導問題（請參閱圖8.4），來考量決定是否要使用電腦程式。

b. 比較各種質性資料分析軟體時，請參考使用本章提供的引導

問題（請參閱圖8.10），從中選擇最適合你研究需求的一套或兩套程式。

c. 前往你考慮選用的電腦程式官方網站，找到試用版本、示範說明和其他可以幫助你入手的資源。

d. 試用該程式，如果可能，輸入一份小的資料庫，檢視該程式的備忘註記、編碼、排序、讀取、繪圖等功能。

e. 現在，你或許可以試驗、比較不同軟體程式的示範。最後，綜合考量哪一套軟體提供的功能可能最適合你？為什麼？

本章摘要

　　本章探討的是質性資料的分析與呈現。首先，我們再次造訪資料分析關聯的倫理考量。接著，我們檢視三位學者提倡的一般性資料分析程序，介紹其中的共通要項，包括：編碼、主題發展、視覺呈現模式。我們也指出這些元素的若干差別。然後，我們提出質性資料分析過程的螺旋模式，此等螺旋包含若干面向如後：資料管理和組織；閱讀和備忘錄註解浮現的想法；描述編碼，進而分類使成為主題；發展和評估詮釋；資料的呈現與視覺化。其次，我們介紹和討論五種取徑個別有哪些獨特的分析步驟。最後，我們描述電腦程式如何輔助資料分析與呈現；討論有哪些判準可供引導決定是否採用電腦輔助程式，以及介紹四種電腦套裝程式的特定功能；呈現電腦程式的共通特徵，以及適合五種取徑個別編碼程序的資料分析模本；最後，總結提供判準資訊決定是否要使用電腦軟體程式，以及如何選擇適合的程式。

延伸閱讀

　　這裡呈現的延伸閱讀書單，用以補充本章對於資料分析的總覽概述介紹。第一部分，是關於質性資料分析一般性程序和議題的資源書單；第二部分，是關於使用電腦質性分析程式的資源書單。這份書目不應視為窮盡所有相關資源的完整清單，我們鼓勵讀者應該從本書書末收錄比較完整的參考文獻，找尋進一步的研讀材料。

關於質性資料分析的程序和議題：

Bazeley, P. (2013). *Qualitative Data Analysis*: *Practical Strategies*. Thousand Oaks, CA: Sage.

　　Pat Bazeley提供全方位描述質性分析程序，包括實務策略的示範例子。這本書應該列為任何程度的研究者不可或缺的參考書。

Flick, U. (Ed.). (2014). *The SAGE Handbook of Qualitative Analysis*. Thousand Oaks, CA: Sage.

　　手冊呈現多樣化的觀點，涵蓋普遍主題，是入門初學者的最佳選擇。Uwe Flick提供質性研究基礎指南，包括分析策略以及特定類型的資料。

Grbich, C. (2013). *Qualitative Data Analysis*: *An Introduction* (2nd ed.). Thousand Oaks, CA: Sage.

　　Carol Grbich介紹研究者需要的背景資訊、研究涉及的實施過程，以及展示研究結果的呈現方式，細心安排的章節組織相當容易研讀學習。特別值得注意的是，第二十一章和第二十三章分別針對編碼和資料理論化程序提供實作導向的詳盡解釋。

Hays, D. G., & Singh, A. A. (2012). *Qualitative Inquiry in Clinical and Educational Settings*. New York, NY: Guilford Press.

這本臨床和教育場域的質性研究基礎教科書，Danico Hays &
Anneliese Singh嵌入實用的教學輔助設計，譬如：提醒留意
研究過程的潛在陷阱。本書獨到之處包括：資料管理和分析
描述，各種例子示範說明也相當有幫助。

Miles, M. B., Huberman, A. M., & Saldaña, J. (2014). *Qualitative
Data Analysis*: *A Sourcebook of New Methods* (3rd ed.).
Thousand Oaks, CA: Sage.
在第三版中，Johnny Saldaña更新了Matthew B. Miles & A.
Michael Huberman的這本重量級參考寶典，涵蓋範圍擴充加
入了許多主題，包括：敘事研究和自傳俗民誌。這是研究者
必讀的教科書。

Wolcott, H. F. (1994). *Transforming qualitative data*: *Description*,
analysis, *and interpretation*. Thousand Oaks, CA: Sage.
在這本經典著作中，Harry Wolcott使用9項研究實例，描述說
明資料分析過程與資料呈現作法，全書也闡明了研究結果必
須立基於良好的文字描述。

關於使用質性資料分析軟體的程序和議題：

Bazeley, P., & Jackson, K. (2013). *Qualitative data analysis with
NVivo* (2nd ed.) Thousand Oaks, CA: Sage.
Pat Bazeley & Kristi Jackson提供全方位的指南，透過實例示
範說明如何使用 NVivo的各種功能，包括：編碼、詮釋和繪
圖。

Friese, S. (2014). *Qualitative Data Analysis with ATLAS.ti* (2nd ed.).
Thousand Oaks, CA: Sage.
Susanne Friese提供逐步講解的指南，引導使用ATLAS.ti來執
行質性資料分析方法，包括：注意、蒐集、思考資料。

Kuckartz, U. (2014). *Qualitative Text Analysis*: *A Guide to Methods*,

Practice and Using Software. Thousand Oaks, CA: Sage.

Udo Kuckartz，MAXQDA的開發設計者，提供良好的基礎，引導讀者認識使用三大類型的質性文本分析：主題分析、評鑑、類型建立。此外，還包括說明如何將電腦分析軟體的應用融入分析過程。

Silver, C., & Lewins, A. (2014). *Using Software in Qualitative Research*: *A Step-by-step Guide* (2nd ed.) Thousand Oaks, CA: Sage.

第二版，Christina Silver & Ann Lewins擴充綜覽如何最佳化質性分析軟體的運用，提供數量頗多的範例說明。特別一提，第三章對照比較7種軟體程式的各項功能，頗為有用。

9

質性研究報告的寫作

　　研究報告的撰寫，將研究眾多元素結合成整體。借用Strauss & Corbin（1990）的術語，我們對於研究的「*建築*」（*architecture*）感到著迷；換言之，也就是寫作者編寫和架構研究的方式。我們也喜歡Strauss & Corbin（1990）的建議：寫作者使用「空間隱喻」（"spatial metaphor"，頁231），來視覺化報告或研究。要以視覺空間的角度來考量研究，他們提出如後的問題：在思考如何鋪陳、呈現想法時，是如同環繞雕像緩步打轉，從各種相關聯的不同角度來鑽研？還是像下山一樣，逐步走下去？抑或是像在屋子裡，來回穿梭於不同房間？我們覺得Pelias（2011）將寫作分成「*實行*」（*realization*）和「*紀錄*」（*record*）的說法，也頗為有意思；「*實行*」是指寫的過程，「*紀錄*」是指完成的作品。具體而言，我們如何可能讓個中進展比較不那麼讓人感到捉摸不定。寫作質性研究的過程可能被認為含糊難明，因為「我們可能不明白我們有什麼，我們可能也不知道自己正在往哪兒走去」（Charmaz, 2014，頁290）。簡言之，在尚未完成最終報告之前，我們可能無法清楚追溯自己寫作的何去何從。

　　在本章，我們先評估質性研究的普通結構；然後，我們邀請讀者走進研究的特定房間，來看特定取徑的質性研究如何撰寫。如同先前各項主題的討論一樣，首先，我們再度造訪關鍵倫理考量。然

後，我們呈現寫作相關的四項議題，並提供因應的寫作策略：(1)反身性（*reflexivity*）與再現（representation）；(2)讀者群；(3)暗語或伏筆；(4)引述。其次，我們針對五種取徑，評估兩種寫作結構：整體結構（overall structure，亦即報告或研究的整體組織），以及嵌入結構（embedded structure，亦即報告當中使用的特定敘事手法）。我們會再度援引第五章介紹的五種取徑範文，用來示範說明寫作的整體結構和嵌入結構。最後，我們會根據四個面向，來對照比較五種取徑的寫作。在本章，我們不討論文法、語意學方面的寫作議題，有關這方面的問題，可以參考詳細介紹相關主題的書籍（例如：Creswell, 2014; Strunk & White, 2000; Sword, 2012）。

問題討論

- 寫作質性研究時，需要注意哪些倫理議題？
- 草擬質性研究報告時，有哪些通用的寫作策略？
- 對於五種質性研究取徑，各有什麼樣的整體報告寫作結構？
- 對於五種質性研究取徑，各有什麼樣的嵌入寫作結構？
- 對於五種質性研究取徑，敘事結構有何差別？

9.1 寫作質性研究的倫理考量

在斟酌質性研究報告寫作的建築結構之前，我們必須先審慎考量相關倫理議題（初步討論，請參閱第三章）。尤其我們必須注意應用適切的報告策略，以及遵循合乎倫理規範的發表、出版實務作法（請參閱表9.1）。在適切的報告策略方面，最根本的要求是，研究者應該根據讀者群的特殊屬性，量身打造報告，並且妥善選取適合的

用語。在遵循倫理出版實務作法方面，研究報告必須誠實和值得信賴，取得轉用許可（如果有需要），確保不會一稿多投，並且坦誠揭露研究的贊助和受惠單位或個人。

表9.1 質性研究報告期間需注意的倫理議題例子

倫理議題類型	預期可能發生和設法避免的倫理議題例子	最小化方法的例子
應用適切的報告策略	報告不適合目標讀者群	依照讀者群的差異性，量身改寫報告
	使用的語言不清楚或論述雜亂，致使讀者難以接近、理解	使用適合目標讀者群的語言
合乎倫理的發表出版實務慣例	對於作者掛名、證據、資料、發現與結論竄改或造假	創作誠實和值得信賴的報告
	報告未徵得原著作者同意轉用或涉及剽竊	遵照美國心理學會（APA, 2010）關於報告或改編他人作品的轉用許可指南
	將報告複製或拆成多篇報告發表出版	確保相同的材料不會移用到多次的發表出版
	獲利者可能不明顯，可能衍生利益衝突	揭露研究贊助者，以及可能從研究獲利者

　　Creswell（2016）改編美國心理學會的〈倫理守則檢核清單〉（Ethical Compliance Checklist）（APA, 2012，頁20），以供參酌質性研究寫作應該注意考量的事項。質性研究者在撰寫研究手稿和研究計畫時，都應該考量下列問題：

- 對於未出版的研究工具、程序、或是其他研究者可能視為個人財產的資料，我有否取得同意使用權？

- 引用其他已出版作品時，我有否適切標註原始出處？

- 對於機構審查委員會審查我的研究提出的問題，我是否做好準備能夠妥善回覆？

- 對於期刊編輯委員所提有關我研究使用的知情同意書，以及事後說明程序等問題，我是否做好準備能夠妥善回覆？

- 所有作者是否都有檢視文章內容，並且同意承擔文責？

- 我是否有充分保護相關人等的隱私，包括：研究參與者、案主—患者、組織機構、第三方，以及報告手稿呈現資訊來源的其他人士？

- 所有作者是否都已同意作者排名順序？

- 我有否取得同意使用任何受版權保護的材料？

9.2 寫作策略

　　無庸置疑地，敘事形式的寫作，質性研究運用相當廣泛。Glesne（2016）回顧檢視敘事形式的寫作指出，說故事的敘事形式寫作，模糊了小說、新聞報導、學術研究之間的界線。其他形式的質性研究寫作，還包括使用大事記的取徑，帶領讀者逐步走入事件的進展過程，研究的主題可能是文化分享團體、個別人物的生活故事，或是計畫、方案、組織的演化。另外的質性研究寫作形式，還包括縮小或擴大焦點，就如同相機鏡頭一樣，左右推開、拉近，然後再推遠。有些報告大量仰賴事件的描述，有些則是著重於小數量的「主題」或觀點。敘事可能捕捉個人或團體「生活中的典型一天」。某些報告側重於理論，另外有些報告，譬如：Stake（1995）的「哈潑學校」（Harper School），則是只用極少的文獻和理論。除此之外，

自從Clifford & Marcus（1986）主編出版俗民誌領域的《書寫文化》（*Writing Culture*）以來，質性研究者必須自我揭露自身在寫作當中的角色、對於參與者的衝擊，以及讀者如何解讀傳達的資訊。接下來，我們就來看看，研究者如何處理反身性和再現的議題。

▌9.2.1▐　寫作當中的反身性與再現

相較於幾年之前，現今的質性研究者在書寫方面已有較多著力於自我揭露。Ronald Pelias（2011）描述反身性的作者乃是「對於自己的倫理、政治立場有所意識，並且將該等自我面向視為有待研究探索的一部分」（頁662）。全知觀點（omniscient，又稱上帝觀點）、保持距離的寫作姿態，已經不再是可接受的書寫標準。誠如Laurel Richardson寫道：研究者「不需要試圖扮演上帝，把寫作視為非骨肉之軀的全知敘事者，宣稱所寫的是超越時代的普世知識」（Richardson & St. Pierre, 2005，頁961）。針對這些全知觀點的敘事者，後現代思想家「解構」敘事，文本乃是各方筆戰的領域，必須揭開作者掩蓋的理念和作者生活所在的脈絡，否則不可能獲得理解（Agger, 1991）。Denzin（2001）在其「詮釋論」取徑的傳記書寫即是擁抱此等取徑。職是之故，現今的質性研究者承認，質性研究的書寫不可能和作者相互切割，也不可能自外於讀者對於書寫的看待觀點，以及書寫對於參與者和場地的衝擊。

寫作反映作者的詮釋，脫離不了個人帶入研究的文化、社會、性別、階級和政治觀點。所有寫作都是「有立場的」。研究者形塑浮現的寫作，而質性研究者需要接受詮釋，並且在寫作當中保持開放。根據Richardson（1994），最好的寫作直率承認「不可決定性」，所有寫作都有「潛文本」（subtexts），將寫作材料「立足」或「置身」於特定的歷史，或特定的時間和地方。依照此種觀點來看，沒有任何寫作擁有「特權的地位」（頁518），或是高於其他寫作的地位。事實上，寫作乃是寫者和研究對象之間共同建構與互動過程的再現

（Gilgun, 2005）。

此外，也有越來越多的論者關切書寫對於參與者的衝擊。參與者如何看待所寫出來的結果？他們是否會因為書寫而受到邊緣化？會不會受到冒犯？有沒有隱藏真實感受和觀點？參與者是否有檢視他們對於研究者的詮釋，是否有不同的詮釋、挑戰、異議（Weis & Fine, 2000）？或許，研究者採用客觀、科學式的書寫，也可能導致參與者和研究者都受到失聲、消音的衝擊。在這方面，Czarniawska（2004）和Gilgun（2005）指出，質性研究的一個重要目標，是要尋求聽見所有聲音和觀點，而失聲、消音與此等目標正好相互矛盾。

再者，書寫對於讀者也有所衝擊。讀者也會對所讀的文本做出詮釋，並且可能迥然不同於作者或參與者的詮釋。研究者是否應該害怕某些人會讀到報告？如果說事件的最終詮釋乃是讀者所賦予的，那麼研究者是否可能給出任何底定的陳述？事實上，書寫可能是一種展演，標準格式的質性研究書寫，已經擴展納入許多非典型的模式，包括：切割頁面書寫、劇場、詩詞、攝影、音樂、拼貼、繪畫、雕塑、拼布、彩繪玻璃、舞蹈（Gilgun, 2005）。語言可能「殺死」所觸及的任何事物，而且質性研究者明白，不可能真正「說出」任何事情（van Manen, 2006）。

Weis & Fine（2000）討論，「批判意識的自我反思要點，環繞〔質性研究寫作〕如何呈現〔研究者〕責任的問題。」（頁33）從個中討論要點，我們摘要整理出若干問題，可供研究者在思考質性寫作時妥為考量：

- 如果人們說到或承認，他們有時候記不得或是選擇不去回憶某些事情，我是否應該據實寫出？
- 研究報告中，需要呈現我的哪些政治反身性？
- 我的書寫，是否有將參與者個人的聲音和故事，連結回到所置身的歷史、結構、經濟等情境關係？
- 對於參與者的話語，我應該可以理論化到何等程度？

- 我是否有考量過，我的話語如何可能被用來促成進步、保守或壓抑的社會政策？

- 我是否退縮回被動的聲音，從而卸除我對於報告所做詮釋而應該承擔的責任？

- 我的分析（和書寫）在何種程度，提出有別於常識或優勢論述的觀點？

在質性研究書寫當中，作者需要確認自身在研究的「位置」。這就是「反身性」的概念。簡言之，作者設法釐清自己帶進質性研究的個人成見、價值、經驗。優秀質性研究的一個特徵是，研究者外顯化自身的「位置性」（"positionality"，Hammersley & Atkinson, 1995）。我們認為反身性包含兩部分：(1)研究者談論個人關於所探索之現象的經驗。這涉及過去在工作、學校和家庭等方面的經驗。(2)討論該等經驗如何形塑研究者對於現象的詮釋。這個部分很重要，但往往受到忽略，甚至隻字未提，因為反思過程相當具有挑戰難度，也缺乏資源指引如何落實（van Manen, 2014）。

我們建議，反身性的書寫，評述說明研究進展過程的經驗，其中可能包含資料蒐集期間或是關於研究發現的靈感。使用質性軟體的備忘錄功能，可以容易捕捉和讀取諸如此類的評述。檢視和討論個人成見、價值、經驗如何衝擊浮現的理解，這是研究者保持反身性思維的核心所在，因為研究者不僅是詳細陳述自己對於現象的經驗，同時也必須自我意識，該等經驗如何可能形塑研究發現、詮釋和結論。總之，書寫質性研究文本不可能隔絕或自外於作者、參與者或讀者。反身性評述的位置也需要妥善斟酌。

反身性評述可以安插在質性研究的一個或多個位置。最普遍的位置包括：開場（或結尾）；方法討論的部分，作者談論自己在研究當中的角色；或是穿插在整篇研究各部分的個人評述。

- 在開場部分，比方說，現象學研究的開場，頗常見到作者個人陳述，揭露自身的背景（請參閱Brown, Sorrell, McClaren, &

Creswell, 2006）。類似地，在個案研究的開場，可能呈現微型敘事，揭露個人背景（請參閱Stake, 1995），或是收錄在最後部分的尾聲（請參閱Asmussen & Creswell, 1995）。

- 在方法討論的部分，現象學研究者可以揭露自己身爲健康照護者的經驗，以及研究AIDS /HIV感染者，訪談者承認該等經驗，並且括弧懸置之（請參閱Anderson & Spencer, 2002）。

- 最後，研究者也可以將反身性評述，穿插在文章的各部分，例如：介紹、方法、結果或主題等，這種寫法頗常見於俗民誌研究（例如：請參閱Mac an Ghaill & Haywood, 2015）。

9.2.2 讀者定位

關於寫作，有一項顛撲不破的基本眞理是，所有寫作都是爲了給讀者讀而寫的。誠如Clandinin & Connelly（2000）所言：「寫作過程和作品當中，必須隨時瀰漫著讀者就在身後窺視的感覺。」（頁149）因此，寫作者必須有意識地認眞思考其研究的讀者群或多元讀者群（Richardson, 1990, 1994）。比方說，Tierney（1995）確認四類讀者群：同僚、訪談或觀察的研究參與者、政策決策者、一般大衆。晚近則有Silverman（2013），區分學術同僚vs.實務同僚，對於研究寫作的差別期許：學術同僚，尋求理論、事實、方法論等方面的洞視；實務同僚，尋求實務建議程序，或是現行實務改革。確認目標讀者群有助於提供資訊，來幫助研究寫作過程的決策，簡言之，你希望吸引到什麼樣的讀者群，將會影響到你對於報告結構的選擇。比方說，因爲Fischer & Wertz（1979）在公共論壇發布其現象學研究，所以他們特別寫了若干不同的版本來陳述研究發現，以便能夠貼近不同的讀者群。其中一種版本，採取適合普通讀者的書寫結構，總共四段，他們承認，如此一來，犧牲了不少豐富性和具體元素。另外一個版本，呈現若干個案摘述，每則報導單一人物的經驗，篇幅兩頁半左右。晚近MacKenzie, Christensen, & Turner（2015），討論他們試圖

和參與者溝通參與型研究結果所面臨的挑戰。

Ravitch & Mittenfelner Carl（2016）討論研究目的和讀者群相關聯的16項問題。以下摘列改寫的這些問題，可供質性研究者考量目標讀者群關聯的寫作決定：

- 這篇研究寫作設定哪些目標讀者群？有哪些問題可供考量，以便做出適切選擇？
- 我希望這篇報告對於目標讀者群達到什麼樣的效應？
- 我的讀者群會期待什麼樣的寫作結構？
- 是否有其他讀者群可能從我的研究心得和知識獲益？
- 我如何可能調整寫作結構，以適合其他讀者群的需求？

| 9.2.3 | 寫作的暗語修辭

與前述考量讀者群緊密關聯的還有，正視語言在形塑質性研究寫作的重要性。我們使用語言來呈現報告，特定的暗語修辭可以揭顯我們如何看待不同讀者群的需求。稍早在第六章，我們介紹如何運用暗語修辭，來呈現研究問題、目標宣言、研究待答問題；現在，我們再次考量如何運用暗語修辭，來鋪陳整篇敘事報告。

Richardson（1990）關於女子涉入已婚男人婚外情的研究，可以示範說明如何運用暗語修辭，寫出適合不同讀者群的文本，包括：商業讀物、道德或政治意旨，以及學術讀者群。

首先，對於商業讀物的讀者，她採用了文學修辭手法如下：

> 活潑生動的標題，吸睛的封面，少用專業術語，方法論能免則免，通俗世界的隱喻和意象，書籍宣傳和導言簡介凸顯「普羅大眾」的閱讀興趣。（Richardson, 1990，頁32）

配合道德或政治意旨的讀者群，她採取了如下的暗語修辭手法：

> 標題使用特定族群的圈內字眼，譬如：在女性主義書
> 寫，使用女人／女性主義者；作者在道德倡議、社會運動等
> 方面的資歷，譬如：作者投身特定社會運動所扮演的角色；
> 參考引述道德倡議、社會運動等方面的權威；培力賦權增能
> 的隱喻；書籍宣傳和導言簡介作品與真實人生的關聯性。
> （Richardson, 1990，頁32-33）

最後，針對學術讀者群（例如：期刊、研討會論文、學術專
書），她凸顯如下的暗語修辭寫法：

> 凸顯作者的學經歷、參考文獻、註腳、方法論章節，使
> 用學術界熟悉的隱喻和意象（譬如：「excange theory／交
> 換理論」、「role／角色」、「stratification／階層化」），
> 書籍宣傳和導言簡介涉及科學或學術旨趣。（Richardson,
> 1990，頁32）

雖然我們此處強調學術寫作，但是質性研究書寫的修辭，也需要
考量學術界以外的讀者群。比方說，在社會科學和人文學門的研究報
告，首要讀者群可能是政策決策者，因此，報告當中有必要減少研究
方法的分量，儘量簡約，而把焦點放在實務和結果。

Richardson（1990）的想法，有助於質性研究者思索如何透過暗
語修辭來撰寫質性研究的敘事。摘列若干暗語修辭手法如下，酌供參
考：

- 整體結構，不要依循量化研究的標準格式：介紹、方法、結果、
  討論。反之，方法可能改稱為「程序」，結果改稱為「發現」。
  事實上，質性研究者可以採用研究參與者的話語用字，作為研究
  發現之主題的標題，譬如：槍擊事故個案使用「否認」、「重
  複觸發」等等，作為呈現研究發現主題的標題（Asmussen &

Creswell, 1995）。

- 寫作風格，儘量展現個人化、熟悉、「貼近」、友善、適合廣大讀者群。質性書寫應該致力於「說服」效果（Czarniawska, 2004，頁124）。讀者應該覺得題材有趣、過目難忘，還有捉得住的「亮點」（Gilgun, 2005）。

- 細節鋪陳到位，能夠讓作品活靈活現——浮上腦海的就是*栩栩如生*（*verismilitude*，Richardson, 1990，頁521）。栩栩如生是指，研究書寫讓人感覺「真實」和「活靈活現」，帶領讀者直接進入研究的世界，譬如：青少年抗拒反文化和宰制文化的文化場域（Haenfler, 2004），或是移民學生在學校教室的情境（Chan, 2010）。不過，我們必須承認，任何的寫作只是對於我們所見和理解的一種再現。

▎9.2.4▎ 引述的寫法

除了使用質性研究的暗語修辭來書寫文本，作者也會帶進參與者的聲音和話語風格。在插入引述時，所選用的引述片段應該具有示範效應，盡可能包含脈絡、配合適切詮釋，而且能夠融入前後敘事文本（Brinkmann & Kvale, 2015）。一般而言，質性研究作者引用大量的引述。我們發現，Richardson（1990）討論關於三種引述類型，對於寫作頗有助益。

- 第一種引述寫法，由簡短、吸睛的參與者說詞組成。容易閱讀，不占太多空間，和作者的敘事文本區隔開來，可用以顯示不同人的觀點。例如：Anderson & Spencer（2002）愛滋感染者的現象學研究，使用參與者說詞的引述段落，來傳達「拋諸腦後的魔力」主題：

> 這是一種病，但是在我心裡，我不讓自己去想我得了這個病。因為如果你去想身上有HIV，那只會糾纏不清。就像

> 是心理作戰吧，儘量讓自己好好活下去，索性就不去想了，
> 完全拋諸腦後。（頁1347）

- 第二種是嵌入式的引述，擷取參與者的若干短句，嵌入在分析者的敘事段落。這種引述，根據Richardson（1990），可以幫助讀者注意敘事重點的轉移，或是展示某種要點，並且容許作者（和讀者）繼續下去。例如，Harley et al.（2009）在他們的扎根理論研究，就頻繁使用簡短的嵌入式引述，因為有助於提供具體而特定的證據，透過參與者的話語來支持某項主題，譬如在初期階段：

> 許多婦女在職業和家庭之間來回奔波，所以體能活動讓她們有空檔時間，這也成為另一種重要好處。一位婦女解釋：「我沒有多少自己的時間，我開始樂在其中，我開始喜歡這樣的運動。」（頁103）

- 第三類的引述，篇幅比較長，用來傳達比較複雜的理解。因為一般論文有篇幅的限制，這種引述使用比較困難。再者，由於包含較多的理念，所以讀者需要妥為引導，以期讀者得以「進入」和「跨出」引述，將注意力聚焦在作者期待他們看見的理念。例如，Frelin（2015）使用較長的參與者說詞引述，來描述時間對於師生關係發展的衝擊：

> 如果你看到有學生好像出了什麼狀況，你總是有時間坐下來，和他們說說話。你總是能夠和學生好好聊天，每一次都可以，這真的很棒。但是在義務教育學校，你就不可能做到，一個班級有30個學生，下課時間一到，就必須趕去另一間教室，去教下一堂課。（頁598）

9.3　整體和內嵌寫作策略

前述一般性的寫作取徑之外，質性研究者還需要正視如何配合所選用之特定研究取徑，來撰寫報告的整體敘事結構，以及內嵌結構。我們提供表9.2，以茲引導下列的討論，其中包括若干整體寫作結構和內嵌寫作結構，分別可適用於五種質性研究取徑。

表9.2 五種取徑的整體寫作結構和內嵌寫作結構

取徑	整體寫作結構	嵌入寫作結構
敘事研究	·彈性、演化過程（Clandinin, 2013; Clandinin & Connelly, 2000） ·三維空間探究模式（Clandinin & Connelly, 2000） ·大事記（Clandinin & Connelly, 2000）或資訊的時間或事件順序（Riessman, 2008） ·報告參與者的說詞（主題）；他們如何說（故事的順序）；他們如何和其他人互動（對白和展演；Riessman, 2008）	·主顯節（Denzin, 2001） ·關鍵事件或情節（Czarniawska, 2004; Smith, 1994） ·隱喻和轉折（Clandinin & Connelly, 2000; Lomask, 1986） ·前進—回溯法（Czarniawska, 2004; Denzin, 2001; Ellis, 1993; Huber & Whelan, 1999） ·多元敘事陳述的線索（Clandinin, 2013; Clandinin & Connelly, 2000） ·主題或範疇（Chan, 2010; Riessman, 2008） ·對白或對話（Chan, 2010; Riessman, 2008）

取徑	整體寫作結構	嵌入寫作結構
現象學	·「研究手稿」結構（Moustakas, 1994） ·「研究報告」格式（Polkinghorne, 1989） ·主題和分析始於本質；引入其他作者；使用時間、空間，以及其他向度（van Manen, 2014）	·報告本質的圖、表（Anderson & Spencer, 2002; Grisby & Megel, 1995） ·哲學討論（Harper, 1981） ·創意式結局（Moustakas, 1994）
扎根理論	·扎根理論研究元素（May, 1986） ·開放、軸心、選擇性編碼的結果（Strauss & Corbin, 1990, 1998） ·焦點在理論和支持理論的論述（Charmaz, 2014）	·分析的範圍（Chenitz & Swanson, 1986; Creswell & Brown, 1992; Kus, 1986） ·命題（Conrad, 1978; Strauss & Corbin, 1990） ·視覺繪圖（Harley et al., 2009; Morrow & Smith, 1995） ·情緒、韻律、修辭問題、語調、節奏、故事、激發回憶／情緒的寫作（Charmaz, 2014）
俗民誌	·故事的類型（Van Maanen, 2011） ·描述、分析、詮釋（Wolcott, 1994） ·「主題敘事」（Emerson, Fretz, & Shaw, 2011）	·比喻修辭（Fetterman, 2010; Hammersley & Atkinson, 2007; Rhoads, 1995） ·厚描述（Denzin, 2001; Fetterman, 2010） ·逐字引述（Fetterman, 2010; Haenfler, 2004; Mac an Ghaill & Haywood, 2015）

取徑	整體寫作結構	嵌入寫作結構
		·對白（Nelson, 1990）或情景（Emerson et al., 2011） ·文學手法，譬如：不同說話者的聲音、隱喻、反語、明喻（Fetterman, 2010）
個案研究	·微型敘事的格式（Stake, 1995） ·實質個案報告格式（Lincoln & Guba, 1985） ·個案的類型（Yin, 2014） ·基於線性和非線性取徑的另類結構（Yin, 2014）	·大事記與漏斗取徑（Asmussen & Creswell, 1995; Frelin, 2015; Staples, Pugach, & Himes, et al., 2005） ·描述（Merriam, 1998; Merriam & Tisdell, 2015）

|9.3.1| 敘事研究的寫作結構

當我們檢視敘事研究的書寫時，我們發現，作者通常都不太願意預先設定嚴格結構化的寫作策略（Clandinin, 2013; Clandinin & Connelly, 2000; Czarniawska, 2004; Riessman, 2008）。反之，往往建議在寫作結構方面，盡可能維持最大化的彈性空間（請參閱Ely, 2007）。再者，就是強調可能寫進入敘事研究的核心元素。透過這樣的寫法，Clandinin（2013）描述，敘事研究作者做妥善準備，打造出敘事結構和特定研究脈絡相得益彰的作品：

　　　身為敘事探究者，我們需要保持開放，讓讀者得以清楚

看見，參與者以及我們，努力達到融貫一致，有時成功，有時則否。我們必須在暫時和最終研究文本的寫作、共同寫作、以及協商當中，讓個中的多元性得以清楚顯現；在此同時，也能清楚顯現，包括我們的生活敘事、參與者的生活敘事，以及在我們敘事探究當中，雙方共同撰寫的生活敘事，此等諸多面向的融貫一致，或是缺乏融貫一致。（頁49）

整體結構

敘事研究者鼓勵撰寫研究報告時，不妨針對書寫形式多做實驗（Clandinin, 2013; Clandinin & Connelly, 2000）。在實驗敘事形式時，首先檢視個人偏好的讀物（例如：回憶錄、小說），研讀其他敘事研究取徑的博士論文和書籍，檢閱敘事研究，將其視為來回穿梭的書寫過程（Clandinin & Connelly, 2000）。在這些一般原則之下，Clandinin & Connelly（2000）回顧檢視兩本採用敘事研究取徑的博士學位論文。這兩本論文的敘事結構各異：一本，採用大事記結構，提供三個女人生活的敘事；另一本，採用比較傳統取徑的博士論文架構，包括：介紹、文獻探討、方法論，然後討論作者和研究參與者經驗的故事。閱讀這兩個例子，出乎意料地，我們發現，兩者都反映了Clandinin & Connelly（2000）討論的三維探究空間模式。這種三維探究空間模式，如前所述，乃是向前／後、向內／外觀看，並且將經驗置放在空間之內的文本。比方說，He的博士論文（引述於Clandinin），研究兩位參與者和作者過去在中國的生活，以及目前在加拿大的情況。這故事呈現了如下的探究空間：

〔這故事〕向後回溯她和兩位參與者的過去，向前思索她們在這新的國度，目前是什麼樣的人，未來將會變成什麼樣的人。她向內看，反思自己做這研究的個人理由。

> 她向外看，思索這樣的研究對於社會的重要性。她描繪了
> 中國和加拿大的環境，以及她想像自己居住的中間地帶。
> （Clandinin & Connelly, 2000，頁156）

在Clandinin & Connelly（2000）書中，後面還有一篇關於Clandinin提供學生敘事形式建議的故事，這也和三維探究空間模式有關：

> 　　她們來找Jean [Clandinin]，討論關於逐漸成形的文
> 本，Jean發現自己的回應比較不是評述先前制定或接受的
> 寫作格式，而比較多是針對三維敘事探究空間提出問題。
> （Clandinin & Connelly, 2000，頁165）

請注意，在前引段落中，Clandinin「提出問題」，而不是直接告訴學生如何著手，以及她如何回到三維探究空間模式的較大*修辭*（*rhetorical*）結構，作為思考書寫敘事研究的一種架構。這架構也建議敘事報告的大事記寫法，亦即依據時間或特定插曲的順序來組織（Riessman, 2008）。

在敘事研究，乃至於所有形式的質性研究，資料蒐集程序、分析、寫作報告的形式和結構，三者之間存在著相當緊密的關聯（Riessman, 2008）。在某些結構化的取徑——分析個人如何敘說故事——報告所呈現的內容可能包含六項元素，Riessman（2008）稱為「完整形式的敘事」（full formed narrative）（頁84）。在此，簡述這六項元素如下：

- 故事的摘要與／或要點（summary or the point of story）。
- 故事情境的設定（orientation）：故事的時間、地點、人物和情境等。
- 狀況情節（complicating action）：事件序列或情節，通常帶有危

機或轉捩點。

- 評述（evaluation）：敘事者針對事件的意義或情感面向提出評述。
- 狀況化解（resolution）：狀況情節的解決、化除。
- 結語（coda）：故事的結尾，並且將敘事帶回到現在時空。

在聚焦說話者之間（譬如：訪談者和受訪者）的敘事研究，整體報告可能是一篇詩、一部劇作、或其他形式的戲曲演繹。在先前幾章，我們描述展現此等敘事元素的若干敘事研究（請參閱Chan, 2010），我們鼓勵你回顧檢視這些研究呈現方式的相近和相異處。

內嵌結構

如果在較巨觀層次的寫作結構是採取實驗和彈性方式來進行，那在較微觀的層次，就會採行撰寫敘事研究可能運用的寫作策略的若干元素，作者可能使用來撰寫敘事研究。寫法可參閱Clandinin（2013）、Clandinin & Connelly（2000）、Czarniawska（2004），以及Riessman（2008）。

敘事的撰寫需要，最終給予某些特定的聲音較多的篇幅（Czarniawska, 2004）。此外，這種寫作可能有空間的元素，譬如：前進─回溯法（progressive-regressive method，Denzin, 2001），傳記作者首先呈現參與者生活的關鍵事件，然後從該一事件向前、向後描述，譬如：Denzin（2001）酗酒者的研究。另外，也可能有「鏡頭拉進」（zooming in）和「鏡頭推遠」（zooming out），譬如：先描述研究具體田野的較大脈絡（例如：某場地），然後再縮小範圍（Czarniawska, 2004）。Huber & Whelan（1993）重述一名老師認同的敘事，個人經驗的影響，同時也談論比較近期關於教師專業的經驗。類似地，Ellis（1993）敘說兄弟空難往生對於家族衝擊的個人敘事，其中穿梭往返描述童年的經驗和環繞空難的經驗。

這種書寫可能強調「關鍵事件」或主顯節，定義就是標誌人物

生活的關鍵互動時刻和經驗（Denzin, 2001）。Denzin區分四種形式：主要事件，觸及個別人物的生活肌理；累積或代表性的事件或經驗，持續出現或存在有段時間；次要的主顯節，代表個別人物生活的某一時刻；插曲或重溫主顯節（relived epiphanies），涉及重溫生活經驗。Czarniawska（2004）介紹情節的關鍵元素，可用來引入詮釋報告事件的結構。

敘事寫作可以報告主題。Smith（1994）推薦找尋主題來引導所要書寫的發展。主題可能浮現自先前的知識或是回顧檢視整個人生，雖然研究者時常遭遇困難區分主要主題和次要主題。Clandinin & Connelly（2000）指稱書寫研究文本在化約式的界線，這是一種由「下向化約」組成的取徑（頁143），研究者在主題當中尋找共通線索或是跨參與者的共通元素。Clandinin（2013）描述這些線索對於書寫多元敘事的重要性。

敘事書寫策略也包括使用對話，譬如研究者和參與者的對話（Riessman, 2008）。有時候，敘事者的某些說詞需要存疑看待，而不是一概採信。研究中的對話展開，可能同時呈現不同的語言，包括敘事者原本使用的語言，以及英語翻譯。例如：Chan（2010）華裔加拿大學生的敘事研究，講述這位學生的故事，以及她和同學、老師、家人的關係，研究者和學生之間的對話給每一個主題提供證據。每一段對話都有標題，用以標示該對話的意涵，譬如：「蘇珊不會講福建話」（Chan, 2010，頁117）。

其他敘事修辭手法，還包括使用轉承。根據Lomask（1986），轉承就是在敘事當中插入銜接通順的大事記。作者可以使用字詞、片語、問句表示這是偷懶的轉承寫法，以時間和地方的轉承來讓行動向前或向後敘說。除了轉承之外，敘事研究者也使用*伏筆*（*foreshadowing*），這是頻繁使用的敘事手法，用來提示未來的事情，或是後面將會發展的事件、主題。敘事研究者也使用隱喻，Clandinin & Connelly（2000）建議使用容器內的湯的隱喻，來描述敘

事文本（湯是指描述人物、地點、事物等支持理解的論述；人物置身於特定地點、時間、場景、情節的豐富描述；容器則是指即博碩士學位論文、期刊文章）。

▌9.3.2▌ 現象學研究的寫作結構

現象學研究論者（例如：Moustakas, 1994; van Manen, 2014），對於寫作議題的討論，比較側重於整體結構，相對較少論及嵌入結構。不過，就像對於所有形式的質性研究一樣，仔細研讀期刊、專論或書籍等形式的研究報告，總是可以從中學習到很多。

整體結構

Moustakas（1994）的現象學研究法，採用高度結構化的分析取徑，提供的書寫形式，細節相當詳盡。分析步驟包括：確認重要陳述、建立意義單位、叢聚主題、文本描述和結構描述，結尾是複合描述，窮盡陳述經驗的本質。提供清楚說明的程序，來組織研究報告（Moustakas, 1994）。就我們的經驗來看，有些人會感到頗為驚訝，現象學取徑居然用高度結構化的程序來處理敏感主題（例如：「感覺被排斥」、「失眠」、「刑案受害人」、「生活意義」、「中年自動轉換職涯跑道」、「渴望」、「兒時受虐的成人」；Moustakas, 1994，頁153）。但是這種資料分析的程序，我們認為確實有助於引導研究者方向，呈現分析的整體結構，以及最終報告的組織。

現象學報告的整體書寫組織，可以參考Moustakas（1994）提供的建議。他推薦採用特定的章法結構來「創作研究手稿」：

- 第一章：介紹和主題宣言和大綱。主題包括：自傳宣言、關於作者此研究主題的經驗、研究主題、研究者可望獲得的知識、研究待答問題，以及研究的術語。
- 第二章：相關文獻回顧。主題包括：回顧檢視搜尋的資料庫、介

紹文獻、摘要核心發現，以及陳述研究與先前研究有何不同（例如：研究問題、模式、方法論、蒐集的資料）。

- 第三章：**模式的概念架構**。主題包括：使用的理論，以及和研究設計相關的概念與程序（第三章和第四章可以合併）。

- 第四章：**方法論**。主題包括：準備執行研究的方法和程序、資料蒐集的方法與程序，以及組織、分析和整合資料的方法與程序。

- 第五章：**資料呈現**。主題包括：資料蒐集、資料分析、資料整合、視域化、意義單位、叢集主題、文本描述、結構描述、經驗的意義和本質的整合。

- 第六章：**摘要、啓示和結果**。主題包括：研究的總結摘述、研究發現如何有別於文獻回顧整理的要點，建議未來研究、研究限制、討論研究的蘊義或啓示，最後創意的結語，說出研究的本質，以及對於研究者的啓發。

第二種整體書寫的模式，相較於前一種模式，比較沒那麼具體、特定，請參閱Polkinghorne（1989），是他在討論「研究報告」時提出。在此一模式，研究者描述蒐集資料的程序，以及從原始資料轉化成較爲普遍描述的步驟。再者，研究者納入先前一項研究的回顧、主題相關的理論、對於心理學理論和應用的啓示。我們尤其喜歡Polkinghorne（1989）對於如此一種報告之衝擊的評述：

> 產生研究報告，針對一經驗給予準確、清楚的描述和闡明。讀者讀完之後，應該會帶走一種感覺：「對於那種經歷者的切身感受，我有了更好的理解。」（頁46）

第三種整體書寫的模式，來自van Manen（1990, 2014）。他首先討論「處理文本」（van Manen, 1990，頁167），研究的最終報告只呈現、組織逐字稿，那就功虧一簣，算不上是好的現象學研究。相對地，他推薦若干替代寫法。研究應該依照主題組織，檢視所研究之

現象的核心面向。再者，還可以分析重整文本資料，轉化成爲較大的理念（例如：對比理念），或是聚焦縮小，描述特定生活情境。另外，也可以先描述本質，然後再呈現該等本質的其他變化形式例子。其他取徑包括和其他現象學作者對話，在描述當中穿插時間、空間、與他人的關係等文字。最後，van Manen建議，作者或許該開發創新的報告方式，或是融合應用。

內嵌結構

關於內嵌結構書寫，現象學研究文獻當中，可以找到許多的例子。作者在敘事當中速寫一小段文字，或是將此段文字插入視覺圖形，從而呈現研究參與者的經驗「本質」。後面提到的這種插入視覺圖形的方式，有效運用於護士—教師照護經驗的研究（Grigsby & Megel, 1995）。另外一種寫法，是透過討論現象學和其哲學預設，來引導讀者認識現象學。Harper（1981）使用此一寫法，描述胡塞爾的若干主要論點，以及採用現象學取徑來研究「休閒」之意義，有哪些優點。最後，我們喜歡Moustakas（1994）的建議：「撰寫富有創意的結尾，說出研究的本質，以及對你的啓發，尤其是在知識的價值和你未來的專業—個人生活。」（頁184）雖然現象學者傾向以括弧法，將自身懸置於敘事之外，但是絕對的存而不論是不可能達到的。因此，Moustakas在研究的介紹部分，描述心理現象學家可能帶進研究的反身性，譬如：在自傳脈絡下，提出初期的研究問題宣言。先前幾章，我們描述現象學採用的普遍大綱（請參閱Anderson & Spencer, 2002），我們鼓勵你回顧檢視該等研究呈現方式的相似和相異處。具體而言，Anderson & Spencer關於愛滋感染者的現象學研究，呈現了整體和內嵌書寫結構的許多特徵。在整體結構部分，開場先呈現53歲男性感染者的引述說詞，接著呈現研究的介紹、文獻回顧、方法和結果。其中也採用Colaizzi（1978）的現象學方法，呈現摘列重要陳述的表格，以及意義主題的表格。Anderson & Spencer

（2002）結尾呈現的是關於現象的深入、窮盡描述：

> 　　結果整合成AIDS本質的架構。生活經驗，一開始是驚
> 懼，伴隨著擔憂身體消瘦、耗弱和失落。對於AIDS的認知
> 再現，包括：無可逃避的死亡、身體崩毀、生死決鬥、慢性
> 疾病。因應的方法包括：尋求「救命良方」、照顧自己、接
> 受診斷結果、把AIDS拋諸腦後、轉求上帝、提高警覺。隨
> 著時間過去，大部分感染者逐漸適應與AIDS共存。感覺從
> 「毀天滅地的震撼」、「傷痛欲絕」、「忿怒」，轉而趨向
> 「平靜」、「不去煩惱」。（頁1349）

　　Moustakas（1994）也提出類似的結構化寫法。Padilla（2003）
探討一位婦女在21年前因爲腦部受創而失能的現象學研究，就是採
用這種寫法，唯一的例外是，Padilla另外加入了研究背景的描述。

┃9.3.3┃ 扎根理論的寫作結構

　　檢視扎根理論的期刊論文，可以從中推敲出書寫敘事的通用結構
（以及衍生的寫法）。不過，請注意，期刊論文必須刪減，以符合特
定期刊的投稿規格，因此，讀者通常沒能見識到完整的研究。

整體結構

　　最重要的是，作者需要在扎根理論的敘事呈現理論。要做到這
點，作者必須投入反覆來回的寫作過程：「這意味著必須在各章節
之間反覆來回，重新思考、修改，有時候還得從頭全部改寫。」
（Charmaz, 2014，頁285）誠如May（1986）論稱：「嚴格來講，研
究發現就是理論本身，換言之，就是一組概念和連結該等概念的命
題。」（頁148）她繼而描述扎根理論的研究程序如下：

- 提擬較為廣泛的研究待答問題，並且在資料蒐集、分析過程，調整若干次。

- 扎根理論的文獻回顧，「不會提供關鍵概念，也沒提出假說。」（頁149）反之，是要呈顯現存知識的闕漏或偏差，從而確立支持研究採用扎根理論取徑的邏輯理由。

- 在研究過程，方法論會持續演化，所以初期寫作頗難下筆。不過，研究者還是得想辦法從某些地方開始寫。一般而言，通常會寫些關於研究樣本、場地、資料蒐集程序的初步想法。

- 研究結果，呈現理論模式，作者納入參考文獻來提供外部的支持。再者，資料還包括：微型敘事和引述段落，提供有助於解釋的材料，幫助讀者判斷理論扎根於資料的妥適程度。

- 最終，討論部分，討論既存知識和理論之間的關係，以及理論對於未來研究和實務的啟示。

Strauss & Corbin（1990）也提供若干廣泛的寫作組織元素，來架構扎根理論研究。他們的建議，摘述如下：

- 發展清楚的分析故事，這是由選擇編碼階段所提供。

- 書寫重點應該放在概念層次，以概念和分析故事為主，描述為輔。因此，讀者將發現比較少關於研究現象的描述，而比較多抽象層次的理論分析。

- 具體闡述範疇之間的關係。這是扎根理論的理論化部分，研究者根據軸心編碼建立的範疇之間關係，陳述故事和提出命題。

- 具體闡述範疇之間關係的多樣可能性、相關條件、後果等等。好的扎根理論，應該可以發現理論的多樣可能性，以及理論成立的各種不同條件。這意味著，有充分發展軸心編碼所有元素的多元觀點或多樣可能性。比方說，理論可能呈現多種不同的後果，並且都有提供豐富細節。

更具體而言，在Strauss & Corbin（1990, 1998）提出的結構化扎根理論取徑，書面報告包含：開放編碼、軸心編碼、討論，以及呈現

理論。分別來看，開放編碼，確認研究者在資料當中發現的多樣開放編碼；軸心編碼，呈現理論視覺模式，討論視覺模式的元素，包括：核心現象、因果條件、介入條件、脈絡、策略、後果；提出理論命題，闡明視覺模式所有元素或範疇之間的連結關係。在先前數章，我們描述的扎根理論研究範文，即是採用這種大綱結構來呈現題材（請參閱Harper et al., 2009），我們鼓勵你回顧檢視該篇研究呈現方式的相似和相異處。

Charmaz（2006, 2014）對於扎根理論研究草稿的撰寫，則是建議採用結構化比較低的取徑。她強調，重點是容許理念隨著理論發展而浮現，修改早先的草稿，問你自己關於理論的問題（例如：你在理論當中的概念是否有提出主要範疇？），建構關於理論重要性的論述，以及密切檢視理論當中的範疇。因此，Charmaz沒有書寫扎根理論的標準格式，而是引導讀者聚焦理論論述的重要性，以及理論的本質。

內嵌結構

扎根理論研究的敘事報告，隨著資料分析範圍而有所差異。比方說，Chenitz & Swanson（1986）呈現的六項扎根理論研究，敘事報告就分別收錄不同類型的資料分析。他們指出，分析（以及敘事）可能包含下列要素：描述；開放編碼，產生範疇；軸心編碼，以核心範疇為軸心，連結環繞其周圍的若干範疇；發展實質、低層級的理論；與／或連結實質理論到形式理論。

我們看過扎根理論報告收錄上述的一種或多種分析類型。比方說，Kus（1986）研究同志出櫃的過程。在資料分析，只使用開放編碼，從中確認同志出櫃過程的四種階段，分別是：認同，同志個人經歷根本的認同轉變；認知改變，對於同志的負面觀感轉而變成正面；接受，肯定同志身分是正面的人生力量；行動，接受同志認同之後，投入具體行為，譬如：自我揭露、擴大交友圈、參與同志平權

政治活動、擔任同志團體志工。相對於此等聚焦過程的分析方式，Creswell & Brown（1992）探討系所主任如何透過教師發展實物，來提升系所同仁的研究生產力，他們的分析則是採用Strauss & Corbin（1990）的系統化編碼步驟。首先，他們執行開放編碼，繼而軸先編碼，建立邏輯視覺模式圖，陳述一系列具有方向性（相對於沒有方向性）的外顯命題。

　　另外，也可能檢視嵌入書寫的各種形式，來陳述扎根理論研究的命題或理論關係。有時候，命題或理論關係乃是呈現為「論述」（discursive）形式；有時候，則是以敘事形式來描述理論。例如，Strauss & Corbin（1990）使用如此嵌入模式來呈現，健康照護場域「保護管理」（protective governing）的理論（頁134）。另一個例子可見於Conrad（1978），也是採用類似的嵌入方式，來呈現關於學術界學風變遷的形式命題。

　　另外一種嵌入書寫結構，是呈現「邏輯模式圖」、「迷你架構」、或「整合模式圖」，研究者透過視覺模式來呈現理論。在軸心編碼階段，研究者確認此等結構的元素，發展文字敘事版本來陳述此等模式的故事。然後，如何呈現視覺模式呢？Morrow & Smith（1995）提供了一個範例，他們研究兒時遭受性虐待的婦女。他們呈現的視覺模式包括：軸心編碼的核心現象、因果條件範疇、脈絡、中介條件、策略和後果。模式當中，使用方向性的箭號（→），標示由左至右的流程，代表因果條件到後果的關係方向。箭號也顯示脈絡和中介條件直接影響策略。此一視覺模式，呈現在研究報告接近結尾處，代表了此研究終極成果的理論。扎根理論範文，Harley et al.（2009）也呈現視覺模式，涵蓋三個階段（起始期→過渡期→整合期），來闡明非裔美國女性整合體能活動的演化過程。另外，還插入兩種可能的發展：修正迴路和中斷迴路。

　　Charmaz（2006, 2014）提供一系列嵌入寫作的策略，對於扎根理論研究報告頗為實用，包括：以分析架構為核心的寫作結構。扎根

理論研究的例子示範，如何讓散發情緒的文筆穿透力，滲入直截了當的理論語言和討論章法，譜寫出讀者易於親近的文章，譬如：韻律與時間的運用（例如：「日子一溜煙，轉眼沒了蹤影」，或是「時光飛逝，歲月如梭」（"Days slip by"，Charmaz, 2006，頁173）。Charmaz也邀請扎根理論作者使用出其不意的定義和斷言。扎根理論當然可以呈現故事，而且整體而言，透過富有感染力的敘事語言，頗有助於說服讀者接受理論。

▌9.3.4▌ 俗民誌的寫作結構

關於敘事的建構，俗民誌研究者有相當廣泛的論述，舉凡文章的本質如何形塑研究題材，乃至於作者對於「文學」慣例和手法的運用（Atkinson & Hammersley, 1994）。俗民誌的一般形貌，以及內嵌結構寫法，在文獻當中都有極為詳細的記載。

整體結構

俗民誌的整體書寫結構，可能採取許多不同的形貌。比方說，Van Maanen（1988, 2011）提供了俗民誌寫作形式的多種選項，包括：實在論故事、自白式故事、印象式故事。

1. 實在論故事（realist tales），針對研究的文化，直接呈現事實取向的圖像，而沒有提供太多關於研究者如何產生該等圖像的資訊。這種形式的故事，採取不涉入個人的觀點（impersonal point of view），傳達「科學式」、「客觀的」觀點。

2. 自白式故事（confessional tale），則採取與前述相反的取徑，研究者聚焦自身在田野的經驗，而不是只專注於所探究的文化。

3. 印象式故事（impressionistic tale），個人風格的陳述，「以

戲劇形式，呈現田野研究工作」（Van Maanen, 1988，頁7）。這種故事兼具實在論故事和自白式故事的書寫元素，依我們的看法，特別具有吸引力和說服力。

自白式故事和印象式故事，都採用第一人稱的觀點，傳達了個人化的書寫風格。Van Maanen還提到其他的故事書寫形式，運用頻率比較少，包括：批判故事，聚焦社會、政治、象徵、經濟議題；形式取徑故事，建立理論，加以測試、類化、展示；文學故事，類似新聞報導故事，融入小說書寫手法；聯合故事，研究的書寫是由田野研究者和參與者合作，打開雙方共享和對話論辯的敘事。

關於優秀的俗民誌，Wolcott（1994）提供應該具備的三項要素：描述、分析、詮釋，對於俗民誌的書寫以及資料分析都很重要。分別簡述如下：

1. **描述**：俗民誌撰寫文化的「描述」，回答如後問題：「這裡發生了什麼？」（Wolcott, 1994，頁12）撰寫描述的有用技術包括：大事記順序；研究者或敘事者順序；前進聚焦；關鍵事件；情節與人物；團體互動；分析架構；透過若干觀點，陳述故事。

2. **分析**：使用前述方式描述文化之後，研究者「分析」資料。分析的方式包括：凸顯發現；展示發現；報告田野研究程序；確認資料中的規律型態；將研究個案和已知個案做比較；評估資訊；將資訊放置到較寬廣分析架構的脈絡；批判研究過程；提議重新設計研究。其中，確認「型態」或主題，乃是俗民誌書寫的核心要務。

3. **詮釋**：俗民誌的研究和書寫修辭結構，處處都有涉及詮釋。這意味著，研究者可能延伸分析，從資訊做出推論，採用守門人的明示或暗示，轉向理論，重新聚焦詮釋，連結個人經驗，針對詮釋過程進行分析或詮釋，或是探索另類的格式。在執行所有這些詮釋策略時，我們偏好雙管齊下，參酌研究

者經驗脈絡和學術研究文獻，來詮釋研究發現。

另外，還有一種比較詳細、結構化綱要式的俗民誌寫作，可見於Emerson, Fretz, & Shaw（2011）。他們討論採用「主題敘事」（thematic narrative）的形式，來發展俗民誌研究。所謂「主題敘事」，亦即在故事當中，「進行主題分析，但往往是相對寬鬆的方式……將田野筆記和分析註解，組織成一系列的主題單元。」（頁202）這種主題敘事，運用歸納方式，從主要理念或論點，整合若干特定的分析主題，並且在研究全程持續闡明釐清。此一取徑的組織結構如下：

- 首先，在介紹部分，吸引讀者投入，聚焦研究，然後研究者著手連結其詮釋到學術興趣所在的廣泛議題。
- 在這之後，研究者介紹場域和研究方法。詳細陳述進入場域和參與的細節，以及俗民誌研究者角色的優點和限制。
- 然後，研究者呈現分析結果。Emerson et al.（2011）指出，應該要善加運用「摘錄評論」（excerpt commentary）。簡言之，作者整合提出分析論點，提供有助支持該等論點的資訊，呈現摘錄或直接引述，然後提出關於摘錄或引述的分析評論，以及和分析論點的關聯。
- 在結論部分，研究者反思和闡明一開始提出的論點。在這裡，詮釋可能根據先前檢視材料的基礎，而延伸或修正該等論點；將論點連結到普通理論或當前議題；提供關於論點、研究方法、預設的後設評論。

在先前幾章，我們介紹的俗民誌範文（請參閱Mac an Ghaill & Haywood, 2015），就有採取這種綱要式寫法，我們鼓勵你回顧檢視，找尋此等俗民誌呈現方式的相似和相異處。

內嵌結構

俗民誌研究者在內嵌書寫部分，有許多修辭手法可供採用，譬

如：

- 修辭技巧（figures of speech），或「比喻修辭法」（tropes）（Fetterman, 2010; Hammersley & Atkinson, 2007）。比方說，使用隱喻提供視覺和空間意象，或戲劇化的人物描述。另外一種比喻修辭法，是俗民誌研究者透過呈現例子、個案與／或微型敘事，藉由局部來代表整體，這就是以小喻大的提喻法（synecdoche）。這方面的例子，請參閱Rhoads（1995）的俗民誌，透過開場的微型敘事，有效來開展關於大學校園兄弟會生活。俗民誌透過說故事的比喻修辭，檢視原因以及大敘事到小寓言的序列。最後一種比喻修辭法，就是透過反語（irony，或反諷），讓讀者更能看清楚，相互競逐的參照架構或合理性架構之間的鮮明對比。

- 「厚描述」（thick description）：俗民誌還會使用比較具體、特定的修辭手法，用來描寫場景（Emerson et al., 2011）。作者可能融入豐富細節，或「閎中肆外」（"write lushly"，Goffman, 1989，頁131），這也就是所謂的「厚描述」，讓讀者產生彷彿親臨現場的感受（Denzin, 2001; Fetterman, 2010）。Haenfler（2004）直刃族（sXe）運動核心價值的研究，就展現了這種俗民誌書寫傳統的許多特徵。他呈現的故事說服力十足，鮮明生動的元素（例如：T恤標語）、厚描述，以及大段的引述。Denzin（2001）討論質性研究使用「厚描述」的重要性。他論稱，「厚描述」就是敘事「呈現細節、脈絡、情緒、社會關係網絡⋯⋯〔以及〕觸動情緒和自我感覺⋯⋯聽見人們的聲音〔voice，或話語風格〕、感覺、行動和互動意義」（Denzin, 2001，頁100）。舉例而言，Denzin（2001）擷取Sudnow（1978）的厚描述範例，然後改寫成薄描述版本，以資對照。厚描述範例：「坐在鋼琴前，準備彈和弦，手移向琴鍵，和弦的指法應該像是一個整體，準備就緒，一整排琴鍵看起來就像是等

候耕種的田埂……，有A和弦、B和弦，彼此位置有段間隔……A和弦指法緊縮，B和弦手指伸展全開……初學者從A和弦到B和弦，移位顯得斷裂，而不連貫流暢。」（Sudnow, 1978，頁9-10）

改寫的薄描述版本對照：「我學習鋼琴指法，頗感吃力。」（Denzin, 2001，頁102）

- 對白：俗民誌也可能在內嵌結構呈現對白，如果有採用文化團體的方言或自然語言書寫，那對白尤其顯得活靈活現〔請參閱，例如：黑人英語（Black English vernacular）或Nelson, 1990，所謂的「話碼切換」（code switching）〕。作者也仰賴角色塑造，透過人物的講話、行動，以及和他人的關係。較長段的情節，「一段現實生活的寫真」（"a slice of life"，Emerson et al., 2011，頁75），或是較大的插曲和故事。

- 俗民誌作者敘說「好故事」（Richardson, 1990）。就此而言，Richardson（1990）提到「激喚回憶或情緒的」（evocative）實驗質性研究書寫，就是虛構文學的表現形式。作者採用文學手法，譬如：倒敘、提前敘述未來事件（flash-forward）、另類觀點、深度角色塑造（deep characterization）、語氣轉換、提喻法（synecdoche）、對白、內在獨白、全觀敘事者（omniscient narrator）。類似地，Wolcott（2008a）強調使用說故事的技巧，來書寫遊記、生命史等體材，或是環繞特定主題組織的寫法。

┃9.3.5┃ 個案研究的寫作結構

Merriam（1988）提醒：「對於個案研究，並不存在標準化的報告書寫格式。」（頁193）無庸置疑地，有些個案研究產生理論，有些單純描述個案，還有些則有較多的分析，以及呈現跨個案或跨場地的對照比較。個案研究的總目標，無可置疑地會形塑敘事書寫的較大結構。儘管如此，我們覺得介紹個案研究的普遍書寫形式，還是頗有

幫助學習者。所以接下來，我們就轉向若干個案研究的重要參考文本，希望讀者能夠從中學習可供參考的寫作原則。

整體結構

個案研究可以使用微型敘事（vignette），來作爲開場和結尾，用以吸引、凝聚讀者的注意力。這種寫作取徑是由Stake（1995）建議，並提供了安排題材的大綱，可供收錄於質性個案研究的報告書寫。我們覺得藉由這種題材大綱的安排，不失爲討論、學習個案研究寫作的有用取徑：

- 首先，作者呈現一則微型敘事，作爲開場，以便讀者可以發展替代經驗，來感受研究的時間和空間。
- 其次，研究者確認研究議題、目的、方法，讓讀者得以了解研究從何而來，以及作者的背景、個案環繞的議題等等。
- 接下來，個案和脈絡的廣泛描述，一般而言，相對沒有爭議的基本資料。換言之，如果讀者有親身接觸，多半也會得到大致相仿的描述。
- 然後，呈現議題、少數量的關鍵議題，以便讀者理解個案的複雜性。此等複雜性的建立，是透過參照其他研究，或是作者對於其他個案的理解。
- 再來，進一步探索若干議題。在此環節點，作者也帶進正、反兩面的證據，來確認或推翻對於個案的理解。
- 呈現若干斷言，這是綜合各方證據，總結作者對於個案的了解，評估自然主義的類化，亦即透過個人經驗或是提供替代經驗給讀者，從而推出的結論，是否有改變或挑戰了既存的概念（例如：普遍常識或文獻的論點）。
- 最後，作者呈現微型敘事作爲整份研究的結尾，提醒讀者這份報告乃是某個人與複雜案例的遭遇。

我們喜歡此等普遍大綱，因爲提供了個案研究的書寫主題組織，

包括：描述個案；呈現主題；斷言，或研究者的詮釋；開場和結尾，呈現寫實的故事情節。在先前數章，我們曾舉例提過，採用這種主題大綱組織的個案研究報告（請參閱Frelin, 2015），我們鼓勵你檢視這些個案報告書寫的相似和相異處。

　　類似的書寫模式，還可見於Lincoln & Guba（1985）提出的實質個案報告（substantial case report）。他們談到的書寫組織包括：闡明研究問題；透徹描述脈絡或場域；描述自然場域或脈絡觀察到的互動或過程；場地的凸顯事項（深入探究的元素）；研究的結果〔「從中獲得的心得或啟示」（lessons learned）〕。

　　此外，在更為普遍的層次，我們還發現，Yin（2014）個案研究的2×2表格，提供頗有助益的輔助工具。在第一個向度，個案研究的設計可能為單一個案，或多元個案；在第二個向度，分析單位可能為單一個案（全方位分析），或是個案內的多元分析單位（嵌入分析）。Yin進而論稱，在單一或多元個案的選擇考量方面，單一個案最適合研究關鍵個案、極端、獨特個案、具有啟示性或難得一見的個案。不論研究是單一個案或多元個案，研究者還必須決定要分析完整個案（全方位設計），或是個案內的多元分析單位（嵌入設計）。雖然全方位設計可能比較抽象，但是比較能夠捕捉個案較為完整的面向；相對地，嵌入設計先是檢視次級若干分析單位，如果田野研究過程待答問題有所變動，就比較能夠容許取得詳細的觀點。

　　Yin（2014）也提出若干可行的寫作結構，可供參酌書寫個案研究報告：

- 個案研究的標準寫法，就是採用線性分析的取徑，研究者依次討論研究問題、方法、發現、結論。
- 針對相同個案研究，書寫若干不同版本，然後對照比較個中不同描述或解釋。
- 大事記結構的寫法，採取時間順序呈現個案研究，譬如：章節呈現個案歷史的初期、中期和結尾階段。

- 採用理論作為書寫架構，這樣的個案研究可以辯爭不同的假說或命題。
- 懸疑式的書寫結構，最初章節先呈現個案研究的「結局」或結果，以及其重要性，讓讀者心中懸念何以如此。然後，在後續章節發展解釋，來揭開導致該等結局的可能原因。
- 採取沒有序列化的取徑，作者描述個案，沒有依循特定順序的章節結構。

內嵌結構

在個案研究，書寫者可使用什麼樣的敘事手法、內嵌結構，來「標明」（mark）他們的研究呢？

有可能採用大事記的結構，呈現個案脈絡和場域的描述，先從廣泛圖像，而後聚斂。舉例而言，槍擊事件個案（Asmussen & Creswell, 1995）開始描述城市，而後描述校園，最後是槍擊事件發生的教室。這即是漏斗式由廣而窄的場域描述進路，先呈現城市原本寧靜平和的環境，最後揭開潛在不安寧的校園、教室，這種寫法似乎也將研究開展成接續發生的大事記。

另一個例子，多元個案研究，涉及三所學校的技術整合（Staples, Pugach, & Himes, 2005）。每一個案（學校）的描述，先是研究之前的技術脈絡，然後是研究期間發生的變化，最後是未來的預期發展。當事件隨著某種過程開展，這種大事記的書寫取徑，似乎能夠發揮最佳效果；個案研究往往有著時間的界限，並且報導該期間的事件進展（Yin, 2014）。

再舉一個例子，此個案研究描述瑞典某學校輔導方案老師，透過斡旋師生關係的實踐，協助學生克服長期學校成就受挫的經驗（Frelin, 2015），這屬於單一個案研究（Yin, 2014），呈現單一的敘事，該敘事的若干主題，以及詮釋。其他研究（例如：Chirgwin, 2015; Staples, et al., 2005），呈現多元個案，每一個案分別討論，最

後綜合討論呈現跨個案分析（Yin, 2014）。另外，Yin（2014）還提出一種敘事格式，根據個案研究的資料庫，提出一系列的問題與答案。

最後，研究者需要知道，個案研究當中描述相對於其他部分（分析、詮釋或斷言）的分配比例（Merriam & Tisdell, 2015）。比方說，關於描述和分析的比例，Merriam（1988）建議，適當的比例或許是6：4到7：3。舉例而言，校園槍擊事故個案研究，採用三等分的分配比例（1／3：1／3：1／3），換言之，1／3呈現場域描述和具體事件描述（槍擊事故兩個星期內發生的事件）；1／3呈現五項主題；1／3呈現詮釋、從中學到的心得或啟示。作者必須判斷決定如何分配適當的比例，而且個案研究呈現的描述材料，有可能占相當高的比例，尤其是如果界限封閉系統相當大而複雜，那描述所占的比例也有需要隨之提高。

9.4 五種取徑之書寫結構的對照比較

回到本章先前的表9.1，我們可以看到，質性研究報告書寫的多樣化結構。經過本章介紹的五種取徑各別的書寫結構之後，你現在心裡是否有些概念，能夠分辨在選用不同的研究取徑時，書寫結構有哪些主要的差異？以下是我們整理摘列的主要差異，酌供參考：

1. 首先，有關敘述結構的討論，多樣紛歧的情形著實讓我們感到震驚。不過，我們也發現，在理論上，這五種取徑的書寫結構雖然很少有重疊或共通的情形，但是在實務上，無可置疑地，偶爾還是有可能發生。因此，比方說，俗民誌和敘事研究者討論到的敘事比喻寫法和文學手法，對於其他取徑也有參考價值。

2. 書寫結構與資料分析程序有緊密的關聯。現象學研究和扎根

理論研究的書寫結構，密切依循各自的資料分析步驟。簡言之，我們再次提醒，質性研究的資料蒐集、分析和報告書寫之間，很難徹底隔離，分別處理。

3. 質性研究書寫當中，對於敘事，尤其是內嵌結構的敘事，各種取徑之間的強調程度不一。在這方面，俗民誌領先其他所有的取徑，廣泛討論敘事和文本的建構。相對而言，現象學和扎根理論，就比較少花篇幅在這方面的討論。

4. 在某些取徑，對於整體敘事結構，有比較清楚的界定（例如：扎根理論研究、現象學研究，以及或許個案研究）；相對地，其他取徑則比較彈性、演化（例如：敘事研究、俗民誌）。這最後一點差異，或許也反映這五種取徑的整體敘事，在結構化程度的分別：有些取徑比較有結構化，有些則比較沒有結構化。

本章重點檢核表

1. 你是否看出作者在發表的質性研究當中，如何運用若干廣泛書寫策略？請選擇一篇質性研究範文來做練習。

   a. 首先，確認本章介紹的四種書寫策略（亦即反身性和再現、讀者群、暗語修辭、引述），如何應用在期刊論文當中。請注意，哪些元素似乎比較明顯而容易確認，哪些元素比較難以確認？

   b. 確認每一篇範文的目標讀者群。考量如果設定的是不同的讀者群，可能會採用哪些策略？

2. 你是否看出特定取徑質性研究的整體書寫結構，可用來引導書寫你的研究案？請挑選一篇適合你取徑的範文。

   a. 首先，以流程表繪圖的方式，展示這篇範文整體書寫結構各組成元素的呈現順序。這篇範文如何開始？是否有使用個人

微型敘事、問題宣言、文獻回顧？其次是呈現什麼？最後如何結束？

b. 然後，檢視每一種元素，確認採用的嵌入書寫策略，譬如：隱喻、引述、繪圖。

3. 你能否確認「優秀」書寫的特徵，用以發展深度理解質性研究的嵌入結構？請閱讀質性期刊論文或書籍，檢視如何採用不同的嵌入書寫策略，譬如：Ellis（1993）敘事研究的前進—回溯法；Anderson & Spencer（2002）現象學的創意結尾；Morrow & Smith（1995）扎根理論研究的視覺繪圖；Rhoads（1995）俗民誌的比喻修辭；Asmussen & Creswell（1995）個案研究的漏斗取徑。

a. 找出作者使用內嵌書寫策略的例子，畫底線，評估其策略運用的有效程度。

b. 該等策略是否有可能同樣有效地應用於其他質性研究取徑？

c. 不同的目標讀者群如何可能影響你對於內嵌書寫策略的選擇？

4. 你能否確認厚描述的特徵，並將本章介紹的觀點，運用到實際的質性研究書寫？要做到這一點，請找尋小說的例子，作者有提供人事物的縝密細節。比方說，Paul Harding（2009）得獎著作《修補匠》（*Tinkers*）第14頁，描述喬治在車庫拍賣，修理壞掉時鐘的段落。

a. 請描寫作者Harding如何融入物理描述，包括：步驟（或動作），使用強烈的動詞、使用參照或引述，以及五種感官（視覺、聽覺、味覺、嗅覺、觸覺）傳達的細節。

b. 請嘗試將諸如此類的細節，融入運用在你的質性描述或主題書寫。

本章摘要

在本章，我們討論質性研究報告的書寫。首先，我們再次造訪倫理考量；然後，討論書寫者必須面對解決的若干修辭議題，包括：反身性和再現的書寫；預期的讀者群；適合讀者群的措詞遣字；引述的用法。然後，我們轉向五種取徑，呈現整體研究的寫作結構，以及若干特定的嵌入結構、書寫手法，以及研究者融入報告的技術。表格摘列此等書寫結構，呈現關於書寫結構的多樣化觀點，個中反映不同的資料分析程序和學門領域。本章最後呈現五種取徑書寫結構的相似和相異處，個中差異反映取徑的多樣化、資料分析和報告書寫的關聯、每一種取徑文獻對於敘事建構探討的強調，以及每一種取徑的敘事（描述）占總體報告的相對比重。

延伸閱讀

先前數章建議的許多參考讀物，已經有涉及書寫和溝通質性研究的策略與指南。在這裡，我們介紹的書單聚焦關於質性研究書寫的程序和議題。這份書目不應視為窮盡所有相關資源的完整清單，我們鼓勵讀者應該從本書書末收錄比較完整的參考文獻，找尋進一步的研讀材料。

Denzin, N. K. (2001). *Interpretive Interactionism* (2nd ed.). Thousand Oaks, CA: Sage.

第二版，Norman Denzin擴展關於如何「做」詮釋互動論的實務指南，聚焦闡明如何得以讓生活經驗的研究論述打進讀者心坎。

Gilgun, J. F. (2005). "Grab" and good science: Writing up the results of qualitative research. *Qualitative Health Research*, *15*, 256-262. doi:10.1177/1049732304268796

Jane Gilgun呈現歷史和當代強而有力的論述，闡明為何應該使用第一人稱書寫，以及提供質性研究書寫指南。

Richardson, L. (1990). *Writing Strategies*: *Reaching Diverse Audiences*. Newbury Park, CA: Sage.

Laurel Richardson提供指導質性研究書寫的重要資源，以及如何配合不同的目標讀者群，調整書寫方針。

Strunk, W., & White, E. B. (2000). *The Elements of Style* (4th ed.). Upper Saddle River, NJ: Pearson.

William Strunk & E. B. White以平易近人的筆法，傳達英文寫作格式與原則，提供大量範例，搭配詳細的描述說明，多次增修改版，已成英文寫作必讀經典。

Sword, H. (2012). *Stylish Academic Writing*. Cambridge, MA: Harvard University Press.

Helen Sword描述學術書寫風格的元素，適合廣大讀者群。特別值得拜讀的是討論「引人入勝的標題」（tempting titles）和「敘事釣鉤和伏筆」（hooks and sinkers）等章。

Van Maanen, J. (2011). *Tales of the Field*: *On Writing Ethnography* (2nd ed.). Chicago, IL: University of Chicago Press.

John Van Maanen呈現文化書寫再現的相關格式，透過生動鮮明的範例和實務作法，提供俗民誌者寶貴的研究書寫建議。

Weis, L., & Fine, M. (2000). *Speed Bumps*: *A Student-friendly Guide to Qualitative Research*. New York, NY: Teachers College Press.

Lois Weis & Michelle Fine提供聚焦反身性書寫的出色資源。具體而言，他們清楚解釋質性書寫對於讀者、研究參與者的潛在衝擊。

Wolcott, H. F. (2008b). *Writing Up Qualitative Research* (3rd ed.)
Thousand Oaks, CA: Sage.

Harry Wolcott引導讀者通過時間淬鍊與驗證的質性研究詮釋
和溝通過程，特別值得注意的是關於書寫持之以恆的經驗之
談，以及如何運用策略和訣竅，寫出去蕪存菁、緊湊而扎實
的質性研究。

10

質性研究的效度檢驗和評量標準

　　質性研究者致力於「理解」，從個人訪視參與者，長期間投入田野，探查取得詳細的意義，從而達到知識的深層結構。研究期間或完成之後，質性研究者會問自己：「我們這樣做，正確嗎？」（Stake, 1995，頁107），或是「我們發表的陳述有錯誤，或『不正確』嗎？」（Thomas, 1993，頁39）。還有，是否真有可能有一個所謂的正確答案呢？要回答這些問題，研究者需要尋求自己、參與者、以及讀者的看法。在這當中，就有多元或多聲道的論述，可能提供關於質性敘事效度檢驗和評鑑的洞視。

　　在本章，我們探討相互關聯的兩方面問題：陳述是否確實有效（valid），是根據誰的標準來判斷？我們如何評鑑質性研究的品質？對於這兩方面問題的回答，將會帶領我們進入質性研究社群浮現的許多效度檢驗（validation）觀點，以及諸多不同觀點的論述者（例如：程序式、詮釋論、或後現代）提出討論的質性研究評鑑多元標準。

問題討論

- 質性研究社群內部，有哪些關於效度檢驗的觀點？
- 有哪些另類程序，可用來建立質性研究的效度檢驗？
- 質性研究有哪些關於信度的觀點？如何實現？
- 關於質性研究品質的評鑑，有哪些另類的立場？
- 不同的質性研究取徑之間，關於研究品質的評鑑立場有何差異？

10.1 質性研究的效度檢驗與信度

10.1.1 效度檢驗的觀點

關於質性研究**效度檢驗**（*validation*）的重要性，乃至於效度的定義、描述效度的術語、建立效度的程序等等，存在許多的觀點。在我們看來，效度檢驗是一個不斷演化的構念，這意味著，廣泛了解傳統和當代的諸多觀點，對於質性研究者和讀者乃是必不可少的。表10.1中，我們從質性研究方法文獻，擇要整理若干關於效度檢驗的觀點，依照發表年分排序。其中有些觀點，將效度檢驗等同於量化取徑的效度，有些則是帶有後現代或詮釋典範的透鏡，以及強調建構的重要性。大部分使用質性術語來描述效度檢驗，與量化研究描述效度的術語有顯著差別。有些結合或綜合許多觀點，或是使用視覺隱喻來概念化。在個別學者自身和歷代學者之間，都可發現明顯證據，顯示關於質性研究效度檢驗思考觀點的演化。最後，我們提出我們自己的效度檢驗觀點，來結束本節。

表10.1 質性研究效度檢驗的觀點和術語

作者	效度檢驗的觀點	效度檢驗的術語
LeCompte & Goetz（1982）	使用平行於量化研究典範，譬如：實驗和調查研究使用的效度檢驗方式	內在效度、外在效度、信度、客觀性
Lincoln & Guba（1985）	使用比較適合於自然主義的另類術語	可信用、可轉移、可靠、可證實
Eisner（1991）	使用能夠提供判斷質性研究可信用度合理標準的另類術語	結構佐證、共識決效度檢驗、參照充適性
Lather（1991）	使用四類再概念化的效度	三角檢驗、構念效度檢驗、表面效度檢驗、觸媒效度檢驗
Lather（1993）	使用四種框架的效度	反諷效度檢驗、超邏輯效度檢驗、地下莖效度檢驗、情境或肉身豐饒效度檢驗
Wolcott（1990, 1994）	使用有別於效度的術語，因為效度的概念無助於引導或知會質性研究	理解是比效度更好的字詞
Angen（2000）	在詮釋取徑探究的脈絡內，使用兩種效度驗證	倫理效度檢驗、實質效度檢驗
Whittemore, Chase, & Mandle（2001）	使用綜合觀點的效度檢驗，將關鍵效度分類為主要判準和次要判準	主要判準：可信用、本真、批判、誠信正直 次要判準：外顯、栩栩如生、創意、敏感
Richardson & St. Pierre（2005）	使用水晶的隱喻、再概念化效度	水晶效度：成長、變化、變形、反射外在物，內部折射

作者	效度檢驗的觀點	效度檢驗的術語
Lincoln, Lynham, & Guba（2011）	使用本真性、水晶反射／折射，以及倫理關係	公平再現觀點、提升意識覺醒和行動，隱藏預設和再現，可以折射許多方向的水晶，以及研究參與者的關係
Creswell & Poth（本書）	使用效度檢驗過程，來評估研究發現的真確性，同時反映研究者、參與者、相關人等的最佳陳述	過程涉及結合質性研究策略，例如：延長田野踏查時間、厚描述、研究者和參與者的親近

- 有些作者向傳統量化取徑看齊，尋求平行或等同於量化取徑的效度檢驗方式，例如：LeCompte & Goetz（1982）即是採取如此取徑，她們在討論質性研究的效度、信度議題時，將其比擬為實驗設計與問卷調查研究的相對應作法。她們論稱，質性研究在科學界飽受批評，個中原因就在於沒能「謹守信度和效度的正統規範」（LeCompte & Goetz, 1982，頁31）。她們將實驗研究「內在效度威脅因素」（threats to internal validity）的概念（例如：歷史和成熟、觀察者效應、選擇和迴歸、樣本耗損或流失、虛假結論等），應用到俗民誌研究。她們進而確認質性研究的外在效度威脅因素，乃是「阻礙或降低研究可比較性（comparability）或可轉譯性（translatability）的效應」（LeCompte & Goetz, 1982，頁51）。

  不過，有些作者論稱，採用實證論術語，或許有助於質性研究在以量化為主的傳統世界獲得接受，但如此也可能因而付出代價。比方說，Ely與同僚（Ely, Anzul, Friedman, Garner, & Steinmetz, 1991）認為，出於防衛手段而使用量化研究評鑑的術語，可能適得其反，讓情況搞得更泥濘不堪，而且「對於質性研究工作，實證論研究的語言並不相容，或者不適切」（頁95）。

- Lincoln & Guba（1985）提出有別於量化取徑的另類術語，她們聲稱比較適合自然主義的研究取徑。要建立研究的「可信賴性」（trustworthiness），Lincoln & Guba提出獨特的術語，譬如：*可信用、本真（authenticity）、可轉移、可靠、可證實*，作為自然主義取徑研究者的評鑑標準，以取代*內在效度、外在效度、信度、客觀度*（頁300）。

  在這些新術語的效度檢驗實務作法方面，她們提議如下的操作化程序：

  ➢ 可信用（credibility）：透過延長投入田野研究時間，以及針對多元資料來源、方法、研究者執行三*角檢驗*（*triangulation*），諸如此類的作法，從而確立研究的可信用。

  ➢ 可轉移（transferability）：必須使用厚描述，以確保研究發現可轉移於研究者和參與者之間。

  ➢ 可靠（dependability）：質性研究結果取決於脈絡不同，而可能有所變化或不穩定，因此尋求視情況而定的可靠，而不是一成不變的信度。

  ➢ 可證實（confirmability）：在確立資料的價值方面，自然主義取徑的研究者尋求可證實，而不是客觀度。可靠和可證實都是透過稽查研究過程而建立。

  我們發現，在現今的質性研究報告中，Lincoln & Guba提倡的另類判準仍然極為流行。

- Eisner（1991）不使用*效度檢驗*，而是另行建構評鑑標準，譬如：結構佐證、共識決效度檢驗，參照充適性，作為衡量質性研究可信用的證據。

  ➢ 結構佐證（structural corroboration）：研究者使用多元類型的資料來支持或反駁詮釋。Eisner（1991）表示：「我們尋求證據的匯合以產生可信用度，容許我們對觀察、詮釋和結論

　　有信心。」（頁110）他比喻說，研究者就像偵探一樣，彙整蛛絲馬跡的證據，從而提出「令人信服的整體」（compelling whole）判斷。在此階段，研究者尋求反覆出現的行爲或行動，考量負面的證據和對立的詮釋。再者，Eisner建議，要展現可信用度，正面、肯定的證據應該要遠超過負面、對立的證據，如此才能有足夠的說服力。

➤ 共識決效度檢驗（consensual validation）：共識決效度檢驗尋求其他人的見解，Eisner（1991）指稱，「有勝任能力的眾人之間，對於描述、詮釋、評鑑、主題，都同意是正確的。」（頁112）

➤ 參照充適性（referential adequacy）：這強調批判的重要性，Eisner指出，批判目的是要多方參照，充適闡明主題材料，帶出更複雜、敏感的人類知覺和理解。

• 有些質性研究者也融入後現代思維，重新概念化效度檢驗。Lather（1991）重新概念化效度檢驗，包括：三角檢驗、構念效度檢驗、表面效度檢驗、觸媒效度檢驗。Lather論稱，當前「人文科學的典範不確定性，指向有需要重新概念化效度檢驗」，並呼籲尋求「新技術和新概念，來定義和取得可信賴的資料，免於陷入效度檢驗正統理念的泥淖」（頁66）。對於Lather，社會科學報告的形貌，從封閉敘事、僵固論述結構，轉變爲開放敘事、容許留有漏洞、未解問題，以及置身處境（situatedness）和偏好取向（partiality）。在《變聰明：與後現代同行／置身其中的女性主義研究和教學論》（Getting Smart: Feminist Research and Pedagogy with / in the Postmodern），Lather（1991）描述這四種效度檢驗：

➤ 三角檢驗，汲取多元資料來源、方法、理論架構。

➤ 構念效度檢驗〔construct validation，譯者按：請特別注意，和量化取徑的建構效度（construct validity）有所區別〕，確

認已存在的構念，而不是把理論或構念強施到資訊提供者或脈絡。

➤ 表面效度檢驗〔face validation，譯者按：請特別注意，和量化取徑的表面效度（face validity）有所區別〕，引用Kidder（1982）的說法，「靈光一現的確認，『是的，確實就是這樣』，而不是『是這樣沒錯，不過……』」（頁56）

➤ 觸媒效度檢驗（catalytic validation），則是激活參與者，促使他們投入認知現實而轉化之。

* 在後來的一篇文章〈富饒的執迷：後現代主義之後的效度〉（Fertile obsession: Validity after poststurcturalism），Lather（1993）提出「四種架構的效度檢驗」（four frames of validation），論述語言變得更加獨特，並且緊密連結女性主義研究。

➤ *反諷*效度檢驗（*ironic* validation），研究者把真理呈現為問題，或是懸而無解的問題即是真理。

➤ *超邏輯*效度檢驗（*paralogic* validation），關切的是無可決定性、限制、悖論、複雜性，背離理論化，轉而投入提供暴露於他者聲音的直接相通，個中溝通幾乎無有可能透過中介或間接途徑而達成。

➤ *地下莖*效度檢驗（*rhizomatic* validation），質疑如何可能無有底層結構或深層根連，卻能有繁衍、跨越、重疊。研究者也質疑分類學、構念、交互連結網絡，讀者藉以跳躍各種叢集，從而遠離判斷，轉向理解。

➤ 情境、肉身*豐饒*效度檢驗（situated, embodied *voluptuous* validation），研究者跨出去理解超越自身處境、肉身所可能理解之境，以及書寫向自身處境、肉身所未能理解之物（researcher sets out to understand more than one can know and to write toward what one does not understand）。

- 其他作者，譬如：Wolcott（1990）論稱，效度檢驗沒有什麼用途，甚至表示，在他的研究工作中，「效度檢驗沒有引導功能，也不曾提供有用的資訊。」（頁136）他並沒有完全摒棄效度檢驗，而是將其置放在較廣的觀點。Wolcott（1990）的目標是要確認「關鍵元素」（critical elements），以及寫出「以該等元素為根據的可信詮釋」（頁146）。他的最終目標是要理解，而不是要說服。他指出，效度檢驗會造成阻撓，而難以專心去理解真正發生的事物。Wolcott（1990, 1994）聲稱，效度檢驗一詞，沒能捕捉他所致力尋求的本質，並表示或許未來有人會發明其他的字眼，比較適合於自然主義典範。但是就目前而言，他說，*理解*（*understanding*）一詞似乎就足以涵括所需的理念（Wolcott, 1994）。

- 有些研究學者則是從詮釋取徑，來看待質性研究的效度檢驗。Agne（2000）論稱，這種詮釋取徑的效度檢驗，特點包括：聚焦在研究者詮釋的重要性；效度檢驗並不存在絕對真理；效度檢驗需要立基於研究者和參與者之間的斡旋與對話；詮釋乃是有時間、地方的處境界限，並且總是保持開放，可以重新再詮釋。Agnen（2000）還建議，詮釋取徑的研究，效度檢驗乃是「關於研究可信賴度或適宜度的判斷」（頁387）。她倡導，值得我們信賴的詮釋取徑研究應該擁抱持續進行、開放的對話。效度檢驗不是徹底決斷研究是否達到終極真理的標準，也不應該是所有研究都必須考量效度檢驗。再者，她還提出兩類效度檢驗：倫理效度檢驗和實質效度檢驗。

  ➤ 倫理效度檢驗（ethical validation）是指，所有研究議程都必須質問，背後蘊含的倫理預設，政治和倫理蘊義或啟示，並且公平處理多樣紛歧的聲音。再者，也需要研究者提供實務層面的回答。Agnen（2000）也提議，詮釋取徑的研究應該擁有「生成性的應許」（"generative promise"，頁389），舉出

新的可能性，開啓新的問題，刺激新的對話，以及提供非獨
斷的答案，來解答研究提出的問題。總之，詮釋取徑的質性
研究必需具有轉化或轉型的價值，能夠導向行動和改變。

➤ 實質效度檢驗（substantive validation）意味著，理解個人研究
的主題，從其他來源導出的理解，以及將此等過程記載在書
面報告。自我反思對於研究的效度檢驗能夠有所貢獻。詮釋
取徑的質性研究者，身爲社會─歷史的詮釋者，與研究主題
材料互動，共同創造詮釋。從先前研究導出的理解，賦予研
究實質。詮釋取徑研究也涉及一連串的詮釋，必須將過程詳
實記載，以便他人得以透過簡式詮釋過程，從而自行判斷研
究者詮釋所得到的結果是否值得信賴。書面報告必須能夠和
目標讀者群產生共鳴，能夠吸引讀者、強勁而且有說服力。

• 綜合觀點的效度檢驗，來自Whittemore, Chase, & Mandle
（2001），他們分析了13份關於效度檢驗的論著，從中提取關
鍵判準，進而分成主要判準和次要判準兩大類。

➤ 主要判準：可信用（credibility，結果正確詮釋參與者的
意義）、本眞（authenticity，不同聲音都有聽見）、批判
（criticality，研究的所有面向都有給予批判評估）、誠信正
直（integrity，研究者有自我批判）。

➤ 次要判準：外顯、栩栩如生、創意、周延、相容、敏感。

總之，採取諸如此類的判準，效度檢驗已經轉向質性研究的詮釋
透鏡，強調研究者的反身性，以及研究者自我挑戰與質疑，研究
過程發展的想法、理念（亦即詮釋）。

• 後現代觀點的效度檢驗，運用水晶的隱喻。Richardson描述此一
水晶意象的隱喻如下（引述於Richardson & St. Pierre, 2005）：

> 我提議，對於後現代文本的「效度檢驗」，核心意象不
> 是三角形，而是水晶。三角形，是剛性、固定、二維的物

件。相對地，水晶結合了對稱和實質，擁有無限多樣化的形狀、實質、變形、多維，以及進路角度。水晶會成長、變化，也會變形，但也不是全然沒有型態。水晶有許多稜鏡組合，會反射外部光線，光線進入之後也會在內部產生折射，從而創造許多不同的顏色、型態，並且散放出不同方向的光線。我們所見、所聞取決於我們的反應角度，這不是三角化的，而毋寧是水晶化的。（頁963）

- 最後，介紹的觀點是來自Lincoln, Lynham, & Guba（2011）。他們檢視這些年來發展的許多觀點，從而評述指出，效度判準的問題不是關於我們應否擁有如此的判準，也不是關於科學社群應該採用哪些判準，而比較是關係到對於尋求轉化的社會科學家，何以需要發展判準。

  ➤ 就此而言，他們檢視以往建立本真性的作法，但是翻轉架構，將本真性置放在各方觀點的平衡，改而聚焦提高參與者和關係人等的覺知意識，倡導研究者應該有能力促使參與者投入參與研究，以及訓練參與者付諸實際行動。

  ➤ Lincoln和同僚（2011）也看見效度在理解蘊藏預設的角色，透過水晶的意象（Richardson & St. Pierre, 2005，也有類似看法），反射和折射研究的過程，諸如：發現、看見、敘說、說故事、再現等等。

  ➤ 最後，對於這些作者，效度是一種涉及參與者的倫理關係，個中判斷標準包括：呈現自身性、進行對話論述、鼓勵多元發聲、自我反思。

在介紹完這許多觀點之後，我們最後摘要概述我們的立場。在我們看來，質性研究的「效度檢驗」，就是要評估研究發現的「真確性」（accuracy），亦即研究者、參與者和讀者（或審查者）所提出的最佳描述。此等觀點也建議，任何研究報告乃是作者的再現。我們

也認為效度檢驗是質性研究的一種特有強項，透過長期廣泛投入田野踏查所做出的陳述、詳細的厚描述，以及研究者和參與者的親近程度，這些加總起來，都強化了研究的價值或真確性。我們使用「*效度檢驗*」（*validation*）這樣的術語，強調個中的*過程*（請參閱Angen, 2000），而不是沿用「*證實*」（*verification*，此術語隱含量化取徑的蘊意），或是歷史上常用的字眼，諸如：*可信賴度和本真性*〔不過，我們也承認，有許多質性研究論者確實一再沿用這類的術語，這當然也見證了Lincoln & Guba（1985）創立該等評鑑標準「歷久不衰的力量」（staying power）；請參閱Whittemore et al., 2001〕。

我們承認，質性研究存有許多類型的效度檢驗，而且個別作者需要自己去思索，選擇適合、感覺自在的術語。我們推薦，作者建立自己運用的效度檢驗術語和策略的參考文獻。就各別取徑的質性研究而言，若干取徑都有出現效度檢驗的主題（例如：扎根理論，Corbin & Strauss, 2015；敘事研究，Riessman, 2008；個案研究，Stake, 1995）；但是，我們不認為這五種研究取徑存在各別獨特的效度檢驗方式。頂多，我們可能提供一般性的原則如後：敘事研究，可能比較少強調效度檢驗；扎根理論、個案研究和俗民誌，則比較強調多一些，尤其是這些取徑的研究者想要採用系統化程序時，效度檢驗的角色會更受重視。總之，我們推薦，不論採取哪種取徑的質性研究，都應該盡可能運用多元的效度檢驗策略。

我們對於質性研究效度檢驗的思考，傾向於建議研究者運用普遍接受的策略，來評鑑其研究的真確性，這就是我們所稱的效度檢驗策略（validation strategies）。

| 10.1.2 | 效度檢驗的策略

僅只是取得效度檢驗的觀點和術語，仍是不夠的，最終還是需要將這些理念轉化為實務的策略或技術。Whittemore, Chase, & Mandle（2001）將這些策略組織成為29項技術，可用來考量研究設計、資

料產生、分析和呈現等面向。在此，我們描述質性研究者檢驗效度常用的9項策略，改編自Creswell & Miller（2000），並提供通用指南，說明如何著手將此等策略付諸實行（請參閱圖10.1）。

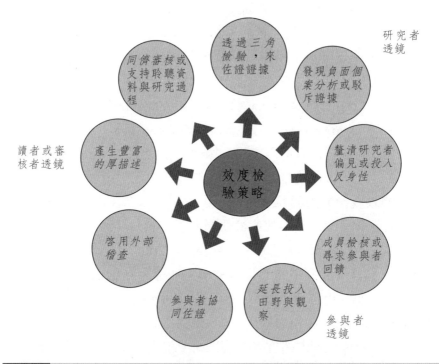

圖10.1 質性研究的效度檢驗策略

在這裡，我們呈現這些策略的順序，並不代表重要性的先後次序，而是概略分為三大群組：研究者的透鏡、參與者的透鏡、讀者或審查者的透鏡（Ceswell, 2016）。我們推薦，質性研究者在一項研究當中至少採用兩項策略。

研究者的透鏡

質性研究者的一項角色，就是要檢查質性陳述的真確性。下列策略可輔助達成這方面的任務：

- **透過多元資料來源的三*角檢驗*，來交互佐證證據**：研究者利用多元和不同來源、方法、研究者和理論，以茲提供佐證證據（Bazeley, 2013; Ely et al., 1991; Erlandson, Harris, Skipper, & Allen, 1993; Glesne, 2016; Lincoln & Guba, 1985; Miles & Huberman, 1994; Patton, 1980, 1990, 2015; Yin, 2014）。三角檢驗的典型作法是，不同來源的證據進行交互佐證，闡明主題或觀點。質性研究者從不同來源的資料，找出證據來支持某編碼或主題，他們就是在三角檢驗這些資料，從而確立研究發現的真確有效。對於此種檢驗策略，我們首先考量，擬定研究計畫時，如何可能規劃合併使用各種不同的資料來源。然後，在資料蒐集階段，我們進一步探索交互佐證的證據，將個中洞視融入我們的詮釋和寫作之中。

- **發現*負面個案*分析，或駁斥證據**：隨著研究進展，在負面或對立證據浮現的情況下，研究者修正研究暫行假說（Ely et al., 1991; Lincoln & Guba, 1985; Miles & Huberman, 1994; Patton, 1980, 1990, 2015; Yin, 2014）。並不是所有證據都會符合編碼或主題，因此，有必要報告負面分析發現，透過如此作法，可以對於所探究的現象提供符合現實的評估。在現實生活，並非所有證據全都是正面，或全都是負面，而是正、負兩面兼有。在使用這項策略時，我們承認，我們會比較傾向注意負面證據；再者，也比較會追蹤我們稱為「有意思（或有趣）的事項」。我們發現，這些有意思的事項往往就會成為撰寫研究報告討論章節的重點所在。

- **釐清研究者偏見，或*投入反身性***：研究者揭露，自身帶入質性研究過程（從開始到完成）的偏見、價值和經驗，以便讀者可以藉此看見研究者在研究中所抱持的立場（Hammersley & Atkinson, 1995; Merriam & Tisdell, 2015）。在這種自我揭露的釐清當中，根據Weiner-Levey & Popper-Giveon（2013），研究者闡明他們

稱為「晦暗物質」（darker matter）的面向，這些在某些質性研究中往往略而不提，研究者透過評述自身經驗、偏見、成見、取向，如何可能形塑研究的詮釋和取徑。在執行這項策略時，我們在研究全程嵌入機會，適時撰寫和討論過去經驗與觀點浮現的連結。

參與者的透鏡

參與者可以在下列的效度檢驗策略扮演重要角色：

- **成員檢核，或尋求參與者回饋**：研究者尋求參與者對於研究發現和詮釋可信用程度的看法（Bazeley, 2013; Ely et al., 1991; Erlandson et al., 1993; Glesne, 2016; Lincoln & Guba, 1985; Merriam & Tisdell, 2015; Miles & Huberman, 1994）。根據Lincoln & Guba（1985），此等技術是「建立可信用度最關鍵的技術」（頁314）。這種策略的實施作法，在大部分的質性研究大致相同，基本上，就是把資料、分析、詮釋、結論等等，帶回去請參與者判斷個中陳述的真確性和可信用度。根據Stake（1995），參與者應該「在個案研究中扮演引導和行動的重要角色」（頁115）。他們應該獲得徵詢來檢視研究者的初稿，並且提供另類的語言，「批判觀察或詮釋」（Stake, 1995，頁115）。在這樣做的時候，參與者扮演了關鍵角色，因為他們獲得徵詢，「持續進行的資料分析是否有適切再現他們的經驗」（Hays & Singh, 2012，頁206）。在執行這項策略時，我們推薦，由研究參與者組成焦點團體，請他們反思和討論研究者提供之陳述的真確性。我們有請他們檢核初步分析（包括描述或主題），但沒有把逐字稿或原始資料帶去給他們檢核。我們感興趣的是他們對於分析的看法，以及是否有遺漏哪些東西（關於詮釋參與者回饋的實作指南，請另行參閱Richardson, 2015）。
- **延長投入田野踏查的時間與觀察**：研究者根據田野踏查做出決

定，判斷哪些是顯著要點，哪些對於研究目的有所關聯，以及哪些特別有意思而值得研究聚焦。研究者和參與者、守門人建立契合關係，學習他們的文化和脈絡，檢查是否有自己或資訊提供者的曲解或誤解（Ely et al., 1991; Erlandson et al., 1993; Glesne, 2016; Lincoln & Guba, 1985; Merriam & Tisdell, 2015）。Fetterman（2010）指出：「參與觀察需要和所研究的對象保持緊密、長時期的接觸。」（頁39）在實施這項策略時，我們視情況允許在田野投入相當時間，並且在執行資料蒐集之前，先行和場地、參與者建立熟悉關係。

- **和參與者協同佐證**：研究者嵌入機會，讓參與者投入研究全程，參與的方式和程度不一。在參與方式方面，有些是讓他們參與關鍵研究決策，譬如：發展設計資料蒐集博多稿，或是參與資料分析和詮釋。參與者的投入程度，可小可大。參與者的投入是要佐證或反駁研究可能支持的理念或發現（Patton, 2011, 2015）。在執行這項策略時，我們通常遵循社區本位參與研究實務，鼓勵參與者投入，承擔協同研究者的角色（進一步討論，請參閱Hacker, 2013）。

讀者或審查者的透鏡

下列的效度檢驗策略：

- **啓用外部稽查**：研究者透過外部顧問、稽查員，來檢視研究過程與報告陳述的產物，從而輔助評估其眞確性（Erlandson et al., 1993; Lincoln & Guba, 1985; Merriam & Tisdell, 2015; Miles & Huberman, 1994）。外部稽查員應該和研究沒有利害關聯。在評估研究產物時，外部稽查員檢視研究發現、詮釋和結論有否獲得資料的支持。Lincoln & Guba（1985）用隱喻的方式，將這種稽查比擬爲財務稽查，稽查的過程可以提供類似評分者合意程度的研究品質評量效果。可以建立研究過程紀錄，來配合此等稽查

過程，這種紀錄稱爲「稽查軌跡」（audit trail）。根據Silver &
Lewins（2014），「以工作日誌記載所有執行的過程，描述小步
驟的分析如何推導出整體的分析。」（頁140）在執行這項策略
時，我們推薦投入兩段程序：首先，從研究一開始就建立追蹤紀
錄，詳實記載研究過程的關鍵決策，包括支持決定的邏輯理據與
預期的潛在後果；其次，資源允許時，我們會延請外部稽查員來
檢視我們的研究過程和產物。

- **產生豐富的厚描述**：研究者容許讀者參與關於可轉移性的決
  定，因爲寫作者詳細描述參與者或所研究的場域（Erlandson et
  al., 1993; Lincoln & Guba, 1985; Merriam & Tisdell, 2015）。有
  了厚描述詳實的細節內容，讀者得以自行判斷，能否將該等研
  究資訊與發現，轉移應用到「有共通特徵」的其他場域或情況
  （Erlandson et al., 1993，頁32）。厚描述意思是指，研究者提供
  描述個案或書寫主題的詳實細節。根據Stake（2010），「豐富
  的描述是指，有提供大量相互關聯的細節……」（頁49）細節
  可能浮現自物理描述、動作描述、行動描述等等；也可能涉及描
  述普遍廣泛的想法、相互關聯細節、運用強烈的動詞，以及引述
  說詞。在執行這項策略時，我們會在蒐集之後，隨即投入相當時
  間，反覆檢視原始資料，添加可能有助於分析的進一步描述，比
  方說，諸如氛圍之類的脈絡細節描述。

- **針對資料和研究過程，安排同儕檢核或支持聆聽**：研究者尋求
  外部檢核，檢核者是「熟悉該研究或所探索現象的某些人士」
  （Creswell & Miller, 2000，頁129），個中精神類似量化研究
  的評分者信度（Ely et al., 1991; Erlandson et al., 1993; Glesne,
  2016; Lincoln & Guba, 1985; Merriam & Tisdell, 2015）。Lincoln
  & Guba（1985）定義同儕檢核或支持聆聽，就如同「魔鬼代
  言人」（devil's advocate），嚴密監督迫使研究者堅守誠信；
  嚴厲詰問關於方法、意義、詮釋等問題；以同理心聆聽研究者

訴說研究心情，提供宣洩的機會。在執行此項策略時，我們推薦，找同僚或學生擔任此等角色（對於我們的學生，我們也會扮演這種角色），Lincoln & Guba（1985）稱爲同儕審視（peer debriefing），檢核者和研究者都會針對審視過程進行書面記錄。

我們推薦，把這9項程序當成一個整體來加以檢視（摘要大綱，請參閱圖10.1）；再者，研究者在任何一項研究最好能夠投入兩個以上的檢核策略。無庸置疑地，三角檢驗不同資料來源（假設研究者有蒐集不只一個資料來源），書寫厚描述，把整份書面敘事交給參與者進行成員檢核，這些全都是合理也容易執行的檢核程序，也是最受歡迎而且成本效益最好。其他程序，譬如：同儕檢核和外部稽核，就比較費時，也需要投入可觀的成本。我們也指出，不同的效度檢驗透鏡（亦即研究者透鏡、參與者透鏡、讀者與／或審查者透鏡），也可能取決於研究者的哲學取向，因此可能影響特定效度檢驗策略的選擇（進一步討論，請參閱Creswell, 2016）。

▏10.1.3▕　信度的觀點與檢驗程序

質性研究的信度可能有許多不同的考量和處理方式（Silverman, 2013）。如果研究者取得詳實的田野筆記、運用高品質的錄音設備、轉謄數位檔案，信度可能會獲得提升。再者，紀錄的轉謄必須能夠顯示往往可能有其重要性的細枝末節，譬如：停頓、重疊等等。編碼可能採用「盲知」模式，亦即負責編碼的工作人員和分析者都不知悉研究的預期方向。Silverman也支持使用電腦軟體，來輔助記錄和分析資料。

在這裡，我們的焦點會擺在*編碼者合意程度*（*intercoder agreement*），基本上，就是運用多位編碼者來分析逐字稿資料。在質性研究，信度通常指編碼者編碼反應的穩定度。很重要的是發展編碼和評估編碼者之間的信度（Kuckartz, 2014; Richards & Morse,

2012）。我們發現，這種作法尤其常用於衛生科學領域的質性研究，以及研究者想要外部檢核涉及高度詮釋的編碼過程。

不過，真正討論編碼者合意程度檢核程序細節的文獻，幾乎付之闕如（除了下列少數的例外：Armstrong, Gosling, Weinman, & Marteau, 1997; Campbell, Quincy, Osserman, & Pederson, 2013; Miles & Huberman, 1994; and Miles, Huberman, & Saldaña, 2014）。其中關鍵議題是，決定編碼者究竟同意的是什麼東西、是否尋求同意編碼的名稱、編碼的片段，或是相同片段給予相同的編碼。此外，我們也需要決定，研究者是否尋求分別同意編碼、主題，或是同時同意編碼和主題（請參閱Armstrong et al., 1997）。最後，我們需要仔細詮釋研究發現，Richards（2015）明智建議，我們不可能期待，不同時間或不同編碼者之間的編碼完全吻合一致。編碼過程難免會有彈性變動空間，研究者必須設法在時間和資源許可範圍內，找到適合的作法來執行編碼。

整理我們親身投入多元編碼者共事的經驗，我們建議下列的程序，來評估質性研究編碼者合意程度（請參閱圖10.2）：

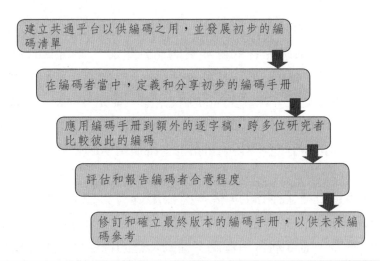

圖10.2 質性研究編碼者合意程度的檢驗程序

- **建立共通平台以供編碼之用，並發展初步的編碼清單**：研究者決定使用哪一種軟體程式或紙筆作業方式；建立共通平台是必不可少的，透過共通平台，研究團員之間容易分享初步閱讀和編碼。在我們自己的研究，通常會使用電腦輔助質性資料分析軟體（例如：MAXQDA、ATLAS.ti、或NViv，取決於研究團員之間的熟悉程度），並且在研究初期，舉辦操作訓練。然後，每位研究者獨立檢閱若干逐字稿，發展初步編碼清單。如同第八章的討論介紹，電腦軟體程式有提供若干功能，可輔助建立此等清單。

- **在編碼者當中，發展和分享初步的編碼手冊**：研究者發展、分享編碼的理解，建立一份穩定的編碼手冊（codebook），代表四位獨立編碼者的編碼分析。比方說，針對三份逐字稿（亦即A、B、C）執行編碼之後，編碼者開會、檢視編碼、名稱（標籤）、個別編碼者指派給每一個編碼的文本片段。接下來，開始發展主要編碼的初步編碼手冊，收錄每一個編碼的定義，以及指派給每一個編碼的文本片段。初步編碼手冊包含主要編碼和次要編碼。接下來的分析聚焦主要編碼，而不是窮盡手冊裡的所有編碼。隨著分析向前推進，也會適情況增添新的編碼。

- **應用編碼手冊到額外的逐字稿，跨多位研究者比較彼此的編碼**：研究者獨立應用共通的編碼手冊到額外的逐字稿，然後比較評估研究者之間的編碼一致性。要執行這項程序，研究者必須先同意要比較哪種文本單位（例如：片語、句子、段落），然後每一位研究者獨立編碼三份額外的逐字稿（亦即D、E、F）。由於文獻並沒有清楚指南，建議應該採用哪種文本單位來進行編碼，因此有時頗難達成共識（Hruschka et al., 2004）。在Campbell和同僚（2013）的探索型研究，為求編碼程序進行順暢起見，他們建議由主要研究者（研究案主持人）確認資料片段，作為編碼的單位。

  就我們的經驗來看，比較重要的是，編碼者取得共識決定對於某

文本段落指派的編碼是否恰當，而比較不是一定要強調所有編碼者擷取完全相同的片段來編碼。決定編碼的單位很重要，因為這是界定編碼者合意的基礎所在，有了這樣的共同基礎，也才能做有意義的跨編碼者比較。在我們的實作當中，很多時候，編碼者合意乃是代表我們同意（某些編碼者）指派某編碼給某片段是恰當的，而不是代表我們所有人都必須擷取相同的片段進行編碼，並且對編碼的指派達成共識，後者是理想的狀況，我們相信很難達到，因為有些人可能傾向擷取較短的片段來編碼，有些人則傾向擷取較長的片段，總之，不同人擷取來編碼的片段很難完全一致。再者，這也不代表我們會擷取相同內容而且相同數量的文本片段來編碼，這又是另一項很難達成的理想。

- **評估和報告編碼者合意程度**：在評估整體編碼者合意程度之前，研究者先行定義編碼者合意的例子。在我們的實作，我們傾向檢視研究者編碼的段落，問我們自己，根據編碼手冊的定義，是否會指派相同編碼給該等段落。答案可能是有，或沒有，然後就可以計算編碼者對於此片段編碼的合意百分比。Miles & Huberman（1994）推薦80%合意比率。最近，Miles等人（2014）建議，依照「編碼的規模和範圍」，合意比率最好達到85%至90%（頁85）。許多電腦輔助質性資料分析軟體，有提供計算多位編碼者合意程度的功能。另外也可計算kappa一致性信度統計量。我們覺得在我們發表的研究中，報告百分比的合意程度，應該就已經足夠了（關於三種編碼者合意程度的實作指南，請另行參閱Creswell, 2016）。

- **修訂和確立最終版本的編碼手冊，以供未來編碼參考**：研究者回顧和修正編碼手冊，進一步優化、分辨編碼的定義。在我們的實作，使用修訂後的編碼手冊定義，進一步完成若干逐字稿的編碼之後，再次修訂編碼手冊，然後用來檢視評估所有研究者的編碼片段，決定編碼者之間是否指派相同或不同的編碼。經過一次又

一次的編碼者合意程度檢驗，我們希望能達到越來越高的合意百
分比。然後，我們可以把編碼聚集成爲較爲廣泛的主題，運用前
述的合意程序來處理主題，從而檢視所有研究者是否同意該等編
碼段落都會指派該等相同的主題。

10.2 質性研究評鑑的多樣化判準

10.2.1 質性觀點

在回顧質性研究文獻的效度檢驗時，有時候我們總會發現，有某
些人使用效度檢驗來評鑑研究品質的論點，委實令人驚訝（例如：
Angen, 2000）。雖然效度檢驗的確是評鑑研究品質的一個面向，
但是還有其他面向的判準也同樣有用。在回顧這些判準時，我們也
發現，質性社群內部也存在相當的歧異見解（請另行參閱Creswell,
2012，對照比較三種質性評鑑取徑）。在此節，首先，我們回顧普
遍質性研究的三項評鑑標準；然後，轉向五種質性研究取徑的特定評
鑑標準。

立基方法論的觀點

這種觀點的評鑑標準來自Howe & Eisenhardt（1990），他們建
議對於質性（量化也一樣）研究，只有廣泛、抽象的標準可能用來評
鑑研究的品質。再者，要評鑑，比方說，某研究是否算是優秀的俗民
誌，當然不可能不回答該研究是否對於我們理解某些重要問題有所貢
獻。Silverman（2013）提出四項判準，優秀的研究必須致力達標。
我們整理五項標準，改編自Howe & Eisenhardt（1990），以問題形
式呈現，提供研究者來考量回答：

* 研究待答問題是否驅動資料的蒐集與分析？（而不是反向而
  行？）Silverman（2013）提出類似的判準，好的研究應該要使

用「經證明對於研究問題適切的方法」（頁322）。

- 研究者對於資料蒐集與分析技術的運用，達到何種勝任程度？（技術能力是否足以勝任資料蒐集與分析？）Silverman（2013）提出類似的判準，好的研究應該要發展「經驗資料扎實、可靠和真確有效的發現」（頁322）。

- 研究者的預設是否有外顯化？（譬如：研究者自身的主觀性是否外顯化？）

- 研究是否有整體的保證？（研究是否嚴謹、扎實？是否使用受尊重的理論解釋？是否有討論研究結果反駁的理論解釋？）Silverman（2013）提出類似的判準，好的研究應該要「根據資料進行透徹的理論層面的」思考（頁322）。

- 研究是否在提供資訊、改善實務方面有所貢獻？並且有符合倫理，維護參與者的保密、隱私和訴說真相？（能否有效回答「那又怎樣？」的質疑？執行是否有符合研究倫理？）Silverman（2013）提出類似的判準，好的研究應該要「在可能的情況下，對於實務和政策」有所貢獻（頁322）。

後現代、詮釋取徑的架構的觀點

這種觀點的評鑑標準來自Lincoln（1995），她使用浮現判準的角度，來思考關於品質的議題。Lincoln回溯她自身的思想演化（以及她的先夫／同僚Guba的思想），從早期發展平行於量化研究的方法論判準（Lincoln & Guba, 1985），繼而發展「公平」（fairness）（利益相關人士之間的平衡）、分享知識、培養社會行動（Guba & Lincoln, 1989），一直到她目前的立場。關於品質的新興取徑乃是立基於三項新的承諾：與回應者的浮現關係；一系列的立場；研究的願景應該致力於促進正義。基於這些承諾，Lincoln（1995）進而確認若干標準如下：

- 標準是設立於研究社群，譬如：出版的準則。此等準則承認，在

多樣化的研究取徑之內，研究社群已經發展各自的傳統，包括：嚴謹、溝通、取得共識的方式。這些準則，她堅稱，拒斥了合法性（legitimate）的研究知識和正統的社會科學研究者。

- 位置性（positionality）標準，提供詮釋取徑或質性取徑研究引導方向。汲取關切立場觀點知識論（standpoint epistemology）的見解，這意味著，文本應該展現自身立場的誠信或本眞，以及作者的立場。

- 另一個標準是在社群的評量指標（rubric）之下。這項標準承認，所有研究都是爲了服務研究執行所在社群之目的，而發生、回應、解決。此等社群可能是女性主義思想、黑人學術、美洲原住民研究、生態研究。

- 詮釋取徑或質性研究必須讓參與者發聲，使其聲音不至於消音、疏離（disengaged，或沒得參與）、或邊緣化。再者，此等標準要求文本應該讓另類或多元的聲音被聽見。

- 批判主體性（critical subjectivity），作爲評鑑標準，這意味著，研究者需要提高自己在研究過程的自覺意識（self-awareness），創造個人和社會的轉化。這種「高品質的自覺意識」促使研究者有能力去理解，在研究經驗之前、期間、之後，自己的心理和情緒狀態。

- 高品質的詮釋取徑或質性取徑研究，涉及研究者和研究對象雙方的互惠（reciprocity），這項標準要求相互分享、信賴，有來有往的對等性（mutuality）。

- 研究者應該尊重，研究到行動連續向度當中的關係神聖性，這項標準意味著，研究者尊重研究的協力合作和平等精神，並且「爲他者的生活方式創造空間」（Lincoln, 1995，頁284）。

- 權力的分享，這項標準承認，在好的質性研究，對於參與者提供機會，讓研究者得以探究、描繪其生命經驗，研究者應該本於回報的精神，和參與者分享研究獲得的報酬。這可能是分享書籍的

版稅，或是分享出版品的著作權。

詮釋取徑質性研究的觀點

這種觀點的評鑑標準來自Richardson（引述於Richardson & St. Pierre, 2005），她確認多元判準，用來檢視社會科學論文或專論書籍的投稿出版：

- **實質貢獻**（**substantive contribution**）：作品是否有所貢獻於我們對社會生活的理解？
- **美學優點**（**aesthetic merit**）：作品在美學方面是否成功？創意分析實踐的運用是否打開文本，邀請投入詮釋反應？文本是否展現了藝術的形貌？令人滿意、繁複多變，精采而不乏味？
- **反身性**（**reflexivity**）：作者的主體性如何既是文本的生產者，同時又是文本的生產物？是否存有自覺意識、自我曝露？作者是否要求自己致力於達到認知與敘說研究對象（生活經驗、觀點、聲音等）的諸多標準？
- **衝擊**（**impact**）：作品是否帶給我情感、智識方面的衝擊？激發新的問題，促使我動筆書寫？嘗試新的研究作法，或是促使我付諸實際行動？（頁964）

身為應用研究方法學家，我們偏好方法論觀點的評鑑標準，但是我們也支持後現代和詮釋取徑的觀點。此外，我們也同意Flick（2014）的看法，他認為：「關於如何評估質性研究的問題，尚未獲得解決。」（頁480）截至目前為止，討論過的所有取徑，對我們本書而言，似乎仍有一些遺缺，那就是沒能和五種取徑的質性研究有所連結。就此而言，除了前述一般性的評鑑標準之外，另外還有哪些特定的標準，可能標誌出高品質的敘事研究、現象學、扎根理論、俗民誌、個案研究？接下來，我們就要逐一介紹、探討這五種取徑的特定評鑑標準。

│10.2.2│　敘事研究的評鑑

在討論優秀的敘事研究應該具備的條件，Riessman（2008）和Clandinin（2013）指向尋求參與者敘事的融貫、一致性（coherence）；但是她們也承認，這一點可能不總是能夠達到。要達到如此的目標，Riessman（2008）提議使用下列問題來評估融貫、一致性（頁189）：

- 生命故事的各段插曲是否融貫、整合？
- 理論論述的段落是否有連貫、一致？
- 是否存在有重大落差、漏洞和不連貫、不一致的地方？
- 詮釋者的分析陳述是否具有說服力？

Clandinin（2013）提議採取不同的方式，來「判斷和回應敘事研究」（頁211），她和Vera Caine將這種評鑑的方式定義為，檢驗敘事研究優秀與否的「試金石」（touchstones）：

> 我們在思考研究的品質時，之所以會受到吸引而注意試金石，其中一點乃是試金石可以用來檢驗其他物質的卓越性或真假。再者，吸引我們注意的，還有試金石的堅硬質地、黝黑色澤，譬如：鐵石英或玄武岩，對照比較金、銀和標準合金在試金石留下的相對痕跡，從而檢驗金、銀的品質。我們頗好奇，打個比喻，如果我們使用「試金石」碰觸或刮劃敘事研究，會留下什麼樣的痕跡？（Clandinin & Caine, 2013，頁191）

Clandinin（2013）列出12項試金石，並且認為此等清單並非固定不變，而是會持續演化（關於此等試金石的進一步描述，請另行參閱Clandinin & Caine, 2013，頁191）。圖10.3中，我們整理提出「優秀」敘事研究應該努力追求的五個面向。

此一敘事研究有否做到下列事項？

1. 聚焦在某一人物？
   - 作者可能選擇聚焦一個人物，或是兩、三個人物。
2. 蒐集關於某一重大議題的故事？
   - 作者可能聚焦在該等人物所述說的故事。
3. 發展大事記？
   - 作者可能使用大事記，來連結故事的不同階段或面向。
4. 述說一個故事？
   - 作者可能透過該等故事，來報告敘事者所述說的內容（主題）、如何述說故事（故事的開展方式），或是敘事者如何互動或展演該等敘事。
5. 嵌入反身性？
   - 作者可能使用反身性思考和寫作，將自身帶入該等敘事研究。

圖10.3 「優秀」敘事研究應該追求的面向

在撰寫詮釋取徑的傳記時，Denzin（1989）主要旨趣在於，「如何定位和詮釋傳記題材的主題」（頁26）。他提出了若干書寫準則如下：

> 互動個體的生活經驗是社會學的合適主題……個中意義的最佳給出者就是經驗當事人。因此，有關傳記研究對於方法、效度檢驗、信度、類化、理論關聯性的偏執關注，必須擱置一旁，轉而讓位來關注意義和詮釋。
>
> 傳記方法的學生必須學習如何使用文學詮釋和文學評論的策略和手法……換言之，必須使其方法符合對於社會文本之寫作和閱讀的關注……在那兒，文本被視為「敘事虛構文學」（narrative fictions）。（Denzin, 1989，頁25-26）

撰寫傳記時，作者自身也寫入關於研究對象的書寫之中；就此而

言，讀者閱讀傳記時，當然也就脫離不了作者的詮釋觀點（也包括成見、聲音）。

因此，在人文、詮釋的立場，Denzin（2001）確認「詮釋的判準」作為判斷傳記品質的標準。此等判準是立基於同等尊重研究者的觀點與厚描述。Denzin（2001）提倡，研究者應該具備能力，以厚實的脈絡化方式來闡明研究的現象〔亦即充分開發脈絡的厚描述（thick description of developed contexts）〕，以便揭顯經驗所在的歷史、過程、互動等特徵元素。再者，除了脈絡厚描述之外，研究者必須投入詮釋循環，融合洞燭當下的理解，以及先前的既存理解，於此同時，視域環環相扣相生，總是保持開放，迎向圓缺（incomplete）而未竟（unfinished）。

此種對於詮釋和厚描述的注重，相對於傳統取徑傳記書寫奉為圭臬的判準，可謂背道而馳。比方說，Plummer（1983）就主張，生命史研究者應該思考回答有關取樣、來源、以及陳述效度檢驗這三組相關的問題，以期研究達到優秀的水準：

- **取樣相關問題**：研究的人物是否具有代表性？Edel（1984）提出類似的問題：傳記作者如何區辨見證說詞可靠或不可靠？
- **來源相關問題**：是否存有哪些來源的成見（關於參與者、研究者、雙方互動之類的成見）？又或者，如Edel（1984）提問，研究者如何避免自己的聲音壓過了研究的主體（譯者按：作者藏身在故事人物背後的腹語發聲，故事表面雖然呈現人物說詞，但其實失去了他們本真的聲音）？
- **陳述效度檢驗相關問題**：請傳記書寫對象的主人翁來閱讀陳述是否真確？比對官方紀錄？或是比對其他參與者的陳述呢？

10.2.3 現象學研究的評鑑

對於現象學研究，應該採用什麼判準來判斷其品質？從許多關於現象學的論著來看，我們或許可以從有關步驟的討論（Giorgi,

1985），或是超驗現象學的「核心面向」（"core facets"，Moustakas，1994，頁58），推導出可供採用的判準。我們也發現，直接討論判準可能會有失誤導；但是就我們研讀的相關文獻，最值得參考的評鑑觀點主要有二：Polkinghorne（1989）討論研究發現是否「眞確」（valid）；van Manen（2014）提出效度檢驗和評鑑判準的大綱。

首先來看Polkinghorne（1989），他認爲效度檢驗乃是指，理念有提供良好基礎和支持。他提問：「結構描述是否有提供，所蒐集例子顯現之共通特徵與結構連結的眞確圖像？」（Polkinghorne，1989，頁57）然後，他進而指出，研究者應該提問自己5項待答問題：

- 訪談者是否影響了參與者的描述內容，以至於該等描述沒有如實反映參與者的眞實生命經驗？
- 逐字稿是否準確、傳神？是否傳達訪談當中口語呈現的原始意義？
- 逐字稿的分析當中，除了研究者提出的結論之外，是否還有其他可能推衍出的另類結論？研究者是否有辨識、指出該等另類結論？
- 是否有可能從一般性的結構描述連結到逐字稿，以及是否有可能在原始的經驗例子當中，確認陳述的特定內容和連結？
- 結構描述是否僅只適用於特定的情境，抑或是也適用於其他情境的普遍經驗（本質）描述？（Polkinghorne, 1989）

其次，van Manen（2014）指出若干待答問題，以供「檢驗〔現象學研究的〕效度水準」（頁350）：

- 此研究是否立基於適切的現象學問題？換言之，此研究是否提問：「此等人類經驗像什麼？」或是：「在這種或那種現象或事件當中，人們有什麼樣的體驗？」現象學問題不應該與特定時間、地點之特定母群、個人或團體的實徵研究混爲一談。再者，現象學也不可能處理因果問題，或是提供理論解釋。然而，特定

個人或團體可能加以研究，以便了解某一現象學主題，譬如：性別現象、社會—政治事件，或某一場人類災難的經驗。

- 分析是否立基於描述現象之生活經驗的陳述或逐字稿？（分析是否避免主要由感受知覺、意見、信念、觀點，諸如此類構成的實徵材料？）

- 研究的基礎是否主要立基於現象學的學術文獻，而不是主要仰賴於有待商榷的第二手或第三手資料來源？

- 研究是否有避免試圖藉由其他來源（非現象學）方法論的效度檢驗判準，來肯定自身的合法性？（van Manen, 2014，頁350-351）

再者，van Manen（2014）也提供若干判準，可供評估現象學研究：

- **捷思好奇發問（heuristic questioning）**：文本是否有引發讀者一種好奇、沉思、發問的關注動力——「*ti estin*」（希臘文「*τι εστιν*」，英譯「what it is」，好奇這是什麼〔本質〕）和「*hoti estin*」（希臘文「*ότι εστίν*」，英譯「that it is」，好奇某事物真有存在〔存有〕）？

- **描述豐富性（descriptive richness）**：文本是否包含豐富且可辨識的生活經驗材料？

- **詮釋深度（interpretative depth）**：文本是否提供反思洞視，超越想當然爾的日常理解？

- **獨特的嚴謹度（distinctive rigor）**：文本是否持續保持自我批判質疑，追根究柢，尋求現象或事件的獨特意義？

- **強烈回應問題的意義（strong and addressive meaning）**：文本是否有「觸及」和回應我們肉身化的意義（embodied meaning）？

- **經驗喚醒（experiential awaking）**：文章是否透過情感激喚語言（vocative language）或直覺語言（presentative language），

喚醒前反思（pre-reflective）或原初（primal）的經驗？

- **本源開端的主顯節（inceptual epiphany）**：研究是否提供我們有可能觸及更深刻、本源的洞視，以及或許直覺，或是啟發我們掌握對於生活承諾和實踐開端的倫理、社會思潮或民族精神？（頁355-356）

　　圖10.4中，我們整理提出5項標準，以問題形式呈現，可供思索回答，從而評估現象學研究的品質。

此一現象學研究有否做到下列事項？
1.以精簡的方式，闡明可供著手研究的某一清楚的「現象」？
　‧作者可能使用適切的現象學待答問題，來引導研究。
2.是否有掌握並傳達關於現象學哲學基本原理的理解？
　‧作者可能將研究立基在現象學的主要學術文獻。
3.是否有使用現象學的資料分析程序？
　‧作者可能參照Moustakas（1994）或van Manen（1990）推薦的程序。
4.是否有溝通參與者關於現象之生活經驗的整體本質？
　‧作者可能描述該等現象經驗發生的脈絡所在。
5.是否有在研究全程，嵌入研究者反身性？
　‧作者可能解釋反身性思考的過程和結果。

圖10.4 現象學研究的評量標準

▌10.2.4▌ 扎根理論的評鑑

　　Strauss & Corbin（1990）確認若干判準，可供判斷扎根理論研究的品質。其中7項判準，與一般研究過程有關；另外6項判準，與研究的實徵扎根有關。在術語方面，Corbin & Strauss（2015）特別提出「檢核點」（checkpoint）的用語，取代傳統慣用的「判準」，他們所持的理由是，「不喜歡使用*判準*這樣的術語，因為那會使評

鑑過程顯得教條、獨斷，成為一種『全有或全無』的評鑑取徑。」
（頁350，斜體字強調*判準*，乃Corbin & Strauss原文所標示。）

Corbin & Strauss（2015）描述包含16項檢核點的清單，引導研究者和審核者評鑑扎根理論研究的方法論一致性：

1. 目標樣本母群是什麼？初始樣本如何選取？

2. 取樣的程序如何進行？蒐集哪些種類的資料？是否有多元來源的資料，以及多元團體對照比較？

3. 資料蒐集和分析是否交替進行？

4. 資料蒐集與分析階段，有否納入倫理考量？

5. 是否用分析發現的概念來驅動資料蒐集（立基理論抽樣）；抑或概念是從回顧文獻導出，並且建立於資料蒐集之前（亦即不是真正的理論取樣）？

6. 是否有採用理論取樣？如果有，有否描述說明使用何種理論取樣策略，以及如何執行？

7. 研究是否有展現對於參與者和資料的敏感、體貼？

8. 是否有使用備忘錄的證據或例子？

9. 到什麼時間點可以宣告資料蒐集終止，或是達到資料飽和？

10. 是否有描述說明如何進行編碼？包括理論取樣、概念、範疇，以及關係陳述的例子？是否有呈現指向主要範疇的事件、事故或行動（指標）？

11. 是否有核心範疇？如果有，是否有提供描述說明該等核心範疇是如何達致的？

12. 研究中途，是否有基於研究發現而更改研究設計？

13. 研究期間，研究者是否遭遇任何難題？是否有提及任何的負面案例？如果有，該等資料如何處理？

14. 方法論的決策是否有清楚交代，以便讀者可以自行判斷資料蒐集（理論取樣）和分析是否適切？

15. 是否有徵詢參與者以及其他專業人士，請他們提供對於研究

發現的回饋意見？是否有根據該等回饋意見，而更改所發展建立的扎根理論？

16.研究者是否有持續撰寫研究日誌或筆記？（Corbin & Strauss, 2015，頁350-351）

除了方法論的評鑑之外，Corbin & Strauss也提出17點檢核表，可供研究者和審查者評鑑扎根理論研究的品質和可應用性：

1. 核心範疇是什麼？其他主要範疇如何關聯到此一核心範疇？是否有繪圖說明個中連結關係？

2. 核心範疇是否足夠寬廣，足以用來擴展研究此場域以外的其他母群和類似情境？

3. 這些範疇的屬性和維度有否適切發展，足以展現可能涵蓋的深度、廣度和多樣性？

4. 關於每一種範疇，是否有給予充適的描述資料，足以賦予理論生命力，從而提供理解和應用到多樣化的情境？

5. 是否有確認脈絡，並且統整融入理論？條件、後果應該列示為背景資訊，並且另外收錄在別的節次，但是最後整合融入在分析資料當中，用以解釋這些條件因素如何影響行動－互動的流程，以及後果如何從中產生？

6. 過程是否有統整到理論之中，亦即解說條件的變動如何可能影響行動－互動產生變化？行動－互動是否有適配不同的情境，闡明理論如何可能在不同的條件下有所變化，從而適合應用到各種不同的情境？

7. 如何解釋飽和？何時與如何決定範疇已達到飽和？

8. 研究發現是否同時都能吻合參與者以及目標專業人士的經驗？即使不是每一細節都適用，參與者能否確認或認可故事呈現的大致樣貌？

9. 在理論中是否有落差、缺口或失落的環節，使得讀者感到困惑，或覺得若有所失？

10.是否有陳述極端案例或負面案例？

11.是否有將變異建立到理論之中？

12.研究發現是否有以創意或創新的方式來呈現？研究是否有說出新的東西，抑或只是新瓶裝舊酒，了無新意？

13.研究發現是否給予新的洞視，並提供實用的知識，可應用來發展政策、改革實務，以及增加某專業的知識庫？

14.理論發現是否顯得重要？重要程度如何？有時候，確實有可能完成理論發展的研究或任何的研究，但研究結果卻不具有任何的重要性。

15.研究發現是否有可能成為相關社會團體或專業團體討論或理念交流的一部分？

16.是否有確實交代清楚研究的限制？

17.是否有提供對於實務、政策、教學和研究應用等方面的建議？（Corbin & Strauss, 2015，頁351-352）

Charmaz（2014）反思扎根理論研究發展的理論品質，從而提議扎根理論研究者自我提問下列問題，來引導思考扎根理論品質的評鑑：

- 主要範疇的定義是否完整？
- 在我建立的扎根理論中，是否有建立主要範疇的概念化內涵？
- 在草擬的分析當中，我如何提升廣度和深度？
- 除了資料之外，我是否已經有在範疇之間，以及在範疇與其屬性之間，建立強而有力的理論連結？
- 我如何增進對於所研究之現象的理解？
- 我的扎根理論研究如何做出新穎的貢獻？
- 我所做的分析，與哪些理論問題、實質問題或實務問題，有最緊密的關聯？對於此等分析，哪些讀者群可能最感興趣？我應該往哪些地方推廣？
- 此等分析對於理論、深度、廣度，可能有哪些蘊義或啟示？對於

> 研究方法，對於實質知識，對於行動或介入，諸如此類的面向，
> 分別可能有哪些蘊義或啓示？（Charmaz, 2014，頁337-338）

再者，也請參閱Charmaz（2014，頁337-338）提供的若干引導問題，可供參照思索扎根理論研究的評估判準，個中引導問題主要分爲四大類：可信用性、原創性、共鳴或調諧（resonance）、有用性。圖10.5摘要描述我們評鑑扎根理論研究時，尋求優秀扎根理論應該具有的普遍過程要素，以及理論概念之間的特定關係。

此一扎根理論研究有否做到下列事項？

1. 是否有聚焦研究某一過程、行動或互動，作爲理論的關鍵元素？
   · 研究某一過程、行動或互動作爲核心現象時，作者可能聚焦在該等現象經由哪些步驟而開展。
2. 是否有整合編碼過程，從原始資料逐步發展成理論模式？
   · 作者可能描述資料蒐集和資料分析反覆來回進行，從而建立理論模式。
3. 是否有以圖形，呈現所建立的理論模式？
   · 作者可能使用創新的繪圖工具和手法，來呈現理論模式。
4. 理論模式有否呈現故事情節或是範疇連結的命題，從而提出有待未來研究解答的問題？
   · 作者可能參照目前研究浮現的整體圖像，作爲未來研究方向的跳板。
5. 是否有在研究全程使用備忘錄？
   · 作者可能描述不同類型的備忘錄，或其他方式的紀錄，用來註解研究執行過程當中的思考。
6. 是否有嵌入反身性或自我揭露，描述、反思關於研究者在研究當中的立場？
   · 作者可能描述研究日誌或筆記簿（或其他形式的紀錄），用來記載他們在研究期間的反身性思考。

圖10.5 扎根理論研究的評量要點

┃10.2.5┃ 俗民誌的評鑑

關於俗民誌的品質，比較少有相關資源提出所謂的評鑑判準。相對地，俗民誌研究者似乎比較偏好描述俗民誌研究應該具備的「基本要素」，譬如：延展投入田野踏查的時間、產生厚描述、脈絡描述、多元資料來源的三角檢驗（Fetterman, 2010; Wolcott, 2008a, 2010）。不過，還是有兩個例外：Richardson（2000），以及Spindler & Spindler（1987），分別提供了可供參考的評鑑判準。

一、Richardson（2000）描述她用來評鑑俗民誌的判準：

- **實質貢獻**：此文本對於我們理解社會生活是否有貢獻？作者是否展現了深入扎根（如果嵌入的）人類世界的理解與觀點？此等觀點如何形塑此文本的建構？

- **美學優點**：此文本在美學方面是否成功？有否使用創意分析作法，打開文本，邀請詮釋反應？文本是否富有藝術形貌，令人滿意，繁複多姿，而不枯燥乏味？

- **反身性**：作者如何投入寫作此一文本？資訊如何蒐集？有討論哪些倫理議題？作者的主體性如何既是此一文本的生產者，同時又是其生產物？是否有提供自覺意識、自我揭露方面的充適資訊，以便讀者自行判斷文中呈現的觀點？作者有否反思其本身能力能否勝任認知和敘說研究對象的任務？

- **衝擊**：此文本是否有對我造成衝擊？在情感方面？在智識方面？產生新的問題？促使我想去寫作？促使我去嘗試新的研究實務作法？促使我去付諸實際行動？

- **表達某一實在**：文本是否有血有肉，深入刻劃傳達當事者親身經歷的生活經驗？文本讀起來是否「真實」？換言之，陳述是否可信用，確實傳達文化、社會、個人或社群對於「實在」的共通意義或感受？（頁254）

二、夫妻檔俗民誌學者Spindler & Spindler（1987）強調，俗

民誌研究取徑最重要的任務，乃是從「在地人的觀點」（"native's point of view"，頁20）來解釋行為，並且以系統化方式，使用筆記、錄音、照相等方式記錄資訊。這需要俗民誌工作者置身現場，投入觀察和訪談的持續互動。此等要點再次強化於Spindler & Spindler（1987）「好的俗民誌」的9項判準：

- **判準1**：觀察有脈絡化。
- **判準2**：隨著研究進行，而「*在原本位置*」（*in situ*，拉丁文片語，英文in the original place，或譯「*原位*」）浮現假說。
- **判準3**：觀察展延相當時日，而且反覆觀察。
- **判準4**：透過訪談、觀察、以及其他提引作答的程序，取得關於實在（reality）的在地觀點。
- **判準5**：俗民誌工作者以有系統的方式，提引資訊提供者—參與者作答，從而取得知識。
- **判準6**：研究工具、編碼、訪談大綱、問卷、訪談議程等等，是「*在原本位置*」探究結果而產生。
- **判準7**：跨文化、比較觀點，時常是未外顯陳述的預設。
- **判準8**：俗民誌工作者應該把潛隱、默會的資訊，向資訊提供者說明清楚。
- **判準9**：俗民誌訪談者必須不預先設定所提各類問題的可能回應。（頁18）

　　上述清單，扎根於田野研究，導向強有力的俗民誌。再者，如Lofland（1974）主張，俗民誌研究要放置於廣泛概念架構之內；呈現新穎（novel），但不必然是全新或未曾發生存在的事物；提供支持概念架構的證據；具體而充滿事件的互動，包括：事件、事故、遭遇、插曲、軼事、情景、當下發生的狀況，而不是「超事件」（hyper-eventful）；展現具體和分析之間、實徵經驗和理論之間的交織穿插。圖10.6中，我們整理提出「優秀」俗民誌應該致力達成的7項判準。

此一俗民誌有否做到下列事項？

1.是否有傳達證據，確認某一文化分享團體？
　・作者可能以相當程度的細節來描述該等團體，包括：該團體如何入選，如何進接該團體（包括守門人），該團體如何互動、溝通等等。

2.是否有具體指定某一文化主題，並透過研究此一文化分享團體，從而檢驗該文化主題？
　・作者可能確認某一文化主題，以及說明選擇該等主題的邏輯理由。

3.是否有以細節詳實描述該文化團體？
　・作者可能使用創意分析實踐作法來傳達該等描述。

4.是否有溝通從理解該文化團體而導出的主題？
　・作者可能組織某一主題式的敘事。

5.是否有確認「田野」浮現的議題，反思如後事項：研究者和參與者的關係，報告的詮釋本質，敘事之共同創作當中的敏感與互惠議題？
　・作者可能呈現此等田野議題，如實陳述、反思執行研究過程的挑戰，從而讓人相信其研究呈現是可信的。

6.是否有解釋文化分享團體的整體運行？
　・作者可能描述一整套的運行原則或類化原理，從而解釋該文化分享團體如何運行。

7.是否有整合自我揭露和反身性，闡明和反思研究者本身在研究當中的立場？
　・作者可能跟該等團體描述自己的背景經驗，以及描述她們對於和該等團體互動的反思。

圖10.6 「優秀」俗民誌的評量判準

┃10.2.6┃ 個案研究的評鑑

　　關於個案研究的評鑑判準，可以參閱Stake（1995）提供的「批判檢核表」（critique checklist），這份清單涵蓋頗為廣泛，可供評估個案研究報告的品質，摘列如下：

- 報告是否容易閱讀？
- 所有元素是否整合完善，每個句子都對整體報告有所貢獻？
- 報告是否具有概念結構（亦即主題或議題）？
- 議題是否有以嚴謹的學術方式來加以發展？
- 個案是否有充適的範圍界定？
- 個案的呈現是否有故事感？
- 是否有提供某些替代經驗（vicarious experience）給讀者？
- 是否有效使用引述說詞？
- 是否有效使用標題、圖、表、文物、附錄、索引？
- 是否有良好的編輯？最後定稿前的潤飾、優化？
- 作者是否有做出扎實的斷言，沒有過度詮釋，也沒有曲解或誤解？
- 是否有充適關注各種不同的脈絡？
- 是否有呈現充足的原始資料？
- 是否有妥善選擇資料來源？數量是否充足？
- 觀察和詮釋是否有經過三角檢驗？
- 研究者的角色和觀點是否有妥善呈顯？
- 目標讀者群的本質是否有明顯呈現（是否有隱匿利害相關的目標讀者群、研究贊助來源）？
- 對於各方是否都有以同理心對待？
- 研究者個人的意圖是否有受到檢視？
- 是否有人因為此一研究而陷入險境？（頁131）

另外，個案研究方法論學者應國瑞（Yin, 2014），反思個案研究呈現描述的品質，他建議模範個案研究應該具備若干特徵如下：

- **重要性**（**significant**）：研究者是否有聚焦「不尋常或有公眾旨趣的」個案，或是蘊含有「全國重要性──可能是理論重要性，或是政策或實務重要性」的議題（頁201）？
- **完整性**（**complete**）：研究者是否清楚界定個案界限，蒐集廣泛

資料、執行的研究沒有「人為非自然的情況」（頁203）？比方說，研究是否因為時間或資源有限而被迫提前終止？

- **考量另類觀點（consider alternative perspectives）**：研究者是否有考慮對立的命題，並且設法從個案的不同觀點蒐集證據？
- **展現充分的證據（display sufficient evidence）**：個案報告有否提供充分的證據，使讀者可能「達成關於該等報告是否有價值的獨立判斷」？
- **以吸引讀者投入的方式寫作（composed in an engaging manner）**：研究者對於個案的呈現，不論是透過書寫或展演，是否能夠引人入勝，將研究結果有效溝通給廣大讀者？

圖10.7中，我們描述評估「優秀」個案研究的6項判準。

此一個案研究有否做到下列事項？

1. 是否有確認研究的個案？
   - 作者可能確認單一個案（或多元個案）的界限和時間參數。
2. 是否有呈現個案選擇的邏輯理由？
   - 作者可能確認選擇該等個案的邏輯理由，譬如：為了要了解某一研究議題（工具型個案），或是要描述個案的獨特性（本質型個案）。
3. 是否有以細節詳實描述個案？
   - 作者一開始可能先提供關於個案的豐富描述與其所在場域或脈絡。
4. 是否有闡明從個案當中確認的主題？
   - 作者可能聚焦在個案內部或跨個案之間的少數關鍵主題。
5. 是否有報告個案分析導出的斷言或類化結論？
   - 作者可能詮釋個案如何提供洞視來闡明所要探究的議題，或是可能將個案的研究發現類化到其他個案。有時候，這可能會採取摘要陳述或微型敘事的形式來呈現。
6. 是否有嵌入研究者的反身性，或自我揭露關於自己在研究當中的立場？
   - 在研究全程，作者可能嵌入反身性思考和寫作。

圖10.7 個案研究的評量判準

10.3 五種質性取徑的評量標準對照比較

在本章,我們討論的五種取徑評鑑標準,依據各種取徑的研究程序而有些微差異。相對而言,敘事研究的品質評量標準,比較少有論述提及。我們回顧檢視每一種取徑的主要參考書,試圖整理出各種取徑推薦的評鑑標準。另外,我們還補充我們自己在質性研究方法課堂使用的各種取徑研究之評鑑標準。表10.2中,我們整理摘列五種質性研究取徑的評量標準,分成五個層面來加以對照比較。

表10.2 五種質性取徑的評量標準對照比較

判準	敘事研究	現象學	扎根理論	俗民誌	個案研究
研究焦點	聚焦在單一人物(或兩、三個人物)	以簡潔的方式,闡明要研究的「現象」	研究過程、行動或互動,作為理論的關鍵元素	確認文化分享團體	確認研究個案(或多元個案)
研究過程	蒐集故事,用以闡明個人生活關聯的重大議題	·傳達現象學的哲學基本原理 ·使用現象學資料分析建議的程序	·整合編碼程序,從資料發展、建立較大的理論模式 ·研究全程使用各類備忘錄	·透過田野踏查文化分享團體,具體詳述文化主題 ·確認田野浮現的議題	·提供支持個案選擇的邏輯理由——選擇的個案可以產生理解 ·確認個案內或跨個案的主題

判準	敘事研究	現象學	扎根理論	俗民誌	個案研究
研究呈現	發展大事記，連結故事的不同階段或面向	N/A	以圖案或繪圖呈現理論模式	溝通從理解文化團體導出的主題	報告個案分析導出的斷言或類化
研究結果	報告敘事內容（主題）、如何述說（故事的開展）、敘事者如何互動或展演	溝通參與者整體經驗的本質，包括脈絡	提出故事情節或命題，連結理論模式的範疇，以及提出未來研究問題	·以細節詳實描述文化團體 ·解釋文化分享團體如何運行	以豐富細節詳實描述個案
研究者反身性	使用反身性思考和寫作	研究全程嵌入反身性	自我揭露個人的立場	整合關於個人立場的反身性	使用關於個人立場的反身性

- **在研究焦點方面**：這也是最根本的層面，這五種取徑之間各有不同，不過當中還是有值得注意的類似處。典型而言，現象學，聚焦研究獨特的現象；扎根理論，聚焦研究過程（或行動、互動）；俗民誌，聚焦研究文化分享團體；敘事研究或個案研究，可能聚焦單一人物或個案，但也可能聚焦兩、三個人物，或是多元個案。

- **在研究程序方面**：五種取徑的區別最明顯。敘事研究的研究程序，主要在於蒐集人物的故事；俗民誌的研究程序，是要具體陳述文化主題；個案研究的研究程序，是選擇適切的個案；現象學的研究程序，獨特之處在於傳達現象學的哲學基本原理；扎根理

論的研究程序，在於資料蒐集、整合分析和使用備忘錄。

- **在研究的呈現和結果方面**：讀者可能從如後線索，從而確認個別研究採用何種特定取徑，譬如：呈現故事的大事記，就可能指向敘事研究取徑；理論繪圖，指向扎根理論取徑；解釋文化分享團體如何運作，指向俗民誌取徑；個案的斷言，指向個案研究取徑。

- **在研究者的反身性方面**：所有這些質性取徑，都有使用反身性和自我揭露，來嵌入研究者帶進研究的個人經驗、成見、觀點或聲音等等。

本章重點檢核表

1. 「厚描述」是質性研究用來發展關於個案、場域或主題的較深度理解，你能否確認「厚描述」的特徵？

   a. 首先，找尋一則短篇故事或小說的詳細描述。如果你找不到，可以試著使用Steven Millhauser（2008）《危險笑聲》（*Dangerous Laugher*）書中關於「貓和老鼠」的故事。

   b. 其次，確認指出Millhauser（2008）在描述物理情境或是動作、活動的段落，如何建立細節。

   c. 最後，確認作者如何將這些細節相互連結。

2. 你能否確認在各別質性研究取徑之內，可採用哪些效度檢驗策略，來提升研究的真確性？請閱讀採用不同效度檢驗策略的質性研究期刊文章或書籍。

   a. 將文章當中使用效度檢驗策略的例子畫底線，並檢視其效果。

   b. 各別質性研究取徑的效度檢驗策略應用到其他取徑，是否能夠發揮相當的效果？

   c. 不同的質性取徑如何可能衝擊你對於效度檢驗策略的運用？

3. 你可能採用哪些編碼者合意程序，用來練習評估編碼者之間的信度？

   a. 要進行此項練習，先取得一則短篇的文字檔案，可能是訪談逐字稿、觀察的田野筆記，或是數位檔案的文件，譬如：報紙的一則新聞。

   b. 其次，找兩位或三位編碼者，檢閱前述文件，記錄編碼。然後，檢視編碼者編碼的段落，看看大家對於該等段落的編碼是否相似或吻合。

   c. 回頭檢視圖10.2提議的編碼者合意程序，看看其中哪些程序可能比較容易執行，哪些則比較有挑戰性。

4. 你有否看到五種質性取徑的哪些特徵，可用來評估研究？請選擇其中一種取徑，找一篇使用該取徑的期刊文章，然後看看你能否找出該文章使用的評鑑關鍵特徵。

本章摘要

在本章，我們討論質性研究的效度、信度和品質評量標準。在質性研究領域，效度檢驗取徑有相當大的分歧，有些策略強調使用質性專屬術語，揚棄量化取徑的術語，轉而使用來自後現代、詮釋透鏡的獨特術語和觀點；綜合不同的觀點；隱喻意象本位的描述；諸多效度檢驗觀點的融合。質性研究的信度，也有許多不同的實踐方式，最普遍使用的是編碼者合意程度，這是若干編碼者分析和對照比較彼此的編碼，從而確立資料分析過程的可信度。關於建立編碼者合意程度的實施程序，讀者可以在本章讀到詳細的描述。再者，為了確立質性研究的品質，也出現許多不同的標準，這些判準是立基於程序觀點、後現代觀點和詮釋論觀點。在五種取徑內，也各自存在特定的評鑑標準，讀者可以在本

章看到我們提供的回顧摘要整理。最後，我們提供五種取徑用來
評估研究品質的標準，並且進行跨取徑的對照比較。

延伸閱讀

　　先前各章，在討論關於質性研究評鑑、效度和信度等觀點和
指南時，已經提及許多資源，除此之外，我們在此特別凸顯若干
關鍵資源。這份書目不應視爲窮盡所有相關資源的完整清單，我
們鼓勵讀者應該從本書書末收錄比較完整的參考文獻，找尋進一
步的研讀材料。

聚焦效度檢驗觀點的資源：

Angen, M. J. (2000). Evaluating interpretive inquiry: Reviewing the
validity debate and opening the dialogue. *Qualitative Health
Research*, *10*, 378-395. doi:10.1177/104973230001000308

　　Maureen Jane Angen追溯效度的起源，建議在詮釋取徑內的
應用。透過如此作法，Angen將效度連結到可信賴度和效度
檢驗策略。

Lincoln, Y. S., Lynham, S. A., & Guba, E. G. (2011). Paradigmatic
controversies, contradictions, and emerging confluences. In
N. K. Denzin & Y. S. Lincoln (Eds.), *The SAGE Handbook of
Qualitative Research* (4th ed., pp. 97-128). Thousand Oaks, CA:
Sage.

　　在這一章，作者回顧先前幾版的許多議題，然後在討論效度
和研究倫理的脈絡下，提出本眞性在其中占有核心角色的觀
點。

Lincoln, Y. S., & Guba, E. G. (1985). *Naturalistic Inquiry*. Beverly
Hills, CA: Sage.

在這本經典之作，Yvonna Lincoln & Egon Guba提出若干另類術語，作爲評估質性研究品質之用，這些術語一直沿用至今。本書是許多研究者必讀經典。

Whittemore, R., Chase, S. K., & Mandle, C. L. (2001). Validity in qualitative research. *Qualitative Health Research*, *11*, 522-537. doi:10.1177/104973201129119299

Robin Whittemore與同僚從13篇探討質性研究效度議題的文章，萃取了關鍵效度檢驗判準，將其組織分類爲4項主要判準，以及6項次要判準。這篇文章也提供了質性研究效度議題歷史發展的綜合描述。

聚焦信度觀點的資源：

Armstrong, D., Gosling, A., Weinman, J., & Marteau, T. (1997). The place of inter-rater reliability in qualitative research: An empirical study. *Sociology*, *31*, 597-606. doi:10.1177/0038038597031003015

這幾位作者使用6位研究者之間的評分者合意程度評估，作爲跳板，來討論如何執行編碼者合意程度的檢核程序。特別值得注意的是，他們聚焦在與編碼合意程度明細條件相關聯的關鍵議題。

Campbell, J. L., Quincy, C., Osserman, J., & Pederson, O. K. (2013). Coding in-depth semistructured interviews: Problems of unitization and intercoder reliability and agreement. *Sociological Methods & Research*, *42*, 294-320. doi:10.1177/0049124113500475

這幾位作者在探索性的研究，提供檢核編碼信度的實作程序。特別吸引人的是，他們討論了編碼者對於所要編碼文本的先存知識可能造成的衝擊效應。

Richards, L. (2015). *Handling Qualitative Data*: *A Practical Guide* (3rd ed.). Thousand Oaks, CA: Sage.

Lyn Richards提供可讀性頗高的資訊，用以引導研究者從質性資料產生可靠的編碼，以及有實效的詮釋。這本參考書章節組織大致分為資料的準備、資料的處理、以及資料的詮釋等三大部分。

Silverman, D. (2013). *Doing qualitative research*: *A Practical Handbook* (4th ed.). Thousand Oaks, CA: Sage.

David Silverman提供實作指南，用以規劃和執行高品質的質性研究。特別值得注意的是，他對於信度的討論，以及整本書從頭到尾嵌入許多示範說明的實例。

聚焦質性評鑑判準的資源：

Howe, K., & Eisenhardt, M. (1990). Standards for qualitative (and quantitative) research: A prolegomenon. *Educational Researcher*, *19*(4), 2-9. doi:10.3102/0013189X019004002.

Kenneth Howe & Margaret Eisenhardt貢獻了關於質性研究品質標準的重要討論，包括：研究的前驅動力、方法論的勝任能力、研究者內隱預設的外顯化、研究的保證，以及實務和理論方面的蘊義和啟示。本書是想要了解質性評鑑歷史發展必讀的參考書。

Lincoln, Y. S. (1995). Emerging criteria for quality in qualitative and interpretive research. *Qualitative Inquiry*, *1*, 275-289. doi:10.1177/107780049500100301

在這篇文章中，Yvonna Lincoln將研究者和研究參與者的關係，視為衡量質性研究品質的關聯要項，比方說，符合諸如互惠的倫理標準，就是其中一項必要的判準。

Richardson, L., & St. Pierre, E. A. (2005). Writing: A method of inquiry. In N. K. Denzin & Y. S. Lincoln (Eds.), *The SAGE Handbook of Qualitative Research* (3rd ed., pp. 959-978). Thousand Oaks, CA: Sage.

Laurel Richardson & Elizabeth Adams St. Pierre提出了關於評鑑判準的兩項互補觀點。收錄在創意分析寫作實踐一章節尾的討論，就像一顆藏諸暗室的難得珍寶，稍不留神就可能抱憾錯失。

11

「翻轉故事」與本書綜合複習

　　原本屬於某種取徑，譬如：個案研究的故事，如何可能經由翻轉，改頭換面而變成敘事研究、現象學、扎根理論、或是俗民誌？在本書，我們提議研究者應該認識質性研究程序，以及各種質性研究取徑之間的差別。不過，這並不是暗示只能專情於一種方法或方法論；事實上，我們看到，研究有兩條平行的軌道：實質內容，以及方法論。隨著對於質性研究的興趣日益高升，很重要的是，研究的執行應該努力追求嚴謹，並且持續關注各種取徑開發的實施程序。

　　質性研究取徑的數量很多，有五花八門的參考書籍和文章，介紹的實施程序也多到不勝枚舉。有些作者對這些方法進行了分類，還有一些作者談到他們最愛的方法。無庸置疑地，現今質性研究不可能只用單一類型就能徹底描述，這一點，由百家爭鳴的盛況，可見一斑。論述當中，有著眼花撩亂的哲學觀點、理論、意識型態立場等等。要捕捉優秀質性研究的本質，我們建議可以想像三個相互連結的圓圈。如圖11.1所示，這三個圓圈包括：研究取徑、研究設計實施程序、哲學預設和詮釋／理論架構。這三個元素的交織互動，共同促成了複雜、嚴謹的研究。

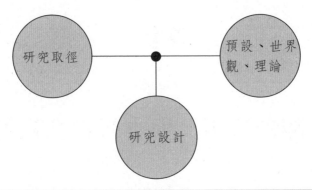

圖11.1 質性研究三大組成元素圖解

11.1 翻轉故事

在這一章，我們再一次聚焦凸顯五種質性研究取徑的差別，但是我們這一次避開先前數章使用的對照比較方式。我們的焦點將會改放到新的方向，把校園槍擊事故個案研究（Asmussen & Creswell, 1995），翻轉成為其他四種取徑：敘事研究、現象學、扎根理論、俗民誌。

這樣的翻轉故事作法，可能得面對如後的質疑：特定的研究問題是否應該配合採用特定的研究取徑？在社會科學和人文學類的研究，確實滿強調這樣的考量。我們同意，研究問題是有需要和研究取徑相互配合。但是對於本書的諸多目的而言，我們對於這個議題的因應，就是先提出一般性的問題：「這個校園如何反應？」然後建構特定的情境，來提出適合個別取徑的研究問題。比方說，關於單一人物對於此槍擊事故的反應，相對於研究若干學生（文化分享團體）的反應，一般性的問題同樣都是要探討校園對於槍擊事故的反應，但是兩者適合的特定問題就有所差別。一般性的問題是起源於，我們對於校園暴力事故的反應所知甚少；進一步而言，我們對於校園特定團體的

反應,所知就更少了。知道這些資訊將可幫助我們設計較好的研究計畫,來回應這類進一步的特定問題,同時也能夠增益教育場域暴力主題的文獻。這是槍擊事故個案研究的核心問題,完整原文呈現於下一節(Asmussen & Creswell, 1995);然後,我們簡要回顧此一個案研究的若干重大面向,接著才開始投入「翻轉故事」。

11.2 個案研究原稿:校園對於學生槍擊事件的反應

Kelly J. Asmussen

John W. Creswell

資料來源:*Journal of Higher Education*, 66 (5), 575-591. doi: 10.2307/2943937. ©1995 Ohio State University Press,版權所有,經同意合法使用。

隨著校園暴力事件日益頻繁,關於此一主題的研究文獻,量少但持續增加,也逐漸形成一股不容忽視的研究重點。比方說,有研究者報導下列的校園暴力事件,包括:種族[12]、追求和性威脅[3, 7, 8]、戲弄欺凌暴力[24]。Roark[24]和Roark & Roark[25],為美國大專人事協會(American College Personnel Association)回顧檢視大專校園各種形式的暴力事件,包括:肢體暴力、性暴力、心理暴力等,並提出防範策略準則。Roark[23]也建議若干判準,可供高中學生用來評估預期申請就讀之大學的校園暴力程度。在全國層級,布希總統於1989年11月簽署《學生知的權利和校園安全法案》(Student Right-to-Know and Campus Security Act)(P.L. 101-542),規定大學校方必須提供學生、教職員、申請學生、應徵者,有關校園安全政策和犯罪統計資訊[13]。

近年來,涉及大學生槍擊的校園暴力事件時有所聞,但是研究學

界對於這方面的關注卻是不多見。根據最近幾年的校園報導顯示,大學校園暴力犯罪的種類從偷竊到攻擊和凶殺,都呈現持續上升的趨勢[13]。愛荷華大學[16]、佛羅里達大學[13]、蒙特婁康考迪亞大學和蒙特婁大學工程學院[22]的凶殺事件,震驚了各大學校園,掀起了各界對於大學校園的憂心關切,包括:心理創傷、校園安全、校園生活的不平靜等等。但是除了零星的新聞報導之外,文獻關於大學校園對於此等悲劇的反應幾乎是一片默然。要了解類似的問題,只能轉而求諸高中以下學校槍擊事故的文獻。此等文獻探討學校介入的策略[21, 23];提供個別學校的槍擊事故個案研究[6, 14, 15];討論學生攜帶武器到學校的問題[1];凶殺事件導致的心理創傷[32]。

這就帶出了研究的必要性,我們需要研究大學校園對於暴力事故的反應,以便建立概念模式提供未來研究參照;再者,也透過研究來確認校園的反應策略和標準程序。關於涉及此等事件以及受其影響的校園各團體成員,我們需要更為完備的理解他們心理層面和組織層面的議題。深度質性個案研究,探索事件的來龍去脈,可以提供相關資訊,闡明個中概念和實務層面的議題。本文呈現的研究即是質性個案分析[13],描述和詮釋一所大學槍擊事件的校園反應。我們提問下列的探索研究問題:發生什麼?此事件牽連引發哪些人的涉入與反應?事故之後8個月期間浮現哪些主題?哪些理論構念可幫助我們理解此校園的反應?又有哪些構念是此一個案獨有的?

‖ 11.2.1 ‖ 槍擊事件與反應

這事件發生在美國中西部一所大型公立大學校園。10年前,這個城市特別打造成「美國模範城市」（all-American city）；但是最近,原本平靜的大學城環境卻飽受暴力攻擊和凶殺事件困擾。其中有些暴力事件就涉及這所大學的學生。

引發本研究的事故發生在10月份的一個星期一。43歲的研究生,選修高年級精算科學課,提早幾分鐘來到教室,攜帶一把韓戰

M1半自動30口徑步槍，槍上裝了30發子彈，口袋裡還有30發子彈。班上34個學生，已經有20人進入教室，大部分安靜地翻看校園學生報。授課老師也即將走進教室。

槍手舉槍掃瞄全班學生，扣板機，卡彈。他用槍托敲擊講台桌面，排除槍膛卡彈，再次急忙開槍射擊。這一次仍然沒能擊發。這時候，大部分學生驚覺情況不對，蹲到地板，推翻桌椅，試著擋住身體。大約20秒之後，一個學生掀起課桌，用力砸向槍手身上，其他學生拔腿狂奔，衝出走廊和大樓外面。槍手匆忙逃離教室，跑進他預先停在附近的車子，引擎刻意沒有熄火。不到一小時，警方在鄰近城鎮將他逮捕歸案。他目前仍然拘禁在牢中，等待判決，行凶動機未明。

校園駐警和行政部門，首先對這起事件做出回應。接到第一通求救電話，3分鐘之內，校警趕赴現場。他們先在教學大樓外頭詢問學生，取得關於槍手的精確描述。當天下午4點，行政單位召開記者會，時隔事發大約過了4個小時。記者會上，警察隊長、副學務長，還有兩名學生，提供這場事故的描述。當天下午，學務處聯絡學生健康和員工協助方案（Employee Assistance Programs，簡稱EAP），指示諮商輔導人員提供學生和員工必要的服務。學務處也為該班學生另外安排上課的地點。法務處將該名學生退學。隔天，例行校務會議如期召開，會中也討論到這起事故。接下來一整個星期，學務處接到若干通學生和教職員打來的電話，舉報「情緒困擾的」（disturbed）學生，以及學生之間或師生之間的緊張關係。EAP的輔導員請教專門處理創傷和教育場域危機應變的心理學專家。只有一位學生前往尋求健康輔導。校園報紙和當地報紙持續追蹤報導這起事件的後續故事。

事後兩天和四天，依照課表，該班精算科學課的師生照常上課，兩位地方檢察官前來訪查學生和授課老師，校方學生健康中心的兩位輔導員也安排幾場災後輔導座談（debriefing），焦點是讓學生充分明瞭司法程序，以及安排學生和老師進行個別談話，讓他們說說自

己的經驗和感覺。一個星期後，班上學生回復到原本正常的課表作息。這段期間，有幾個女學生來找學生健康中心的輔導員，也有數十位學生家長打電話來學生健康中心，詢問有關諮商輔導服務和校園安全的情況。還有些家長打到行政單位，詢問校園安全措施相關事宜。

事故發生之後幾個星期，教職員和校園報紙編輯，寫了文章陳述創傷後恐懼和心理創傷。校園行政單位寫信給校董事會，提供關於此事故的事實。行政單位也發信給全校工作人員和學生，提供有關犯罪預防的資訊。至少有一個學院的院長寄發備忘錄給院裡的教職員，提醒注意「反常的學生行為」。還有一個系主任安排心理輔導員舉辦災後輔導座談，討論如何確認和處理學生的「反常行為」（aberrant behavior）。

接下來幾個星期內，有3位校園員工團體尋求EAP帶領災後輔導座談。第一個團體和槍擊凶嫌有某種程度的接觸，有些人是事發當天有看到他，有些人是和他相識，他們想知道怎麼幫學生或是其他經歷該事故而受創者，找尋專業的協助。第二個團體和這事故有「沉默的連結」（silent connection），也就是間接波及，情緒受到創傷。他們表示，自己的恐懼是由於這起事故所造成。他們想要預先處理這些恐懼，以免情況惡化。第三個團體是先前有經歷過某種創傷的員工，這次的事故使得過去的創傷再度觸發。接下來的一個月當中，若干員工尋求EAP輔導人員的協助；但是後來就沒有出現新的求助團體或壓力個案。EAP輔導人員表示，每一團體的反應都屬正常。一個月之後，公眾討論這起事故的情況逐漸消退，EAP和學生健康輔導人員開始表達有需要建立全校協同計畫，來處理目前和未來的暴力事件。

| 11.2.2 | 研究

事故發生之後兩天，我們展開研究。第一個步驟，擬定研究博多稿（research protocol），呈遞大學行政單位和機構審查委員會審核，

准許研究。我們明確表示，不會涉入槍擊嫌犯的偵查，也不會涉入學生或教職員的心理輔導治療。我們也把研究限制在校園團體，而沒有納入校外團體（比方說，電視新聞和報紙的報導）。本研究的界限範圍，符合探究型質性個案研究設計（exploratory qualitative case study design）[31]。選擇這樣個案範圍的原因，是考量到現階段還沒有相關的模式和變項，可用來檢視大學校園對於槍擊事故的反應。

本研究遵循建構論典範（constructionist paradigm）的預設，結合了浮現設計、脈絡相依探究（context-dependent inquiry），以及歸納式的資料分析[10]。我們也設定研究的界限，包括：時間（8個月），單一個案（校園社群）。我們遵循個案研究設計的原則[17, 31]，確認校園行政人員和學生報記者，作為初期訪談的多元來源。後來，我們擴充訪談納入較廣泛的校園資訊提供者，運用半結構化訪談博多稿（semi-structured interview protocol），其中包含5則訪談問題：你在這起事故當中的角色是什麼？經歷過這樣的事故之後，你自己有發生哪些事情？這起事故對於大學校園有什麼樣的衝擊？這次事故有否造成哪些廣泛的影響？關於校園對於這次事故的反應，我們還應該找什麼人談談？我們也蒐集觀察資料、文件和視覺媒材（請參閱表11.1）。

敘事結構是屬於「實在論」（realist）的故事[28]，描述細節、融入資訊提供者的說詞引述〔有經過編輯〕，以及陳述我們對於事件所做的詮釋，尤其是組織層面和心理層面議題架構內的詮釋。我們挑選若干資訊提供者，請他們針對個案初步草稿提供回饋意見，用以檢驗我們所做的詮釋，並且將他們的評述整合融入最終研究報告[17, 18]。我們透過團體訪談，蒐集回饋意見，訪談題目包括：關於此事件和校園的回應，我們所做的描述是否正確？我們所確認的主題和建構的概念，是否和你的經驗相吻合？我們有否漏掉某些重要主題或概念？是否有需要提出校園整合計畫？如果有需要，應該採用何種形式？

表11.1 資料蒐集矩陣：資料類型×來源

資料來源 ＼ 資料類型	訪談	觀察	文件	影音媒材
有直接牽連的學生	✔		✔	
未有牽連的學生	✔			
中央行政管理	✔		✔	
駐校警隊	✔	✔		
教員	✔	✔	✔	
職員	✔			
校園廠房		✔	✔	
新聞記者／報紙／電視	✔		✔	✔
學生健康輔導員	✔			
員工協助計畫輔導員	✔			
創傷專家	✔		✔	✔
校園商家			✔	
校董事會成員			✔	

┃11.2.3┃ 主題

1. 否認（denial）

　　若干星期之後，我們重返事發現場的教室。我們沒有發現翻倒凌亂的課桌椅，而是排列得井然有序，教室內一切準備就緒，即刻可以進行講座或討論課。教室外的走廊，窄窄的，我們腦海浮現10月的那個星期一，學生怎樣倉皇失措地逃出去，卻沒有意識到槍手也從同

一條路線逃走。事故發生時，走廊上有許多學生，不少人在看見或聽到有人說大樓內有槍手之前，似乎都沒有意會到有這麼一回事。有些弔詭的是，學生似乎漠視或否認自己置身危險處境。離開大樓之後，他們沒有尋求可能安全的藏身之處，而是齊聚逗留在大樓外面。沒有任何學生躲到教室、辦公室，或是逃到遠離現場的安全地點，沒有人想到該名槍手是不是有可能折返回來。「大家想要站穩腳跟，堅守地盤」，一名校警如此表示。沒有想到潛在的危險，班上的學生聚集在大樓外面，緊張地交談。有幾個人看起來情緒很激動，也有人在哭泣。問到他們的心情，其中一個學生說：「我們大多是拿來開玩笑。」他們談話的內容讓人覺得彷彿大家都不當回事，也沒有人真正有危險。對於學生如此的行為表現，一位調查此案件的校警表示並不意外：

> 發生這種類型的事件之後，看到有人逗留在附近圍觀，這種反應並不罕見。美國人喜歡看刺激的事情，還有一種病態的好奇心。就因為這樣，所以意外事故現場，總會看到有好事的群眾圍觀。他們似乎沒有意識到潛在的危險，除非遭到波及受傷，否則並不會想要離開。

心理衛生諮商人員報告的反應：初期的超現實當下反應，也和此等描述不謀而合。在輔導員帶領團體輔導座談時，一位女學生表示：「我以為那個槍手會射出一支小旗子，上頭寫著：『砰』。」對她而言，這整件事就像一場夢。在這樣的氛圍之下，該班師生沒有任何人在事發之後24小時當中，打電話找校內心理健康中心求助。學生們反而是去找朋友，或是去夜店玩。事情的嚴峻後座力，後來才逐漸發酵。一個學生表示，事發當天晚上，他看了電視新聞報導教室的畫面之後，才開始感到害怕、忿怒。

不過，有些學生家長倒是有打電話到輔導中心表示擔憂。家長

的反應也可能強化了學生的否認態度。一位學生說到他父母對他的說法：「我不意外你會捲入這樣的事情，你老是惹上這類的麻煩事！」或是，「你又沒受傷，沒什麼大不了的，放下就沒事了！」有一位學生則是因為母親沒把這當成一回事，而感覺心靈更加受傷。他一直想要有一個可以信賴的人坐下來，聽他傾訴心裡的話。

2. 恐懼（fear）

我們造訪課堂，還發現第二個主題：恐懼的反應。事情發生數個星期之後，原本的教室門上仍然貼了公告，說明上課地點改換到另外一個不對外透露的大樓教室。學生必須親自向鄰近處室的祕書查詢，才能得知該地點。事故發生兩天後，在這沒有對外公布的新教室，學生心理健康中心的兩位輔導員、駐校警隊長、兩名地方檢察官，來和班上學生討論恐懼、反應和想法。在這第一次的「災後輔導座談」，學生們的各種恐懼反應開始浮出水面，並且在第二次座談，持續發酵擴大。

對於大部分學生，最急切的恐懼是想到凶嫌有可能保釋出獄。有學生覺得，該名行凶者可能對某些學生心懷怨懟，如果保釋出獄，可能會尋求報復。一名學生說：「我想，回學校上課，我應該會感到害怕。他們或許換了上課的教室，但是沒有什麼能阻擋他找上我們！」在第一次的輔導座談，駐校警隊長告訴大家，第一次保釋抗告庭，法官駁回聲請，裁定凶嫌還押。這讓學生的恐懼稍有緩解。駐校警隊長認為，有必要持續通知學生，讓他們清楚這方面的發展，因為有若干學生打電話到校警辦公室，表示如果凶嫌被釋放，他們會很擔心自身安危。

在第二場輔導座談，開始浮現另外一種恐懼：會不會有其他人也可能攻擊教室？根據輔導人員的說法，有一位學生自從10月事故之後，就一直很擔心可能發生這樣的情況：「每一次他走進教室，總是緊靠門邊的座位坐下，稍有風吹草動，一箭步就能奪門而出。他覺得

每間教室好像都是『殺戮戰場』。」在這場座談，學生開始發出忿怒之聲，他們表示感覺受到侵犯，還有終於開始承認自己覺得不安全。然而，只有一位女學生尋求協助，儘管心理衛生中心隨時保持開放，任何學生都能接受免費的諮商輔導。

學生在心理輔導座談表達的恐懼心情，也呼應校園對於大都會地區暴力事件日益頻繁的擔憂。在這起校園槍擊事件爆發之前，就有三名年輕女性和一名男性遭到綁架，稍後發現陳屍在附近的城市。還有大學足球校隊的球員，精神病發作，痛毆一位婦女。後來他又發作一次，遭到警方開槍壓制。另外，在這起10月校園槍擊事件之前的幾個星期，有一位女大學生遭人綁架殺害，城裡還發生多起凶殺案。校園報紙的一位記者寫道：「這一整個學期真是多事之秋，暴力事件接二連三。」

3. 安全隱憂（safety）

城裡接連發生的暴力案件，以及之後校園課堂的槍擊事件，震驚了向來寧靜的校園。一位輔導人員概括說出了許多人心中的感覺：「學生走出那間教室，他們的世界變得混亂不安，變得非常不確定，有些事情發生了，奪走了他們原本的安全感。」對於安全的憂心，變成許多資訊提供者的核心關切主題。

學務長描述行政管理階層對於此事件的反應，他把該班學生的安全列為首要目標，緊接在後的目標還包括：新聞媒體對於事件詳情的訊息需求，幫助全校學生化解心理壓力，提供社會大眾關於安全措施的細節。他談論到安全議題以及校園出現槍枝的問題，他提到目前校方正在考量制定管理學生打獵用槍的規定。事故發生之後不到一小時，校方隨即召開記者會，會中詳細說明該事故的相關細節，同時也重申需要確保校園的安全。很快地，大學行政單位就啟動文宣，廣為宣導校方維持校園安全的決心。校方發送給大學校董會成員一封信，詳細陳述這起事件。（一位校董事問道：「我們的大學怎麼會

發生這樣的事情？」）學務長寫了一封信，發給全校學生，告訴大家，全校保全辦公室的各種組織，以及所提供的各種服務。學生健康中心的諮商輔導組，在事故發生後一星期，印製了一份彩色宣傳簡冊，特別強調所提供的服務都是「保密、親切、專業」。學生會法務處建議，系所單位如何因應學生在課堂上表現反常行為的狀況。教職員週報強調，各級職員對於任何與此事件有關的創傷後恐懼，必須迅速做出反應。校園報紙引述一名教授的說法：「我完全嚇壞了，大學校園居然會發生這樣的事情。」針對有人反映有學生或員工出現行徑反常的狀況，駐警隊派遣便衣警官就近巡邏或定點駐守，以防不測。

事發之後10天，校方連忙設置了Code Blue緊急通報電話系統。這種圓筒造型的緊急電話，直徑約90公分，高約3公尺，外表是亮藍色，還有閃光燈，已證明能夠有效遏止犯罪，也有研究確認適合安裝的特定地點。電信中心主任表示：「這些電話相當醒目，很容易就可以看見。我們希望能夠有效遏阻犯罪。」過了不久，有人打Code Blue反映校園有些區域照明昏暗，恐成治安死角，校方於是找人修剪樹木和灌木叢，化解隱憂。

事故發生後一個星期，學生和家長也反映對於安全的憂慮。至少有24位家長打電話到學生健康中心、駐校警隊、學務處，詢問校方有提供學生哪些服務。許多家長飽受驚嚇，立即要求校方給個交代。他們要求校方保證未來不會再發生類似事件，還有他們的子女在學校安全無虞。當然，這之後連續好幾個星期，許多家長也密集打電話給自家子女。學生在校園也組成志工團體，在入夜之後，護送有需要在校園行動的男、女學生。

安全的顧慮也讓地方商家趁勢大發急難財。連續好幾個星期，地方報紙充斥推銷自衛課程（self-defense classes）與防身器具（protection devices）的廣告。校園和當地俱樂部開設的自我防衛課程很快就額滿。供不應求的商家也應急推出新課程。校園書局販售的

防身噴劑和哨子一上架，旋即被搶購一空。駐警隊接到若干學生電話詢問能否購買手槍自我防衛。沒有人獲得批准，但是學生也很懷疑難保沒有學生私下買了槍枝。地方通信行銷售的手機數量直線暴增。許多購買者是女性，當然也不乏男性購置這類產品。有些商家趁機哄抬商品價格，部分甚至拉抬售價高達40%，大賺急難財。學生聊天常是圍繞談論這類安全用品：得花多少錢？如何正確使用？急用的時候有多方便取得？以及是否真的有必要？

4. 重複觸發（retriggering）

在我們原先設計的博多稿，當初用來尋求校園行政單位和機構審查委員會的許可，我們擬出研究大綱，研究期限為3個月，我們認為這應該是合理的時間長度。但是在初期投入訪談輔導人員的過程，我們被轉介到專門處理教育場域「創傷」的心理師。這位心理師提及可能會發生「重複觸發」（retriggering）或舊傷復燃的情況。如今8個月過去了，我們逐漸明白，這場10月槍擊事故如何可能經由「重複觸發」，而對該校園造成長遠的衝擊。

根據這位心理師的解釋，重複觸發是一種心理過程，每當有新的暴力事故發生，就會重新燃起恐懼、否認、威脅等感覺。輔導人員和暴力防治專家也指出，在特定的日子或情況，比方說，攻擊事故周年的日子，報紙和電視新聞提及這起事故，也可能重複觸發此等感覺。他們補充表示，冗長的司法程序，訴訟雙方角力攻防，案情一再「重新搬演」，長期下來，重複觸發一再發生，就像在傷口上灑鹽，很可能阻礙了療傷止痛的過程。他們還告訴我們，受害者對於法庭判決公正與否的觀感，也會影響創傷感覺的平復時程。

在寫作本研究時，我們很難偵測到有具體證據顯示這場10月槍擊事故有重複觸發的情況。但是我們確實有發現，重複觸發的潛在衝擊的確有發生在另外一場校園槍擊事故。那是在11年前，幾乎相同的校園槍擊事故。當時有一個研究生帶槍進入校園，打算射殺系主

任。行凶動機是要報復，因為若干年前，他修這位教授的課，被當了。在過程當中，他多次試圖行凶，但是每一次都被機警的校園員工識破，而沒有透漏該名教授的行蹤。所幸，最後槍擊沒有真的發生。這場槍殺未遂事件之後，展開了好幾年的法律攻防戰，希望能夠追緝、起訴、羈押這個學生。最後終於將他逮捕、羈押入獄。

這位生命遭受威脅的教授，心理受到嚴重創傷，這些年來，每一次類似的案件都讓他的陳年舊傷再次被掀開，即便凶嫌逮捕入獄，傷痛仍然未能平復。刑事司法體系的繁複過程，讓他深深感覺到並沒有發揮應該有的功能，反而只是讓他不斷跌入身心折磨的無底深淵。直到如今，每當新聞報導槍擊事故，當年的創傷感覺就會再次觸動，在這當中，他完全沒有得到校方提供的任何專業協助。所有的心理諮商，都是他個人花錢去尋求的。11年過去了，整個系仍然有一條未成文的規定，用來防範行為反常的學生，以及保密這位教授的課表。

5. 校園整合計畫（campus planning）

我們和心理師討論，實施「災後輔導座談」來支持10月槍擊事故影響的個人，討論過程浮現有關校園應變的問題[19]。考量到這次事故影響的團體和個人範圍甚為廣泛，我們的資料浮現的最後一個主題是，需要有全校的安全應變計畫。一位輔導人員表示：「如果有25到30人喪命，我們很可能無力招架。我們需要有溝通動員計畫。考慮到現今世道暴戾無常的局勢，如果能夠增添這樣的準備措施，應該是可以稍解憂心忡忡的好事。」在我們訪談期間，也明顯可以體會到，校園的各個單位、團體之間，其實可以有更好的溝通，遇到類似的意外事故就能有更理想的處置。當然，一位駐校警官指出：「我們不可能全天候都有警官駐守每一棟大樓。」不過，確實有若干人提及涵蓋全校應變措施的主題。

大學校園對於許多緊急事故，譬如：炸彈威脅、化學物質外洩、火災、地震、爆炸、輻射線意外、龍捲風、有毒物體外洩、暴

風雪、雷殛風暴、醫療緊急事故等等，都有明文制定正式的應變計
畫；相形之下，卻沒有正式的校園整合計畫來處理槍擊事故，這一點
實在讓人感到詫異不解。再者，我們也有發現，若干校園單位也有
自訂應變標準流程，並且也真的有在這次10月槍擊事故付諸執行。
比方說，駐校警隊就有一套標準程序，用來對付那個槍手，以及處
遇現場的學生；EAP的輔導人員也有一套心理輔導程序，用來支持教
職員；學生健康中心的輔導員，也為該班學生舉行了兩次災後輔導座
談。我們關切的問題是，涵蓋整個校園的整合計畫，應該包含哪些元
素？這樣的校園整合計畫，如何發展和評估？

　　如表11.2所示，使用蒐集自我們個案的證據，我們彙整了校園整
合計畫需要解決的基本問題，另外還提供了這些問題交叉參照的文
獻，包括：創傷後壓力、校園暴力、災害相關文獻等等（高中以下學
校相關文獻的類似問題清單，請參閱Poland & Pitcher[21]）。校園整
合計畫旨在提升跨單位橫向溝通，基本元素應該包括：決定有需要如
此計畫的邏輯理由，哪些人應該投入參與計畫的發展，單位之間如何
協調，應該採取哪樣的人員編制，應該遵循哪些特定的程序。這種校
園整合計畫的程序可能需要納入：危機應變措施、維護校園安全、應
付外部團體、提供保護受害者心理福祉的服務。

表11.2 個案證據、校園整合計畫待答問題、參考文獻

來自個案的證據	校園整合計畫待答問題	參考文獻
輔導員表達的需求	為什麼需要發展校園整合計畫？	Walker（1990）；Bird et al.（1991）
校園多方成員對於事件的反應	哪些人應該參與投入發展計畫？	Roark & Roark（1987）；Walker（1990）
有應變標準流程之個別單位的領導者	個別單位是否應該確認負責協調的領導者？	Roark & Roark（1987）
事發當時，有實際執行應變標準流程的若干單位	校園各單位是否應該容許自設應變標準流程？	Roark & Roark（1987）
學生提出關於對個案反應的問題	計畫中應該納入哪些類型的暴力事件？	Roark（1987）；Jones（1990）
訪談過程浮現的團體／個人	如何確認可能受到此一事件影響者？	Walker（1990）；Bromet（1990）
駐校警隊、中央行政管理的評述意見	是否有提供任何措施，維護事故直接波及者的安全？	
事故發生後，校園環境的改變	如何改變校園環境，使其更為安全？	Roark & Roark（1987）
中央行政管理的評述意見	外部輿論（例如：媒體、企業）會如何看待此一事故？	Poland & Pitcher（1990）
輔導員和創傷專家提出的議題	受害者可能出現哪些心理狀況或後遺症？	Bromet（1990）；Mitchell（1983）
創傷專家提出的議題	受害者可能承受什麼樣的長遠衝擊？	Zelikoff（1987）

來自個案的證據	校園整合計畫待答問題	參考文獻
學生健康中心輔導員使用的程序	如何提供受害者事故後的輔導支持？	Mitchell（1983）；Walker（1990）

11.2.4 討論

本項個案研究資料分析發掘的諸多主題：否認、恐懼、安全、重複觸發、發展校園整合計畫，還可以進一步區分為兩大類：校園對於槍擊事故的組織反應，以及心理或社會─心理反應。

在組織反應（organizational reactions）方面，校園各單位的危機反應，顯露出橫向聯繫的鬆散（loose coupling）[30]，以及需要相互依存的溝通（interdependent communication）。個案分析當中，也浮現諸如領導、溝通、權威等主題。再者，也有出現環境方面的改變，可以看到校園轉化成為對於學生和教職員工都比較安全的地方。再者，也有需要中央的整合計畫，同時還容許個別單位自主運作，即時應付危機事故。要完成這樣的目標，就需要組織改革，以便各單位之間能夠協調合作。

Sherrill[27]提出校園暴力事故的反應模式，也呈現了和我們的個案有所差異的證據。如同Sherrill指出，對於加害人的懲處行動、對於受害人的團體諮商輔導、校園社群的安全教育，這些元素都明顯呈現在我們的個案。不過，Sherrill提出若干議題，則是我們研究的資訊提供者沒有討論到的，譬如：發展第一時間趕赴現場者的應變處理程序，對於不是學生身分之加害人或受害者的處置，關於事故的紀錄或文件存檔，根據學校規模和屬性差別而調整適合的反應，涉及毒品和酒類之類物質濫用事故的處理。

再者，我們研讀文獻之後，原本預期會有出現的組織反應，結果並沒有出現。除了報紙零星報導之外（焦點主要鎖定槍擊者），

校園行政單位對於此事故的反應微乎其微，比方說，這樣的現象就明顯不同於我們對於Roark & Roark[25]的預期。沒有提到要建立專責校園單位，來管理未來可能發生的事故，比方說，校園暴力資源中心（campus violence resource center），負責報告暴力事故[25]，或是執行年度安全稽查（annual safety audits）[20]。除了駐校警隊提到，州政府衛生廳有準備派遣創傷專家團隊，來協助急難應變人員處理此一悲劇，此外沒有任何討論談到校方有和哪些社區機構正式連結，以提供可能的急難協助[3]。我們也沒有直接聽到有關成立「指揮中心」（command center）[14]，或是設置危機協調專員（crisis coordinator）[21]，而這兩項乃是危機處理專家推薦不可或缺的關鍵要素。

在心理和社會─心理反應（psychological and social-psychological reactions）的層次，校園反應是要回應該事故直接波及的學生之心理需求，以及間接受到影響的學生和教職員工。不只心理議題的徵象，譬如：否認、恐懼和重複觸發，一如預期，浮現而出[15]；性別和文化族群議題也有零星提及，但相對分量不足以列入我們討論的基本主題之列。我們還發現，文獻和一般印象多半認為美國文化接受暴力行為，但是與此相反，我們研究的資訊提供者，對於校園和社區暴戾之氣日益升高的情況，反倒是有不少人表示憂心忡忡。

校園系所教職人員明顯對於此一事故保持沉默。雖然我們預期，教授評議會（faculty senate）此等教授自治團體，應該會提出討論學生或教師課堂行為反常的問題[25]。有些資訊提供者揣測，教授們之所以保持沉默，可能是因為不關心；但也可能有另一種解釋，那就是他們的消極沒有作為，可能是由於不確定應該怎麼辦，或是不曉得該向誰尋求協助。在學生的反應方面，我們沒有聽到學生提到使用譬如：放鬆、體能活動、建立正常作息諸如此類的「因應」策略（"coping" strategies），來處理創傷後壓力[29]。雖然在我們和資訊提供者的初期討論當中，偶爾有浮現性別和文化族群的議題，但是我

們也沒有發現，學生之間有直接討論此等議題。如同Bromet[5]評論指出，評估個人對於創傷的反應時，有必要納入考量，不同族群在社會文化需求方面可能有所差別。關於性別議題，我們的確有聽到女學生最早尋求健康中心的輔導協助。或許，我們的「槍殺未遂」（near-miss）個案有其獨特之處。我們不知道如果這次事故有任何人（或多人）不幸喪生，校園可能會如何反應，雖然根據創傷心理學家的觀點，「沒有人喪生，或是有多人喪生，創傷程度都是同樣嚴重。」再者，就如同任何探索式的個案分析一樣，此一個案在類化方面當然也有其限制[17]；雖然主題方面的類化，可能性還是存在。事實上，我們的資訊是從自陳報告而來，我們也未能訪談所有直接受到此事故波及的學生；再者，我們也沒介入學生的治療處遇，或是參與案件（包括槍擊者本人）的調查，這些也都可能構成研究的限制。

儘管有這些限制，我們的研究還是詳細陳述了此一校園對於暴力事故的反應，對於文獻也有某種程度的貢獻。在反應過程浮現的事件，可能成為未來研究的「關鍵事件」，譬如：受害者反應、媒體報導、輔導座談過程、校園的改變，以及校園整合計畫的演化。在大學校園槍擊暴力文獻闕漏的情況下，本研究開創新局，確認了若干主題和概念架構，可供未來檢視其他個案。在實務層次，其他校園行政管理階層在尋求計畫回應各自校園暴力時，就可能從此研究獲益。此一槍擊事故，影響為數頗多的團體與人員，顯現了校園對於危機反應的錯綜複雜，並提醒大學相關人等應該關注做好萬全準備。

| 11.2.5 | 尾聲

執行這項研究時，我們問自己，如果這場槍擊事故有人不幸身亡，我們是否還有可能接觸資訊提供者？這場「槍殺未遂」的案件提供了一次獨特的研究機會，不過此個案並不等同於真正有人不幸喪亡的情況。我們是在偶然的情況下投入這次的研究，因為我們其中一人（Asmussen）受雇於矯治機關，因此有接觸槍擊犯的直接經

驗：另一人（Creswell）在愛荷華大學念研究所，因此熟悉發生在
1992年的愛荷華大學校園槍擊事故。這些經驗顯然影響我們對於此
個案的評估，促使我們特別關注校園的反應、校園應變計畫，以及
心理反應，譬如：恐懼和否認等。撰寫這篇研究報告時，校方經多
次討論之後，已經調整現有的校園急難應變計畫（campus emergency
preparedness plan），改為重大危急事故管理團隊（critical incident
management team）的概念。輔導人員開會討論，協調整合各單位的
應變措施，以因應未來可能發生的重大危急事故。駐校警隊和系所教
職員合作，幫助確認潛在暴力傾向學生。我們有一種印象，經過這次
的個案研究，校園相關人事已經看見單一事故可能牽連廣泛，許多單
位相互依存，並且需要通力合作。事故周年的日子來了又過去，沒有
任何事情發生，校園報紙對於該事故也隻字未提。至於槍擊嫌犯仍然
羈押等候審判，我們有些擔心，部分學生也是餘悸猶存，不知道他萬
一獲釋出獄，會不會找我們報仇，畢竟我們寫了這個案子。校園對於
這場10月事故的反應，仍舊餘波盪漾。

▌11.2.6▌ 參考文獻

1. Asmussen, K. J. "Weapon Possession in Public High School." *School Safety* (Fall 1992), 28-30.

2. Bird, G. W., Stith, S. M., & Schladale. "Psychological Resources, Coping Strategies, and Negotiation Styles as Discriminators of Violence in Dating Relationships." *Family Relations*, 40 (1991), 45-50.

3. Bogal-Allbritten, R., & Allbritten, W. "Courtship Violence on Campus: A Nationalwide Survey of Student Affairs Professionals." *NASPA Journal*, 28 (1991), 312-18.

4. Boothe, J. W., Flick, T. M., Kirk, S. P., Bradley, L. H., & Keough, K. E. "The Violence of Your Door." *Executive Educator* (February 1993),

16-22.

5. Bromet, E. J. "Methodological Issues in the Assessment of Traumatic Events." *Journal of Applied Psychology*, 20 (1990), 1719-24.

6. Bushweller, K. "Guards with Guns." *American School Board Journal* (January 1993), 34-36.

7. Copenhaver, S., & Grauerholz, E. "Sexual Victimization among Sorority Women." *Sex Roles: A Journal of Research*, 24 (1991), 31-41.

8. Follingstad, D., Wright, S., Lloyd, S., & Sebastian, J. "Sex Differences in Motivations and Effects in Dating Violence." *Family Relations*, 40 (1991), 51-57.

9. Gordon, M. T., & Riger, S. *The Female Fear*. Urbana, IL: University of Illinois Press, 1991.

10. Guba, E., & Lincoln, Y. "Do Inquiry Paradigm Imply Inquiry Methodologies?" In *Qualitative Approaches to Evaluation in Education*, edited by D. M. Fetterman. New York: Praeger, 1988.

11. Johnson, K. "The Tip of Iceberg." *School Safety* (Fall 1992), 24-26.

12. Jones, D. J. "The College Campus as a Microcosm of U.S. Society: The Issue of Racially Motivated Violence." *Urban League Review*, 13 (1990), 129-39.

13. Legislative Update. "Campus Must Tell Crime Rates." *School Safety* (Winter 1991), 31.

14. Long, N. J. "Managing a Shooting Incident." *Journal of Emotional and Behavioral Problems*, 1 (1992), 23-26.

15. Lowe, J. A. "What We Learned: Some Generalizations in Dealing with a Traumatic Event at Cokeville." Paper presented at the Annual Meeting of the National School Boards Association, San Francisco, 4-7 April 1987.

16. Mann, J. *Los Angeles Times Magazine*, 2 June 1992, pp. 26-27, 32, 46-47.

17. Merriam, S. B. *Case Study Research in Education*: *A Qualitative Approach*. San Francisco: Jossey-Bass, 1988.

18. Miles, M. B., & Huberman, A. M. *Qualitative Data Analysis*: *A Sourcebook of New Methods*. Beverly Hills, CA: Sage, 1984.

19. Mitchell, J. "When Disaster Strikes." *Journal of Emergency Medical Services* (1983), 36-39.

20. NSSC Report on School Safety. "Preparing Schools for Terroristic Attacks." *School Safety* (Winter 1991), 18-19.

21. Poland, S., & Pitcher, G. *Crisis Intervention in the Schools*. New York: Guilford, 1992.

22. Quimet, M. "The Polytechnique Incident and Imitative Violence against Women." *SSR*, 76 (1992), 45-47.

23. Roark, M. L. "Helping High School Students Assess Campus Safety." *The School Counselor*, 39 (1992), 251-56.

24. --. "Preventing Violence on College Campuses." *Journal of Counseling and Development*, 65 (1987), 367-70.

25. Roark, M. L., & Roark, E. W. "Administrative Responses to Campus Violence." Paper presented at the annual meeting of the American College Personnel Association/National Association of Student Personnel Administrators, Chicago, 15-18 March 1987.

26. "School Crisis: Under Control." 1991 (video). National School Safety Center, a partnership of Pepperdine University and the United States Department of Justice and Education.

27. Sherill, J. M., & Seigel, D. G. (eds.). *Responding to Violence on Campus*. New Directions for Student Services, No. 47. San Francisco: Jossey-Bass, 1989.

28. Van Maanen, J. *Tales of the Field*. Chicago: University of Chicago Press, 1988.

29. Walker, G. "Crisis-Care in Critical Incident Debriefing." *Death Studies*, 14 (1990), 121-33.

30. Weick, K. E. "Educational Organization as Loosely Coupled Systems." *Administrative Science Quarterly*, 21 (1976), 1-19.

31. Yin, R. K. *Case Study Research*, *Design and Methods*. Newbury Park, CA: Sage, 1989.

32. Zelikoff, W. I., & Hyman, I. A. "Psychological Trauma in the Schools: A Retrospective Study." Paper presented at the annual meeting of the National Association of School Psychologists, New Orleans, LA, 4-8 March 1987.

11.3 個案研究範文解析

　　這篇質性個案研究，呈現美國中西部某大學校園對於槍擊事故的反應（Asmussen & Creswell, 1995）。作者採用Lincoln & Guba（1985）和Stake（1995）提倡的「實質個案報告」（substantive case report）格式，撰寫研究報告。書寫格式包括：闡明研究問題；徹底描述所探究之個案的脈絡、場域與過程；討論重要主題；最後，呈現「學到的啟示」（lessons to be learned）（Lincoln & Guba, 1985，頁362）。

　　在引言部分，介紹研究旨在探討某大學校園暴力問題之後，作者轉而詳細描述場域，以及事故發生當下與隨後兩個星期的大事記。然後，呈現5項重要的主題包括：否認、恐懼、安全、重複觸發、校園整合計畫。作者進一步將此等主題分為兩大類：組織層面的反應，以及心理或社會心理層面的反應。

在資料蒐集方面，Asmussen & Creswell（1995）蒐集的資料形式包括：訪談、觀察、文件和影音媒材。此一個案研究根據結果提出校園安全計畫的提案，從中獲得的啟示，也提供美國中西部各大學校園參考處理未來校園恐怖攻擊事故。

作者提擬研究待答問題如後：發生什麼？哪些人涉入對此事故的反應？在事故發生之後的8個月期間浮現哪些主題？哪些理論構念可以幫助我們理解此校園的反應？哪些構念是此一個案特有的？

Asmussen & Creswell（1995）在事故發生兩天後，進入該校園，不帶入任何先驗的理論透鏡，來引導研究待答問題或結果。此敘事首先描述該事故，透過若干層次的抽象進行分析，提供某些詮釋，將脈絡連結到較大的理論架構。

在個案分析的效度檢驗，作者檢視發掘主題使用的多元資料來源（三角檢驗），挑選若干參與者來核對最終的陳述（成員檢核）。

11.4 翻轉故事：敘事研究──〈兄弟正面對峙：一個非裔美籍教授的詮釋論傳記〉

我們如何可能以敘事取徑，來探索前述的研究問題？詮釋論傳記研究或許是可以選用的取徑，在這樣的研究當中，我們不是探究校園若干團體或次級團體成員，而是聚焦單一人物，譬如：該堂課的授課教授。

研究的工作標題可能是：〈兄弟正面對峙：一個非裔美籍教授的詮釋論傳記〉（Confrontation of Brothers: An Interpretative Biography of an African American Professor）。

研究對象的這位教授，和學生槍手一樣，也是非裔美國人，我們的研究旨趣可能在於，他對於此事故的反應，如何可能和他的族裔與文化脈絡有所關聯？

因此，作為詮釋論傳記研究者，我們或許會提擬研究待答問題如後：這位非裔美籍教授有什麼樣的生命經驗？該等生命經驗如何可能形塑他對於此事故的反應？

這種傳記取徑會仰賴研究單一人物，並且將場景置於其個人歷史背景。我們會從他敘說的故事，來檢視關鍵*生活事件*（*life events*）或「主顯節」。

我們會採用「重述故事」的取徑，以大事記的方式，來呈現這位教授相對於該名槍手的經驗陳述。我們會仰賴Clandinin & Connelly（2000），以及Clandinin（2013）的三維空間模式，來組織故事當中的個人、社會、互動等構成元素。另外，這故事也可能透過某種情節，譬如：某種理論觀點，將各種元素加以串連。這當中可能會觸及種族、歧視、邊緣化等議題，以及這些議題在非裔美國人的文化之內，還有在該等文化與其他文化之間，如何可能開展。這些可能會形塑這位教授對於該名學生槍手的看法。

在研究報告書寫方面，我們也可能討論我們置身其中的看法，然後再討論該名教授的看法，以及他經過此等經驗之後的改變。比方說，他是否繼續教書？他是否和班上學生談起他的感覺？他是否覺得此等情境是他所屬族群內的一種對峙？

至於效度檢驗方面，我們對於此位教授的敘事應該納入詳細的脈絡描述，以揭顯此等經驗的歷史和互動特徵（Denzin, 2001）。我們也會承認，任何詮釋都只是局部而且未竟完成的，並且是出諸於我們有別於非裔美國人和非裔加拿大人的個人觀點。

11.5 翻轉故事：現象學研究——〈身陷近期校園悲劇之學生恐懼的意義〉

如果不是以傳記取徑來研究單一人物，我們可能採用心理學領域

的現象學取徑，研究若干學生，檢視心理概念（Moustakas, 1994）。工作標題或許可以命名爲：〈身陷近期校園悲劇之學生恐懼的意義〉（The Meaning of Fear for Students Caught in a Near Tragedy on Campus）。

研究的預設可能是，在事故發生當下，事故剛過去，以及若干星期之後，學生有表達此等恐懼的概念。

我們可能會提出待答問題如後：學生有什麼樣的恐懼？該等恐懼涉及什麼樣的經驗過程？該等經驗對他們有什麼樣的意義？

身爲現象學者，我們預設人類的經驗對於當事者是有意義的，而且人類可能有意識地表達其經驗（Dukes, 1984）。因此，我們會探究某一現象（恐懼），採用某種哲學取向（我們要研究學生經驗的意義）。

在資料蒐集、分析方面，我們會投入廣泛的訪談，可能達到10位學生。然後，我們會採取Moustaks（1994）描述的步驟，來分析訪談蒐集到的資料。一開始，我們可能會描述我們自身的恐懼和經驗〔懸置（epoche）〕；並且承認，可能無法徹底擱置我們對於該等情境的經驗或感知。

在結果和呈現方面，讀完學生的全部陳述之後，我們會找出他們關於恐懼之意義的重要陳述或引述，進而將這些重要陳述叢聚，成爲較廣泛的主題。最後一個步驟就是撰寫他們經驗恐懼的敘事描述〔文本描述（textual description）〕，以及他們如何經驗該等恐懼〔結構描述（structural description）〕，然後再結合這兩方面的描述，整合成爲篇幅較長的複合描述，來傳達他們經驗現象的本質。這就會是討論的終點。

11.6 翻轉故事：扎根理論──〈校園槍擊事件學生超現實經驗的扎根理論解釋〉

如果需要發展（或修改）理論，來解釋校園對於此槍擊事故的反應，我們就會選擇採用扎根理論取徑。比方說，我們可能會環繞一種過程──若干學生在槍擊事故之後的「超現實」經驗──來發展理論。這項扎根理論研究的初稿標題，或許會是：〈校園槍擊事件學生超現實經驗的扎根理論解釋〉（A Grounded Theory Explanation of the Surreal Experiences for Students in a Campus Gunman Incident）。

在這研究的介紹部分，我們或許會插入一段關於此等超現實經驗的引述：在輔導員帶領災後輔導座談時，一位女學生表示：「我以爲那個槍手會射出一支小旗子，上頭寫著：『砰』。」對她而言，這整件事就像一場夢。

我們提擬的研究待答問題可能如後：什麼理論得以解釋事故發生之後，學生「超現實」經驗的現象？該等經驗是什麼樣的狀況？可能是哪些因素引發的？學生可能使用哪些策略來因應？此等策略運用之後有哪些結果？哪些具體、特定的互動議題和較大的條件因素，可能影響此等策略的運用與效果？

在資料蒐集和分析方面，我們採用結構化取徑的扎根理論作法。我們不會帶入特定的理論取向；反之，研究目的是要發展或生成理論。在研究的結果部分，我們會先確認研究發現的開放編碼範疇，然後描述我們如何將研究化約爲一個核心範疇（例如：該等過程的夢元素），該範疇將成爲理論的重要元素。我們或許會發展*視覺模式*（*visual model*），來再現此一理論。在視覺模式當中，我們會納入影響核心範疇的*因果條件*（*causal conditions*），以及環繞核心範疇的中介因素和脈絡因素，還有特定策略和後果（軸心編碼）。接下來，我們會提出*理論命題*（*theoretical propositions*）或假說，用以

解釋學生超現實經驗的夢元素（選擇性編碼）。最後，我們會執行 Corbin & Strauss（1990, 2015）提出的兩項效度檢驗：判斷研究過程的周延程度，以及研究發現是否有充適扎根於經驗資料。

11.7 翻轉故事：俗民誌——〈回復常態：校園對槍擊事故反應的俗民誌〉

在扎根理論，研究焦點是要生產扎根於資料的理論。相對地，在俗民誌，研究焦點會從理論發展轉開來，改而朝向描述和理解校園社群作為*文化分享團體*（*culture-sharing group*），如何運行。要使研究得以管理、掌握，我們一開始可能會檢視此一事故雖然是不可預測的，卻如何在校園社群成員當中，觸發某些可預測的反應。校園社群成員的反應，可能關聯到各別的角色，因而我們可能檢視校園內的若干微型文化。學生團體就構成其中一個微型文化，而他們之間，還進一步分成若干學生微型文化或次文化。該特定班級的學生，在這學期（16個星期）共同修課期間，有足夠時間發展某些分享的行為型態，因此可以視為一個文化分享團體。相對地，我們也可能研究整個校園社群，包含許多個團體，每個團體的反應可能都不盡相同。

假設整個校園構成文化分享團體，那麼這個俗民誌的研究標題或許可以是：〈回復常態：校園對槍擊事故反應的俗民誌〉（Going Back to Normal: An Ethnography of a Campus Response to a Gunman Incident）。請注意，這標題如何邀請讀者立即以迥異於前述研究取徑的觀點，來期待此一研究。我們可能提出研究待答問題如後：此事故如何促使受到影響的各種團體，產生可預期的角色特定反應？將整個校園視為一個文化系統或文化分享團體，個人和團體會以什麼樣的角色來對槍擊事故做出反應？一個可能性就是，透過可預期的行為模式，他們希望能讓校園回復正常。雖然沒有人預料到在那個時間

點，會發生那樣的事故，然而事發之後，倒是引發整個校園社群若干相當可預期的角色特定行為模式。比方說，行政人員沒有關閉校園，也沒有警告說：「天塌下來了。」駐校警隊沒有提供隊員諮商輔導，雖然輔導中心有辦了幾場災後輔導座談，不過輔導對象僅限於學生，並沒有開放給校園社群的其他成員，譬如：校警和警衛，這些人被邊緣化了，他們也感到在校園裡不安全。總之，事故發生之後，校園社群各類成員表現出可預期的行為模式。

事實上，事故發生之後，校園行政單位依照年度行事曆，開了幾場例行記者會。同樣可預期的，校警展開案件調查，學生最後也都與父母聯絡，儘管心裡不是很情願。校園逐漸回復昔日正常作息，根據系統理論學者的論點，回復到穩定狀態或恆定狀態（homeostasis）。在此等可預期的角色行為之下，人們彷彿看見了系統（文化分享團體）正常運行。

進入校園之初，我們設法和參與者建立契合關係，而不要因為我們的出現而使他們進一步邊緣化，或是擾亂校園環境。這段時間，對於校園許多人，仍然處於驚魂未定的緊張狀態。我們會從兩個方面的文化主題，來探索此一文化分享團體對於槍擊事故的反應：「多樣性的組織」，以及個人和團體的「維繫」行動。根據Wallace（1970）的定義「多樣性的組織」（organization of diversity），乃是「事實上，共存於任何文化組織社會界線之內，包含習慣、動機、個性、習俗等方面的真實多樣性」（頁23）。

資料蒐集包括：觀察為期頗多時日的可預期活動、行為、角色，透過這些常態模式，幫助校園回歸正常。資料蒐集大量仰賴事故發生所在教室的課堂訪談和觀察，以及報紙的陳述。我們對於此一文化分享校園的最終描述，參照Wolcott（1994）的三部曲「描述—分析—詮釋」：描述——校園的細節描述；分析——「組織多樣性」與其「維繫」的文化主題之分析（可能使用類型學或比較；Spradley, 1979, 1980）；詮釋——我們的詮釋比較不是抽離感情的客觀事實報

導，而比較傾向我們先前在街友熱湯供應站自身經驗的不安（Miller, Creswell, & Olander, 1998），以及我們從小在中西部小鎮個人生活經驗的那種「安全」感覺。

這故事的結尾，我們或許會使用「獨木舟航向日落」的寫法（"canoe into the sunset"，H. F. Wolcott，私下溝通，1996年11月15日）。底下是獨木舟航向日落的寫法：

> 當這俗民誌研究準備妥當時，這事件早就失去新聞價值；然而，如果這俗民誌焦點是在校園文化，那麼事件本身當然也就不是那麼重要。不過話說回來，如果沒有這樣的意外事件，俗民誌研究者置身自己的社會，或是自己服務的校園，可能會滿難「看見」人們如何表現可預測的日常行為。道理很簡單，因為那些都是習以為常的行為。置身自家環境從事研究的俗民誌研究者，得想辦法把熟悉轉為陌生。發生打亂心境的事件，人們以可預期的行為來回應意外的情況，如此情況下，才有可能讓人比較容易看見習以為常的角色行為。那些可預測的型態就是文化的東西。

另外，也可能運用比較強調方法學策略的結尾寫法，把我們的陳述拿來和參與者核對（成員檢核）：

> 如果我們有朝如此方向執行分析，那麼我們所蒐集的「事實」或提出的假說，有部分可能也需要核對或檢驗（以及根據檢驗結果而適度修改）。如果我們有試著做進一步的詮釋，那麼我們或許可以「試驗」人們描述的某些說詞，他們談到的注意事項和例外，就可能納入我們最終的陳述，用來提醒事情可能遠比我們所呈現的還要複雜。

11.8 本書綜合複習

　　本書邁入終站之前，讓我們再回頭檢視，本書一開頭提出的科羅拉多州質性研究工作坊「引人深思的」問題：「研究取徑如何形塑研究設計？」我們這整本書進行到現在，是否已經讓你對於這個問題擁有了然於心的答案？以下摘要整理研究取徑可能形塑研究設計的主要面向：

1. **研究的焦點**：其中一個最顯著受到形塑的面向，就是*研究的焦點*。如同第四章的討論所示，不同取徑各有獨特的研究焦點，可能是發展理論、探索現象或概念、深度檢視個案、建立個別人物或團體的圖像。請再次檢視表4.1五種取徑之間的差異，尤其是研究的焦點。

   不過，這當中的區分也不是涇渭分明。比方說，單一人物的研究，可能採用敘事研究或個案研究。文化系統的探索可能採用俗民誌，但是較小的「有界限封閉」系統，譬如：事件、方案或活動，也可能採用個案研究取徑。兩者都是系統，問題就來了，如果是微型俗民誌，那麼個案研究或俗民誌取徑都是可行的選項。當然，如果想要研究某系統的文化行為、語言或文物，俗民誌就是比較適合採用的取徑。

2. **詮釋取向（或理論透鏡）**：此等元素貫穿整個質性研究。我們看待事物總是帶有詮釋取向，不可能置身事外，對於我們的見聞和書寫，完全不帶（理論）透鏡而保持「客觀」。我們的話語用詞脫離不了個人的經驗、文化、歷史和背景。當我們投入田野踏查，蒐集資料，我們需要用心敏感關照場地和參與者，反思自身在田野的角色，以及該等角色如何可能形塑我們的見聞和書寫。終究而言，我們的書寫質性乃是對於事件、人物、活動的詮釋，並且主要是反映我們的詮釋取

向（或理論透鏡）。我們必須承認，參與者、讀者和其他檢視研究報告的人，也各自有其詮釋。因此，研究書寫呈現的只能視爲一種論述，只有暫時的結論，並且會持續改變和演化。總之，質性研究確實有詮釋取向或理論透鏡等元素，流遍研究全部過程。

3. **用語修辭**：研究取徑形塑研究設計程序的*用語修辭*，尤其是研究引言介紹、資料蒐集、資料分析等階段的用語。我們在第六章曾經討論，研究計畫在撰寫研究目的宣言和研究待答問題時，如何運用特定的暗語或伏筆等修辭，來提示研究採用的不同取徑。在第九章，討論不同取徑的研究報告撰寫時，我們再次提及暗語修辭的運用。【附錄】彙整的各種取徑的專有術語，也再度強化了每種傳統的特殊用語，研究者可以用來作爲暗語，融入研究設計和報告撰寫。

4. **研究參與者和資料蒐集**：研究取徑可能影響選取的*研究參與者*（討論請參閱第七章）。研究可能包含一位或兩位人物（敘事研究），某些團體的成員（現象學、扎根理論），或是整個文化（俗民誌）。個案研究可能歸入前述任何一種範疇，因爲其研究標的可能是單一人物、事件或大型社會場域。另外，在第七章，我們還凸顯研究取徑的*資料蒐集*（敘事訪談、扎根理論訪談、現象學訪談），涉及多元來源的資訊（俗民誌包含的觀察、訪談、文件；個案研究整合的訪談、觀察、文件、檔案材料和錄影）。雖然資料蒐集的形式並不是固定不變的，不過大致上還是可以觀察到，各種質性研究取徑分別有其普遍常用的資料蒐集型態。

5. **資料分析**：研究取徑之間最顯著的差異，就在於*資料分析階段*。第八章資料分析作法分歧甚鉅，可從無結構一直到結構嚴謹的取徑。在比較沒有結構的資料分析取徑方面，我們列入了俗民誌（Spradley, 1979, 1980，則爲例外），以及敘事

（例如：Clandinin & Connelly, 2000，建議的敘事取徑，以及Denzin, 1989，提倡的詮釋形式敘事）。比較有結構的資料分析取徑，則有扎根理論的系統化程序，現象學（請參閱Colaizzi, 1978；Dukes, 1984；Moustakas, 1994），以及個案研究（Stake, 1995；Yin, 2014）。諸如此類的程序，為質性研究報告的資料分析總體結構，提供了撰述方向。再者，特定的研究取徑也形塑了資料分析給予描述的分量比重。分而言之，俗民誌、個案研究、傳記研究，採取相當大量的描述；現象學研究，較少使用描述；扎根理論，似乎完全不用描述，而是選擇直接進入資料分析。

6. **整體書寫和嵌入敘事**：研究取徑形塑*研究報告的整體書寫和嵌入敘事*。這可以解釋為什麼各種質性研究之間看起來如此不同，而且研究的書寫也有極大差異（請參閱第九章的討論）。舉研究者的在場為例，雖然反身性全都會流入所有的質性研究，但是在扎根理論提供的比較「客觀」的陳述，研究者相對比較少現身。相對地，在俗民誌，研究者占有中心舞台；同樣地，在個案研究，研究者的「詮釋」也可能扮演重大角色。

7. **品質評估**：質性研究品質的評估判準（請參閱第十章的討論）。雖然在各種取徑的質性研究當中，效度檢驗的程序容或有些重疊之處，但是對於每一種取徑，都有各自發展適用的評估判準。

總結而言，在設計個別質性研究時，我們推薦研究者選擇一種取徑，然後在其範圍內來設計。這意味著，設計過程的元素〔例如：詮釋架構（理論透鏡）、研究目的和待答問題、資料蒐集、資料分析、報告撰寫、效度檢驗等等〕，將會反映所選用取徑的實施程序，也會採用該等取徑的暗語修辭和特徵元素，來撰寫研究報告。不過，這並不是要僵硬建議，比方說，在個案研究設計之內，絕對不

可搭配其他取徑（例如：扎根理論）的分析程序或其他元素。「純粹」並不是我們追求的目標。但是在本書，為了學習和教學考量，我們強調每一種取徑都有各自嚴謹的程序，讀者最好先專注每一種取徑，學到融會貫通之後，再來考量是否與如何跨越取徑，混搭融合。

我們發現這五種取徑各有獨特之處，同時也互有重疊。儘管如此，設計研究時，如果能斟酌選出其中一種，審慎調適採用該取徑的實施程序，將有助於提升研究計畫的完善性，展現方法論的專業素養，並且有效說服讀者與審查者。

本章重點檢核表

1. 對於某篇寫好的質性研究，你是否能將其翻轉化成為其他質性取徑的研究？
2. 對於本章呈現校園回應槍擊事故的五種版本，你是否能夠確認、定義、描述各個版本當中，斜體字特別標示的元素？
   a. 請針對每種取徑的版本，斜體字特別標示的元素，給予定義和描述。
   b. 如果需要協助的話，請參考【附錄】提供的名詞釋義。

質性研究術語釋義

這裡選錄的質性研究關鍵術語,是我們在本書使用和定義的用語。這些術語可能存有許多不盡相同的定義,但是對於我們而言(希望對於讀者亦然),最可行的定義就是反映在本書呈現的內容和引述的參考文獻。在排列組織方面,我們先呈現五種質性研究取徑(敘事研究、現象學、扎根理論、俗民誌、個案研究)的相關術語,然後是一般質性研究通用的術語,並依照英文字母順序排列。讀者如果想進一步研讀有關質性研究術語的定義,請另行參閱下列兩本參考書:

Given, L. (Ed.). (2008). *The SAGE Encyclopedia of Qualitative Research Methods*. Thousand Oaks, CA: Sage.

Schwandt, T. A. (2007). *The SAGE Dictionary of Qualitative Inquiry* (3rd Ed.). Thousand Oaks, CA: Sage.

敘事研究

1. autobiography 自傳

傳記的一種形式,作者自己撰寫(以文字或以其他方式記錄)的個人生活敘事(Angrosino, 1989a)。

2. autoethnography 自傳俗民誌

這種敘事是由研究主題的主人翁所書寫（Ellis, 2004; Muncey, 2010）。Muncey（2010）定義，*自傳俗民誌*具有如後的諸多理念：多元層次的意識、弱勢或易受傷害的自我、連貫一致的自我、批判社會脈絡的自我、顛覆宰制論述，以及喚起回憶的潛在可能性。

3. biographical study 傳記研究

關於單一人物生命敘事的研究，材料是取自該人物對研究者敘說其經驗，或是從文件或檔案發掘的相關紀錄（Denzin, 1989）。我們使用此一術語，來涵蓋廣泛類型的敘事書寫，包括：個人傳記、自傳、生命史，以及口述史。

4. chronology 大事記年表

常見於敘事書寫的一種取徑，作者根據研究對象人物的年歲，來排列呈現其人生階段的重要經歷（Clandinin & Connelly, 2000; Denzin, 1989）。

5. epiphanies 主顯節

研究對象人物人生轉捩點的特殊事件（Denzin, 1989）。依衝擊程度，可分為小主顯節和大主顯節，另外也分為正向和負向主顯節。

6. historical contexts 歷史脈絡

研究者呈現參與者生活所在的脈絡，可能包括參與者的家庭、社會脈絡，或是參與者生活年代的歷史、社會、政治趨勢（Denzin, 1989）。

7. life course stage 人生週期階段

人物一生的階段或各時期的關鍵事件，乃是傳記的焦點（Denzin, 1989）。

8. life story 生命史

傳記書寫的一種形式，研究對象向研究者講述一生的故事，再由研究者報導（請參閱Geiger, 1986）。因此，研究對象是在世的個人，而其生活受到個人、機構和社會歷史等脈絡形塑。探究者可能採用不同領域的觀點（Smith, 1994），譬如：人類學的生命史研究，探索各別人物的一生，用來作為某文化的代表。

9. narrative research 敘事研究

質性研究的一種取徑，既是研究的方法，也是研究的產物。是關於人類經驗敘事、故事的研究，亦即描述系列事件，用以闡明某種人類經驗的研究（Pinnegar & Daynes, 2007）。

10. oral history 口述史

傳記研究的一種取徑，研究者從單一人物或若干人物，蒐集他們對於某些事件的回憶，以及該等事件的成因和後果。資料蒐集可能包括過世者或在世者的錄影、錄音或書寫紀錄。不過，通常侷限於「現代」和可進接取得研究題材的人物（Plummer, 1983）。

11. progressive-regressive method 前進—回溯法

敘事書寫的一種取徑，研究者首先從參與者生活的某一關鍵事件開始下筆，然後從該等事件的時間點往前敘述，以及往後回溯（Denzin, 1989）。

12. restorying 重述故事

敘事研究的一種資料分析取徑，研究者重述人物生活經驗的故事，而且重述的故事通常會有開頭、中間、結尾的敘事結構（Ollerenshaw & Creswell, 2002）。

13. single individual 單一人物

敘事研究的人物。此人物可能是極爲特異的人士，也可能是一般普通人。此人物的生活可能是卑微淒涼、豐功偉業、命運多舛的人生、不假天年、或是懷才不遇（Heilbrun, 1988）。

14. stories 故事

訪談期間浮現的各種面向，參與者描述某一情境，通常有開頭、中間、結尾，因此，研究者可以從中捕捉完整的理念，將其完整統合到質性敘事當中（Clandinin & Connelly, 2000; Czarniawska, 2004; Denzin, 1989; Riessman, 2008）。

現象學

1. clusters of meaning 意義叢集

現象學資料分析的第三步驟，研究者將若干陳述加以叢聚，使成爲主題或意義單位，剔除重疊或重複的陳述（Moustakas, 1994）。

2. epoche, or bracketing 擱置／存而不論，或括弧法

「現象學還原」（phenomenologica reduction）的第一步驟，在此資料分析過程，研究者把所有先入爲主的經驗擱置一旁，盡可能越徹底越好，以期取得對於參與者經驗的最佳理解（Moustakas, 1994）。

3. essential, invariant structure (or essence) 本質、不會變形的結構（或本質）

現象學的目標，還原經驗的文本意義和結構意義，使成為簡要的描述，捕捉所有研究參與者經驗的典型意義。所有參與者都有經驗到此等意義，因此是不會變形的，並且是經驗的「本質」的還原（Moustakas, 1994; van Manen, 2014）。

4. hermeneutical phenomenology 詮釋現象學

現象學的一種形式，研究是把生活和生活經驗當成「文本」來進行詮釋（van Manen, 2014）。

5. horizontalization 水平化

現象學資料分析的第二步驟，研究者列出與研究主題相關聯的所有重要陳述，並給予同等價值（Moustakas, 1994）。

6. intentionality of consciousness 意識的意向性

對於對象的意識感知，總是帶有意向性，因此，吾人在感知某棵樹木時，「我的意向經驗乃是融合了該樹木的外觀，以及我的意識當中，基於記憶、意象、意義而建構的樹木。」（Moustakas, 1994，頁55）

7. lived experiences 生活經驗

現象學研究使用的術語，強調人類以有意識的存有者之身，來投入個人經驗（Moustakas, 1994; Giorgi, 2009）。

8. phenomenology of practice 實踐現象學

描述「現象學發展和闡明意義賦予的方法」，根本理念奠基於

van Manen（2014），認為是來自現象學主要文獻的實踐範例。

9. phenomenological data analysis 現象學資料分析

文獻呈現若干取徑，可供分析現象學資料。Moustakas（1994）回顧檢視該等取徑，然後提出他自己的取徑。我們在本書介紹的現象學資料分析，就是根據Moustakas的取徑略加調整，包括：研究者檢視帶入研究的個人經驗，記錄重要陳述和意義單位，發展描述直指經驗本質。Giorgi（2009）提出另一種嚴謹但比較開放的分析取徑。

10. phenomenological study 現象學研究

這種類型的研究，描述若干人物對於某一現象（或主題、概念）之經驗的共通意義。在這種類型的質性研究，研究者將此等經驗還原，從而得出核心意義或「本質」。

11. phenomenon 現象

現象學檢視的核心概念，這是研究對象所經驗的概念，包括：心理概念，譬如：哀傷、忿怒、愛。

12. philosophical perspectives 哲學觀點

奠定現象學研究基礎的特定哲學觀點。起源於胡塞爾在1930年代的著述。這些觀點包括：研究者執行研究抱持比傳統實徵、量化科學更為寬廣的觀點；懸置個人對於經驗的先入為主概念；透過自我的感官，經驗某一對象（亦即對於某一對象產生意識感知），同時也看待「外在」對象為真；使用少數陳述，捕捉「本質」，報告個人賦予經驗的意義（Stewart & Michunas, 1990）。

13. phenomenological reflection 現象學反思

根據van Manen（2014），現象學反思涉及括弧法（懸置）和還原（意義的建構）兩種過程。

14. structural description 結構描述

根據現象學資料分析的前三個步驟，研究者描述現象「如何」被研究參與者經驗（Moustakas, 1994）。研究者撰寫經驗的「結構描述」，提出探究現象如何被經驗。個中涉及尋求所有可能的意義，尋求分歧的觀點，變換關於現象的參照架構，或是運用想像變形（imaginative variation）（Moustakas, 1994）。

15. textual description 文本描述

根據現象學資料分析的前三步驟，研究者描述，當事人在現象當中經驗到「什麼」。換言之，這是在描述個人對於現象之經驗所賦予的意義（Moustakas, 1994）。

16. transcendental phenomenology 超驗現象學

根據Moustakas（1994），胡塞爾倡導超驗現象學，後來也成為Moustakas的主導概念。研究者把關於所要研究之現象的先在判斷（prejudgement）懸置一旁，使用直觀（intuition）、想像、普遍結構（universal structure），來取得經驗的圖像，探究者也使用Moustakas（1994）所倡導的系統化分析方法。

扎根理論

1. axial coding 軸心編碼

這是開放編碼之後的步驟，研究者從開放編碼階段產生的範疇，

確認一個作爲核心現象，然後再回去資料庫，(1)確認是什麼原因造成該等核心現象發生；(2)採用什麼策略或行動來回應；(3)哪些脈絡（特定脈絡）和中介條件（廣泛脈絡）影響此等策略；(4)此等策略導致什麼樣的後果。整體而言，軸心編碼就是要確認，核心現象範疇與其周邊範疇之間的各種關係（Strauss & Corbin, 1990, 1998）。

2. category 範疇

這是扎根理論研究分析資訊的一種單位，其中包含所研究現象的事件、發生和例子（Strauss & Corbin, 1990），並且給予簡短的標籤。在資料分析初期，稱爲開放編碼階段，形成若干數量的範疇。接著，在軸心編碼階段，找出核心範疇，確認核心範疇和周邊範疇之間的關聯，以及提出視覺模式。

3. causal conditions 因果條件

在軸心編碼階段，因果條件是指，從資料庫確認的條件範疇，可能導致或影響核心現象的發生。

4. central phenomenon 核心現象

這是軸心編碼階段的一個面向，並且形成理論的視覺模式或圖式。在開放編碼階段，研究者檢視開放編碼的範疇，從中挑選最富有概念旨趣、參與者討論最頻繁、資訊「飽和」程度最高的範疇。研究者將此等範疇放在扎根理論的中心位置，並且給予「核心現象」的標籤。

5. coding paradigm or logic diagram 編碼圖式或邏輯圖式

在軸心編碼階段，以視覺模式描繪核心現象、因果條件、脈絡、中介條件、策略、後果。此等視覺模式以方塊和箭頭組成，顯示個

中元素相互關聯的行進過程或流程。這視覺模式不止於軸心編碼階段，其實也是扎根理論研究發展的理論模式（請參閱Harley et al., 2009）。

6. conditional or consequential matrix 條件或後果矩陣

這是一種圖式，通常繪製於扎根理論研究的末期，呈現所研究之現象相關聯的條件或後果。可以讓研究者區分和連結，軸心編碼階段確認的各種層次的條件、後果（Strauss & Corbin, 1990）。不過，在實務上，這種步驟很少見於扎根理論研究的資料分析。

7. consequences 後果

在軸心編碼階段，後果是指稱，研究參與者採取策略之後產生的結果。後果可能是正向、負向、或中性（Strauss & Corbin, 1990）。

8. constant comparative 持續比較

這是扎根理論早年使用的一個術語（Conrad, 1978），意思是指，研究者從資料庫確認事故、事件、活動當中浮現範疇，再持續回去資料庫找尋事故、事件、活動來和浮現範疇做比較，從而發展（或修訂）範疇，如此反覆直行，最終確認範疇達到飽和。

9. constructivist grounded theory 建構論扎根理論

這是扎根理論的一種形式，立基於建構論典範，主要倡導者是Charmaz。相較於Strauss & Corbin的傳統扎根理論，建構論取徑的扎根理論，結構化程度比較低。建構論取徑融入研究者的觀點；發掘經驗的內嵌、隱含網絡、情境、關係；揭顯權力、溝通和機會的階層（Charmaz, 2006）。

10. context 脈絡

在軸心編碼階段，脈絡是指策略發生的特定條件（Strauss & Corbin, 1990）。此等條件具有特定、具體的本質，並且和行動、互動有緊密關聯。

11. dimensionalized 維度化

扎根理論資訊分析的最小單位，研究者將分析確認的屬性，放在連續線上的各個位置，亦即維度化，以茲檢視該等屬性的極端可能性。這種資訊的維度化出現在「開放編碼」分析階段（Strauss & Corbin, 1990）。

12. discriminant sampling 區辨取樣

在扎根理論研究過程的末期，研究者發展出理論模式之後，就會運用這種取樣策略。研究者會問：如果我們繼續訪談類似的資訊提供者，蒐集更多資訊，此理論模式是否仍會成立？因此，為了驗證理論模式，研究者選取不同的場地、人物，與／或文件，以便取得「最大化的機會，來驗證故事情節、範疇之間的關係，以及補充低度發展的範疇」（Strauss & Corbin, 1990，頁187）。

13. generate or discover a theory 產生或發掘理論

扎根理論研究是要發展理論，而不是測試理論。一開始，研究者可能會提出暫行的理論，或是完全沒有預設任何理論，因為研究目標是要把研究「扎根」在參與者的觀點。不論出發點是否有設定暫行理論，研究過程都是遵循歸納的取徑，也就是扎根於研究參與者的觀點，從而產生或發掘理論。

14. grounded theory study 扎根理論研究

質性研究的一種取徑，研究者產生關於某現象的抽象分析構想，亦即可以用來解釋某些行動、互動或過程的理論。研究過程主要涉及蒐集訪談資料、多次田野踏查（理論取樣）、發展範疇和找尋範疇之間的關聯（持續比較法），以及撰寫實質或脈絡特定的理論（Strauss & Corbin, 1990）。

15. in vivo codes 實境編碼

在扎根理論研究，研究者採用受訪者的用語，來形成編碼或範疇的命名。此等名稱具有吸睛的效應，能夠立即抓住讀者的注意力（Strauss & Corbin, 1990，頁69）。

16. intervening conditions 中介條件

在軸心編碼階段，中介條件是較為廣泛的條件（比脈絡更廣泛），是影響策略發生的條件。可能包括：社會、經濟、政治等因素，會影響策略對於核心現象的反應（Strauss & Corbin, 1990）。

17. memoing 備忘錄

在扎根理論研究過程，研究者寫下關於浮現理論的各種想法。備忘錄有許多不同形式，譬如：初探的命題（假說），關於浮現範疇的想法，或是軸心編碼範疇連結的若干想法。一般而言，透過書面記載的備忘錄，可以幫助扎根理論的形塑（Strauss & Corbin, 1990）。

18. open coding 開放編碼

扎根理論研究，資料分析過程的第一步驟，個中涉及檢閱資料（例如：訪談逐字稿），擷取片段，從中發展可能適合的分類範疇（Strauss & Corbin, 1990）。我們推薦研究者嘗試發展小數量的範

疇，緩步將數量縮減到30個編碼左右，最後再整併成為數量精簡的幾個主要主題。

19. properties 屬性

扎根理論研究，資訊分析的單位。扎根理論的每一種範疇，都可分割為若干屬性，提供個別範疇的廣泛維度。Strauss & Corbin（1990）指稱，此等屬性乃是「連結到某範疇的特性或特徵」（頁61）。一般而言，通常在開放編碼階段分析建立屬性。

20. propositions 命題

這是扎根理論研究提出的假說，通常寫成具有方向性的形式，來闡明研究各項範疇的關聯。命題的擬定是根據軸心編碼建立的模式或圖式，比方說，可能會假設，為什麼特定原因會影響核心現象，繼而影響特定策略的使用。

21. saturate, saturated, or saturation 飽和

在扎根理論研究，範疇發展和資料分析階段，研究者尋求發現盡可能多的事件、活動，以提供證據支持該等範疇的確立。在這過程的某個時間點，範疇達到飽和，亦即研究者不再發現能夠增益對該等範疇之理解的新資訊。

22. selective coding 選擇性編碼

扎根理論研究，編碼程序的最終階段，研究者採取核心現象，有系統地確立該核心現象與其他環繞範疇的關係，檢驗該等關係的實效性，並且針對需要進一步優化和發展的範疇加以補充資訊（Strauss & Corbin, 1990）。我們偏好發展「故事」，以茲敘說範疇與呈顯各範疇之間的相互關係（請參閱Creswell & Brown, 1992）。

23. strategies 策略

在軸心編碼階段，策略是指稱，由於核心現象而採行的特定行動或互動（Strauss & Corbin, 1990）。

24. substantive-level theory 實質層次理論

低層次的理論，適用於直接情境。實質層次的理論乃是從位於「特定情境脈絡」的現象研究，浮現發展而來（Strauss & Corbin, 1990，頁174）。研究者將實質層次理論，和抽象、應用性比較高的理論區隔開來，該等理論被歸入中間層次理論、大理論（grand theories）、或形式理論（formal theories）。

25. theoretical sampling 理論取樣

扎根理論研究的資料蒐集，研究者選擇個人樣本，著眼於該等人選能夠有所貢獻於理論的發展。通常，研究者會先選取同質樣本，隨著資料蒐集，範疇浮現，再轉向選取異質樣本，以茲檢視在哪些不同樣本條件下，範疇仍然得以成立。

俗民誌

1. analysis of culture-sharing group 文化分享團體的分析

俗民誌的一個步驟，研究者在資料分析當中發展主題——文化主題。個中過程檢視全部資料，將資料分析成若干片段，從而發展小數量的共通主題，並確立資料當中有證據妥適支持（Wolcott, 1994）。

2. artifacts 文物；人造物件

俗民誌關注的一種焦點，研究者決定人們製造和使用哪些東西，譬如：衣服和工具〔人造文化物件（cultural artifacts）；Spradley,

1980〕。

3. behaviors 行為

俗民誌關注的一種焦點，研究者試圖理解人們所做的哪些事情〔文化行為（cultural behavior）；Spradley, 1980〕。

4. complete observer 完全觀察者

俗民誌研究者田野踏查的一種角色，研究者在從事觀察時，不會被研究對象看見或注意到（Angrosino, 2007）。

5. complete participant 完全參與者

俗民誌研究者田野踏查的一種角色，研究者完全投入研究對象的日常生活，這可以幫助建立較佳的契合關係（Angrosino, 2007）。

6. critical ethnography 批判俗民誌

俗民誌的一種類型，研究者檢視社會上的權力、名位、特權、權威等文化系統。批判俗民誌研究邊緣化的族群，來自不同的階級、種族、性別，目標是要倡議或伸張參與者的權益、需求（Madison, 2011; Thomas, 1993）。

7. cultural portrait 文化圖像

俗民誌研究的關鍵元素，撰寫描述文化分享團體或個人的全方位觀點。俗民誌的最終產物應該呈現此等較廣的圖像，或是綜覽文化場景，完整呈現個中複雜面向（Spradley, 1979）。

8. culture 文化

這是一種抽象意涵的術語，指稱無法直接研究的某種事物。透

過觀察和參與投入文化分享團體，俗民誌研究者可以看到「文化在運行」，並且提供關於文化運行的描述和詮釋（H. F. Wolcott, 私下溝通，1996年10月10日；Wolcott, 2010）。文化可能發見在行為、語言和文物當中（Spradley, 1980）。

9. culture-sharing group 文化分享團體

俗民誌分析的一種單位，研究者試圖去理解和詮釋人們的行為、語言、文物。典型的俗民誌聚焦在一個文化分享團體的全貌，此等團體分享、表現習得之行為，從而外顯化該等團體如何「運行」。有些俗民誌研究者會聚焦分析社會文化系統的某些局部面向，這就屬於微觀俗民誌（microethnography）。

10. deception 欺瞞

田野研究可能發生的一種倫理議題，美國人類學會於1967年出版發行倫理標準以後，這類議題越來越少明顯發生。欺瞞是指研究者刻意欺騙資訊提供者，以方便取得資訊。欺瞞可能涉及隱瞞研究目的之相關資訊，或是暗中蒐集資訊。

11. description of the culture-sharing group 文化分享團體的描述

俗民誌工作者一項首要工作，就是要單純地去採集、記錄關於文化分享團體的描述，包括各種事件和活動，以茲闡明該等文化（Wolcott, 1994）。比方說，提供事實陳述、描繪場域地圖或圖畫，或是大事記。

12. emic 主位

主位是指，俗民誌研究者站在田野在地人或參與者觀點的位置來

報導和書寫；相對地，客位（*etic*）則是指，研究者站在自身個人觀點的位置（Fetterman, 2010）。

13. ethnography 俗民誌

質性研究的一種取徑，研究主題聚焦在完整的文化或社會團體（或個人，或團體內部的若干個人），主要立基於研究者長時期沉浸田野踏查。俗民誌研究者傾聽和記錄資訊提供者的言語，目的在於完成田野踏查對象團體的文化圖像（Thomas, 1993; Wolcott, 1987）。

14. etic 客位

客位是指，俗民誌研究者站在自身個人觀點的位置來報導和書寫；相對地，*主位*（*emic*）則是指，站在田野在地人或參與者觀點的位置（Fetterman, 2010）。

15. fieldwork 田野研究

或譯為田野踏查、田野調查，在俗民誌的資料蒐集，研究者投入「田野」執行資料蒐集，亦即進入可能研究文化分享團體的場域。很多時候，這涉及投入相當時日，不同程度的沉浸於該等團體的活動、事件、儀式、環境等等（Sanjek, 1990）。

16. gatekeeper 守門人

資料蒐集關聯的術語，指稱進入所欲研究之團體或場域之前，研究者必須先造訪接洽取得此人的同意（Hammersley & Atkinson, 1995）。

17. holistic 全方位的

俗民誌研究者採取全方位的眼界，就是要取得文化分享團體的完

整圖像。這可能包括該等團體的歷史、宗教、政治、經濟與／或環境。透過這種方式，將該等團體的資訊置於較大的境界，換言之，就是使研究獲得「脈絡化」（contextualized）（Fetterman, 2010）。

18. immersed 沉浸

俗民誌研究者的沉浸，是指投入田野展延的時間，很多時候可能長達一年。是否失去本身的觀點，或是「成為在地化」（going native），個中牽涉的田野議題，乃是俗民誌文獻討論相當多的課題。

19. interpretation of the culture-sharing group 文化分享團體的詮釋

研究者針對文化分享團體的意義作出詮釋。研究者透過使用文獻、個人經驗或理論觀點，從而詮釋資訊（Wolcott, 1994）。

20. key informants (or participants) 關鍵資訊提供者（或參與者）

這是研究者最初接觸、蒐集資料的人士，因為消息靈通、容易進接，而且可能提供線索來進接、蒐集其他來源的資訊（Gilchrist, 1992）。

21. language 語言

俗民誌工作者的關注焦點，研究者在田野踏查時，辨識人們的言說行為〔主要是言說的訊息（speech messages）；Spradley, 1980〕。

22. nonparticipant or observer as participant 觀察者現身但不參與活動

研究者現身在研究田野場域，但保持距離，以局外人的身分，從旁觀察、記錄田野筆記，而沒有直接涉入活動或人群。

23. participant as observer 參與者投入部分觀察活動

研究者參與研究現場的活動，參與者角色比研究者角色來得凸顯。這可幫助研究者取得局內人觀點和當事人的主觀資料。不過，研究者如果過度涉入參與，可能會陷於分身乏術的處境。

24. participant observation 參與觀察

俗民誌工作者透過許多途徑來蒐集資料，主要是觀察文化分享團體，並且成為該等文化場域的參與者（Jorgensen, 1989）。

25. realist ethnography 實在論俗民誌

文化人類學家採用的一種傳統取徑俗民誌。研究者採取「客觀的」觀察者角色，不涉入情感（dispassionate）、全知觀點（omniscient，又稱上帝觀點）的立場，來記錄事實和敘說故事（van Manen, 1988）。

26. reflexivity 反身性

作者有所意識於自身帶入質性研究的個人成見、價值、經驗。典型而言，作者會以外顯化的方式，將此等訊息清楚書寫於研究文本的特定章節或嵌入穿插於全文，此即反身性書寫（Hammersley & Atkinson, 1995）。

27. structure 結構

結構是用來指稱，俗民誌研究者試圖透過田野調查來學習的社會―文化系統或團體的主題或概念，可能包含該等團體的社會結構或形貌，譬如：社會―文化團體的氏族或政治結構。可以透過組織結構圖（organizational chart）來描繪呈現（Fetterman, 2010）。

個案研究

1. analysis of themes 主題分析

研究者在描述個案之後，開始分析資料，找尋特定主題，將資訊聚結成較大叢集的理念，提供細節來支持主題。Stake（1995）稱此等分析爲「議題的發展」（development of the issues，頁123）。

2. assertions 斷言

個案研究資料分析的最後步驟，研究者找尋資料的意義，提出詮釋，融入個人觀點或文獻的理論或構念。

3. bounded system 有界限的系統

個案研究選擇的個案是有界限的，通常是時間和地方的界限。再者，個案的各部分相互關聯而形成一個整體。因此，適合研究的個案乃是「有界限」（bounded）而且自成完整的「系統」（system），此即所謂的「有界限的系統」（Stake, 1995）。

4. case 個案

個案研究的分析單位，個中涉及研究現實人物、當代脈絡或場域的特定個案（Yin, 2009）。個案也可能是事件、過程、方案、或若干個人（Stake, 1995）。研究的焦點所在可能是個案本身（亦即本質

型個案研究）；另外，個案也可能作為工具，藉以探索闡明某些議題（亦即工具型個案研究）（Stake, 1995）。

5. case description 個案描述

單純記錄、陳述關於個案的事實資訊。這是質性個案研究資料分析的第一步驟，Stake（1995）另稱為「敘事描述」（narrative description）（頁123）。

6. case study research 個案研究

質性研究的一種取徑，涉及研究現實人物、當代脈絡或場域的個案（Yin, 2009）。

7. case themes 個案主題

個案研究主要發現的一個面向，依照Stake（1995）的用語，個案主題可稱為「範疇聚集」（categorical aggregations），這是個案資料分析階段導出的較大範疇，由多元事件聚合而得。

8. collective case study 集合個案研究

個案研究的一種類型，研究對象包含有多元個案，可能是本質型個案或工具型個案，但不論是哪種屬性的個案，定義特徵都是研究者檢視若干個案〔例如：多元個案研究（multiple case studies）；Stake, 1995〕。

9. context of the case 個案的脈絡

在分析和描述個案時，研究者將個案設定在其場域之內，場域可能是寬廣概念化的（例如：大型的歷史、社會、政治議題），或是較狹窄概念化的（例如：直系家庭、研究主題發生的特定地點、時

間；Stake, 1995）。

10. cross-case analysis 跨個案分析

應用於集合個案研究的分析方式（Stake, 1995; Yin, 2009），研究者檢視若干個案，個中程序涉及檢視跨個案的諸多主題，從中辨識個案之間的共通或差異主題。典型而言，多元個案研究執行個案內分析（within-case analysis）之後，通常會接著採取跨個案分析。

11. direct interpretation 直接詮釋

個案研究的一種詮釋面向，研究者檢視單一例子，從中汲取意義，而不找尋該等意義的多重例子。個中過程將資料分解再聚合，從而開展出更豐富的涵義（Stake, 1995）。

12. embedded analysis 嵌入分析

個案研究資料分析的一種取徑，研究者選取個案的一個面向來呈現分析（Yin, 2009）。

13. holistic analysis 全方位分析

個案研究資料分析的一種取徑，研究者檢視個案的整體（Yin, 2009），並且全方位呈現與個案相關聯的描述、主題、詮釋或斷言。

14. instructmental case study 工具型個案研究

個案研究的一種類型，研究目的是要透過個案來探索特定議題，個案本身並不是研究焦點所在。因此，個案乃是研究者藉以了解議題的工具（Stake, 1995）。本書第十一章介紹的校園槍擊事故個案研究（Asmussen & Creswell, 1995），即是屬於工具型個案研究的例子。

15. intrinsic case study 本質型個案研究

個案研究的一種類型,個案本身就是研究的主題焦點所在,因為具有本質性或不尋常的研究旨趣(Stake, 1995)。

16. multisite 多元場地

個案研究的場地位於不同地理區域,這種類型的研究稱為多元場地的個案研究。反之,如果研究的個案是在單一地點,就稱為單一場地(within-site)研究。

17. multiple sources of information 多元資訊來源

良好個案研究的一個特徵,就是採用許多不同來源的資訊,以茲提供個案的「深度」。比方說,Yin(2009)推薦個案研究者在單一研究當中,盡可能使用多達六種不同類型的資訊。

18. naturalistic generalization 自然主義類化

在詮釋個案時,研究者投入個案研究以便人們得以理解該等個案,此等自然主義類化理解,可能是讀者從個案學到的理解,或是將該等理解應用到其他個案(Stake, 1995)。

19. patterns 型態

個案研究資料分析的一個面向,研究者建立型態,以及找尋兩個以上型態之間的對應關係,從而整併為較精簡數量的範疇(Stake, 1995)。

20. purposeful sampling 立意取樣

個案研究實務的一項重要議題,研究者必須具體詳述取樣的策略,以及採用該等取樣策略的邏輯理由。立意取樣可應用於選取要研

究的個案樣本，以及選取個案當中的資訊選材。在本書，我們採用 Huberman & Miles（1994）表列提供的諸多取樣策略，除了應用在個案研究取徑之外，也可應用到其他取徑的質性研究。

21. within-case analysis 個案內部分析

個案研究分析的一種型態，可應用於分析單一個案，或分析多元集合式個案。在個案內部分析，研究者分析每一個案，從中找尋主題。如果是多元個案研究，研究者可在個案內部分析之後，再執行跨個案分析，對照比較多元個案的各自內部分析確認的主題。

22. within-site 場地內部

個案研究選擇的場地如果是在單一地點，就可稱為單一場地個案研究（within-site case study）。反之，如果是在若干不同的地點，則稱為多元場地個案研究（multisite case study）。

一般質性研究術語

1. aesthetic merit 美學優點

研究作品取得美學方面的成就，使用創意分析實踐作法，打開文本，邀請投入詮釋反應。文本具有藝術性的形貌，令人滿意、繁複多變，精采而不乏味。

2. approaches to inquiry 研究取徑

質性研究的各種取徑，各別起源於若干社會科學領域，生產出典籍、期刊論文、專論書籍、獨特的方法論。在本書，我們稱為取徑；在其他書籍或論述者，也有稱為「研究的策略」（strategies of inquiry）（Denzin & Lincoln, 1994），或研究「種類」（varieties）（Tesch, 1990）。本書聚焦介紹五種取徑：敘事研究、現象學、扎根

理論、俗民誌和個案研究。

3. audit trail 稽查軌跡

研究開始到完成之過程所留下的文件紀錄，可供追溯審查研究發現的過程是否符合各種標準，並且能夠有效支持研究結果。

4. axiological 價值論

所有研究都承載有價值（value laden），包括：研究者的價值體系、理論、使用的典範、研究者或研究對象的社會、文化規範常模（Creswell, 2009; Guba & Lincoln, 1988）。因此之故，研究者有必要承認並且討論其研究之中的此等價值。

5. central question 核心待答問題

這是有待研究回答的問題，核心待答問題的涵蓋寬廣而且比較全面，是用來探究解決研究問題（research problem）的最普遍問題。

6. codebook 編碼手冊

也稱為編碼總表（master code list），內含研究編碼和範疇的紀錄文件，目的是要引導個別研究者或研究團隊，在執行編碼過程時能夠保持連貫一致。

7. coding 編碼

檢閱、擷取文本或視覺資料片段，發展範疇，從不同資料庫尋求證據持續比較，指派標籤給編碼。

8. critical race theory 批判種族理論

質性研究使用的一種詮釋透鏡，聚焦關注種族議題，以及種族歧

視如何根深柢固地嵌入美國社會（Parker & Lynn, 2002）。

9. critical theoy 批判理論

質性研究使用的一種詮釋透鏡，研究者透過詮釋社會生活的意義，檢視社會體制與其轉化；探究宰制、疏離、社會抗爭的歷史問題；社會批判與開拓新願景的可能性（Fay, 1987; Madison, 2011; Morrow & Brown, 1994）。

10. disability interpretive lens 能力差別詮釋透鏡

質性研究使用的一種詮釋透鏡，聚焦在能力差別乃是人類差異性的一個面向，而不是一種缺陷。作為人類的一種差異性，能力差別的意義乃是衍生自社會建構（亦即社會對個人的反應），而且純粹只是人類個別差異性的一種維度。

11. encoding 暗語修辭

書寫者在寫作當中置入的某些特殊寫法，可幫助讀者明白後文將可預期出現什麼。這不只幫助讀者，也可幫助作者，參酌配合讀者的思考習慣和專殊知識（Richardson, 1990）。此等特殊寫法可能包含整體文章的章法組織、暗語，以及其他可供提示讀者注意的「路標」。在本書的應用當中，比方說，各種質性研究取徑的特定用語和程序，即可用來提示研究設計之所有面向的書寫（例如：目的宣言、研究待答次要問題、方法等等）。

12. epistemological 知識論

質性研究哲學預設的一類。比方說，質性研究可能預設：研究者和研究對象之間的關係乃是相互關聯，而不是互不相干或各自獨立。因此，質性研究者和研究對象之間，重要的不是「距離」，反而

是「親近」。這種親近，比方說，會隨著時間、協同合作，以及研究對象對於研究者的衝擊而呈顯於田野。

13. feminist research approaches 女性主義研究取徑

在女性主義研究方法，目標是要建立協同合作而不帶有壓榨的關係，避免物化女性，以及推動轉化目標導向的研究，改革有問題之女性處境（Olesen, 2011; Stewart, 1994）。

14. foreshadowing 伏筆

書寫者使用修辭來預告和發展理念的一種書寫手法（Hammersley & Atkinson, 1995）。例如：研究問題宣言、研究目的宣言、研究待答次級問題的措辭遣字，就可用來作為伏筆，預告研究設計採用的資料蒐集和資料分析方法。

15. hyperlinks 超連結

在質性分析軟體，超連結容許資料庫兩點之間交互參照，以便讀取。

16. impact 衝擊

當研究引發諸如下列結果時，就是所謂的有衝擊，包括：對於讀者的情意和智識層面造成影響；產生新的待答問題；驅使讀者著手書寫，嘗試新的研究實務作法，或是驅使讀者付諸實際行動。

17. intercoder agreement 編碼者合意程度

檢查編碼可信度的一種方式。多位編碼者獨立進行編碼，然後對照比較彼此對於特定文本片段指派編碼是否適切的合意程度，以此建立資料分析過程的可信度。

18. interpretation 詮釋

　　質性研究資料分析的一個階段，涉及從編碼和主題擷取出更大的意義。

19. interpretative framework 詮釋架構

　　引導研究者執行研究行動的信念或架構。

20. interview protocol 訪談博多稿

　　質性資料蒐集的一種輔助工具，可以輔助引導研究者安排執行訪談的活動，記錄受訪者提供的資訊，訪談博多稿主要包括：標題、重大實質待答問題（基本上5至7題，題目問法要讓受訪者能夠理解與有效回答），以及關於訪談結束如何收尾的指示說明。

21. maximum variation sampling 最大變異量取樣

　　質性研究取樣的一種策略，頗受歡迎的方式，實施過程包括：事先決定若干判準，然後選取在該等判準有最大變異量的各種場地或個人作為樣本。

22. methodological congruence 方法論的相容、一致性

　　研究目的、待答問題、方法等方面的相互連結、一致程度，彼此互為密合，而不是各不相干（Morse & Richards, 2002; Richards & Morse, 2012）。

23. methodology 方法論

　　方法論的預設是指，質性研究者會以某些特定的方式來概念化研究過程，比方說，質性研究者傾向仰賴參與者的觀點，並且在實際發生的脈絡來討論該等觀點，使用歸納方式，從個殊朝向抽象來發展理

念（Creswell, 1994, 2009）。

24. observational protocol 觀察博多稿

質性資料蒐集的一種輔助工具，可以輔助引導觀察過程的資料蒐集與紀錄。典型的觀察博多稿包含兩欄，分別記錄描述觀察所見，以及反思註解。

25. ontological 本體論

質性研究關於實在之本質的哲學預設。本體論主要是要回答什麼是「實在」（reality）？對於質性研究而言，這問題的答案是，投入特定情境的行動者在其心中所建構的，即是實在（Guba & Lincoln, 1988）。就此而言，實在並不是獨立於行動者心靈的「外在存有」（out there）。

26. paradigm 典範

研究者採取的哲學立場，提供基本信念，導引研究行動（Denzin & Lincoln, 1994）。對於特定典範者的秉持者，該等典範定義了「世界的本質、個人在世上的位置，以及個人對於世界的各種可能關係」（Denzin & Lincoln, 1994，頁107）。Denzin & Lincoln（1994）進一步稱，典範就是「包含研究者知識論、本體論、方法論等前提的大網」（頁13）。在本書討論研究典範時，我們擴充加入價值論的預設。

27. philosophical assumptions 哲學預設

研究者採取的立場，提供研究方向，主要有四大類：(1)本體論，研究者對於實在的觀點；(2)知識論，研究者如何認識實在；(3)價值論，研究者抱持的價值—立場；(4)方法論，研究採用的程序。

這些哲學預設進而透過理論的使用（亦即本書所稱的詮釋架構），而應用到研究之中。

28. postmodernism 後現代主義

質性研究者採用的一種詮釋觀點，涵蓋一系列擁有若干共通點的理論和觀點（Slife & Williams, 1995）。後現代主義者主張以反思和批判，來面對19世紀啓蒙和20世紀初葉強調技術、理性、普遍性、科學和實證論、科學方法（Bloland, 1995; Stringer, 1993）。後現代主義者聲稱，知識宣稱（knowledge claims）必須放置於當今世界的〔後現代〕情境或條件之內，並且要呈現多元觀點，包括：階級、種族、性別和其他族群。

29. postpositivism 後實證主義

質性研究者採用的一種詮釋觀點，主要特徵包括：化約論、邏輯、實徵、因果取向、決定論，並且立基於先驗存在的理論（a priori theories）。

30. pragmatism 實用主義

質性研究的一種詮釋透鏡，聚焦研究的結果。簡言之，研究採用哪些行動、在何種情境，產生最佳後果，而比較不是著眼於前在的條件（antecedent conditions）。重點是關切應用，亦即「什麼有用」（"what works"），以及問題的解決。因此，相對於傳統研究取向聚焦研究方法，實用主義典範的研究，重要面向則是在研究問題，以及相應提出的待答問題。

31. purpose statement 研究目的宣言

通常可見於質性研究的〈介紹〉或〈導言〉章節，研究者開宗明

義揭示研究的主要目標或主旨（intent），可視爲整個研究的「路線圖」。

32. purposeful sampling 立意取樣

主要採用於質性研究的取樣策略，研究者之所以選擇特定個人或場地作爲研究樣本，乃是基於考量選擇該等樣本有助於完成研究目的，亦即理解研究問題和核心現象。

33. qualitative research 質性研究

立基於獨特方法論取徑的探究過程，用來探索社會或人類問題。研究者建立複雜、全方位視野的圖像，分析文字或其他媒材的資料，詳細報導參與者的觀點，投入自然場域執行研究。

34. queer theory 酷兒理論

質性研究可能採取的一種詮釋透鏡，研究聚焦LGBT非異性戀社群認同，以及文化和歷史如何形塑該等認同，酷兒理論與性別、性慾論述有所連結和重疊（Watson, 2005）。

35. reciprocity 互惠

在質性研究，良好資料蒐集應該具備的一種特色。作者透過提供回饋，以報答參與者在研究的投入。回饋可能是金錢、禮物、或其他形式的報酬。這背後的道理是，研究者應該禮尚往來，回謝參與者對研究的付出和幫助，而不是從參與者取得資料之後，沒有提供任何回饋就揚長而去。

36. reflexivity 反身性

在質性研究書寫應該呈現的一種面向，書寫者有意識地覺察其自

身帶進質性研究的成見、價值和經驗等等。在書寫反身性時，研究者討論自身關於核心現象的經驗，以及該等經驗如何可能形塑研究提出的詮釋。有關反身性的書寫，可以安插在結案報告當中的許多位置，例如：介紹、方法、微型敘事、結尾處，或是嵌入穿插在全文各處。

37. represent the data 再現資料

資料分析過程的一個步驟，將資料分析的發現（編碼、主題）包裝成為文本或圖式、表格等形式。

38. research design 研究設計

本書使用「研究設計」這個詞來指稱，研究的整個過程，從一開始的研究問題概念化，一直到研究報告或敘事的書寫，而不只是限於資料蒐集、分析和報告撰寫等方面（Bogdan & Taylor, 1975）。

39. research focus 研究焦點

本書使用「研究焦點」這個詞來指稱，研究興趣所在的普遍領域，譬如：研究目標或主旨。此等研究興趣領域，基本上可以引導研究者縮小關注焦點，具體界定研究的需求，以及特定的研究問題。

40. research problem 研究問題

研究問題，通常呈現在質性研究的〈介紹〉或〈導論〉章節，寫在開頭的第一段，作者開宗明義提出議題或是關切的問題，從而導出該項研究的必要性。研究問題通常來自現實生活或是文獻的闕漏不足。

41. rhetorical 修辭

質性研究者使用質性取徑獨特的用語和敘事。敘事是個人化和文學性的（Creswell, 1994, 2009）。比方說，研究者可能使用第一人稱代名詞（例如：「我」），而不是強調不涉個人色彩的第三人稱語氣。

42. sample size 樣本規模

質性研究的樣本規模，原則上就是少數量的人物或場地，但必須針對該等樣本蒐集廣泛而深入的細節。

43. social constructivism 社會建構論

質性研究可能採用的一種詮釋架構，研究者尋求理解人們生活和工作所在的世界。社會建構論的研究者，探究發展當事人對於某些事物的主觀意義。意義多樣紛歧，促使研究者探尋觀點的複雜性，而不是致力於把意義化約為少數範疇或概念。研究目標因此是要盡可能仰賴參與者對於特定情境的觀點。很多時候，主觀意義乃是透過社會和文化多方勢力的斡旋爭奪而形成（亦即社會建構）。

44. social justice theories 社會正義理論

質性研究使用的一種權勢透鏡，強調倡權和參與的理論架構，主張透過研究帶來社會改革，或是倡議探討社會正義議題。

45. social science theories 社會科學理論

社會科學家用來解釋世界的理論（Slife & Williams, 1995）。立基於各種社會科學領域長年累積的實徵研究證據，包括：社會學、心理學、教育學、經濟學、都市研究、傳播溝通等等。透過相互連結的概念、變項和命題，社會科學理論可用來解釋、預測和提供關於世上

各種現象的類化（Kerlinger, 1979）。應用範圍可大（大理論）、可小（小規模的暫行假說）（Flinders & Mills, 1993）。

46. subquestions 次級待答問題

質性研究的一種待答問題，研究者將核心待答問題分割成爲若干部分，以便執行研究檢視回答。次級待答問題通常構成訪談博多稿和觀察博多稿的主要題目。

47. substantive contribution 實質貢獻

研究的實質貢獻是指，確實有助於理解社會現實生活，展現具有深刻實務基礎的社會科學觀點，並且顯得「眞實」。

48. themes 主題

在質性研究，主題（有時也稱為範疇）是含有廣泛資訊的單位，由若干編碼叢集而形成共通的意涵。

49. theories or theoretical orientations 理論或理論取向

可發見於文獻之中，並且用來解釋研究者希望從研究發現的事項，或是作爲理論透鏡，用來檢視參與者和社群的需求。

50. transformative framework 轉化型架構

質性研究可能採用的一種詮釋架構，此種詮釋架構主張知識不是中立的，而是反映社會存在的權力關係和社會關係。因此，知識建構目的是要協助人們改善社會（Mertens, 2003）。主要是協助邊緣化的群體，譬如：女同性戀、男同性戀、雙性戀、跨性別（合稱LGBT社群）、酷兒，以及需要希望、正向心理和反彈復甦力的社會（Mertens, 2009）。

51. triangulation 三角檢驗

質性研究者使用多元和不同的資料來源、方法、探究者和理論，以便佐證研究的眞確性。

52. verisimilitude栩栩如生

文學研究的一種衡量判準，文章寫來「眞實」、「生動」，讀者彷彿隨著文字直接走入研究的世界（Richardson, 1994）。

參考文獻

Aanstoos, C. M. (1985). The structure of thinking in chess. In A. Giorgi (Ed.), *Phenomenology and psychological research* (pp. 86–117). Pittsburgh, PA: Duquesne University Press.

Adams, J., Braun, V., & McCreanor, T. (2014). "Aren't labels for pickle jars, not people?" Negotiating identify and community in talk about "being gay." *American Journal of Men's Health, 8*(6), 457–469. doi: 0.1177/1557988313518800.

Adolph, S., Kruchten, P., & Hall, W. (2012). Reconciling perspectives: A grounded theory of how people manage the process of software development. *Journal of Systems and Software, 86*, 1269–1286. doi:10.1016/j.jss.2012.01.059

Agar, M. H. (1980). *The professional stranger: An informal introduction to ethnography.* San Diego, CA: Academic Press.

Agar, M. H. (1986). *Speaking of ethnography.* Beverly Hills, CA: Sage.

Agger, B. (1991). Critical theory, poststructuralism, postmodernism: Their sociological relevance. In W. R. Scott & J. Blake (Eds.), *Annual review of sociology* (Vol. 17, pp. 105–131). Palo Alto, CA: Annual Reviews.

American Psychological Association. (2010). *Publication manual of the American Psychological Association* (6th ed.). Washington, DC: Author.

Anderson, E. H., & Spencer, M. H. (2002). Cognitive representations of AIDS: A phenomenological study. *Qualitative Health Research, 12*, 1338–1352. doi:10.1177/1049732302238747

Anderson, R. A., Toles, M. P., Corazzini, K., McDaniel, R. R., & Colón-Emeric, C. (2014). Local interaction strategies and capacity for better care in nursing homes: a multiple case study. *BMC Health Services Research, 14*, 244–261 doi:10.1186/1472-6963-14-244

Angen, M. J. (2000). Evaluating interpretive inquiry: Reviewing the validity debate and opening the dialogue. *Qualitative Health Research, 10*, 378–395. doi:10.1177/104973230001000308

Angrosino, M. V. (1989). *Documents of interaction: Biography, autobiography, and life history in social science perspective.* Gainesville: University of Florida Press.

Angrosino, M. V. (1994). On the bus with Vonnie Lee. *Journal of Contemporary Ethnography, 23*, 14–28. doi: 10.1177/089124194023001002.

Angrosino, M. V. (2007). *Doing ethnographic and observational research.* Thousand Oaks, CA: Sage.

Armstrong, D., Gosling, A., Weinman, J., & Marteau, T. (1997). The place of inter-rater reliability in qualitative research: An empirical study. *Sociology, 31*, 597–606. doi:10.1177/0038038597031003015

Asgeirsdottir, G. H., Sigurbjörnsson, E., Traustaddottir, R., Sigurdartottir, V., Gunnardottir, S., & Kelly, E. (2013). "To cherish each day as it comes": A qualitative study of spirituality among persons receiving palliative care, *Support Cancer Care, 21*, 1445–1451. doi:10.1007/s00520-012-1690-6

Asmussen, K. J., & Creswell, J. W. (1995). Campus response to a student gunman. *Journal of Higher Education, 66*(5), 575–591. doi:10.2307/2943937

Atkinson, P., Coffey, A., & Delamont, S. (2003). *Key themes in qualitative research: Continuities and changes.* Walnut Creek, CA: AltaMira Press.

Atkinson, P., & Hammersley, M. (1994). Ethnography and participant observation. In N. K. Denzin & Y. S. Lincoln (Eds.), *Handbook of qualitative research* (pp. 248–261). Thousand Oaks, CA: Sage.

Atkinson, P. A. (2015). *For ethnography.* Thousand Oaks, CA: Sage.

Banks, M. (2014). Analysing images. In U. Flick (Ed.), *The SAGE handbook of qualitative data analysis* (pp. 394–408). Thousand Oaks, CA: Sage.

Barbour, R. S. (2000). The role of qualitative research in broadening the "evidence base" for clinical practice. *Journal of Evaluation in Clinical Practice*, 6(2), 155–163. doi:10.1046/j.1365-2753.2000.00213.x

Barnes, C., Oliver, M., & Barton, L. (Eds.). (2002). *Disabilities studies today*. Cambridge, England: Polity.

Barritt, L. S. (1986). Human sciences and the human image. *Phenomenology + Pedagogy*, 4(3), 14–22.

Bauer, W. M., & Gaskell, G. (Eds.). (2007). *Qualitative research with text, image and sound: A practical handbook*. Thousand Oaks, CA: Sage.

Baxter, P., & Jack, S. (2008). Qualitative case study methodology: Study design and implementation for novice researchers. *The Qualitative Report*, 13(2), 544–559.

Bazeley, P. (2002). The evolution of a project involving an integrated analysis of structured qualitative and quantitative data: From N3 to NVivo. *International Journal of Social Research Methodology*, 5, 229–243. doi:10.1080/13645570210146285

Bazeley, P. (2013). *Qualitative data analysis: Practical strategies*. Thousand Oaks, CA: Sage.

Bazeley, P., & Jackson, K. (2013). *Qualitative data analysis with NVivo* (2nd ed.) Thousand Oaks, CA: Sage.

Berger, R. (2015). Now I see it, now I don't: Researcher's position and reflexivity in qualitative research. *Qualitative Research*, 15(2), 219–234. doi:10.1177/1468794112468475.

Bernard, H. R. (2011). *Research methods in anthropology: Qualitative and quantitative approaches* (5th ed.). Walnut Creek, CA: AltaMira Press.

Bernard, H. R., & Ryan, G. W. (2009). *Analyzing qualitative data: Systemic approaches*. Thousand Oaks, CA: Sage.

Beverly, J. (2005). *Testimonio*, subalternity, and narrative authority. In N. K. Denzin & Y. S. Lincoln (Eds.), *The SAGE handbook of qualitative research* (3rd ed., pp. 547–558). Thousand Oaks, CA: Sage.

Birks, M., & Mills, J. (2015). *Grounded theory: A practical guide* (2nd ed.). Thousand Oaks, CA: Sage.

Bloland, H. G. (1995). Postmodernism and higher education. *Journal of Higher Education*, 66, 521–559. doi:10.2307/2943935

Bogdan, R. C., & Biklen, S. K. (1992). *Qualitative research for education: An introduction to theory and methods*. Boston, MA: Allyn & Bacon.

Bogdan, R., & Biklen, S. K. (2006). *Qualitative research for education: an introduction to theories and methods* (5th ed.). Boston, MA: Pearson.

Bogdan, R., & Taylor, S. (1975). *Introduction to qualitative research methods*. New York, NY: John Wiley.

Bogdewic, S. P. (1992). Participant observation. In B. F. Crabtree & W. L. Miller (Eds.), *Doing qualitative research* (pp. 45–69). Newbury Park, CA: Sage.

Bogdewic, S. P. (1999). Participant observation. In B. F. Crabtree & W. Miller (Eds.),

Doing qualitative research (2nd ed., pp. 47–70). Thousand Oaks, CA: Sage

Borgatta, E. F., & Borgatta, M. L. (Eds.). (1992). *Encyclopedia of sociology* (Vol. 4). New York, NY: Macmillan.

Braun, V., & Clarke, V. (2006). Using thematic analysis in psychology. *Qualitative Research in Psychology*, 3(2), 77–101.

Brickhouse, N., & Bodner, G. M. (1992). The beginning science teacher: Classroom narratives of convictions and constraints. *Journal of Research in Science Teaching*, 29, 471–485. doi:10.1002/tea.3660290504

Brimhall, A. C., & Engblom-Deglmann, M. L. (2011). Starting over: A tentative theory exploring the effects of past relationships on postbereavement remarried couples. *Family Process*, 50(1), 47–62. doi:10.1111/j.1545-5300.2010.01345.x

Brinkmann, S., & Kvale, S. (2015). *InterViews: Learning the craft of qualitative research interviewing* (3rd ed.). Thousand Oaks, CA: Sage.

Brisolara, S., Seigart, D., & SenGupta, S. (2014). *Feminist evaluation and research: Theory and practice*. New York, NY: Guilford Press.

Brown, J., Sorrell, J. H., McClaren, J., & Creswell, J. W. (2006). Waiting for a liver transplant. *Qualitative Health Research*, 16(1), 119–136. doi:10.1177/1049732305284011

Bryant, A., & Charmaz, K. (2007). Grounded theory in historical perspective: An epistemological account. In A. Bryant & K. Charmaz (Eds.), *The SAGE* handbook of grounded theory (pp. 31–57). Thousand Oaks, CA: Sage.

Burr, V. (2015). *Social constructionism* (3rd ed.). New York, NY: Routledge.

Campbell, J. L., Quincy, C., Osserman, J., & Pederson, O. K. (2013). Coding in-depth semistructured interviews: Problems of unitization and intercoder reliability and agreement. *Sociological Methods & Research, 42*, 294–320. doi:10.1177/0049124113500475

Carspecken, P. F., & Apple, M. (1992). Critical qualitative research: Theory, methodology, and practice. In M. L. LeCompte, W. L. Millroy, & J. Preissle (Eds.), *The handbook of qualitative research in education* (pp. 507–553). San Diego, CA: Academic Press.

Carter, K. (1993). The place of a story in the study of teaching and teacher education. *Educational Researcher, 22*, 5–12, 18. Retrieved from http://www.jstor .org/stable/1177300

Casey, K. (1995/1996). The new narrative research in education. *Review of Research in Education, 21*, 211–253. Retrieved from http://www.jstor.org/ stable/1167282

Chan, E. (2010). Living in the space between participant and researcher as a narrative inquirer: Examining ethnic identity of Chinese Canadian students as conflicting stories to live by. *The Journal of Educational Research, 103*, 113–122. doi:10.1080/00220670903323792

Charmaz, K. (2003). Grounded theory. In M. S. Lewisbeck, A. E. Bryman, & T. F. Liao (Eds.), *The SAGE encyclopedia of social science research methods*. Thousand Oaks, CA: Sage.

Charmaz, K. (2005). Grounded theory in the 21st century: Applications for advancing social justice studies. In N. K. Denzin & Y. S. Lincoln (Eds.), *The SAGE handbook of qualitative research* (3rd ed., pp. 507–536). Thousand Oaks, CA: Sage.

Charmaz, K. (2006). *Constructing grounded theory*. Thousand Oaks, CA: Sage.

Charmaz, K. (2014). *Constructing grounded theory* (2nd ed.). Thousand Oaks, CA: Sage.

Chase, S. (2005). Narrative inquiry: Multiple lenses, approaches, voices. In N. K. Denzin & Y. S. Lincoln (Eds.), *The SAGE handbook of qualitative research* (3rd ed., pp. 651–680). Thousand Oaks, CA: Sage.

Cheek, J. (2004). At the margins? Discourse analysis and qualitative research. *Qualitative Health Research, 14*, 1140–1150. doi:10.1177/1049732304266820.

Chepp, V. (2015). Black feminist theory and the politics of irreverence: The case of women's rap. *Feminist Theory, 16*(2), 207–226. doi:10.1177/1464700115585705

Chenitz, W. C., & Swanson, J. M. (1986). *From practice to grounded theory: Qualitative research in nursing*. Menlo Park, CA: Addison-Wesley.

Cherryholmes, C. H. (1992). Notes on pragmatism and scientific realism. *Educational Researcher, 14*, 13–17.

Chilisa, B. (2012). *Indigenous research methodologies*. Thousand Oaks, CA: Sage.

Chirgwin, S. K. (2015). Burdens too difficult to carry? A case study of three academically able Indigenous Australian Masters students who had to withdraw. *International Journal of Qualitative Studies in Education, 28*, 594–609. doi:10.1080/ 09518398.2014.916014

Churchill, S. L., Plano Clark, V. L., Prochaska-Cue, M. K., Creswell, J. W., & Onta-Grzebik, L. (2007). How rural low-income families have fun: A grounded theory study. *Journal of Leisure Research, 39*(2), 271–294.

Clandinin, D. J. (Ed.). (2007). *Handbook of narrative inquiry: Mapping a methodology*. Thousand Oaks, CA: Sage.

Clandinin, D. J. (2013). *Engaging in narrative inquiry*. Walnut Creek, CA: Left Coast Press.

Clandinin, D. J., & Caine, V. (2013). Narrative inquiry. In A. Trainor & E. Graue (Eds.), *Reviewing qualitative research in the social sciences* (pp. 188–202). New York, NY: Taylor and Francis/Routledge.

Clandinin, D. J., & Connelly, F. M. (2000). *Narrative inquiry: Experience and story in qualitative research*. San Francisco, CA: Jossey-Bass.

Clandinin, D. J., Huber, J., Huber, M., Murphy, M. S., Murray Orr, A., Pearce, M., & Steeves, P. (2006). *Composing diverse identities: Narrative inquiries into the interwoven lives of children and teachers*. New York, NY: Routledge.

Clarke, A. E. (2005). *Situational analysis: Grounded theory after the postmodern turn*. Thousand Oaks, CA: Sage.

Clarke, A. E., Friese, C., & Washburn, R. (Eds.). (2015). *Situational analysis practice: Mapping research with grounded theory.* London, England: Routledge.

Clifford, J., & Marcus, G. E. (Eds.). (1986). *Writing culture: The poetics and politics of ethnography.* Berkeley: University of California Press.

Colaizzi, P. F. (1978). Psychological research as the phenomenologist views it. In R. Vaile & M. King (Eds.), *Existential phenomenological alternatives for psychology* (pp. 48–71). New York, NY: Oxford University Press.

Connelly, F. M., & Clandinin, D. J. (1990). Stories of experience and narrative inquiry. *Educational Researcher, 19*(5), 2–14. doi:10.3102/0013189X019005002

Conrad, C. F. (1978). A grounded theory of academic change. *Sociology of Education, 51,* 101–112. doi:10.2307/2112242

Corbin, J., & Morse, J. M. (2003). The unstructured interactive interview: Issues of reciprocity and risks when dealing with sensitive topics. *Qualitative Inquiry, 9,* 335–354. doi:10.1177/1077800403009003001

Corbin, J., & Strauss, A. (1990). Grounded theory research: Procedures, canons, and evaluative criteria. *Qualitative Sociology, 13*(1), 3–21. doi:10.1007/BF00988593

Corbin, J., & Strauss, A. (2007). *Basics of qualitative research: Techniques and procedures for developing grounded theory* (3rd ed.). Thousand Oaks, CA: Sage.

Corbin, J., & Strauss, A. (2015). *Basics of qualitative research: Techniques and procedures for developing grounded theory* (4th ed.). Thousand Oaks, CA: Sage.

Cordes, M. (2014). *A transcendental phenomenological study of developmental math students' experiences and perceptions* (Unpublished doctoral dissertation). Liberty University, Lynchburg, Virginia.

Cortazzi, M. (1993). *Narrative analysis.* London, England: Falmer Press.

Crabtree, B. F., & Miller, W. L. (1992). *Doing qualitative research.* Newbury Park, CA: Sage.

Creswell, J. W. (1994). *Research design: Qualitative and quantitative approaches.* Thousand Oaks, CA: Sage.

Creswell, J. W. (2009). *Research design: Qualitative, quantitative, and mixed methods approaches* (3rd ed.). Thousand Oaks, CA: Sage.

Creswell, J. W. (2012). *Educational research: Planning, conducting, and evaluating quantitative and qualitative research* (4th ed.). Upper Saddle River, NJ: Pearson.

Creswell, J. W. (2013). *Qualitative inquiry & research design: Choosing among the five approaches* (3rd ed.). Thousand Oaks, CA: Sage.

Creswell, J. W. (2014). *Research design: Qualitative, quantitative, and mixed methods approaches* (4th ed.). Thousand Oaks, CA: Sage.

Creswell, J. W. (2016). *30 essential skills for the qualitative researcher.* Thousand Oaks, CA: Sage.

Creswell, J. W., & Brown, M. L. (1992). How chairpersons enhance faculty research: A grounded theory study. *Review of Higher Education, 16*(1), 41–62. Retrieved from https://www.press.jhu.edu/journals/review_of_higher_education

Creswell, J. W., & Maietta, R. C. (2002). Qualitative research. In D. C. Miller & N. J. Salkind (Eds.), *Handbook of Research Design and Social Measurement* (pp. 167–168). Thousand Oaks, CA: Sage.

Creswell, J. W., & Miller, D. L. (2000). Determining validity in qualitative inquiry. *Theory Into Practice, 39,* 124–130. doi:10.1207/s15430421tip3903_2

Creswell, J. W., & Plano Clark, V. L. (2011). *Designing and conducting mixed methods research* (2nd ed.). Thousand Oaks, CA: Sage.

Crotty, M. (1998). *The foundations of social research: Meaning and perspective in the research process.* Thousand Oaks, CA: Sage.

Czarniawska, B. (2004). *Narratives in social science research.* Thousand Oaks, CA: Sage.

Daiute, C. (2014). *Narrative inquiry: A dynamic approach.* Thousand Oaks, CA: Sage.

Daiute, C., & Lightfoot, C. (Eds.). (2004). *Narrative analysis: Studying the development of individuals in society.* Thousand Oaks, CA: Sage.

Davidson, F. (1996). *Principles of statistical data handling.* Thousand Oaks, CA: Sage.

Davidson, J., & di Gregorio, S. (2011). Qualitative research and technology: In the midst of a revolution. In N. K. Denzin & Y. S. Lincoln (Eds.), *The SAGE handbook of qualitative research* (4th ed., pp. 627–644). Thousand Oaks, CA: Sage.

Deem, R. (2002). Talking to manager-academics: Methodological dilemmas and feminist research strategies. *Sociology*, *36*(4), 835–855. doi:10.1177/003803850203600403.

Delgado, R., & Stefancic, J. (2012). *Critical race theory: An introduction*. New York: New York University Press.

Denzin, N. K. (1989). *Interpretive biography*. Newbury Park, CA: Sage.

Denzin, N. K. (2001). *Interpretive interactionism* (2nd ed.). Thousand Oaks, CA: Sage.

Denzin, N. K., & Lincoln, Y. S. (1994). *The SAGE handbook of qualitative research*. Thousand Oaks, CA: Sage.

Denzin, N. K., & Lincoln, Y. S. (2000). *The SAGE handbook of qualitative research* (2nd ed.). Thousand Oaks, CA: Sage.

Denzin, N. K., & Lincoln, Y. S. (2005). *The SAGE handbook of qualitative research* (3rd ed.). Thousand Oaks, CA: Sage.

Denzin, N. K., & Lincoln, Y. S. (2011). Introduction: The discipline and practice of qualitative research. *The SAGE handbook of qualitative research* (4th ed., pp. 1–19). Thousand Oaks, CA: Sage.

Denzin, N. K., & Lincoln, Y. S. (2013). *Strategies of qualitative inquiry*. Thousand Oaks, CA: Sage.

Dewey, J. (1938). *Experience and education*. New York, NY: Simon & Schuster.

Dey, I. (1993). *Qualitative data analysis: A user-friendly guide for social scientists*. London, England: Routledge.

Dey, I. (1995). Reducing fragmentation in qualitative research. In U. Keele (Ed.), *Computer-aided qualitative data analysis* (pp. 69–79). Thousand Oaks, CA: Sage.

Doyle, J., Pooley, J. A., & Breen, L. (2012). A phenomenological exploration of the childfree choice in a sample of Australian women. *Journal of Health Psychology*, *18*, 397–407. doi:10.1177/1359105312444647

Dukes, S. (1984). Phenomenological methodology in the human sciences. *Journal of Religion and Health*, *23*(3), 197–203. doi:10.1007/BF00990785

Edel, L. (1984). *Writing lives: Principia biographica*. New York, NY: Norton.

Edwards, L. V. (2006). Perceived social support and HIV/AIDS medication adherence among African American women. *Qualitative Health Research*, *16*, 679–691. doi:10.1177/1049732305281597

Eisner, E. W. (1991). *The enlightened eye: Qualitative inquiry and the enhancement of educational practice*. New York, NY: Macmillan.

Elliott, J. (2005). *Using narrative in social research: Qualitative and quantitative approaches*. London, England: Sage.

Ellis, C. (1993). "There are survivors": Telling a story of sudden death. *The Sociological Quarterly*, *34*, 711–730. doi:10.1111/j.1533-8525.1993.tb00114.x

Ellis, C. (2004). *The ethnographic it: A methodological novel about autoethnography*. Walnut Creek, CA: AltaMira Press.

Ely, M. (2007). In-forming re-presentations. In D. J. Clandinin (Ed.), *Handbook of narrative inquiry: Mapping a methodology* (pp. 567–598). Thousand Oaks, CA: Sage.

Ely, M., Anzul, M., Friedman, T., Garner, D., & Steinmetz, A. C. (1991). *Doing qualitative research: Circles within circles*. New York, NY: Falmer Press.

Emerson, R. M., Fretz, R. I., & Shaw, L. L. (2011). *Writing ethnographic fieldnotes* (2nd ed.). Chicago, IL: University of Chicago Press.

Erlandson, D. A., Harris, E. L., Skipper, B. L., & Allen, S. D. (1993). *Doing naturalistic inquiry: A guide to methods*. Newbury Park, CA: Sage.

Ezeh, P. J. (2003). Participant observation. *Qualitative Research*, *3*, 191–205. doi:10.1177/14687941030032003

Fabricius, A. H. (2014). The transnational and the individual: A life-history narrative in a Danish university context. *Journal of Education for Teaching: International Research and Pedagogy*, *40*, 284–299. doi:10.1080/02607476.2014.903027

Fay, B. (1987). *Critical social science*. Ithaca, NY: Cornell University Press.

Ferguson, M., & Wicke, J. (1994). *Feminism and postmodernism*. Durham, NC: Duke University Press.

Fetterman, D. M. (2010). *Ethnography: Step-by-step* (3rd ed.). Thousand Oaks, CA: Sage.

Fischer, C. T., & Wertz, F. J. (1979). An empirical phenomenology study of being criminally victimized. In A.

Giorgi, R. Knowles, & D. Smith (Eds.), *Duquesne studies in phenomenological psychology* (Vol. 3, pp. 135–158). Pittsburgh, PA: Duquesne University Press.

Flick, U. (Ed.). (2014). *The SAGE handbook of qualitative analysis.* Thousand Oaks, CA: Sage.

Flinders, D. J., & Mills, G. E. (1993). *Theory and concepts in qualitative research.* New York, NY: Teachers College Press.

Flyvbjerg, B. (2006). Five misunderstandings about case-study research. *Qualitative Inquiry, 12*(2), 219–245. doi:10.1177/1077800405284363

Foucault, M. (1972). *The archeology of knowledge and the discourse on language* (A. M. Sheridan Smith, Trans.). New York, NY: Harper.

Fox-Keller, E. (1985). *Reflections on gender and science.* New Haven, CT: Yale University Press.

Frelin, A. (2015). Relational underpinnings and professionality—A case study of a teacher's practices involving students with experiences of school failure. *School Psychology International, 36*, 589–604. doi:10.1177/0143034315607412

Friese, S. (2014). *Qualitative data analysis with ATLAS.ti* (2nd ed.). Thousand Oaks, CA: Sage.

Gamson, J. (2000). Sexualities, queer theory and qualitative research. In N. K. Denzin & Y. S. Lincoln (Eds.), *The SAGE handbook of qualitative research* (2nd ed., pp. 347–365). Thousand Oaks, CA: Sage.

Garcia, A. C., Standlee, A. I., Bechkoff, J., & Cui, Y. (2009). Ethnographic approaches to the Internet and computer-mediated communication. *Journal of Contemporary Ethnography, 38*(1), 52–84. doi:10.1177/0891241607310839

Gee, J. P. (1991). A linguistic approach to narrative. *Journal of Narrative and Life History/Narrative Inquiry, 1*, 15–39. Retrieved from http://www2.clarku.edu/~mbamberg/Pages_Journals/journal-narrative.html

Geiger, S. N. G. (1986). Women's life histories: Method and content. *Signs: Journal of Women in Culture and Society, 11*, 334–351. Retrieved from http://www.jstor.org/stable/3174056

Gergen, K. (1994). *Realities and relationships: Soundings in social construction.* Cambridge, MA: Harvard University Press.

Gibbs, G. R. (2014). Using software in qualitative analysis. In U. Flick (Ed.), *The SAGE handbook of qualitative analysis* (pp. 277–294). Thousand Oaks, CA: Sage.

Gilbert, L. S., Jackson, K., & di Gregorio, S. (2014). Tools for analyzing qualitative data: The history and relevance of qualitative data analysis software. In J. M. Spector, M. D. Merrill, J. Elen, & M. J. Bishop (Eds.), *Handbook of research on educational communications and technology* (4th ed., pp. 221–236). New York, NY: Springer Science+Business Media

Gilchrist, V. J. (1992). Key informant interviews. In B. F. Crabtree & W. L. Miller (Eds.), *Doing qualitative research* (pp. 70–89). Newbury Park, CA: Sage.

Gilgun, J. F. (2005). "Grab" and good science: Writing up the results of qualitative research. *Qualitative Health Research, 15*, 256–262. doi:10.1177/1049732304268796

Giorgi, A. (Ed.). (1985). *Phenomenology and psychological research.* Pittsburgh, PA: Duquesne University Press.

Giorgi, A. (1994). A phenomenological perspective on certain qualitative research methods. *Journal of Phenomenological Psychology, 25*, 190–220. doi:10.1163/156916294X00034.

Giorgi, A. (2009). *The descriptive phenomenological method in psychology: A modified Husserlian approach.* Pittsburgh, PA: Duquesne University Press.

Given, L. (Ed.). (2008). *The SAGE encyclopedia of qualitative research methods.* Thousand Oaks, CA: Sage

Glaser, B., & Strauss, A. (1965). *Awareness of dying.* Chicago, IL: Aldine.

Glaser, B., & Strauss, A. (1967). *The discovery of grounded theory.* Chicago, IL: Aldine.

Glaser, B., & Strauss, A. (1968). *Time for dying.* Chicago, IL: Aldine.

Glaser, B. G. (1978). *Theoretical sensitivity.* Mill Valley, CA: Sociology Press.

Glaser, B. G. (1992). *Basics of grounded theory analysis.* Mill Valley, CA: Sociology Press.

Glesne, C. (2016). *Becoming qualitative researchers: An introduction* (5th ed.). Boston, MA: Pearson.

Glesne, C., & Peshkin, A. (1992). *Becoming qualitative researchers: An introduction.* White Plains, NY: Longman

Goffman, A. (2014). *On the run: Fugitive life in an American city (fieldwork encounters and discoveries)*. Chicago IL: Chicago University Press.

Goffman. E. (1989). On fieldwork. *Journal of Contemporary Ethnography, 18*, 123–132.

Grbich, C. (2013). *Qualitative data analysis: An introduction* (2nd ed.). Thousand Oaks, CA: Sage.

Grigsby, K. A., & Megel, M. E. (1995). Caring experiences of nurse educators. *Journal of Nursing Research, 34*, 411–418. doi:10.1177/089124189018002001

Guba, E. G. (1990). The alternative paradigm dialog. In E. G. Guba (Ed.), *The paradigm dialog* (pp. 17–30). Newbury Park, CA: Sage.

Guba, E. G., & Lincoln, Y. S. (1988). Do inquiry paradigms imply inquiry methodologies? In D. M. Fetterman (Ed.), *Qualitative approaches to evaluation in education* (pp. 89–115). New York, NY: Praeger.

Guba, E. G., & Lincoln, Y. S. (1989). *Fourth generation evaluation*. Newbury Park, CA: Sage.

Guell, C., & Ogilvie, D. (2015). Picturing commuting: Photovoice and seeking well-being in everyday travel, *Qualitative Research, 15*, 201–218. doi:10.1177/1468794112468472.

Guest, G., Namey, E. E., & Mitchell, M. L. (2013). *Collecting qualitative data: A field manual for applied research*. Thousand Oaks, CA: Sage.

Hacker, K. (2013). *Community-based participatory research*. Thousand Oaks, CA: Sage.

Haenfler, R. (2004). Rethinking subcultural resistance: Core values of the straight edge movement. *Journal of Contemporary Ethnography, 33*, 406–436. doi:10.1177/0891241603259809

Halfpenny, P., & Procter, R. (2015). *Innovations in digital research methods*. Thousand Oaks, CA: Sage.

Hamel, J., Dufour, S., & Fortin, D. (1993). *Case study methods*. Newbury Park, CA: Sage.

Hammersley, M., & Atkinson, P. (1995). *Ethnography: Principles in practice* (2nd ed.). New York, NY: Routledge.

Hammersley, M., & Atkinson, P. (2007). *Ethnography: Principles in practice* (3rd ed.). New York, NY: Routledge.

Harding, P. (2009). *Tinkers*. New York, NY: Bellevue Literary Press.

Harley, A. E., Buckworth, J., Katz, M. L., Willis, S. K., Odoms-Young, A., & Heaney, C. A. (2009). Developing long-term physical activity participation: A grounded theory study with African American women. *Health Education & Behavior, 36*(1), 97–112. doi:10.1177/1090198107306434

Harper, W. (1981). The experience of leisure. *Leisure Sciences, 4*, 113–126. doi:10.1080/01490408109512955

Harris, C. (1993). Whiteness as property. *Harvard Law Review, 106*, 1701–1791. doi:10.2307/1341787

Harris, M. (1968). *The rise of anthropological theory: A history of theories of culture*. New York, NY: T. Y. Crowell.

Hatch, J. A. (2002). *Doing qualitative research in education settings*. Albany: State University of New York Press.

Hays, D. G., & Singh, A. A. (2012). *Qualitative inquiry in clinical and educational settings*. New York, NY: Guilford Press.

Healey, G. K. (2014). Inuit family understandings of sexual health and relationships in Nunavut. *Canadian Journal of Public Health, 105*(2), e133–e137. doi:10.17269/cjph.105.4189

Heilbrun, C. G. (1988). *Writing a woman's life*. New York, NY: Ballantine.

Henderson, K. A. (2011). Post-positivism and the pragmatics of leisure research. *Leisure Sciences, 33*(4), 341–346. doi:10.1080/01490400.2011.583166

Heron, J., & Reason, P. (1997). A participatory inquiry paradigm. *Qualitative Inquiry, 3*, 274–294. doi:10.1177/107780049700300302

Hesse-Biber, S. N. (2012). *Handbook of feminist research: Theory and praxis* (2nd ed.). Thousand Oaks, CA: Sage

Hesse-Biber, S. N., & Leavy, P. (2010). The practice of qualitative research (2nd ed.). Thousand Oaks, CA: Sage.

Holloway, I., & Brown, L. (2012). *Essentials of a qualitative doctorate*. Walnut Creek, CA: Left Coast Press.

Howe, K., & Eisenhardt, M. (1990). Standards for qualitative (and quantitative) research: A prolegomenon. *Educational Researcher, 19*(4), 2–9. doi:10.3102/0013189X019004002

Hruschka, D., Schwartz, D., Cobb St. John, D., Picone-Decaro, E., Jenkins, R., & Carey, J. (2004). Reliability in coding open-ended data: Lessons learned from HIV behavioral research.

Field Methods, 16, 307–331. doi:10.1177/1525822X04266540

Huber, J., & Whelan, K. (1999). A marginal story as a place of possibility: Negotiating self on the professional knowledge landscape. *Teaching and Teacher Education, 15*, 381–396. doi:10.1016/S0742-051X(98)00048-1

Huberman, A. M., & Miles, M. B. (1994). Data management and analysis methods. In N. K. Denzin & Y. S. Lincoln (Eds.), *Handbook of qualitative research* (pp. 428–444). Thousand Oaks, CA: Sage.

Huff, A. S. (2009). *Designing research for publication.* Thousand Oaks, CA: Sage.

Husserl, E. (1970). *The crisis of European sciences and transcendental phenomenology* (D. Carr, Trans.). Evanston, IL: Northwestern University Press.

Israel, M., & Hay, I. (2006). *Research ethics for social scientists.* Thousand Oaks, CA: Sage.

Jachyra, P., Atkinson, M., & Washiya, Y. (2015). "Who are you, and what are you doing here": Methodological considerations in ethnographic health and education research. *Ethnography and Education, 10*(2), 242–261. doi:10.1080/17457823.2015.1018290

Jacob, E. (1987). Qualitative research traditions: A review. *Review of Educational Research, 57*, 1 –50. doi:10.3102/00346543057001001.

James, N., & Busher, H. (2009). *Online interviewing.* Thousand Oaks, CA: Sage.

Janesick, V. J. (2011). *"Stretching" exercises for qualitative researchers* (3rd ed.). Thousand Oaks, CA: Sage.

Janesick, V. J. (2013). Oral history, life history, and biography. In A. A. Trainor & E. Graue (Eds.), *Reviewing qualitative research in the social sciences* (pp. 151–165). New York, NY: Routledge.

Job, J., Poth, C., Pei, J., Carter-Pasula, B., Brandell, D., & MacNab, J. (2013). Toward better collaboration in the education of students with fetal alcohol spectrum disorders: Voices of teachers, administrators, caregivers, and allied professionals. *Qualitative Research in Education, 2*, 38–64. doi:10.4471/qre.2013.15

Jorgensen, D. L. (1989). *Participant observation: A methodology for human studies.* Newbury Park, CA: Sage.

Josselson, R., & Lieblich, A. (Eds.). (1993). *The narrative study of lives* (Vol. 1). Newbury Park, CA: Sage.

Jungnickel, K. (2014). Getting there . . . and back: How ethnographic commuting (by bicycle) shaped a study of Australian backyard technologists. *Qualitative Research, 14*(6), 640–655. doi:10.1177/1468794113481792

Kelle, E. (Ed.). (1995). *Computer-aided qualitative data analysis.* Thousand Oaks, CA: Sage.

Kemmis, S., & Wilkinson, M. (1998). Participatory action research and the study of practice. In B. Atweh, S. Kemmis, & P. Weeks (Eds.), *Action research in practice: Partnerships for social justice in education* (pp. 21–36). New York, NY: Routledge.

Kenny, M., & Fourie, R. (2014). Tracing the history of grounded theory methodology: From formation to fragmentation. *The Qualitative Report, 19*, 1–9. Retrieved from http://www.nova.edu/ssss/QR/QR19/kenny103.pdf

Kerlinger, F. N. (1979). *Behavioral research: A conceptual approach.* New York, NY: Holt, Rinehart & Winston.

Kidder, L. (1982). Face validity from multiple perspectives. In D. Brinberg & L. Kidder (Eds.), *New directions for methodology of social and behavioral science: Forms of validity in research* (pp. 41–57). San Francisco, CA: Jossey-Bass.

Kincheloe, J. L. (1991). *Teachers as researchers: Qualitative inquiry as a path of empowerment.* London, England: Falmer Press.

Knoblauch, H., Tuma, R., & Schnettler, B. (2014). Video analysis and videography. In U. Flick (Ed.), *The SAGE handbook of qualitative data analysis* (pp. 435–449). Thousand Oaks, CA: Sage.

Komives, S. R., Owen, J. E., Longerbeam, S. D., Mainella, F. C., & Osteen, L. (2005). Developing a leadership identity: A grounded theory. *Journal of College Student Development, 46*(6), 593–611. doi:10.1353/csd.2005.0061

Kroll, T., Barbour, R., & Harris, J. (2007). Using focus groups in disability research, *Qualitative Health Research, 17*, 690–698. doi:10.1177/1049732307301488

Krueger, R. A., & Casey, M. A. (2014). *Focus groups: A practical guide for applied research* (5th ed.). Thousand Oaks, CA: Sage.

Kuckartz, U. (2014). *Qualitative text analysis: A guide to methods, practice and using software.* Thousand Oaks, CA: Sage.

Kus, R. J. (1986). From grounded theory to clinical practice: Cases from gay studies research. In W. C. Chenitz & J. M. Swanson (Eds.), *From practice to grounded theory* (pp. 227–240). Menlo Park, CA: Addison-Wesley.

Labaree, R. V. (2002). The risk of "going observationalist": Negotiating the hidden dilemmas of being an insider participant observer. *Qualitative Research, 2,* 97–122. doi:10.1177/ 1468794102002001641

Ladson-Billings, G., & Donnor, J. (2005). The moral activist role in critical race theory scholarship. In N. K. Denzin & Y. S. Lincoln (Eds.), *The SAGE handbook of qualitative research* (3rd ed., pp. 279–201). Thousand Oaks, CA: Sage.

LaFrance, J., & Crazy Bull, C. (2009). Researching ourselves back to life: Taking control of the research agenda in Indian Country. In D. M. Mertens & P. E. Ginsburg (Eds.), *The handbook of social research ethics* (pp. 135–149). Thousand Oaks, CA: Sage.

Lambert, P. S. (2015). Advances in data management for social survey research. In P. Halfpenny & R. Proctor (Eds.), *Innovations in digital research methods* (pp. 123–142). Thousand Oaks, CA: Sage.

Lancy, D. F. (1993). *Qualitative research in education: An introduction to the major traditions.* New York, NY: Longman.

Lather, P. (1991). *Getting smart: Feminist research and pedagogy with/in the postmodern.* New York, NY: Routledge.

Lather, P. (1993). Fertile obsession: Validity after poststructuralism. *Sociological Quarterly, 34,* 673–693. doi:10.1111/j.1533-8525.1993. tb00112.x

Lauterbach, S. S. (1993). In another world: A phenomenological perspective and discovery of meaning in mothers' experience with death of a wished-for baby: Doing phenomenology. In P. L. Munhall & C. O. Boyd (Eds.), *Nursing research: A qualitative perspective* (pp. 133–179). New York, NY: National League for Nursing Press.

LeCompte, M. D., & Goetz, J. P. (1982). Problems of reliability and validity in ethnographic research. *Review of Educational Research, 51,* 31–60. doi:10.3102/00346543052001031

LeCompte, M. D., Millroy, W. L., & Preissle, J. (1992). *The handbook of qualitative research in education.* San Diego, CA: Academic Press.

LeCompte, M. D., & Schensul, J. J. (1999). *Designing and conducting ethnographic research* (Ethnographer's toolkit, Vol. 1). Walnut Creek, CA: AltaMira Press.

Leipert, B. D., & Reutter, L. (2005). Developing resilience: How women maintain their health in northern geographically isolated settings. *Qualitative Health Research, 15,* 49–65. doi:10.1177/1049732304269671

Lemay, C. A., Cashman, S. B., Elfenbein, D. S., & Felice, M. E. (2010). A qualitative study of the meaning of fatherhood among young urban fathers. *Public Health Nursing, 27*(3), 221–231. doi:10.1111/j.1525-1446.2010.00847.x

Lempert, L. B. (2007). Asking questions of the data: Memo writing in the grounded theory tradition. In A. Bryant & K. Charmaz (Eds.), *The SAGE handbook of grounded theory* (pp. 245–264). Thousand Oaks, CA: Sage.

LeVasseur, J. J. (2003). The problem of bracketing in phenomenology. *Qualitative Health Research, 13*(3), 408–420. doi:10.1177/1049732302250337

Lieberson, S. (2000). Small N's and big conclusions: An examination of the reasoning in comparative studies based on a small number of cases. In R. Gomm, M. Hammersley, & P. Foster (Eds.), *Case study method* (pp. 208–222). Thousand Oaks, CA: Sage.

Lieblich, A., Tuval-Mashiach, R., & Zilber, T. (1998). *Narrative research: Reading, analysis, and interpretation.* Thousand Oaks, CA: Sage.

Lincoln, Y. S. (1995). Emerging criteria for quality in qualitative and interpretive research. *Qualitative Inquiry, 1,* 275–289. doi:10.1177/ 107780049500100301

Lincoln, Y. S. (2009). Ethical practices in qualitative research. In D. M. Mertens & P. E. Ginsberg (Ed.), *The handbook of social research ethics* (pp. 150–169). Thousand Oaks, CA: Sage.

Lincoln, Y. S., & Guba, E. G. (1985). *Naturalistic inquiry.* Beverly Hills, CA: Sage.

Lincoln, Y. S., & Guba, E. G. (2000). Paradigmatic controversies, contradictions, and emerging confluences. In N. K. Denzin & Y. S. Lincoln (Eds.), *The SAGE handbook of qualitative research* (2nd ed., pp. 163–188). Thousand Oaks, CA: Sage.

Lincoln, Y. S., Lynham, S. A., & Guba, E. G. (2011). Paradigmatic controversies, contradictions, and emerging confluences. In N. K. Denzin & Y. S. Lincoln (Eds.), *The SAGE handbook of qualitative research* (4th ed., pp. 97–128). Thousand Oaks, CA: Sage.

Lofland, J. (1974). Styles of reporting qualitative field research. *American Sociologist, 9*, 101–111. Retrieved from http://www.jstor.org/stable/27702128

Lofland, J., & Lofland, L. H. (1995). *Analyzing social settings: A guide to qualitative observation and analysis* (3rd ed.). Belmont, CA: Wadsworth.

Lomask, M. (1986). *The biographer's craft.* New York, NY: Harper & Row.

Lovern, L. L. & Locust, C. (2013). *Native American communities on health and disability: Borderland dialogues.* New York, NY: Palgrave Macmillan.

Luck, L., Jackson, D., & Usher, K. (2006). Case study: A bridge across the paradigms. *Nursing Inquiry, 13*, 103–109. doi:10.1111/j.1440-1800.2006.00309.x

Mac an Ghaill, M., & Haywood, C. (2015). British-born Pakistani and Bangladeshi young men: Exploring unstable concepts of Muslim, Islamophobia and racialization. *Critical Sociology, 41*, 97–114. doi:10.1177/0896920513518947

MacKenzie, C. A., Christensen, J., & Turner, S. (2015). Advocating beyond the academy: Dilemmas of communicating relevant research results. *Qualitative Research, 15*, 105–121. doi:10.1177/1049732304268796

Madison, D. S. (2005). *Critical ethnography: Methods, ethics, and performance.* Thousand Oaks, CA: Sage.

Madison, D. S. (2011). *Critical ethnography: Methods, ethics, and performance* (2nd ed.). Thousand Oaks, CA: Sage.

Maeder, C. (2014). Analysing sounds. In U. Flick (Ed.), *The SAGE handbook of qualitative data analysis* (pp. 424–434). Thousand Oaks, CA: Sage.

Marion, J. S., & Crowder, J. W. (2013). *Visual research: A concise introduction to thinking visually.* London, England: Bloomsbury.

Markham, A. N., & Baym, N. K. (2009). *Internet inquiry.* Thousand Oaks, CA: Sage

Marotzki, W., Holze, J., & Vertständig, D. (2014). Analysing virtual data. In U. Flick (Ed.), *The SAGE handbook of qualitative data analysis* (pp. 450–464). Thousand Oaks, CA: Sage.

Marshall, C., & Rossman, G. B. (2015). *Designing qualitative research* (6th ed.). Thousand Oaks, CA: Sage.

Martin, J. (1990). Deconstructing organizational taboos: The suppression of gender conflict in organizations. *Organization Science, 1*, 339–359. Retrieved from http://dx.doi.org/10.1287/orsc.1.4.339

Maxwell, J. A. (2012). *A realist approach for qualitative research.* Thousand Oaks, CA: Sage.

Maxwell, J. A. (2013). *Qualitative research design: An interactive approach* (3rd ed.). Thousand Oaks, CA: Sage.

May, K. A. (1986). Writing and evaluating the grounded theory research report. In W. C. Chenitz & J. M. Swanson (Eds.), *From practice to grounded theory* (pp. 146–154). Menlo Park, CA: Addison-Wesley.

McCracken, G. (1988). *The long interview.* Newbury Park, CA: Sage.

McVea, K., Harter, L., McEntarffer, R., & Creswell, J. W. (1999). Phenomenological study of student experiences with tobacco use at City High School. *High School Journal, 82*(4), 209–222.

Merleau-Ponty, M. (1962). *Phenomenology of perception* (C. Smith, Trans.). London, England: Routledge & Kegan Paul.

Merriam, S. (1988). *Case study research in education: A qualitative approach.* San Francisco, CA: Jossey-Bass.

Merriam, S. B. (1998). *Qualitative research and case study applications in education.* San Francisco, CA: Jossey-Bass.

Merriam, S. B., & Tisdell, E. J. (2015). *Qualitative research: A guide to design and implementation* (4th ed.). San Francisco, CA: Jossey-Bass.

Mertens, D. M. (2003). Mixed methods and the politics of human research: The transformative-emancipatory perspective. In A. Tashakkori & C. Teddlie (Eds.), *Handbook of mixed methods in social & behavioral research* (pp. 135–164). Thousand Oaks, CA: Sage.

Mertens, D. M. (2009). *Transformative research and evaluation.* New York, NY: Guilford Press.

Mertens, D. M. (2015). *Research and evaluation in education and psychology: Integrating diversity with quantitative, qualitative, and mixed methods* (4th ed.). Thousand Oaks, CA: Sage.

Mertens, D. M., Cram, F., & Chilisa, B. (Eds.) (2013). *Indigenous pathways into social research.* Walnut Creek, CA: Left Coast Press.

Mertens, D. M., & Ginsberg, P. E. (2009). *The handbook of social research ethics.* Thousand Oaks, CA: Sage.

Mertens, D. M., Sullivan, M., & Stace, H. (2011). Disability communities: Transformative research and social justice. In N. K. Denzin & Y. S. Lincoln (Eds.), *The SAGE handbook of qualitative research* (4th ed., pp. 227–242). Thousand Oaks, CA: Sage.

Mikos, L. (2014). Analysis of film. In U. Flick (Ed.), *The SAGE handbook of qualitative data analysis* (pp. 409–423). Thousand Oaks, CA: Sage.

Miles, M. B., & Huberman, A. M. (1994). *Qualitative data analysis: A sourcebook of new methods* (2nd ed.). Thousand Oaks, CA: Sage.

Miles, M. B., Huberman, A. M., & Saldaña, J. (2014). *Qualitative data analysis: A sourcebook of new methods* (3rd ed.). Thousand Oaks, CA: Sage.

Miller, D. W., Creswell, J. W., & Olander, L. S. (1998). Writing and retelling multiple ethnographic tales of a soup kitchen for the homeless. *Qualitative Inquiry, 4*(4), 469–491. doi:10.1177/107780049800400404

Miller, W. L., & Crabtree, B. F. (1992). Primary care research: A multimethod typology and qualitative road map. In B. F. Crabtree & W. L. Miller (Eds.), *Doing qualitative research* (pp. 3–28). Newbury Park, CA: Sage.

Millhauser, S. (2008). *Dangerous laughter.* New York, NY: Knopf.

Mills, A. J., Durepos, G., & Wiebe, E. (Eds.). (2010). *Encyclopedia of case study research.* Thousand Oaks, CA: Sage.

Mitchell, C. (2011). *Doing visual research.* Thousand Oaks, CA: Sage.

Morgan, D. L. (1997). *Focus groups as qualitative research* (2nd ed). Thousand Oaks, CA: Sage.

Morrow, R. A., & Brown, D. D. (1994). *Critical theory and methodology.* Thousand Oaks, CA: Sage.

Morrow, S. L., & Smith, M. L. (1995). Constructions of survival and coping by women who have survived childhood sexual abuse. *Journal of Counseling Psychology, 42,* 24–33. doi:10.1037/0022-0167.42.1.24

Morse, J. M. (1994). Designing funded qualitative research. In N. K. Denzin & Y. S. Lincoln (Eds.), *Handbook of qualitative research* (pp. 220–235). Thousand Oaks, CA: Sage.

Morse, J. M., & Field, P. A. (1995). *Qualitative research methods for health professionals* (2nd ed.). Thousand Oaks, CA: Sage.

Morse, J. M., & Richards, L. (2002). *README FIRST for a user's guide to qualitative methods.* Thousand Oaks, CA: Sage.

Moss, P. (2007). Emergent methods in feminist research. In S. N. Hesse-Biber (Ed.), *Handbook of feminist research methods* (pp. 371–389). Thousand Oaks, CA: Sage.

Moustakas, C. (1994). *Phenomenological research*

methods. Thousand Oaks, CA: Sage.

Muncey, T. (2010). *Creating autoethnographies.* Thousand Oaks, CA: Sage.

Munhall, P. L., & Oiler, C. J. (Eds.). (1986). *Nursing research: A qualitative perspective.* Norwalk, CT: Appleton-Century-Crofts.

Murphy, J. P. (with Rorty, R.). (1990). *Pragmatism: From Peirce to Davidson.* Boulder, CO: Westview Press.

Natanson, M. (Ed.). (1973). *Phenomenology and the social sciences.* Evanston, IL: Northwestern University Press.

Nelson, L. W. (1990). Code-switching in the oral life narratives of African-American women: Challenges to linguistic hegemony. *Journal of Education, 172,* 142–155. Retrieved from http://www.jstor.org/stable/42742191

Neuman, W. L. (2000). *Social research methods: Qualitative and quantitative approaches* (4th ed.). Boston, MA: Allyn & Bacon.

Nicholas, D. B., Lach, L., King, G., Scott, M., Boydell, K., Sawatzky, B., . . . Young, N. L. (2010). Contrasting internet and face-to-face focus groups for children with chronic health conditions: Outcomes and participant experiences. *International Journal of Qualitative Methods, 9*(1), 105–121. doi:10.1177/160940691000900102.

Nieswiadomy, R. M. (1993). *Foundations of nursing research* (2nd ed.). Norwalk, CT: Appleton & Lange.

Nunkoosing, K. (2005). The problems with

interviews. *Qualitative Health Research, 15*, 698–706. doi:10.1177/1049732304273903

Oiler, C. J. (1986). Phenomenology: The method. In P. L. Munhall & C. J. Oiler (Eds.), *Nursing research: A qualitative perspective* (pp. 69–82). Norwalk, CT: Appleton-Century-Crofts.

Olesen, V. (2011). Feminist qualitative research in the Millennium's first decade: Developments, challenges, prospects. In N. K. Denzin & Y. S. Lincoln (Eds.), *The SAGE handbook of qualitative research* (4th ed., pp. 129–146). Thousand Oaks, CA: Sage.

Ollerenshaw, J. A., & Creswell, J. W. (2002). Narrative research: A comparison of two restorying data analysis approaches. *Qualitative Inquiry, 8*, 329–347. doi:10.1177/10778004008003008

Orkin, A., & Newbery, S. (2014). Penny Armitage: "I'm the 85th baby born in Marathon," *Canadian Family Physician, 60*, e49–e52. Retrieved from www.cfp.ca/content/60/1/58.full

Padilla, R. (2003). Clara: A phenomenology of disability. *The American Journal of Occupational Therapy, 57*(4), 413–423. doi:10.5014/ajot.57.4.413

Parker, L., & Lynn, M. (2002). What race got to do with it? Critical race theory's conflicts with and connections to qualitative research methodology and epistemology. *Qualitative Inquiry, 8*(1), 7–22. doi:10.1177/107780040200800102

Patton, M. Q. (1980). *Qualitative evaluation methods.* Beverly Hills, CA: Sage.

Patton, M. Q. (1990). *Qualitative evaluation and research methods.* Newbury Park, CA: Sage.

Patton, M. Q. (2011). *Essential of utilization-focused evaluation.* Thousand Oaks, CA: Sage.

Patton, M. Q. (2015). *Qualitative evaluation and research methods* (4th ed.). Thousand Oaks, CA: Sage.

Pelias, R. J., (2011). Writing into position: Strategies for composition and evaluation. In N. K. Denzin & Y. S. Lincoln (Eds.), *The SAGE handbook of qualitative research* (4th ed., pp. 659–668). Thousand Oaks, CA: Sage.

Pereira, H. (2012). Rigour in phenomenological research: Reflections of a novice nurse researcher. *Nurse Researcher, 19*(3), 16–19.

Personal Narratives Group. (1989). *Interpreting women's lives.* Bloomington: Indiana University Press.

Phillips, D. C., & Burbules, N. C. (2000). *Postpositivism and educational research.* Lanham, MD: Rowman & Littlefield.

Pink, S. (2001). *Doing visual ethnography.* Thousand Oaks, CA: Sage.

Pinnegar, S., & Daynes, J. G. (2007). Locating narrative inquiry historically: Thematics in the turn to narrative. In D. J. Clandinin (Ed.), *Handbook of narrative inquiry: Mapping a methodology* (pp. 3–34). Thousand Oaks, CA: Sage.

Plummer, K. (1983). *Documents of life: An introduction to the problems and literature of a humanistic method.* London, England: George Allen & Unwin.

Plummer, K. (2011a). Critical humanism and queer theory: Living with the tensions. In N. K. Denzin & Y. S. Lincoln (Eds.), *The SAGE handbook of qualitative research* (4th ed., pp. 195–207). Thousand Oaks, CA: Sage.

Plummer, K. (2011b). Postscript 2011 to living with the contradictions: Moving on: Generations, cultures and methodological cosmopolitanism. In N. K. Denzin & Y. S. Lincoln (Eds.), *The SAGE handbook of qualitative research* (4th ed., pp. 208–211). Thousand Oaks, CA: Sage.

Polkinghorne, D. E. (1989). Phenomenological research methods. In R. S. Valle & S. Halling (Eds.), *Existential-phenomenological perspectives in psychology* (pp. 41–60). New York, NY: Plenum Press.

Polkinghorne, D. E. (1995). Narrative configuration in qualitative analysis. *Qualitative Studies in Education, 8*, 5–23. doi:10.1080/0951839950080103

Poth, C. (2008). *Promoting evaluation use within dynamic organizations: A case study examining evaluator behavior* (Unpublished dissertation). Queen's University, Kingston, Ontario.

Prior, L. (2003). *Using documents in social research.* Thousand Oaks, CA: Sage.

Ravitch, S. M., & Mittenfelner Carl, C. N. (2016). *Qualitative research: Bridging the conceptual, theoretical, and methodological.* Thousand Oaks, CA: Sage.

Ravitch, S. M., & Riggan, M. (2012). *Reason & rigor: How conceptual frameworks guide research.* Thousand Oaks, CA: Sage.

Reinharz, S. (1992). *Feminist methods in social research.* New York, NY: Oxford University Press.

Rhoads, R. A. (1995). Whales tales, dog piles, and beer goggles: An ethnographic case study of fraternity life. *Anthropology and Education Quarterly, 26,* 306–323. Retrieved from http://www.jstor.org/stable/3195675

Richards, L. (2015). *Handling qualitative data: A practical guide* (3rd ed.). Thousand Oaks, CA: Sage.

Richards, L., & Morse, J. M. (2012). *README FIRST for a users guide to qualitative methods* (3rd ed.). Thousand Oaks, CA: Sage.

Richardson, L. (1990). *Writing strategies: Reaching diverse audiences.* Newbury Park, CA: Sage.

Richardson, L. (1994). Writing: A method of inquiry. In N. K. Denzin & Y. S. Lincoln (Eds.), *Handbook of qualitative research* (pp. 516–529). Thousand Oaks, CA: Sage.

Richardson, L. (2000). Evaluating ethnography. *Qualitative Inquiry, 6,* 253–255. doi:10.1177/107780040000600207

Richardson, L., & St. Pierre, E. A. (2005). Writing: A method of inquiry. In N. K. Denzin & Y. S. Lincoln (Eds.), *The SAGE handbook of qualitative research* (3rd ed., pp. 959–978). Thousand Oaks, CA: Sage.

Riemen, D. J. (1986). The essential structure of a caring interaction: Doing phenomenology. In P. M. Munhall & C. J. Oiler (Eds.), *Nursing research: A qualitative perspective* (pp. 85–105). Norwalk, CT: Appleton-Century-Crofts.

Riessman, C. K. (1993). *Narrative analysis.* Newbury Park, CA: Sage.

Riessman, C. K. (2008). *Narrative methods for the human sciences.* Thousand Oaks, CA: Sage.

Rorty, R. (1983). *Consequences of pragmatism.* Minneapolis: University of Minnesota Press.

Rorty, R. (1990). Pragmatism as anti-representationalism. In J. P. Murphy (Ed.), *Pragmatism: From Peirce to Davidson* (pp. 1–6). Boulder, CO: Westview Press.

Rose, G. (2012). *Visual methodologies: An introduction to research with visual materials* (3rd ed). Thousand Oaks, CA: Sage.

Rossman, G. B., & Wilson, B. L. (1985). Numbers and words: Combining quantitative and qualitative methods in a single large-scale evaluation study. *Evaluation Review, 9*(5), 627–643. doi:10.1177/0193841X8500900505

Roulston, K., deMarrais, K., & Lewis, J. B. (2003). Learning to interview in the social sciences. *Qualitative Inquiry, 9,* 643–668. doi:10.1177/1077800403252736

Rubin, H. J., & Rubin, I. S. (2012). *Qualitative interviewing: The art of hearing data* (3rd ed.). Thousand Oaks, CA: Sage.

Ruohotie-Lyhty, M. (2013). Struggling for a professional identity: Two newly qualified language teachers' identity narratives during the first years at work. *Teaching and Teacher Education, 30,* 120–129. doi:10.1016/j.tate.2012.11.002

Saldaña, J. (2011). *Fundamentals of qualitative research.* Oxford, England: Oxford University Press.

Saldaña, J. (2013). *The coding manual for qualitative researchers* (2nd ed.). Thousand Oaks, CA: Sage.

Sampson, H. (2004). Navigating the waves: The usefulness of a pilot in qualitative research. *Qualitative Research, 4,* 383–402. doi:10.1177/1468794104047236

Sanjek, R. (1990). *Fieldnotes: The makings of anthropology.* Ithaca, NY: Cornell University Press.

Schwandt, T. A. (2007). *The SAGE dictionary of qualitative inquiry* (3rd ed.). Thousand Oaks, CA: Sage.

Sieber, J. E., & Tolich, M. B. (2013). *Planning ethically responsible research* (2nd ed.). Thousand Oaks, CA: Sage.

Silver, C., & Lewins, A. (2014). *Using software in qualitative research: A step-by-step guide* (2nd ed.) Thousand Oaks, CA: Sage.

Silverman, D. (2013). *Doing qualitative research: A practical handbook* (4th ed.). Thousand Oaks, CA: Sage.

Simmonds, S., Roux, C., & ter Avest, I. (2015). Blurring the boundaries between photovoice and narrative inquiry: A narrative-photovoice methodology for gender-based research. *International Journal of Qualitative Methods, 14,* 33–49. doi:10.1177/160940691501400303

Slife, B. D., & Williams, R. N. (1995). *What's behind the research? Discovering hidden assumptions in the behavioral sciences.* Thousand Oaks, CA: Sage.

Smith, J. A., Flowers, P., & Larkin, M. (2009). *Interpretative phenomenological analysis: Theory, method and research.* Thousand Oaks, CA: Sage.

Smith, L. M. (1994). Biographical method. In N. K. Denzin & Y. S. Lincoln (Eds.), *Handbook of qualitative research* (pp. 286–305). Thousand Oaks, CA: Sage.

Solorzano, D. G., & Yosso, T. J. (2002). Critical race methodology: Counter-storytelling as an analytical framework for education research. *Qualitative Inquiry, 8*(1), 23–44. doi:10.1177/107780040200800103

Spiegelberg, H. (1982). *The phenomenological movement* (3rd ed.). The Hague, Netherlands: Martinus Nijhoff.

Spindler, G., & Spindler, L. (1987). Teaching and learning how to do the ethnography of education. In G. Spindler & L. Spindler (Eds.), *Interpretive ethnography of education: At home and abroad* (pp. 17–33). Hillsdale, NJ: Lawrence Erlbaum.

Spradley, J. P. (1979). *The ethnographic interview.* New York, NY: Holt, Rinehart & Winston.

Spradley, J. P. (1980). *Participant observation.* New York, NY: Holt, Rinehart & Winston.

Stake, R. (1995). *The art of case study research.* Thousand Oaks, CA: Sage.

Stake, R. E. (2005). Qualitative case studies. In N. K. Denzin & Y. S. Lincoln (Eds.), *The SAGE handbook of qualitative research* (3rd ed., pp. 443–466). Thousand Oaks, CA: Sage.

Stake, R. E. (2006). *Multiple case study analysis.* New York, NY: Guilford Press.

Stake, R. E. (2010). *Qualitative research: Studying how things work.* New York, NY: Guilford Press.

Stanfield, J. H., II (Ed.) (2011). *Rethinking race and ethnicity in research methods.* Walnut Creek, CA: Left Coast Press.

Staples, A., Pugach, M. C., & Himes, D. J. (2005). Rethinking the technology integration challenge: Cases from three urban elementary schools. *Journal of Research on Technology in Education, 37*(3), 285–311. doi:10.1080/15391523.2005.10782438

Stewart, A. J. (1994). Toward a feminist strategy for studying women's lives. In C. E. Franz & A. J. Stewart (Eds.), *Women creating lives: Identities, resilience and resistance* (pp. 11–35). Boulder, CO: Westview Press.

Stewart, D., & Mickunas, A. (1990). *Exploring phenomenology: A guide to the field and its literature* (2nd ed.). Athens: Ohio University Press.

Stewart, D. W., & Shamdasani, P. N. (1990). *Focus groups: Theory and practice.* Newbury Park, CA: Sage.

Stewart, K., & Williams, M. (2005). Researching online populations: The use of online focus groups for social research. *Qualitative Research, 5,* 395–416. doi:10.1177/1468794105056916

Strauss, A. (1987). *Qualitative analysis for social scientists.* New York, NY: Cambridge University Press.

Strauss, A., & Corbin, J. (1990). *Basics of qualitative research: Grounded theory procedures and techniques.* Newbury Park, CA: Sage.

Strauss, A., & Corbin, J. (1998). *Basics of qualitative research: Techniques and procedures for developing grounded theory* (2nd ed.). Thousand Oaks, CA: Sage.

Stringer, E. T. (1993). Socially responsive educational research: Linking theory and practice. In D. J. Flinders & G. E. Mills (Eds.), *Theory and concept in qualitative research: Perspectives from the field* (pp. 141–162). New York, NY: Teachers College Press.

Strunk, W., & White, E. B. (2000). *The elements of style* (4th ed.). Upper Saddle River, NJ: Pearson.

Sudnow, D. (1978). *Ways of the hand.* New York, NY: Knopf.

Suoninen, E., & Jokinen, A. (2005). Persuasion in social work interviewing. *Qualitative Social Work, 4,* 469–487. doi:10.1177/1473325005058647

Swingewood, A. (1991). *A short history of sociological thought.* New York, NY: St. Martin's Press.

Sword, H. (2012). *Stylish academic writing.* Cambridge, MA: Harvard University Press.

Tashakkori, A., & Teddlie, C. (Eds.). (2003). *SAGE handbook of mixed methods in the social and behavioral sciences.* Thousand Oaks, CA: Sage.

Taylor, S. J., & Bogdan, R. (1998). *Introduction to qualitative research methods: A guidebook and resource* (3rd ed.). New York, NY: John Wiley.

Tesch, R. (1988). *The contribution of a qualitative method: Phenomenological research.* Unpublished manuscript, Qualitative Research Management, Santa Barbara, CA.

Tesch, R. (1990). *Qualitative research: Analysis types and software tools.* Bristol, PA: Falmer Press.

Therberge, N. (1997). "It's part of the game": Physicality and the production of gender in women's hockey. *Gender & Society, 11*(1), 69–87. doi:10.1177/089124397011001005

Thomas, G. (2015). *How to do your case study* (2nd ed.). Thousand Oaks, CA: Sage.

Thomas, J. (1993). *Doing critical ethnography.* Newbury Park, CA: Sage.

Thomas, W. I., & Znaniecki, F. (1958). *The Polish peasant in Europe and America.* New York: Dover. (Original work published 1918–1920)

Tierney, W. G. (1995). (Re)presentation and voice. *Qualitative Inquiry, 1,* 379–390. doi: 10.1177/107780049500100401.

Tierney, W. G. (1997). *Academic outlaws: Queer theory and cultural studies in the academy.* Thousand Oaks, CA: Sage.

Thornton Dill, B., & Kohlman, M. H. (2012). Intersectionality: A transformative paradigm in feminist theory and social justice. In S. Nagy Hesse-Biber (Ed.) *Handbook of feminist research: Theory and praxis* (2nd ed., pp. 154–174). Thousand Oaks, CA: Sage.

Trujillo, N. (1992). Interpreting (the work and the talk of) baseball. *Western Journal of Communication, 56,* 350–371. doi:10.1353/csd.2005.0061

Turner, W. (2000). *A genealogy of queer theory.* Philadelphia, PA: Temple University Press.

van der Hoorn, B. (2015). Playing projects: Identifying flow in the 'lived experience.' *International Journal of Project Management, 33,* 1008–1021. doi:10.1016/j.ijproman.2015.01.009

Van Hout, M. C., & Bingham, T. (2013). "Silk Road," the virtual drug marketplace: A single case study of user experiences. *International Journal of Drug Policy, 23,* 385–391. doi:org/10.1016/j.drugpo.2013.01.005

Van Kaam, A. (1966). *Existential foundations of psychology.* Pittsburgh, PA: Duquesne University Press.

Van Maanen, J. (1988). *Tales of the field: On writing ethnography.* Chicago, IL: University of Chicago Press.

Van Maanen, J. (2011). *Tales of the field: On writing ethnography* (2nd ed.). Chicago, IL: University of Chicago Press.

van Manen, M. (1990). *Researching lived experience: Human science for an action sensitive pedagogy.* Albany: State University of New York Press.

van Manen, M. (2006). Writing qualitatively, or the demands of writing. *Qualitative Health Research, 16,* 713–722.

van Manen, M. (2014). *Phenomenology of practice: Meaning-giving methods in phenomenological research and writing.* Walnut Creek, CA: Left Coast Press.

Wallace, A. F. C. (1970). *Culture and personality* (2nd ed.). New York, NY: Random House.

Warren, C. A., & Xavia Karner, T. (2015). *Discovering qualitative methods: Ethnography, interviews, documents, and images* (3rd ed.). New York, NY: Oxford University Press.

Watson, K. (2005). Queer theory. *Group Analysis, 38*(1), 67–81. doi:10.1177/0533316405049369

Watts, I. E., & Erevelles, N. (2004). These deadly times: Reconceptualizing school violence by using critical race theory and disability studies. *American Journal of Educational Research, 41,* 271–299. doi:10.3102/00028312041002271.

Weiner-Levey, N., & Popper-Giveon, A. (2013). The absent the hidden and the obscured: reflections on "dark matter" in qualitative research. *Quality & Quantity, 47,* 2177–2190. doi:10.1007/s11135-011-9650-7

Weis, L., & Fine, M. (2000). *Speed bumps: A student-friendly guide to qualitative research.* New York, NY: Teachers College Press.

Weitzman, E. A. (2000). Software and qualitative research. In N. K. Denzin & Y. S. Lincoln (Eds.), *The SAGE handbook of qualitative research* (2nd ed., pp. 803–820). Thousand Oaks, CA: Sage.

Weitzman, E. A., & Miles, M. B. (1995). *Computer programs for qualitative data analysis.* Thousand Oaks, CA: Sage.

Wertz, F. J. (2005). Phenomenological research methods for counseling psychology. *Journal of Counseling Psychology, 52,* 167–177. doi:10.1037/0022-0167.52.2.167

Whittemore, R., Chase, S. K., & Mandle, C. L. (2001). Validity in qualitative research. *Qualitative Health Research, 11,* 522–537. doi:10.1177/104973201129119299

Willis, P. (1977). *Learning to labour: How working class kids get working class jobs.* Westmead, England: Saxon House.

Winthrop, R. H. (1991). *Dictionary of concepts in cultural anthropology.* Westport, CT: Greenwood Press.

Wolcott, H. F. (1987). On ethnographic intent. In G. Spindler & L. Spindler (Eds.), *Interpretive ethnography of education: At home and abroad* (pp. 37–57). Hillsdale, NJ: Lawrence Erlbaum.

Wolcott, H. F. (1990). On seeking—and rejecting—validity in qualitative research. In E. W. Eisner & A. Peshkin (Eds.), *Qualitative inquiry in education: The continuing debate* (pp. 121–152). New York, NY: Teachers College Press.

Wolcott, H. F. (1992). Posturing in qualitative research. In M. D. LeCompte, W. L. Millroy, & J. Preissle (Eds.), *The handbook of qualitative research in education* (pp. 3–52). San Diego, CA: Academic Press.

Wolcott, H. F. (1994). *Transforming qualitative data: Description, analysis, and interpretation.* Thousand Oaks, CA: Sage.

Wolcott, H. F. (2008a). *Ethnography: A way of seeing* (2nd ed.). Walnut Creek, CA: AltaMira Press.

Wolcott, H. F. (2008b). *Writing up qualitative research* (3rd ed.). Thousand Oaks, CA: Sage.

Wolcott, H. F. (2010). *Ethnography lessons: A primer.* Walnut Creek, CA: Left Coast Press.

Yin, R. K. (2009). *Case study research: Design and method* (4th ed.). Thousand Oaks, CA: Sage.

Yin, R. K. (2014). *Case study research: Design and method* (5th ed.). Thousand Oaks, CA: Sage.

Yussen, S. R., & Ozcan, N. M. (1997). The development of knowledge about narratives. *Issues in Educational Psychology: Contributions From Educational Psychology, 2,* 1–68.

國家圖書館出版品預行編目資料

質性研究的五種取徑：敘事研究、現象學、
扎根理論、俗民誌、個案研究／John W.
Creswell, Cheryl N. Poth合著；李政賢
譯. -- 二版. -- 臺北市：五南圖書出版股
份有限公司, 2024.03
面；　公分
譯自：Qualitative inquiry and research
　　　design：choosing among five approaches
ISBN 978-626-393-080-3(平裝)

1.CST: 社會科學　2.CST: 質性研究
3.CST: 研究方法

501.2　　　　　　　　　　　113001800

1HAD

質性研究的五種取徑
敘事研究、現象學、扎根理論、俗民誌、個案研究

作　　者 ― John W. Creswell & Cheryl N. Poth

譯　　者 ― 李政賢

發 行 人 ― 楊榮川

總 經 理 ― 楊士清

總 編 輯 ― 楊秀麗

副總編輯 ― 黃文瓊

責任編輯 ― 李敏華

封面設計 ― 封怡彤

出 版 者 ― 五南圖書出版股份有限公司

地　　址：106臺北市大安區和平東路二段339號4樓

電　　話：(02)2705-5066　　傳　　真：(02)2706-6100

網　　址：https://www.wunan.com.tw

電子郵件：wunan@wunan.com.tw

劃撥帳號：01068953

戶　　名：五南圖書出版股份有限公司

法律顧問　林勝安律師

出版日期　2018年9月初版一刷（共二刷）
　　　　　2024年3月二版一刷

定　　價　新臺幣720元

經典永恆・名著常在

五十週年的獻禮——經典名著文庫

五南，五十年了，半個世紀，人生旅程的一大半，走過來了。

思索著，邁向百年的未來歷程，能為知識界、文化學術界作些什麼？

在速食文化的生態下，有什麼值得讓人雋永品味的？

歷代經典・當今名著，經過時間的洗禮，千錘百鍊，流傳至今，光芒耀人；

不僅使我們能領悟前人的智慧，同時也增深加廣我們思考的深度與視野。

我們決心投入巨資，有計畫的系統梳選，成立「經典名著文庫」，

希望收入古今中外思想性的、充滿睿智與獨見的經典、名著。

這是一項理想性的、永續性的巨大出版工程。

不在意讀者的眾寡，只考慮它的學術價值，力求完整展現先哲思想的軌跡；

為知識界開啟一片智慧之窗，營造一座百花綻放的世界文明公園，

任君遨遊、取菁吸蜜、嘉惠學子！